高职高专系列教材

机械应用基础

庄 智　李惠群　张涓涓　编著

西南交通大学出版社
·成都·

图书在版编目（CIP）数据

机械应用基础 / 庄智，李惠群，张涓涓编著. —成都：西南交通大学出版社，2019.2（2023.7 重印）
ISBN 978-7-5643-6774-9

Ⅰ. ①机… Ⅱ. ①庄… ②李… ③张… Ⅲ. ①机械学 – 高等职业教育 – 教材 Ⅳ. ①TH11

中国版本图书馆 CIP 数据核字（2019）第 026993 号

机械应用基础

庄　智　李惠群　张涓涓　编著

责任编辑	李华宇
特邀编辑	傅莉萍
封面设计	何东琳设计工作室

出版发行	西南交通大学出版社 （四川省成都市二环路北一段 111 号 西南交通大学创新大厦 21 楼）
邮政编码	610031
发行部电话	028-87600564　028-87600533
网址	http://www.xnjdcbs.com
印刷	四川森林印务有限责任公司

成品尺寸	185 mm×260 mm
印张	20
字数	498 千
版次	2019 年 2 月第 1 版
印次	2023 年 7 月第 3 次
定价	49.00 元
书号	ISBN 978-7-5643-6774-9

课件咨询电话：028-81435775
图书如有印装质量问题　本社负责退换
版权所有　盗版必究　举报电话：028-87600562

前言

现代生活离不开各种机械,无数复杂的机械走进了寻常百姓的生活,如代步用的汽车。不知道你有没有想过,究竟是什么样的机械,通过怎样的方式在运转,让我们的生活更便利呢?

本书讲述了工程技术人员必备的基本技术,以及日常生活中所需的基本技能,具体内容涵盖了"理论力学""材料力学""金属材料及热处理""机械原理""机械零件"等学科的基础应用部分,以适应一般工程技术人员的需要。

读者学习本书内容时,可以采用探索式方法,通过观察、分析、讨论,形成新的概念和观点,建立自己的知识体系。本书的主要特点如下:

(1)采用模块式项目教学,通过每个项目中的一个个小任务来驱动,而每一个任务的驱动学习包括任务名称、任务导引、任务要求、任务实施、任务反思与拓展。

(2)通过表格、图解的方式,让你一目了然,学习轻松自如,提高学习兴趣,抓住重点、难点,掌握基本概念、基本知识、基本应用,训练科学思维,提高动手能力和操作技能。

(3)在书上设置问答题,引导读者思考;设置简单的填空题,让读者在阅读时动手填写,以达到阅读互动的目的。

(4)案例调查,引导读者联系实际。

(5)每一任务的后面有任务反思与拓展的相关训练题目(填空、判断、选择、综合等)。

(6)有的拓展内容以*的形式标识,读者可以扫书上对应的二维码进行学习。

本书适用于近机类、非机类专业人士与学生的学习,也适用于一般工程技术人员的培训,还适用于文科类学生和普通大众进行科普学习。

本书内容中绪论、常用机构、常用的机械传动、常用工具量具和机械设备的使用与维护、安全文明生产常识五个项目由四川管理职业学院庄智编写,通用零部件、机械连接部件、机械装置的润滑与密封三个项目由四川管理职业学院李惠群编写,常用材料、构件的受力、构件的变形三个项目由四川管理职业学院张涓涓编写。

由于编者水平有限,书中难免有不足之处,敬请大家批评指正。

编 者
2018 年 12 月

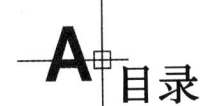

目录

绪论 ··· 1
 任务一 机械基础的性质、目的和任务 ··· 1
 任务二 机械应用基础的内容 ··· 3
 任务三 机械基础的学习方法 ··· 9
 任务四 机械发展历程 ·· 11

项目一 常用机构 ··· 18
 任务一 机构基础概述 ·· 18
 任务二 铰链四杆机构 ·· 24
 任务三 凸轮机构 ·· 34
 任务四 间歇运动机构 ·· 39
 任务五 机构的演化与变异、组合与创新 ··· 47

项目二 通用零部件 ··· 55
 任务一 螺纹与螺纹联接件 ··· 55
 任务二 螺纹连接类型、预紧与防松 ··· 61
 任务三 键与键连接 ··· 65
 任务四 销连接 ·· 68
 任务五 弹 簧 ··· 71
 任务六 轴 ··· 76
 任务七 轴 承 ··· 79

项目三 常用机械传动 ·· 89
 任务一 机械传动基本知识 ··· 89
 任务二 螺旋传动 ·· 93
 任务三 带传动 ·· 97
 任务四 链传动 ·· 108
 任务五 齿轮传动 ·· 116
 任务六 蜗杆传动 ·· 133

　　　　任务七　定轴轮系……………………………………………………………… 142
　　　　*任务八　气压传动……………………………………………………………… 150
　　　　*任务九　液压传动……………………………………………………………… 154

　项目四　机械连接部件…………………………………………………………………… 162
　　　　任务一　联轴器………………………………………………………………… 162
　　　　任务二　离合器………………………………………………………………… 166
　　　　任务三　制动器………………………………………………………………… 170

　项目五　机械设备的润滑与密封………………………………………………………… 174
　　　　任务一　摩擦与磨损…………………………………………………………… 174
　　　　任务二　润　滑………………………………………………………………… 176
　　　　任务三　密　封………………………………………………………………… 181

　项目六　常用材料………………………………………………………………………… 184
　　　　任务一　金属的力学性能……………………………………………………… 184
　　　　任务二　钢……………………………………………………………………… 190
　　　　任务三　铸钢铸铁……………………………………………………………… 196
　　　　任务四　有色金属材料………………………………………………………… 199
　　　　任务五　非金属材料…………………………………………………………… 203
　　　　任务六　金属材料的热处理…………………………………………………… 205

　项目七　构件的受力……………………………………………………………………… 209
　　　　任务一　力的基本性质………………………………………………………… 209
　　　　任务二　平面汇交力系………………………………………………………… 218
　　　　任务三　力矩和力偶…………………………………………………………… 221
　　　　任务四　交变载荷……………………………………………………………… 227

　项目八　构件的变形……………………………………………………………………… 230
　　　　任务一　拉伸与压缩…………………………………………………………… 232
　　　　任务二　剪切与挤压…………………………………………………………… 237
　　　　任务三　弯　曲………………………………………………………………… 239
　　　　任务四　扭　转………………………………………………………………… 244
　　　　任务五　组合变形……………………………………………………………… 248
　　　　任务六　压杆稳定……………………………………………………………… 250

　项目九　常用工具量具、机械设备的使用维护………………………………………… 253
　　　　任务一　常用工具……………………………………………………………… 253

任务二　常用量具 ································· 268
　　任务三　机电设备的使用与维护 ······················ 275
　　任务四　机械设备的拆卸 ··························· 283
　　任务五　零部件的清洗 ····························· 286
　　任务六　机械设备的组装要求 ······················· 289

项目十　安全文明生产常识 ·························· 294
　　任务一　认识机械伤害 ····························· 294
　　任务二　安全文明生产与环境保护知识 ················ 296
　　任务三　机电设备安全知识 ························· 302
　　任务四　常用消防器材使用知识 ······················ 309

参考文献 ··· 312

绪　论

人们的生活离不开机械，人们的工作更离不开机械，如汽车、动车、地铁、飞机、数控机床、挖掘机等，你知道常用的机械设备是怎样工作的吗？

"机械应用基础"是一门什么样的课程呢？学什么？怎么学？绪论部分就这些问题分了四个任务：课程的性质、目的和任务，课程的内容，课程的学习方法，机械的发展历程，让你来了解相关内容。

任务一　机械基础的性质、目的和任务

任务导引

为什么要学习"机械应用基础"这门课程？
"机械应用基础"究竟是一门什么样的课程？
本门课程有什么特点？

这个任务就是要让你明白本课程的性质和学习本课程的目的，以及该课程对后续课程和将来你工作的影响。你不是为家长学习，更不是为老师学习，是为你自己学习，是你要学习！为你的生活、工作和家庭学习。

图 0.1.1

任务要求

明确学习目的，激发学习的内在动力，让自己积极主动地去学习。

任务实施

一、课程的性质与目的

"机械应用基础"是一门技术基础课，是所有工科类专业学生的必修课程，这门课程是为后续专业课程服务的，是一门技术性较强、起桥梁作用的课程，是专业课程的技术基础，是专业发展的需要，也能学到日常生活中的基本技能。它是一般工程技术人员必须要掌握的课程，能够培养实践动手能力。

该课程研究机械中的共性问题，是机械工程的技术基础，应用广泛。

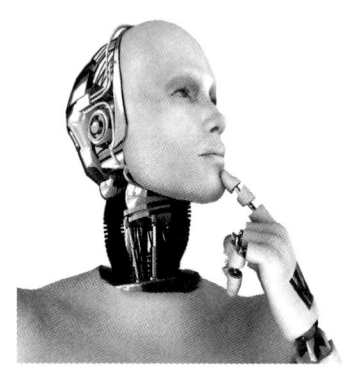

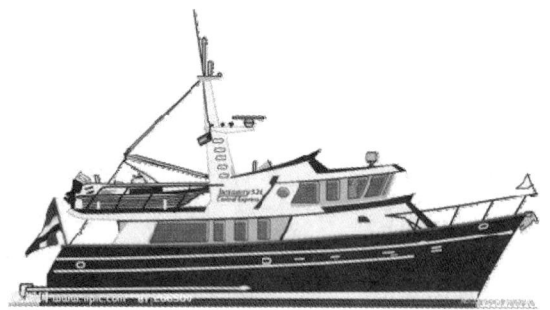

图 0.1.2　生活中常见的机械

二、主要的任务

通过本课程的学习，你应该：

（1）掌握机械的基本知识、基本理论、基本分析技能。

（2）具备正确分析、使用和维护机械的能力。

（3）具有与本课程有关的解题、运算、绘图能力和应用标准、手册、图册等有关技术资料的能力。

三、课程的特点

（1）实践性强。本课程是一门技术基础课，其研究对象是在生产实际中广泛应用的机械，所要解决的问题大多数是工程中的实际问题,因此要求学生加强基本技能的训练,培养工程素养。

(2)综合性强。本课程学习要综合运用已学过的知识,要用到力学中的有关内容,如运动学、摩擦学、强度、刚度等。

(3)独立性强。各章内容彼此独立,前后联系不甚密切。因此,要经常复习前面已学过的内容,以免出现"猴子掰玉米"的现象。

(4)本课程有四多:内容多、概念多、符号多、公式多。

任务反思与拓展

1. 这门课程对你今后的学习、生活和工作有没有帮助?
2. 能不能提高和拓展你的思维?能不能提高你的动手能力?
3. 如果对你没有帮助,那么为什么要学呢?不学可不可以?

任务二 机械应用基础的内容

任务导引

这个任务就是要学习了解机械基础的主要内容,明确学习目的,有的放矢。

任务要求

明确学习内容,掌握几个基本概念,注意它们的区别与联系。

任务实施

一、课程的内容

(1)学习机械中的常用工程材料、机器中常用机构的组成原理、运动分析及一般计算。

(2)学习机器中通用零件(联接零件、传动零件、轴系零件)的结构特点、基本理论和计算方法。

(3)介绍机械零件的国家标准和规范以及零部件的选用原则和方法。

(4)介绍一般传动装置及零部件的使用与维护知识。

二、机械概述

1. 机器、机构、机械

机器：能够转换能量、做有用机械功，代替或减轻人类劳动且相对运动确定的实体组合。
机构：仅能变换运动形式，且相对运动确定的实体组合。
机械：机器和机构的总称。
机器与机构的区别与关联如表 0.2.1 所示。

表 0.2.1 机器与机构的区别与关联

注意相同点与不同点	机　　构	机　　器
1	人为实物的组合体	人为实物的组合体
2	具有确定的机械运动	具有确定的机械运动
3	可以用来传递和转换运动（而不能转换能量和做有用功）	可以用来转换能量、完成有用功或处理信息以代替或减轻人的劳动

机器是由机构组成的。简单的机器，可能只含有一个机构，但一般都含有多个机构。机器中的单个机构不具有转换能量或完成有用功的功能。

请判断图 0.2.1 所示物体是机器还是机构？

图 0.2.1 为减速电机的实物照片，它由左边的齿轮减速部分和右边的电动机部分组成。其中，左边的齿轮减速部分是_____；右边的电动机是_____。

图 0.2.1　减速电机实物照片

2. 构件、零件与部件

机构是由构件组成的。构件是组成机构的、具有独立运动特性的运动单元，构件是机构中有确定运动的单元。

汽车发动机里面的活塞、连杆、曲轴、凸轮等都是构件（见图 0.2.2）。

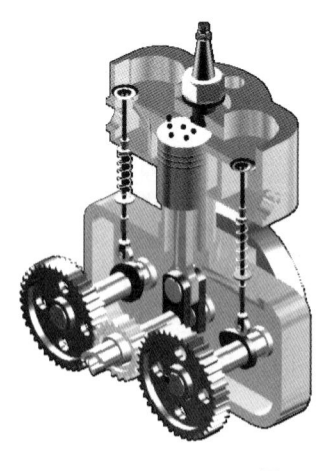

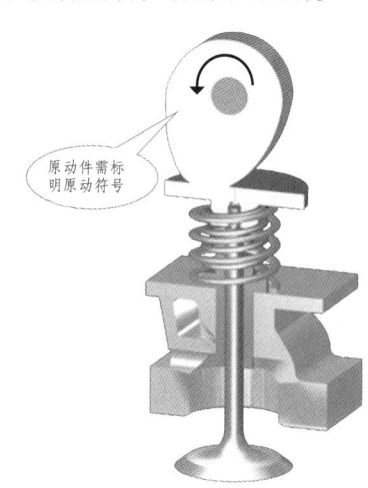

原动件需标明原动符号

图 0.2.2　汽车发动机

构件按所起作用不同可分为：

原动件——输入运动的构件；

从动件——除原动件以外的活动件；

机　架——固定不动的构件。

零件：组成机器的最小制造单元。零件又分为通用零件和专用零件。只在某一类机械中使用的零件称为专用零件，如内燃机中的活塞、曲轴等。各种机械中广泛使用的零件称为通用零件，如螺栓、轴、齿轮、弹簧等。

通用零件中主要包括三大类零件：传动零件（齿轮、带、链等）；联接零件（螺栓、键等）；轴系零件（轴、轴承等）；此外还有弹簧等零件。

图 0.2.3

- 零件与构件的关系：构件可以是单一零件，也可以是几个零件的刚性联接。
- 例：内燃机的连杆由连杆体由连杆盖、螺栓、螺母等几个零件组成（见图 0.2.4）。

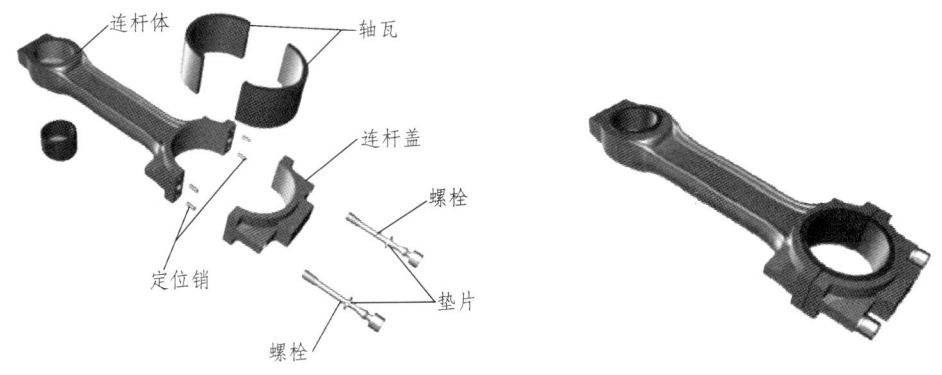

图 0.2.4　内燃机的连杆

部件：机器中由若干个零件组成的装配单元。

3. 机器的组成与类型

1）机器的组成

机器由原动部分、传动部分、工作部分、控制部分组成。

原动部分常称为原动机，是机器的动力来源。常用原动机有：电动机、内燃机、液压缸和气动缸。以各种电动机的应用最为普遍。

工作部分处于整个传动路线的终端，按照设计要求完成确定的运动，是直接完成机器功能的部分。工作部分又可称为执行装置，它随机器的用途不同而不同，它属于各种专业机械课程研究的内容。

传动部分将原动机的运动和动力传递给执行装置，并实现运动速度和运动形式的转换。

控制部分的作用是控制机器各部分的运动。

机器各组成部分的工作关联如图 0.2.5 所示。

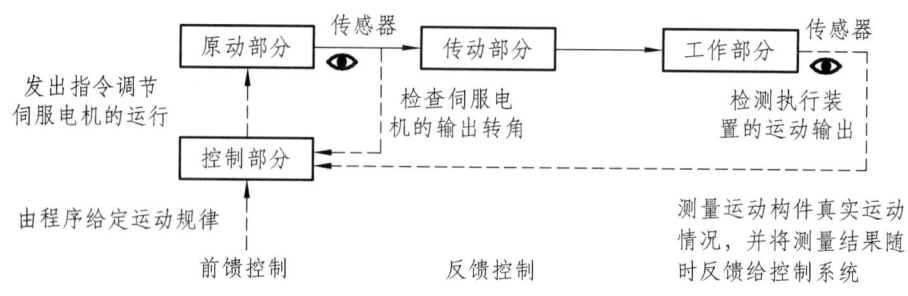

图 0.2.5　机器各组成部分的工作关联

传统机器与现代机器的对比分析如表 0.2.2。

表 0.2.2　传统机器与现代机器对比分析

机器	组成与结构	应用例子
传统机器	驱动装置→传动装置→执行装置 心脏→躯干，臂→手	普通车床、空气压缩机、起重机、掘土机、皮带运输机等
现代机器	驱动装置→传动装置→执行装置（眼） 控制装置（脑）	机器人 数控机床 ……

随着 20 世纪后半叶以来现代科学技术的发展，特别是控制理论的发展和计算机在工业上的应用，机器的组成更复杂了。

2）机器的类型

根据用途的不同，机器可分为动力机器、加工机器、运输机器、信息机器。

动力机器的用途是转换机械能。如蒸汽机、内燃机、电动机等将其他形式的能量转换成机械能；而空气压缩机则将机械能转换成其他形式的能量。

图 0.2.6　动力机器

加工机器用来改变被加工对象的尺寸、形状、性质、状态，如：加工机床、轧钢机、纺织机、包装机等（见图 0.2.7）。

图 0.2.7 加工机器

运输机器用来搬运物品和人，如火车、汽车、飞机、起重机、运输机等。

图 0.2.8 运输机器

信息机器的功能是处理信息，如手机、计算机、复印机、打印机、绘图机等。信息机器虽然也做机械运动，但其目的是处理信息，而不是完成有用的机械功，因而其所需的功率甚小。

图 0.2.9 信息机器

现代机器的出现使机器按功能的分类变得模糊。现代机器更加智能，具有更多的综合功能（见图 0.2.10）。

例如机器人用于焊接和装配，是加工机器；用来搬运物品，也是运输机械；而且是按照一定的信息来搬运，因此又是信息机械。

又如，电池分拣机实现了电池的搬运，但它是根据电池的质量信息来进行分拣后的搬运。

再如，无人机用于搬运人和物品，是搬运机器，但它又能自动处理和识别相关信息，因此也是信息机器。

图 0.2.10

任务反思与拓展

1. 零件可分为_____和_____两类；机构中的构件分为_____、_____和_____三种类型。

2. 零件是机器_____的基本单元体，是不可再拆的整体。把原动部分的运动和动力以一定的运动形式传给工作部分的中间环节称为机器的_____部分。

3. 机器动力与运动来源的部分称为_____部分。

4. 机器的四个组成部分是_____、_____、_____和_____。

5. 分析家用轿车属于哪种机器，并说明四个组成部分的具体内容。

6. 分析地铁、CRH 动车组的特点，它们分别是由哪些部分组成的？分别属于哪种类型的机器？

7. 无人机属于哪种类型的机器？分析无人机的特点，它是由哪些部分组成的？

8. 上海磁悬浮列车线路，也是全世界第一条用于商业的磁悬浮线路，磁悬浮列车是我国轨道交通中最快的一条线路，行驶的速度能达到 430 km/h。磁悬浮列车属于哪种类型的机器？

任务三　机械基础的学习方法

任务导引

不同的课程有不同的特点，就有相应的学习方法。怎样针对本课程，抓住特点，找到你学习的钥匙，这就是关键。

任务要求

找到一种适合你自己的学习方法，提高学习效率。

任务实施

"工欲善其事，必先利其器。"如果我们想做好一件事，很重要的一点就是拥有精锐的工具，具备适当的手段。在学习活动中同样如此，学习不仅仅是要掌握知识，更重要的是要学会如何学习。正如美国著名教育心理学家布鲁纳认为："学习的目的不仅是将我们带到某处，而且应该让我们在前进时更为容易。"老师传授的知识是会被遗忘的，但学习方法则会使我们终身受益。对于你而言，适宜的学习方法就是"利器"，它可以帮助我们更顺利、更有效地完成学习任务。学习方法的学习，比你所学的内容更重要！一个好的学习方法，会使你事半功倍，提高学习效率，取得更好的学习效果。

联合国教科文组织指出，未来的文盲不是不识字的人，而是不会学习的人。你一旦掌握了科学的学习方法，今后无论是生活还是工作，由于解决了"会学"的问题，就能够积极主动地去摄取知识和更新知识。

然而，什么是科学的学习方法呢？科学的学习方法具有广泛适应性，还具有科学性和工具性等特点。它适合于每个人，符合于用脑卫生，而且对每个学科都有用。科学的学习方法包括智力因素的培养和非智力因素的培养，包括学习的通法和各科的学习方法等内容。英国科学家达尔文说："世界上最有价值的知识是关于方法的知识。"所以，你一旦掌握了科学的学习方法，就会如虎添翼，学习效率就会大大提高。

对比分析法、理论联系实际、理解记忆法、总结归纳法、温故知新法等，都是不错的学习方法。

学问学问，又学又问；学习学习，又学又习。学习靠积累，记忆靠理解，经验靠反思，熟练靠练习。关于学习方法，有以下一些建议，仅供参考：

◆ 抓好基本学习环节；
◆ 多思考、多分析，学会综合运用知识；
◆ 联系实际，学会知识技能的实际应用；
◆ 勤于观察，学会总结归纳；
◆ 学会创新。

人生中三种东西最宝贵：信心、健康和知识。学习中三种品质最可贵：好学、好问和好思。学习前要带上几个问题，学习中要思考几个问题，学习后要能提出几个问题，这样才能学有所得。学如逆水行舟，不进则退。勤奋是探求知识的舟楫，思维是探索知识的方法，请教是学习知识的妙招，练习是巩固知识的途径。死记硬背得不到真知识，投机取巧学不到真本领；纸上谈兵学不到真本事，闭门造车结不出好硕果。

知之为知之，不知为不知，是知也。学而不思则罔，思而不学则殆。

——孔子

求学的三个条件是：多观察、多吃苦、多研究。

——加菲劳

成功＝艰苦的劳动＋正确的方法＋少谈空话。

——爱因斯坦

美国教授鲁特·伯恩斯坦说，伟大的思想家使用过13种"思维工具"，使用这些工具可以使人成为天才。它们是：

（1）观察：通过观察磨炼所有的感官，从而使思维变得非常敏锐。

（2）想象：使用某些或全部感官在心里创造各种形象。

（3）抽象：观看或思考某种复杂事物，去粗取精，化繁为简，把唯一本质的东西找出来。

（4）模式认知：观察和研究不同的事物，找出它们在结构上或性能上的相似之处。

（5）模式形成：找到或创立新方法，对事物清理出头绪，纳入规范。

（6）类比：虽然两件事物迥然不同，但可以从功能上找到相同点。

（7）躯体思维：使用肌肉、肠胃的感觉以及各种感情状态。

（8）感情投入：将自己设想为自己所研究、绘画或写作的对象，与之合而为一。

（9）层次思维：能把情绪变成不同的层次，就像把素描改成雕塑一样。

（10）模型化：能将复杂的事物简化成一个模型。

（11）游戏中的创造力：能从毫无目的的游戏活动中演化出技术、知识和本能。

（12）转化：使用新获得的思维技巧，形成新发明的基本构图，然后制出模型。

（13）综合：使用各种帮助思维的工具得出结果便是综合。能用各种不同的方式对事物进行思考，诸如身体、直觉、感官、精神和智力等。

任务反思与拓展

1. 你能找到开启"机械应用基础"这门课程的钥匙吗？
2. 请大家相互讨论和交流彼此的学习方法。探究是我们获得科学技术知识的有效途径，通过观察、交流、比较、组织、关联与推论等过程进行思考。

图 0.3.1

图 0.3.2

3. 用手机或计算机在网上搜索文章"如果你都不会学习,那怎么成功?",仔细阅读,说不定你会有所发现,找到你所要的学习方法。

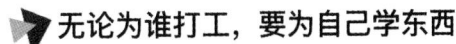

图 0.3.3

4. 请你思考：无论做什么工作，身处什么样的岗位，肩负什么样的使命，在人生的每一个路口，都会出现窄道，如何去面对十分重要。同样的一件事情，可能会得出两个结果。同样的一个零件，加工的工艺可能会有多种。

任务四　机械发展历程

任务引导

人类是从猿人进化成现代人的，那么机械是怎么发展的呢？经历了哪些阶段？

任务要求

了解机械发展的大概过程，认识我国机械的发展现状，找出与先进国家的差距。

任务实施

一、远古时代

简单机械：杠杆、车轮、滑轮、斜面、螺旋等。公元前 5000 年，我国出现原始耕地工具——耒耜。公元前 3000 年，在修建金字塔的过程中，就使用了滚木来搬运巨石。阿基米德用螺旋将水提升至高处,那就是今天的螺旋式输送机的始祖。

表 0.4.1 古代机械

古代中国	公元一世纪东汉"水排"用水力鼓风炼铁,其中应用了齿轮和连杆机构	晋代的"连磨",用一头牛驱动八台磨盘,其中应用了齿轮系
中世纪的欧洲	用脚踏板驱动的加工木棒的车床	利用曲轴的研磨机
13世纪以后	机械钟表在欧洲发展起来	明朝时期《天工开物》中的磨床结构

二、近 代

18世纪中叶—20世纪中叶,动力的变革、材料的变革、加工手段的变革、生产模式的变革、机构与传动的变革、机械理论和设计方法的建立。

1765年,瓦特(Watt)发明了蒸汽机,揭开了第一次工业革命的序幕。蒸汽机给人类带来了强大的动力，各种由动力驱动的产业机械——纺织机、车床等，如雨后春笋般出现。

图 0.4.1　蒸汽机时代的纺织工厂

19 世纪，第二次工业革命兴起，电动机和内燃机发明。电力代替了蒸汽。集中驱动被抛弃了，每台机器都安装了独立的电动机。为汽车、飞机的出现提供了可能性。

图 0.4.2　戴姆勒发明的第一辆四轮汽车

图 0.4.3　莱特兄弟驾驶他们制造的飞行器进行首次飞行

18世纪，欧拉（Euler）首次提出采用渐开线作为齿轮的齿廓，从而使高速、大功率的机械传动成为可能。18世纪末，现代车床的雏形在英国问世。

19世纪中叶，发明了炼钢法，从那时一直到现在，钢铁始终是制造机械最主要的材料。19世纪中叶，通用机床的各种类型已大体齐备。19世纪末，自动机床、大型机床出现。

随着社会需求的日益增长。20世纪初叶，机械制造进入了大批量生产模式的时代，其标志：美国福特汽车的生产。1913年，瑞典制成第一辆电力传动的柴油机车。1941年，瑞士制成第一辆燃气轮机机车。1947年，第一艘燃气轮机船"加特利克"号问世。1956年，中国第一汽车制造厂（长春）建成投产。

20世纪各种大传动比、结构紧凑的新型传动，高速的步进机构，精密的滚动螺旋传动机构，……机构的创新一直到今天也没有停止。

三、现　代

20世纪中叶至今，计算机的发明——科学技术发展史上划时代的大事。现代机器的出现，计算机使机械设计方法面目一新。20世纪最后30年，计算机应用的普及极大地推动了机械分析与设计方法的革新。计算机计算代替了手工计算法和图解方法。计算机辅助设计、优化设计、有限元法、动态设计等现代设计方法迅速发展。计算机不仅大大地提高了计算速度，而且已成为机械分析与设计的前所未有的强大手段。随着计算机、无线网络技术、传感器、大数据、伺服电机、人工智能AI、3D打印、太阳能技术、无人驾驶、人脸识别、移动终端等的出现，智能机器人作为现代机器的代表走上了历史舞台。

工业机器人：在工业生产中越来越广泛地应用。用于搬运、装配、焊接、喷漆、凿岩等工作。

图0.4.4　工业机器人的应用

特种机器人：在潜水、管道修理、外科手术、生物工程、军事、星际探索等领域应用，承担着许多由人的直接操作无法完成的工作。

2013年，KUKA迎来了新一代的机器人：KUKA通过LBR iiwa推出了世界上首台适用于工业领域的轻型机器人（感知型机器人），且各轴均带有内置的传感系统。

走进ABB德国海德堡工厂，你看到的不是未来，是今天的智能工厂！利用各种现代化技术，实现管理及生产自动化，提高工作效率、提供决策参考……

 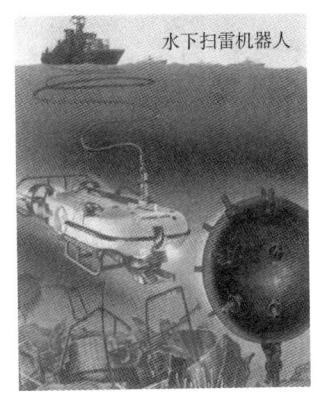

图 0.4.5 特种机器人的应用

图 0.4.6 ABB 德国海德堡工厂

我国机械的发展现状：

近十多年来，我们通过引进、吸收、学习和创新，我国的计算机技术、动车技术、航空技术、电子技术、制造技术、汽车技术等方面都有了很大的进步，特别是轨道交通方面发展非常快，但在有些方面，我们还需不断地奋斗。

图 0.4.7 数控车床　　图 0.4.8 数控加工中心　　图 0.4.9 地铁司机操作培训

全断面掘进机是在岩石地层中暗挖隧道的一种世界最先进的隧道施工机械，它是实现掘进、岩渣装运、洞壁支护等一次开挖成洞的高科技施工设备。

我国北方重工控股的法国 NFM 技术公司拥有世界最先进的盾构机技术，目前保持着掘进直径最大、工作压力最高、单洞掘进长度最长和月掘进速度最快等四项世界纪录。

图 0.4.10

地铁或轻轨接触网作业车,用于地铁、轻轨接触网的施工、维修作业(见图 0.4.11)。

捣固车,适用于铁路线路的新线施工、既有线大中修清筛作业后和运营线路维修作业,对轨道进行自动抄平起、拨道、道砟捣固作业,提高道床石砟的密实度,增加轨道的稳定性,消除轨道的方向偏差,左、右水平偏差和前、后高低偏差,使轨道线路达到线路设计标准和线路维修规则的要求,保证列车的安全运行。

图 0.4.11　　　　　　　　　　　图 0.4.12

高速铁路(简称高铁),运营时速不超过 250 km/h 的高速列车称为"动车组(D 车)";新建的时速达到 300～350 km/h 的线路,这部分线路上运营时速达到 300 km/h 及以上的高速列车称为"高速动车组(G 车)"。中国高铁使用的动车组列车类型为 CRH,中国营运高速铁路里程世界第一。

图 0.4.13

图 0.4.14

计算机控制系统和伺服电机被引入到传统机器中来,使其组成、面貌和功能发生了革命性的变化。随着计算机技术、电子技术和网络技术的发展,现代机器向主动控制、信息化和智能化方向发展，从这个意义上讲，今后的机器都将是机器人。

2018年10月12日Atlas机器人又完成了升级，直接单腿跳高至40 cm的台阶，是左右腿交替跳，且是三连跳，动作十分连贯，跳跃方向是在不断改变的，注意手臂摆动、腿部弯曲和整个躯干都参与了进来。

图 0.4.15

由总部位于香港的人工智能机器人公司Hanston robotics设计的"女性"机器人索菲亚（Sophia），在沙特首都利雅得举行的Future Investment Initiative大会上登台亮相，已被沙特阿拉伯王国授予公民身份。

图 0.4.16　机器人索菲亚

任务反思与拓展

1. 分析数控机床、动车、地铁的特点。

2. 当今我国的哪些机械技术比较先进？哪些比较落后？我国机械的现状是落后于其他先进的国家，为此，你想做点什么？从现在开始，从我做起！去努力、去奋斗、去创造！

3. 在网上搜索了解无人驾驶、无人机、机器人等。

4. 预测与畅想机械将来的发展及对人类的影响。

5. 在网上搜索我国的超级高铁（最高速度达4 000 km/h）工程。

项目一 常用机构

在很多机械设备中，为了满足生产工艺的需求，经常需要某机构实现周期性的正反向转动或往复运动，例如雷达天线的仰俯机构、移动摄像台的升降机构、汽车自动卸料机构、内燃机配气机构、绕线机排线机构、混凝土输送泵等。

在各种机械中广泛使用的一些机构称为常用机构。常用机构是机器中用得最多、最常用的一些机构，如：连杆机构、凸轮机构、齿轮机构、间歇运动机构等。

任务一 机构基础概述

任务导引

要理解机器的工作原理，机器是由机构组成的，必须要先弄清机构的运动情况。

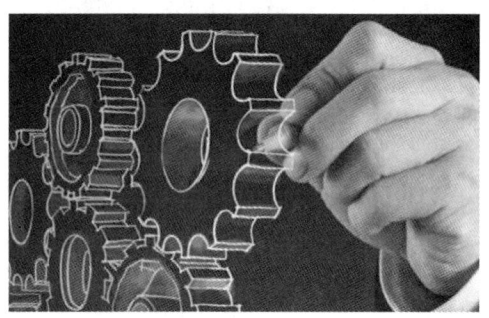

图 1.1.1

任务要求

了解运动副、机构运动简图、平面连杆机构的特点及其应用，会进行运动分析。

任务实施

一、机构的作用

机器是用来代替或减轻人的劳动，机器是由机构组成的，可以由一个机构组成，也可以由多个机构组成。机构仅能变换运动形式，且相对运动确定的实体组合。那么机构有什么作用呢？机构的作用主要有：（1）传递运动和动力；（2）改变运动形式（和运动速度）。

表 1.1.1 机构的作用

原动机 一般做回转运动	转化机构	运动形式的转换	机器执行部分 可能有的各种运动形式	
⟳	连杆机构 轮系 带、链传动	→	⟳	变速或 减速回转
	连杆机构 凸轮机构	→	⌒	往复移动
	连杆机构 凸轮机构 螺旋机构	→	↔	往复移动
	间歇运动机构 不完全齿轮机构	→	⇢⇠	间歇运动
	连杆机构	→	⬭	特定轨迹

二、运动副

机构是由构件组成的，是怎么组成的呢？是通过运动副组成的。

1. 运动副的概念

运动副：两构件直接接触而又彼此有一定的相对运动的连接。

平面运动副：构件在同一平面内做相对运动的运动副。

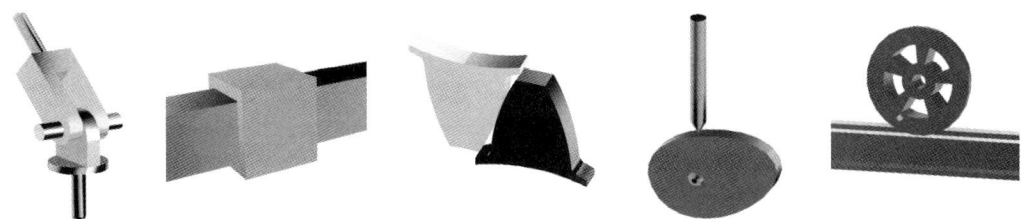

图 1.1.2　运动副

2. 平面运动副的分类

（1）低副——两构件以面接触的运动副。

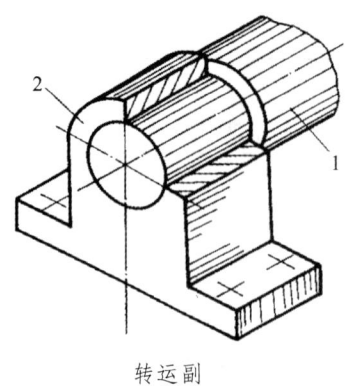

转运副　　　　　　　　移动副

图 1.1.3　低副

（2）高副——两构件以点或线接触的运动副。

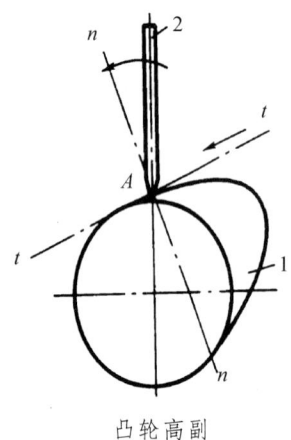 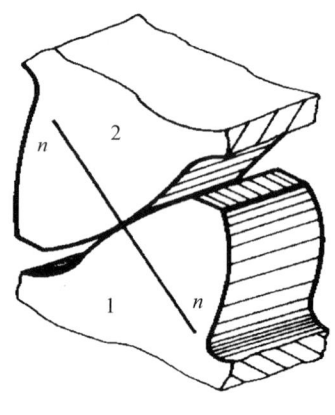

凸轮高副　　　　　　　　齿轮高副

图 1.1.4　高副

3. 运动副的特点（对比）

表 1.1.2　低副、高副的特点对比

低副的特点	高副的特点
接触形式是：面接触	接触形式是：点、线接触
单位面积压力小、较耐用、传略性能好	单位面积压力大、两构件接触处容易磨损
摩擦损失大、效率低	制造和维护困难
不能传递较复杂的运动	能传递较复杂的运动

4. 运动副的符号

表 1.1.3　运动副的符号

低副	转运副					
	移动副					

续表

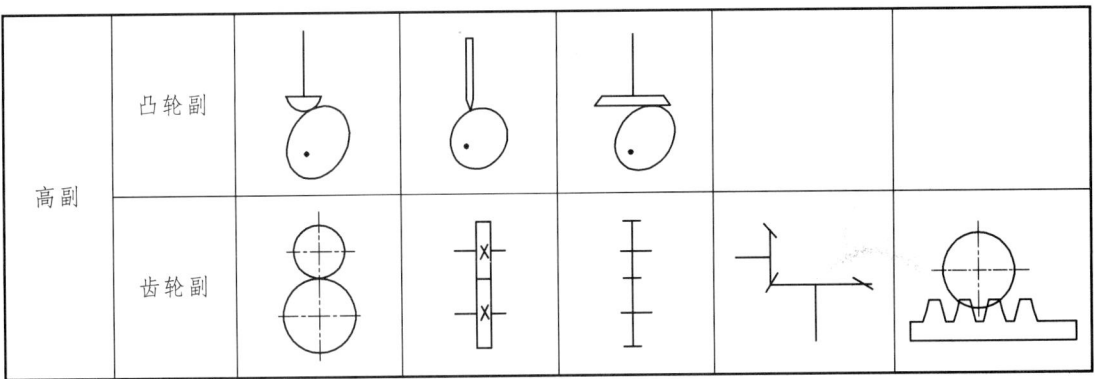

三、机构运动简图

1. 机构运动简图的概念

用规定的线条和符号表示构件和运动副,并按一定比例和相对位置,画出的用以表达机构运动特征的简化图形,称为机构运动简图。它主要用来分析机构的运动特征,和构件的材质、形状无关。

2. 机构简图的绘制方法和步骤

(1)启动机构,观察构件的运动特点。
(2)确定构件的数目和类型。
(3)确定运动副的数目和类型。
(4)选择合理的视图平面。
(5)确定各运动副和构件的方位。
(6)按规定的符号画图。
(7)标注:①标出构件序号;②标出重要的运动副符号;③标出原动件的运动符号。

3. 举 例

【例1】 手动冲压机构的机构运动简图

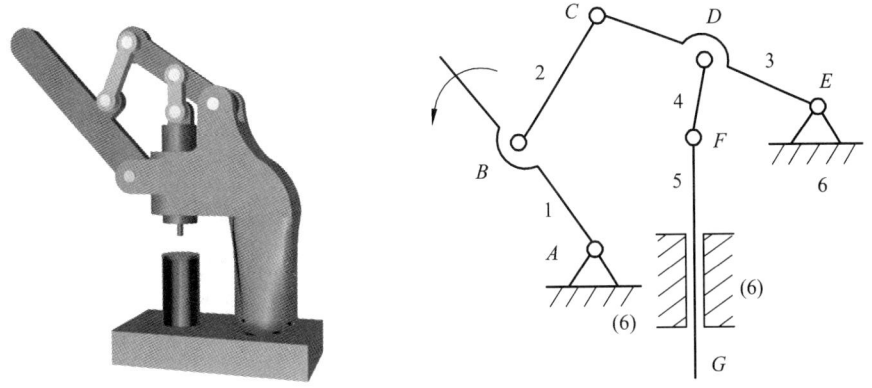

图 1.1.5 手动冲压机构的机构运动简图

【例2】 颚式破碎机机构的机构运动简图

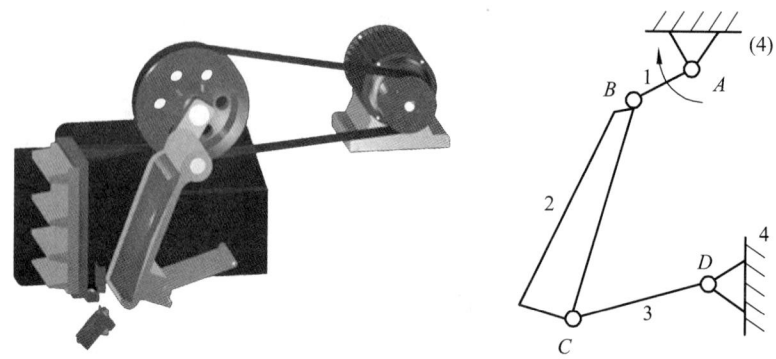

图1.1.6 颚式破碎机机构的机构运动简图

四、平面机构的特点

1. 平面机构的组成

机构的构成要素：① 构件；② 连接形式。
构件相互连接；其相对运动要确定。

2. 平面连杆机构的特征

（1）各构件位于同一平面或在相互平行的平面内运动；
（2）各构件间通过低副相连接；
（3）构件形似"杆"或"块"状。

3. 平面连杆机构的特点

（1）结构简单，易于操作；
（2）杆件用低副连接，受力后压强小、传力大、磨损小；
（3）容易实现较精确的位置精度或轨迹要求；
（4）由于杆件长，可以实现远距离操作；
（5）难于实现高精度的运动规律；
（6）运动惯性力难于平衡，不适于高速场合。

五、平面连杆机构的应用举例

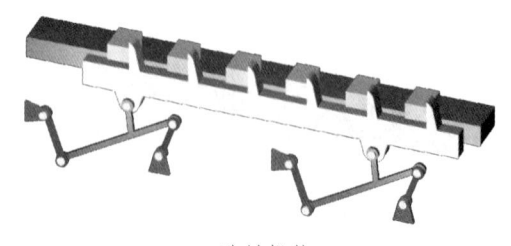

送料机构

车门机构

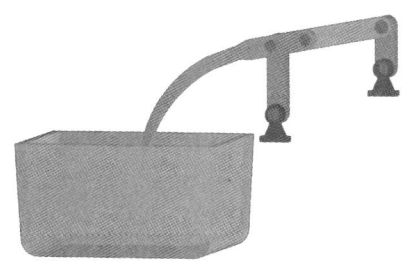 

搅拌器　　　　　　　　　　　　拉片机构

图 1.1.7　平面连杆机构

任务反思与拓展

1. 机构的作用是什么？
2. 机构的运动形式改变有哪些？
3. 怎样绘制机构运动简图？怎样分析机构运动简图？
4. 杆件越多，机构的运动就越复杂。平面连杆机构的最少构件数应该是多少呢？
5. 机构分析（见图 1.1.8）：思考是什么机构？主动件是什么？从动件是什么？

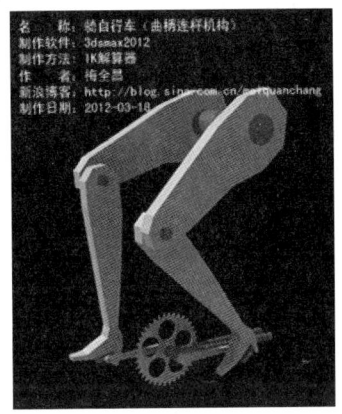

图 1.1.8

6. 机器人关节是不是运动副（见图 1.1.9）？

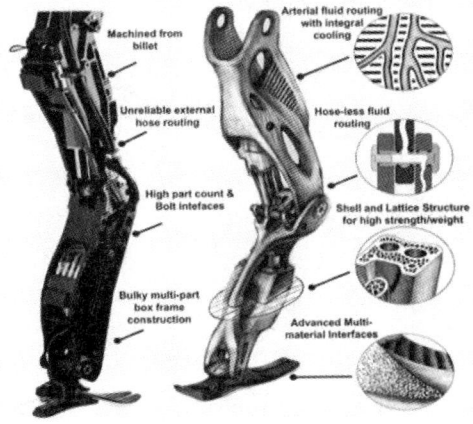

图 1.1.9

7. 组成构件的每个零件之间_____相对运动。
8. 两构件直接接触，并能产生一定的_____的连接称为运动副。
9. 由构件和运动副组成的、每个构件都有确定_____的组合体称为机构。
10. 机构是机器的_____单元。 A. 装配　　B.制造　　C.运动
11. 组成运动副的两构件之间只能绕某一轴线作_____的运动副称为转动副。
12. 两构件通过_____相切而接触运动副称为高副。

任务二　铰链四杆机构

任务导引

平面连杆机构的杆件越多，机构的运动就越复杂。最简单、应用最广泛的平面连杆机构，就是铰链四杆机构。

任务要求

熟悉平面四杆机构的基本类型、特点和应用，能判定铰链四杆机构的类型，了解平面四杆机构的急回特性、压力角、传动角和死点位置。

任务实施

一、组　成

四个构件通过转动副联接而成的平面连杆机构就叫铰链四杆机构。

如图 1.2.1 所示，它由一个机架、两个连架杆和一个连杆组成。其中固定不动的构件称为机架，与机架相连的构件称为连架杆，不与机架相连的构件称为连杆，能做 360° 转动的连架杆称为曲柄，不能做 360° 转动的连架杆称为摇杆。

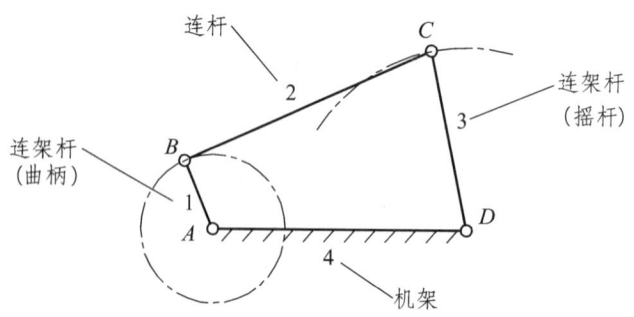

图 1.2.1　铰链四杆机构

动画：铰链四杆机构

二、四杆机构的基本类型、特点和应用

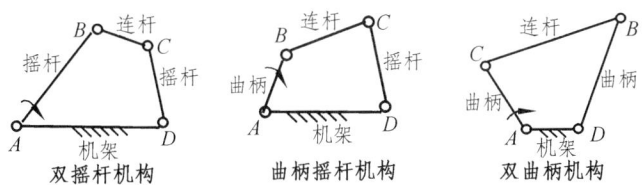

图 1.2.2　四杆机构的类型

（一）曲柄摇杆机构

1. 概　念

铰链四杆机构的连架杆中一为曲柄，另一为摇杆。

2. 功　能

将转动转化为摆动，或者将摆动转化为转动。

3. 应　用

表 1.2.1　曲柄摇杆机构的应用

应用类型	机构名称	模型	简图
（1）以曲柄为原动件的应用	刨床送进机构		
	雷达仰俯机构		
（2）以摇杆为原动件的应用	缝纫机机构		

（二）双曲柄机构

1. 概　念

两个连架杆均为曲柄的铰链四杆机构。

2. 功　能

将等速转动转换为等速同向、不等速同向、不等速反向等多种转动。

3. 应　用

（1）一般双曲柄的应用。

- 两曲柄不等长；
- 主动曲柄等速转动；
- 从动曲柄变速转动。

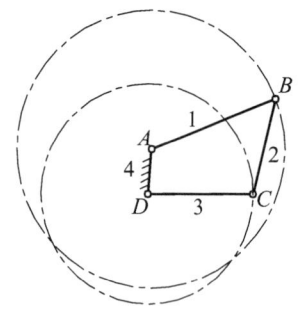

图 1.2.3　双曲柄机构

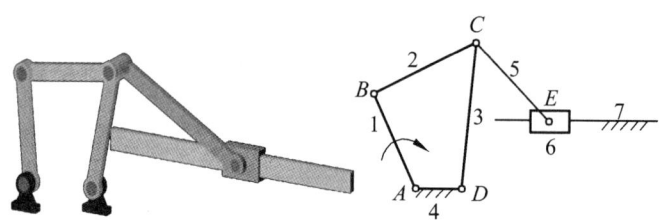

图 1.2.4　筛床六杆机构

（2）平行双曲柄的应用。

- 两曲柄等长，连杆与机架始终平行；
- 主动曲柄与从动曲柄转速相等；
- 从动曲柄的运动具有不确定性。

图 1.2.5　机车车轮联动机构

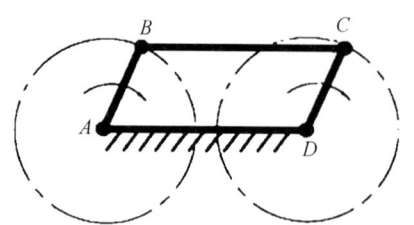
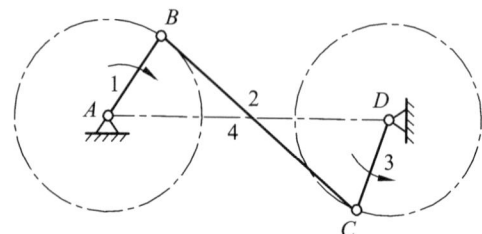

图 1.2.6　平行四边形机构

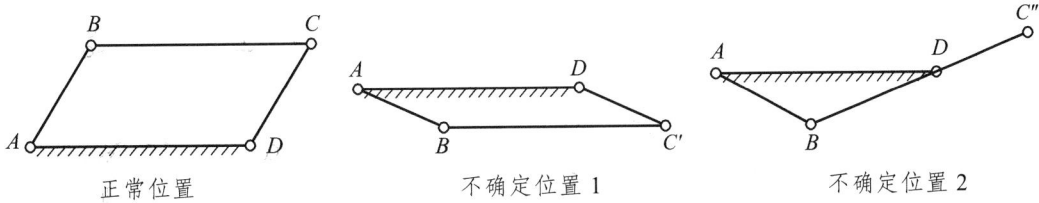

图 1.2.7 关于平行四边形机构运动不确定性的解释

图 1.2.8 解决平行四边形机构运动不确定性的方法

此外，平行四边形机构运动的不确定性，除了辅助曲柄、对称结构以外，还有没有其他的解决方法呢？请你思考。

（三）双摇杆机构

1. 概　念

两个连架杆均为摇杆的铰链四杆机构。

2. 功　能

将一种摆动转换为另一种摆动。

3. 应　用

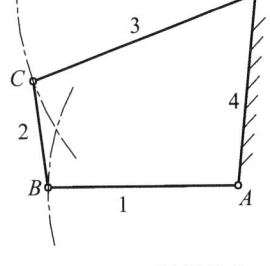

图 1.2.9 双摇杆机构

表 1.2.2 双摇杆机构的应用

名　称	模　型	简　图
鹤式起重机机构		
炉门启闭机构		
飞机的起落架机构		请绘制机构运动简图
汽车的前轮转向机构		请绘制机构运动简图

动画：双摇杆机构

三、曲柄存在的条件

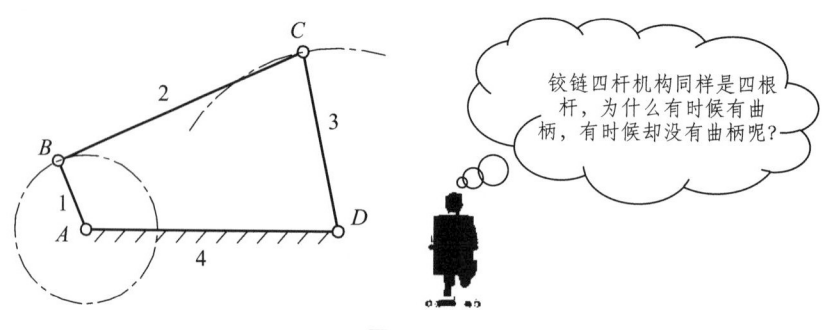

图 1.2.10

铰链四杆机构中是否存在曲柄？有几个曲柄？怎么判断呢？铰链四杆机构的类型怎么判断呢？与哪些因素有关呢？答案是与各构件的相对尺寸以及取哪个构件作为机架有关，即与曲柄存在的条件有关。

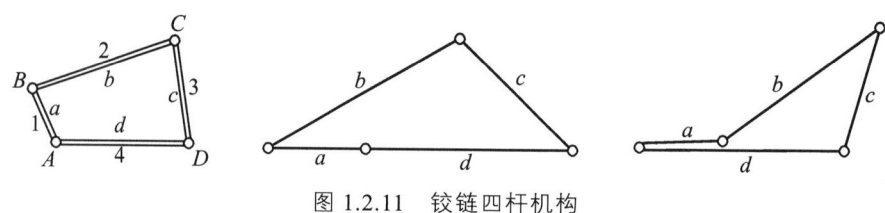

图 1.2.11 铰链四杆机构

通过分析推导，可以得到铰链四杆机构存在曲柄的条件是：
（1）最短杆和最长杆长度之和应小于或等于其余两杆长度之和（杆长条件）。
（2）连架杆和机架中必有一杆为最短杆（最短条件）。
注意：只有上述两个条件同时满足，才有曲柄。
判断铰链四杆机构形式的推论应用如表 1.2.3 所示。

表 1.2.3 铰链四杆机构形式的推断方法

最短杆和最长杆长度之和小于或等于其余两杆长度之和			最短杆和最长杆长度之和大于其余两杆长度之和
取最短杆的相邻杆为机架时	取最短杆为机架时	取最短杆的对面杆为机架时	取任意杆为机架
160, 100, 60, 130	80, 90, 120, 40	70, 140, 160, 100	80, 180, 140, 100
曲柄摇杆机构	双曲柄机构	双摇杆机构	双摇杆机构

【例1】 试判断图 1.2.12 的铰链四杆机构是何机构？
解：（1）70+160 = 100+130 满足条件1；

（2）取长为160的杆为机架，是最短杆的相邻杆；
判断：该机构为曲柄摇杆机构。

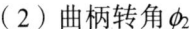

图 1.2.12

四、平面四杆机构的基本特性

（一）连杆机构的急回特性

1. 急回特性概念及其意义

（1）概念
当主动件等速转动时，做输出运动的从动件急速返回的性质。

（2）意义
缩短非工作时间，提高生产效率。

2. 急回特性的表示

很多连杆机构具有急回性质，仅以曲柄摇杆机构为例讨论：

（1）曲柄转角ϕ_1
摇杆工作行程时曲柄转过的角度。

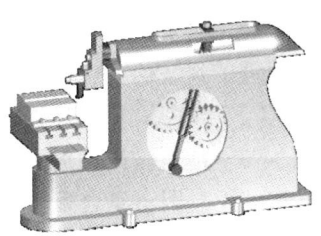

图 1.2.13

（2）曲柄转角ϕ_2
摇杆空回行程时曲柄转过的角度。

（3）摇杆摆角ψ
摇杆在两极位间摆过的角度。

（4）极位夹角θ
摇杆3处于两个极位时，对应两个曲柄位置间所夹锐角。

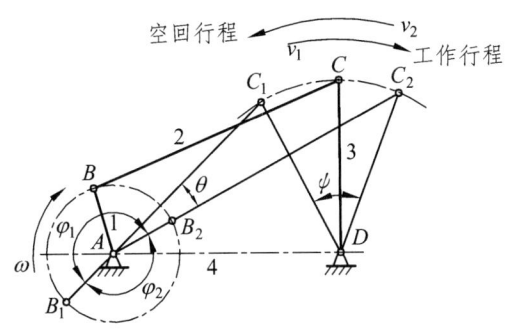

图 1.2.14 曲柄摇杆机构

设C点工作行程速度为v_1，C点空回行程速度为v_2。
当$v_2 > v_1$时，表明机构具有急回性质。
用行程速度变化系数K（$K = v_2/v_1$）反映急回程度。
行程速度变化系数K，又叫行程速比系数K。

$$K = \frac{v_2}{v_1} = \frac{c_2c_1/t_2}{c_1c_2/t_1} = \frac{t_1}{t_2} = \frac{\varphi_1}{\varphi_2} = \frac{180° + \theta}{180° - \theta}$$

分析上式可得如下表格：

$\theta > 0$	⇒	$K > 1$	⇒	$v_2 > v_1$	机构有急回运动
$\theta = 0$	⇒	$K = 1$	⇒	$v_2 = v_1$	机构无急回运动

机构有没有急回特性，主要看这个机构有没有极位夹角 θ。所以，极位夹角 θ 的定义、分析与判断显得非常重要。

3. 四杆机构具有急回特性的条件（也是判断方法与步骤）

（1）输入件做等速整周转动；
（2）输出件做往复运动；
（3）极位夹角 $\theta > 0$。

【例2】试判断对心曲柄滑块机构是否具有急回性质？

解：
（1）判断输入件是否做整转运动？Y
（2）判断输出件是否做往复运动？Y
（3）判断极位夹角 $\theta = ?$（$\theta = 0$）N
结论：因不符合条件之3（$\theta = 0$），故无急回运动。

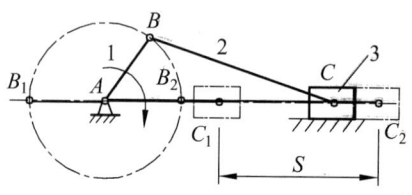

图 1.2.15　对心曲柄滑块机构

【例3】试判断偏置曲柄滑块机构是否具有急回性质？

解：
（1）判断输入件是否做整转运动？Y
（2）判断输出件是否做往复运动？Y
（3）判断极位夹角 $\theta = ?$（$\theta > 0$）Y
结论：因符合全部条件，故有急回运动。

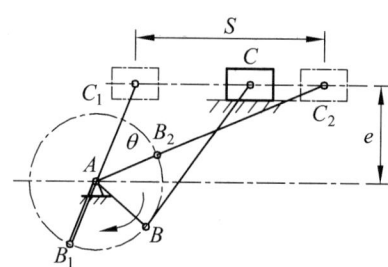

图 1.2.16　偏置曲柄滑块机构

（二）压力角和传动角

1）压力角 α

连杆与输出从动件联接点 C 上，作用力 F 与速度 v_C 之间所夹锐角。

2）传动角 γ

压力角的余角（连杆与输出从动件之间所夹锐角）。
二者的关系：$\alpha + \gamma = 90°$

意义：有效分力：$F_t = F \cdot \cos\alpha = F \cdot \sin\gamma$
　　　有害分力：$F_n = F \cdot \sin\alpha = F \cdot \cos\gamma$

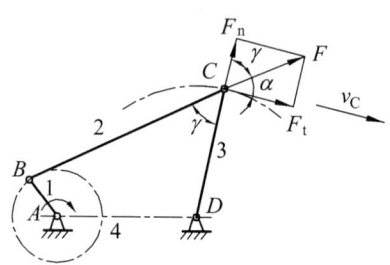

图 1.2.17　曲柄摇杆机构

结论：

（1）压力角 α 愈小、传动角 γ 愈大，有效分力愈大，动力性能就愈好，反之，压力角 α 愈大、传动角 γ 愈小动力性能就愈差。

（2）压力角 α 和传动角 γ 是动态值，各个位置不一样。

注意：当 $\alpha = 90°$、$\gamma = 0°$ 时，机构将不能运动。当 $\alpha = 0°$、$\gamma = 90°$ 时，动力性能最好。

压力角越小，传动角越大，机构的传力效果越好。由此可见，压力角和传动角是反映机构传力性能的重要标志。

【例4】 试分析以下机构的压力角 α 和传动角 γ。

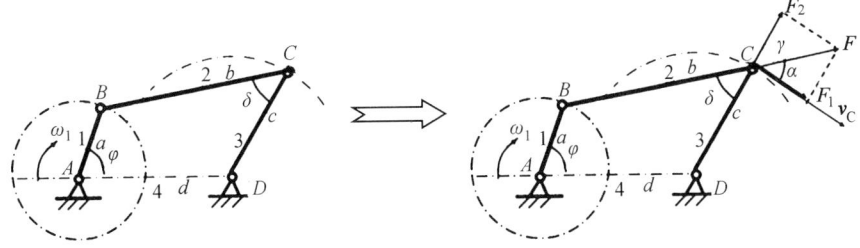

图 1.2.18

（三）死点位置

1. 死点概念

当摇杆主动时：

最小传动角：$\gamma_{min} = 0°$。

有效分力：$F_t = F\sin\gamma = F\sin 0° = 0$。

有害分力：$F_n = F\cos\gamma = F\cos 0° = F$。

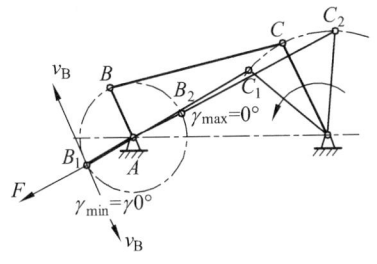

图 1.2.19

此时从动件曲柄得不到转动所需的驱动力，机构被"顶死"，此位置称作机构的死点。即机构的压力角 = 90° 度时的位置，称为机构的死点。

2. 死点的克服与利用

如何克服死点？

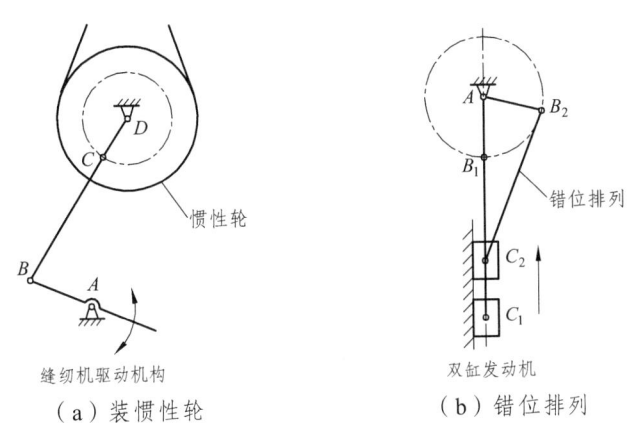

（a）装惯性轮　　　　（b）错位排列

图 1.2.20　克服死点的方法

*请查阅单缸内燃机、多缸内燃机的动画，分析判断死点的克服方法。如何利用死点？

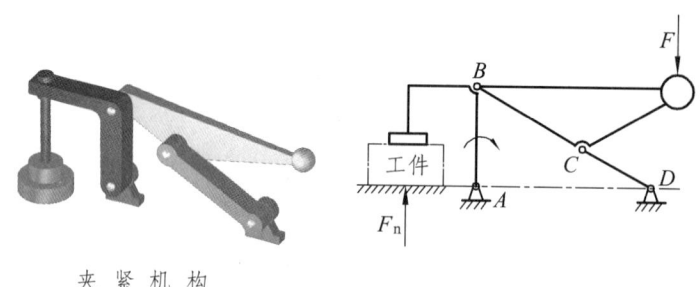

夹紧机构

图 1.2.21 死点的应用

任务反思与拓展

一、填　空

1. 由四个构件和（　　　）依次相连接所组成的机构称为铰链四杆机构。
2. 能够做（　　　）的连架杆称为曲柄。只能做（　　　）的连架杆称为摇杆。
3. 在铰链四杆机构中有（　　）个连架杆、（　　）个机架和（　　）个连杆。
4. 铰链四杆机构的三种类型是（　　　）、（　　　）和（　　　）机构。
5. 铰链四杆机构中能够实现整周转动和往复摆动运动互换的是（　　　）机构。
6. 平行双曲柄机构的特点是曲柄的（　　　）完全相同。
7. 曲柄摇杆机构中最短杆是（　　　）。
8. 在一般双曲柄机构中最短杆一定是（　　　）。
9. 在铰链四杆机构中如果取（　　）杆为连杆，则它一定是双摇杆机构。
10. 急回特性是往复运动从动件"来""去"（　　　）不相等。
11. 机构具有急回特性的程度用（　　　）来表示。
12. 压力角是从动件上受到的主动力方向与该点的（　　　）所夹的锐角。
13. 压力角越大，机构有效分力越（　　　），机构动力传递性能越（　　　）。
14. 机构处于死点位置时其压力角 α =（　　　）。
15. 在曲柄摇杆机械中，当（　　　）为主动件时，机构才会出现死点位置。

二、判断题

1. 在铰链四杆机构中两连架杆都做往复摆动则称为双曲柄机构。　　　　（　　）
2. 双曲柄机构中两个曲柄的角速度恒相等。　　　　　　　　　　　　　（　　）
3、曲柄摇杆机构中曲柄一定是主动构件。　　　　　　　　　　　　　　（　　）
4. 在双摇杆机构中主动摇杆可以做往复摆动也可以做整周转动。　　　　（　　）

5. 在四杆机构中如果存在极位夹角则该机构就有急回特性。　　　　（　　）
6. 曲柄摇杆机构具有急回特性时极位夹角 θ≠0。　　　　　　　　（　　）
7. 曲柄极位夹角越大，特性系数 K 也越大，急回特性越显著。　　（　　）
8. 压力角是从动件上受到的主动力方向与受力点速度方向所夹的锐角。（　　）
9. 压力角越大，有效动力越大，机构动力传递性越好，效率越高。　（　　）

三、选择题

1. 能够把整周转动变成往复摆动的铰链四杆机构是（　　）机构。
   A. 曲柄摇杆　　　　B. 双曲柄　　　　C. 双摇杆
2. 在曲柄摇杆机构中最短杆应是（　　）。
   A. 连架杆　　　　　B. 连杆　　　　　C. 机架
3. 在双摇杆机构中，最短杆应是（　　）。
   A. 摇杆　　　　　　B. 连杆　　　　　C. 机架
4. 具有急回特性四杆机构的行程速比系数 K 应是（　　）。
   A. $K>1$　　　　　B. $K=0$　　　　C. $0<K<1$
5. 机构克服死点位置的方法是（　　）。
   A. 利用惯性　　　　B. 加大主动力　　C. 提高安装精度

四、应　用

1. 观察举例说明，日常生活中四杆机构的应用，并画出机构运动简图。
2. 如图 1.2.22 所示的铰链四杆机构中，已知连杆 $BC=500$ mm，连架杆 $CD=400$ mm，机架 $AD=300$ mm。当该机构是曲柄摇杆机构、双曲柄机构、双摇杆机构时，求杆 AB 长度的范围。
3. 分析图 1.2.23 所示的自行车无链条踏板驱动机构。
4. 扫描二维码观看连杆机构动态图。

动画：复杂的
连杆机构动态图

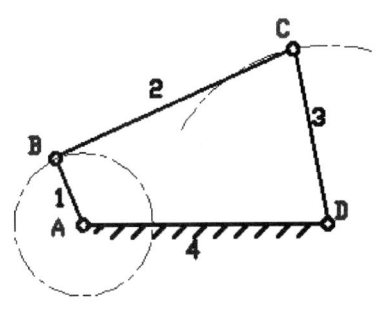

图 1.2.22　铰链四杆机构

图 1.2.23　自行车无链条踏板驱动机构

任务三 凸轮机构

任务导引

各种机器尤其是自动化机器,为实现复杂的运动要求,常采用凸轮机构。这是因为凸轮机构的设计比较简便,只要按照从动件的运动规律把凸轮的轮廓曲线设计出来,从动件就能获得预先规定的运动规律。

任务要求

掌握凸轮机构的分类及应用;了解从动件常用的运动规律及从动件运动规律的选择原则;了解对心直动从动件盘形凸轮轮廓曲线的绘制方法。

任务实施

一、凸轮机构的应用、特点和类型

1. 凸轮机构的应用和组成

凸轮机构能实现任意预期的运动规律,在各行各业的自动化、半自动化机械中得到广泛的应用,如:

图 1.3.1 绕线机构

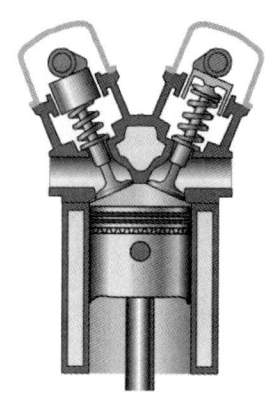

图 1.3.2 内燃发动机的气门机构

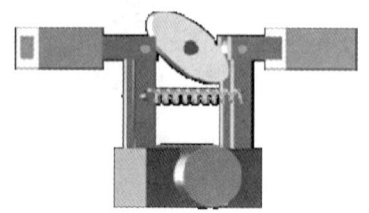

图 1.3.3 机械手机构

图 1.3.4 送料机构

凸轮机构的组成：

凸轮机构是由凸轮、从动件和机架组成。

凸轮机构的功能：

将主动件凸轮的连续转动或移动转化为从动件的往复移动或摆动。

凸轮机构的特点：

（1）结构简单、紧凑；

（2）设计方便，方法多样；

（3）容易实现较复杂的预期运动规律；

（4）属于高副机构，易磨损，不适于重载场合。常用于传力不大的控制机械中。

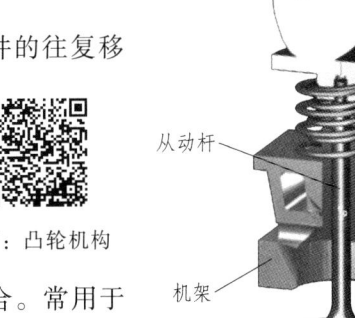

图 1.3.5 凸轮机构的组成

2. 凸轮机构的分类

表 1.3.1 凸轮机构的分类

	盘形凸轮	移动凸轮	圆柱凸轮
（1）按凸轮形状分			

	尖顶从动件	滚子从动件	平底从动件
（2）按从动件端部结构分			

	直动从动件	摆动从动件
（3）按从动件运动方式分		

	力闭锁	形闭锁
（4）按凸轮与从动件的锁合方式分		

按从动件端部结构分类：

尖顶从动件构造简单、易磨损；滚子从动件磨损小、应用广；平底从动件受力好、润滑好、用于高速传动。

以下图示是什么凸轮机构？请在矩形框空白处填写凸轮机构的名称。

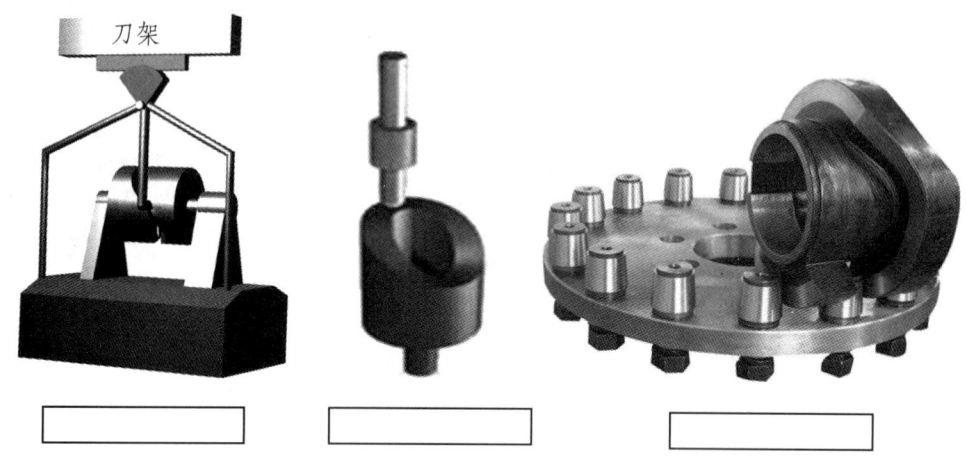

图 1.3.6　凸轮机构

凸轮机构如何命名？

先表述从动件：

（1）说明从动件导路与凸轮铰链中心之间的位置关系，有对心和偏置之分（此条只限于直动从动件）；

（2）说明从动件运动形式，有直动和摆动之分；

（3）说明从动件端部形状；

再表述主动件凸轮：说明凸轮的形状。

【例1】　表述下列凸轮机构的全称。

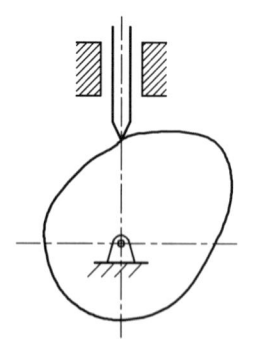 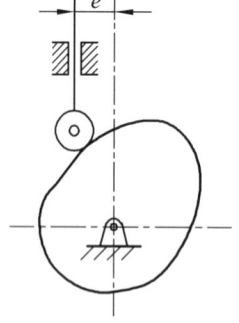 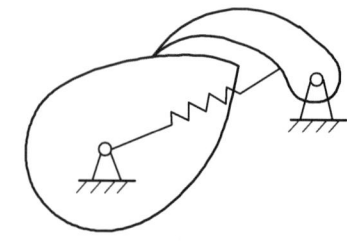

对心直动尖顶从动件盘形凸轮机构　　偏置直动滚子从动件盘形凸轮机构　　摆动尖顶从动件盘形凸轮机构

图 1.3.7　凸轮机构

二、凸轮机构中从动件的常用运动规律

从动件的运动规律取决于主动件凸轮轮廓曲线的形状。凸轮轮廓曲线发生改变，从动件的运动规律也就跟着改变。设计时从动件的运动规律一般由工作情况确定，从动件的运动规律确定了，凸轮的轮廓曲线就确定了。工作时凸轮的轮廓曲线就确定了从动件的运动规律。

图 1.3.8

1. 从动件与凸轮的运动关系及其符号意义

现以对心移动尖顶从动件盘形凸轮机构为例说明符号意义：

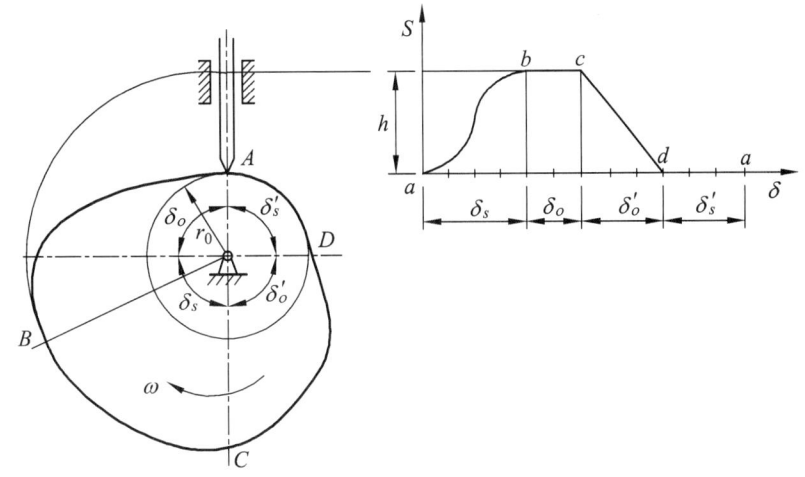

图 1.3.9

r_0—基圆半径（凸轮最小向径圆的半径）；S—从动件位移；δ—凸轮转角；h—从动件升程；
δ_0—推程角；δ_0'—回程角；δ_s—远休止角；δ_s'—近休止角

从动件的运动规律：从动件（推杆）在推程或回程时，其位移 S_2、速度 V_2 和加速度 a_2 随时间 t 的变化规律。

$$S_2 = S_2(t), \quad V_2 = V_2(t), \quad a_2 = a_2(t)$$

（1）等速运动规律。

当凸轮以等角速度转动时，从动件在推程和回程中的速度为常数。

推程始点和终点加速度理论上无穷大，将产生刚性冲击。

结论：等速运动规律适用于低速、轻载场合。

（2）等加速等减速运动规律。

从动件在推程和回程中的加速度为一常数。前半程以等加速上升到 $h/2$，后半程以等减速上升到 h。

推程始点、中点、终点，加速度产生有限突变，将产生柔性冲击。

结论：等加速等减速运动规律适用于中速、轻载场合。

此外，还有简谐运动规律、摆线运动规律等，在此不再叙述了。

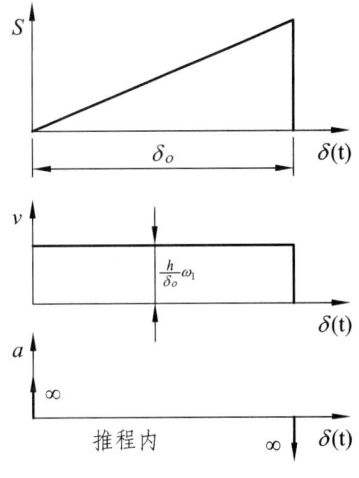

图 1.3.10 等速运动规律图

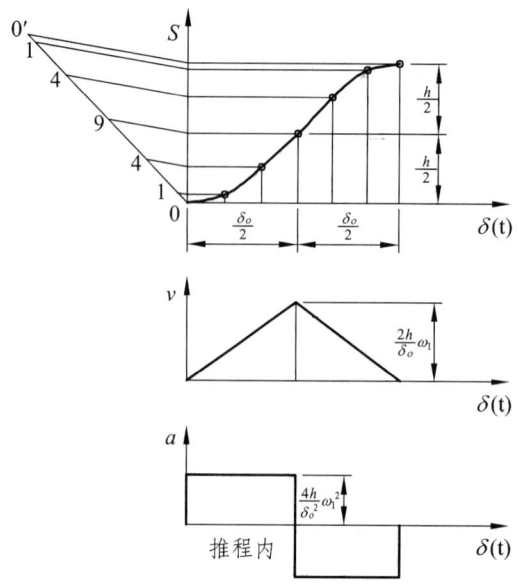

图 1.3.11 等加速等减速运动规律图

常用从动件运动规律的比较如表 1.3.2。

表 1.3.2 常用从动件运行规律比较

序号	从动件运动规律	特 点	应用场合
1	等速运动规律	加速度理论上无穷大，将产生刚性冲击	低速、轻载
2	等加速等减速运动规律	加速度产生有限突变，将产生柔性冲击	中速、轻载
3	简谐运动规律	柔性冲击	中低速、中载
4	摆线运动规律	无冲击	中高速、轻载
5	改进型等速运动规律	无冲击	低速、重载

*2. 从动件运动规律的选择

凸轮机构从动件运动规律的选择

*三、用图解法设计盘形凸轮轮廓曲线

凸轮轮廓曲线的绘制

任务反思与拓展

一、填空题

1. 凸轮机构是由（　　）、（　　）和（　　）三个构件所组成的高副机构。

2. 凸轮与机架组成（　　　）副，凸轮与从动件组成（　　　）副。
3. 按凸轮形状分为（　　　）、（　　　）和（　　　）三种凸轮。
4. 凸轮从动件的端部结构形式有（　　　）、（　　　）和（　　　）三种。
5. 凸轮机构的从动件分为往复（　　　）从动件和往复（　　　）从动件。

二、判断题

1. 凸轮是高副机构，所以凸轮与机架、从动件与机架之间至少有一个组成平面高副。（　　　）
2. 凸轮机构的特点是可以预期的任意运动规律，并且传递动力大。（　　　）
3. 凸轮机构中从动件预期运动规律是由从动件与机架连接形式来决定。（　　　）
4. 盘状凸轮与机架组成转动副。（　　　）
5. 盘状凸轮转速的高低将影响从动件的运动规律。（　　　）
6. 尖顶从动件可使凸轮与从动件接触状态最好。（　　　）

三、选择题

1. 凸轮机构的特点是（　　　）。
   A. 结构简单紧凑　　　B. 不易磨损　　　C. 传递动力大
2. 从动件的预期运动规律是由（　　　）决定的。
   A. 从动件的形状　　　B. 凸轮材料　　　C. 凸轮曲线轮廓形状
3. 凸轮机构中耐磨损、可承受较大载荷的是（　　　）从动件。
   A. 尖顶　　　B. 滚子　　　C. 平底
4. 凸轮机构中可用于高速，但不能用于轮廓内凹场合的是（　　　）从动件。
   A. 尖顶　　　B. 滚子　　　C. 平底

四、问　答

1. 凸轮机构的应用场合是什么？凸轮机构的组成是什么？
2. 通常用什么办法保证凸轮与从动件之间的接触？
3. 凸轮机构分成哪几类？凸轮机构有什么特点？
4. 为什么滚子从动件是最常用的从动件型式？
5. 凸轮机构从动件的常用运动规律有哪些？各有什么特点？

任务四　间歇运动机构

任务导引

一般情况是主动件连续运动，而从动件根据工作需要，有时是做时动时停的周期性间歇运动的，在这种情况下我们应该采用什么样的机构呢？——间歇运动机构。

任务要求

熟悉棘轮机构、槽轮机构、不完全齿轮机构的组成、应用和特性。

任务实施

间歇运动机构是主动件连续运动,从动件做时动时停的周期性间歇运动的机构。主要有:棘轮机构、槽轮机构、不完全齿轮机构。

一、棘轮机构

1. 组　成

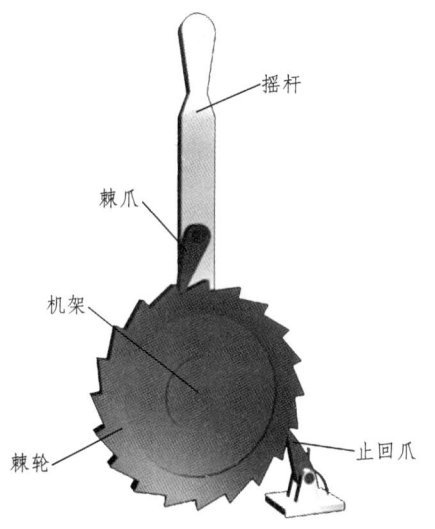

动画:棘轮机构

图 1.4.1　棘轮机构的组成

2. 功　能

将主动件的连续运动转换为从动件周期性时动、时停的间断运动。

3. 棘轮机构的类型

按工作原理分为啮合式棘轮机构和摩擦式棘轮机构两种。

图 1.4.2　啮合式棘轮机构　　　　图 1.4.3　摩擦式棘轮机构

啮合式棘轮机构又可按表 1.4.1 分类。

表 1.4.1 啮合式棘轮机构分类方法

	外棘齿	内棘齿
（1）按棘齿的位置分		
	三角形齿	矩形齿
（2）按棘齿的形状分		
	单动式	双动式
（3）按动作次数分		
	可变向式	移动式
（4）按运动形式分		

4. 调整棘轮每次转过角度的方法

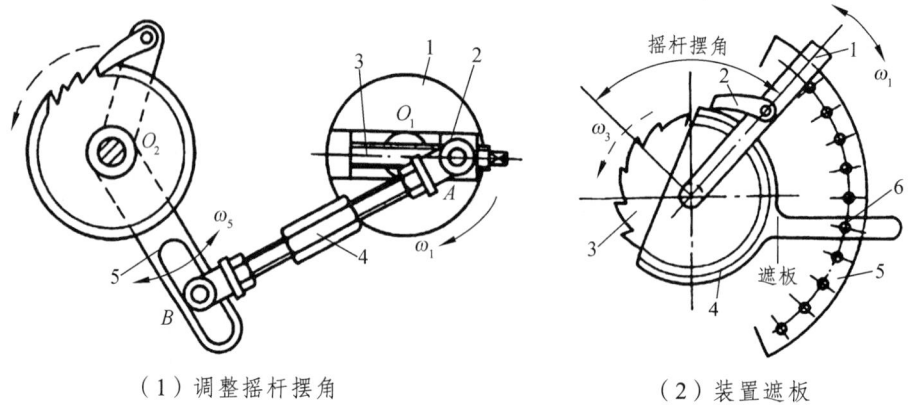

（1）调整摇杆摆角　　　　　　　　（2）装置遮板

图 1.4.4　棘轮转角的调整方法

5. 棘轮机构的特点

（1）结构简单，制造方便，作用独特；
（2）啮合型棘轮机构运动平稳，转角准确，有级调节；
（3）摩擦型棘轮机构运动平稳，运动准确性差，无级调节；
（4）啮合型棘轮机构有较大的冲击、噪声和磨损；
（5）摩擦型棘轮机构可实现无噪声传动。

棘轮机构的特点比较如表 1.4.2 所示。

表 1.4.2　棘轮机构的优缺点

优　点	缺　点
结构简单	冲击和噪声大
制造容易	定位精度差
步进量易于调整	

棘轮机构的应用场合：只能用于速度不高、载荷不大、精度要求不高的场合。

6. 棘轮机构的作用

1）送进作用

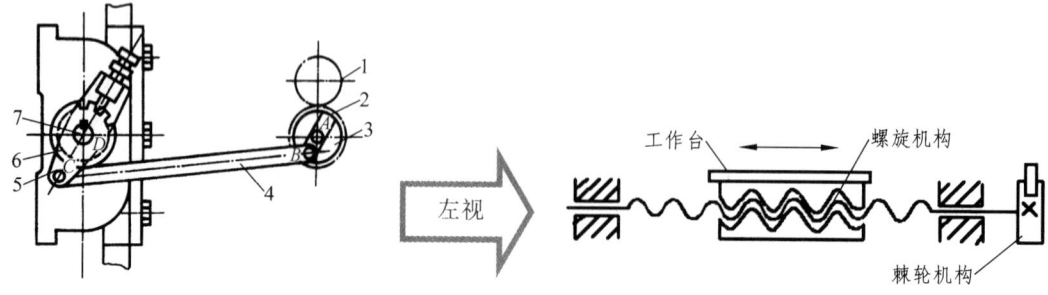

图 1.4.5　牛头刨床工作台进给机

2）驱动作用

如棘轮扳手、自行车后飞轮内部结构（见图 1.4.6 和图 1.4.7）。

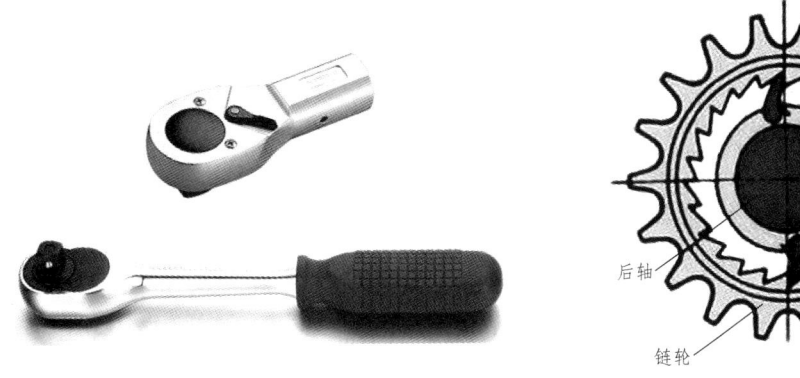

图 1.4.6　棘轮扳手　　　　图 1.4.7　自行车飞轮内部结构

3）制动作用

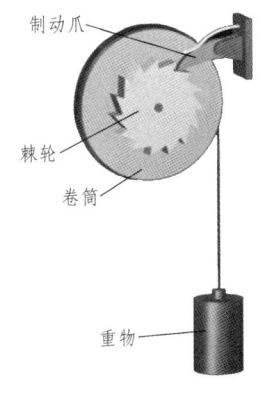

图 1.4.8

二、槽轮机构

1. 槽轮机构的组成与工作原理

如图 1.4.9 所示，槽轮机构主要由带圆销的拨盘、槽轮和机架组成。当主动件拨盘转动时，圆销进入槽轮的槽中，拨动槽轮转动，然后脱离槽轮，槽轮因其凹弧被拨盘的凸弧锁住而静止。

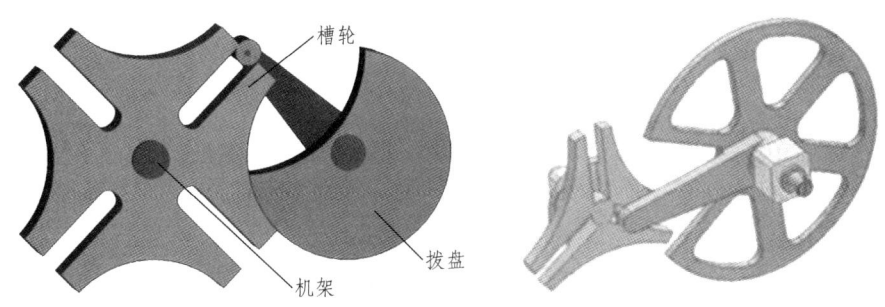

图 1.4.9　槽轮机构

2. 功　能

将主动件拨盘的连续转动转换为从动件槽轮的周期性间歇转动。

3. 槽轮机构的类型

表 1.4.3　槽轮机构的分类方法

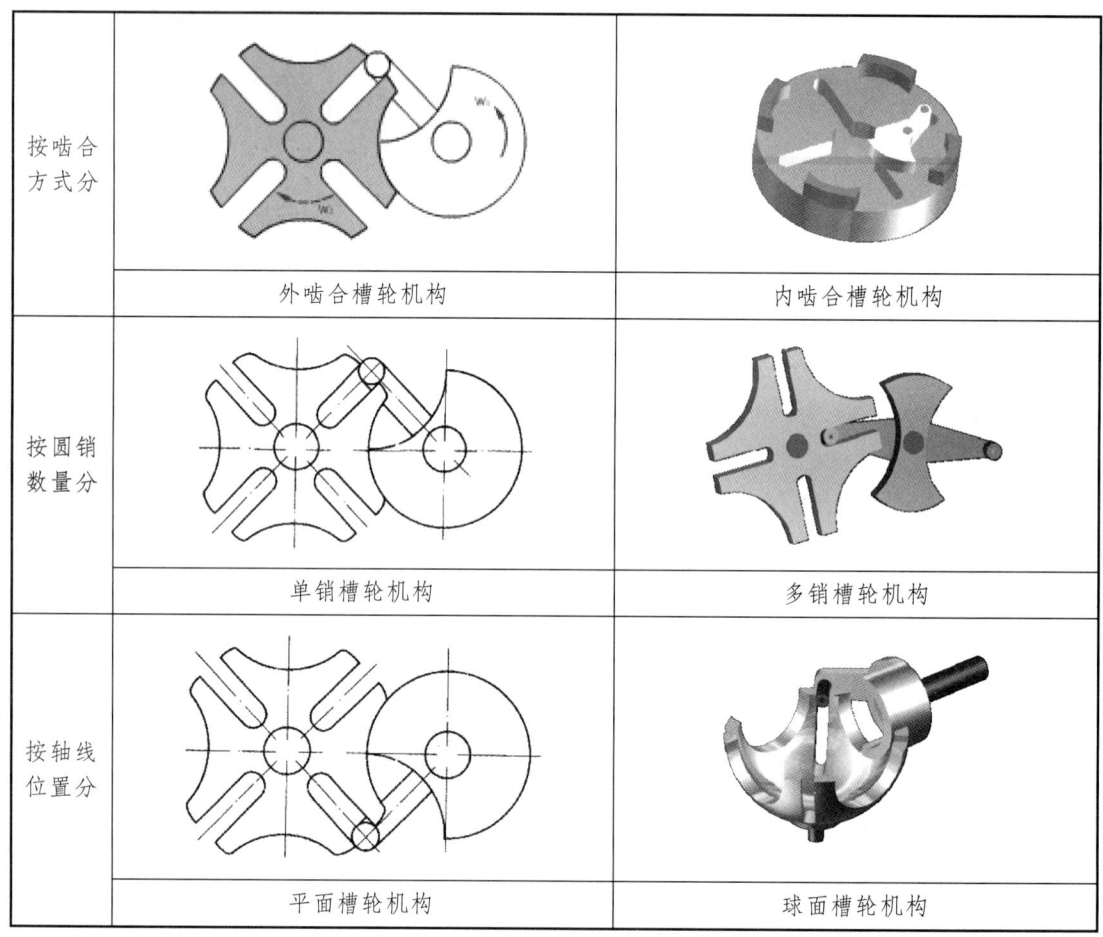

按啮合方式分	外啮合槽轮机构	内啮合槽轮机构
按圆销数量分	单销槽轮机构	多销槽轮机构
按轴线位置分	平面槽轮机构	球面槽轮机构

4. 槽轮机构的特点与比较

表 1.4.4　槽轮机构的优缺点

优　点	缺　点
（1）结构简单，易于制造； （2）转位方便，从动件能在较短时间内转过较大角度，工作可靠； （3）槽轮转位时间与静止时间之比为定值，同时具有分度和定位的功能； （4）机械效率较高	（1）设计自由度小； （2）转位角度受槽数的限制，不能调节，这是其突出缺点； （3）槽轮在启动和停止的瞬间加速度大，有冲击； （4）不适用于高速

与棘轮机构相比，槽轮机构的振动和噪声比较小，但拨盘上的锁住弧定位精度有限，当要求精确定位时，还应设置定位销。

5. 槽轮机构的作用

（1）停留作用；

（2）转位作用。

图 1.4.10　放映机卷片机构

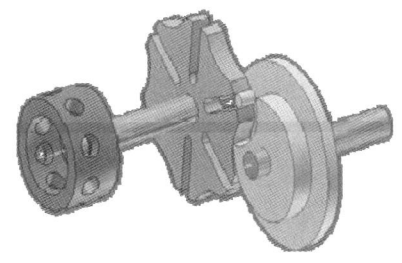

图 1.4.11　六角车床刀架转位

三、不完全齿轮机构

不完全齿轮机构是由普通渐开线齿轮机构演化而成的一种间歇运动机构。它与普通渐开线齿轮机构不同之处是轮齿不布满整个圆周，主动轮的连续转动转换为从动轮的间歇运动。

（1）工作原理。

不完全齿轮机构是由一个或一部分齿的主动轮与按动停时间要求而做出的从动轮相啮合，使从动轮作间歇回转运动的。

不完全齿轮机构在无轮齿处有锁止弧，如图 1.4.12 所示。主动轮上的凸轮止弧与从动轮上的凹轮止弧相配合，使主动轮保持连续转动而从动轮静止不动；两轮轮齿部分相啮合时，相当于渐开线齿轮传动。

图 1.4.12

（2）工作特点。

不完全齿轮机构的结构简单，制造容易，工作可靠，设计时从动轮的运动时间和静止时间的比例可在较大范围内变化。其缺点是从动轮在每次运动始末，速度均有突变，冲击较大，为了改善刚性冲击的缺点，可在主从动轮上加一对瞬心线附加杆（*请上网查阅）。

作用：将主动件不完全齿轮的连续转动或摆动转换为从动件不完全齿轮的间歇转动或齿条的往复移动。

（3）不完全齿轮机构应用广泛，与其他间隙机构相比，其动停时间比不受机构结构的限制，一般用于低速、轻载的场合。

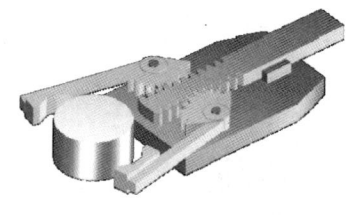

图 1.4.13　蜂窝煤压制机不完全齿轮机构　　图 1.4.14　夹持装置不完全齿轮机构

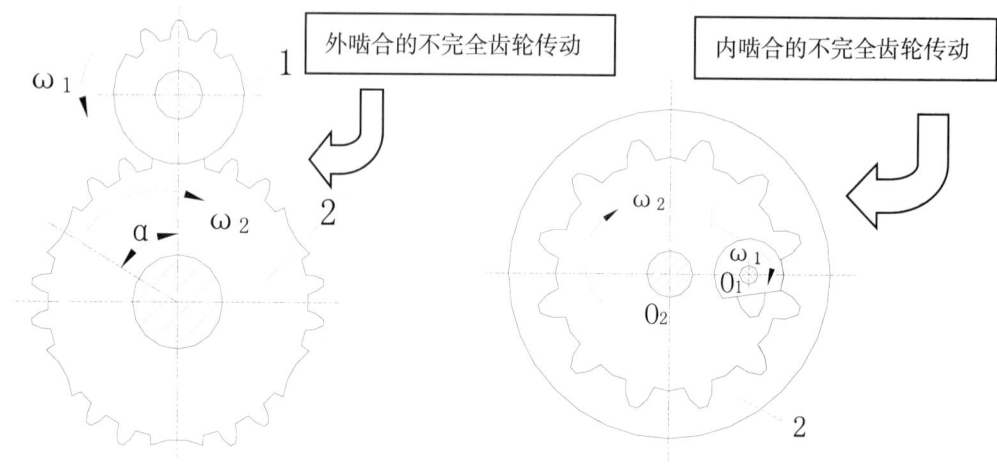

图 1.4.15　不完全齿轮传动机构

任务反思与拓展

1. 棘轮机构由（　　　）、（　　　）、（　　　）和（　　　）组成的。
2. 槽轮机构中由（　　　）、（　　　）、（　　　）组成，（　　　）为主动件。
3. 棘轮机构可以把往复摆动变成间歇性的转动。对否？（　　　）
4. 槽轮机构可以把整周转动变成间歇性的转动。对否？（　　　）
5. 棘轮机构中，一般摇杆为主动件，做（　　　）。
   A. 往复摆动　　　　　B. 往复移动　　　　　C. 整周转动
6. 槽轮机构的主动件做（　　　）运动。
   A. 往复摆动　　　　　B. 往复移动　　　　　C. 整周转动
7. 请分析图 1.4.16 不完全齿轮机构中，主、从动件是否正确？若有错，请改正。

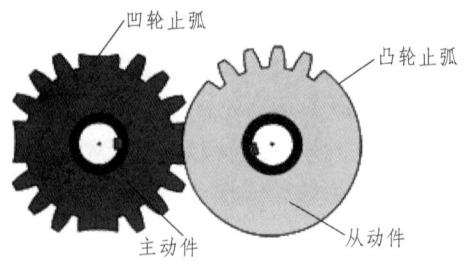

图 1.4.16

8. 主动件转一周，从动件转过多少角度？

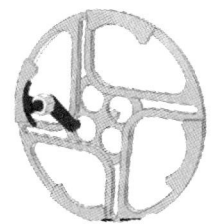

图 1.4.17

任务五　机构的演化与变异、组合与创新

任务导引

机器的工作情况和环境是千变万化，所以机构的类型也是多种多样的，一般是由基本机构组合、变异演化而来的。

任务要求

学习机构的演化与组合，了解四杆机构的变异以及新机构产生的一些方法，学会创新思维，以便在工作中灵活应用。

任务实施

一、机构的演化与变异

图 1.5.1

可以通过构件长度的改变、运动副形式的变化、运动副尺寸变化或变换机架等方式来进行机构的演化与变异。如铰链四杆机构可以把转动副转化成移动副，即变成含有移动副的平面连杆机构，进而演化成各种其他机构。

1. 演化成——曲柄滑块机构

（注意观察：转动副 D 的变化）

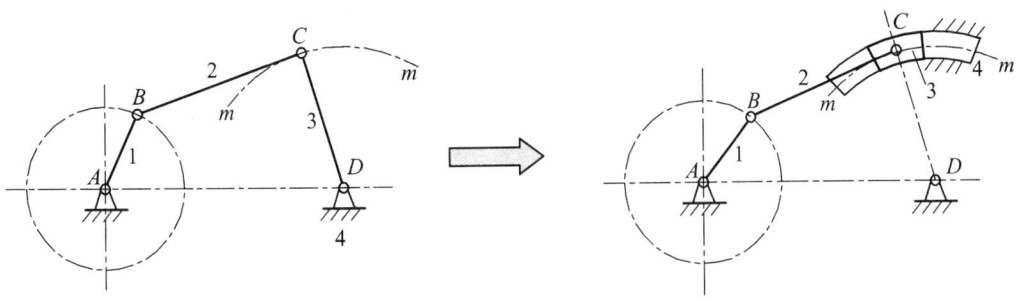

转动副 D 变成了移动副，摇杆 CD 变成了滑块 C

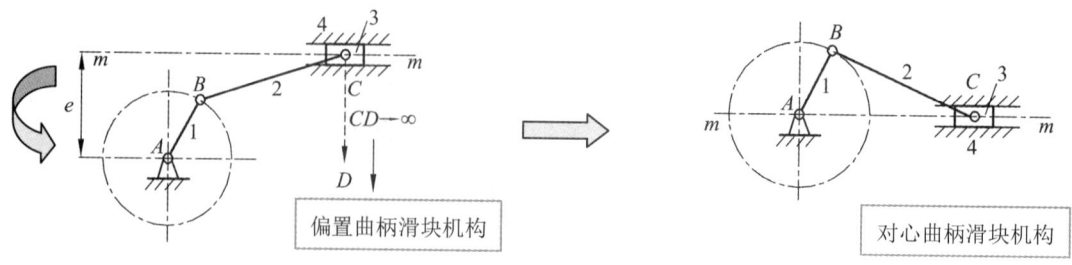

图 1.5.2 曲柄滑块机构

曲柄滑块机构的应用：

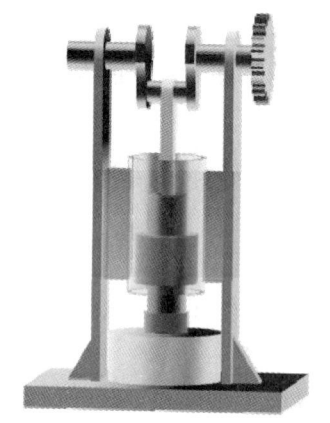

图 1.5.3 冲压机机构

图 1.5.4 内燃机机构

康明斯柴油机发动机，四冲程电子控制，耗油特低，根据用电量多少全自动调节，转速为每分钟 1 500 转。在铁路等行业应用广泛。该发动机的内部核心机构就是对心曲柄滑块机构。

机组电气性能：

额定电压 400/230 V，接线方式 3 相 4 线，额定频率 50 Hz，额定功率因素 0.8（滞后），电压调整率（%）稳态 ≤ ±1，瞬态 ≤ +20 ~ -15，频率调整率（%）稳态 ≤1%（电子调速），瞬态 ≤ +10 ~ -7。

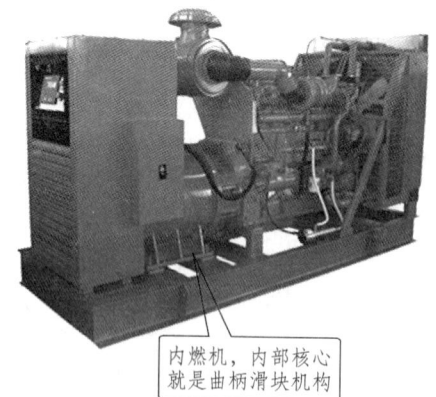

图 1.5.5 内燃机

2. 演化成——偏心轮机构

（注意观察：增大 B 点转动副尺寸，大到包含 A 点，这样曲柄 AB 就成了偏心轮。偏心轮就是一个几何中心 B 与转动中心 A 不重合的圆盘，其转动中心 A 到圆心 B 的距离就叫偏心距。）

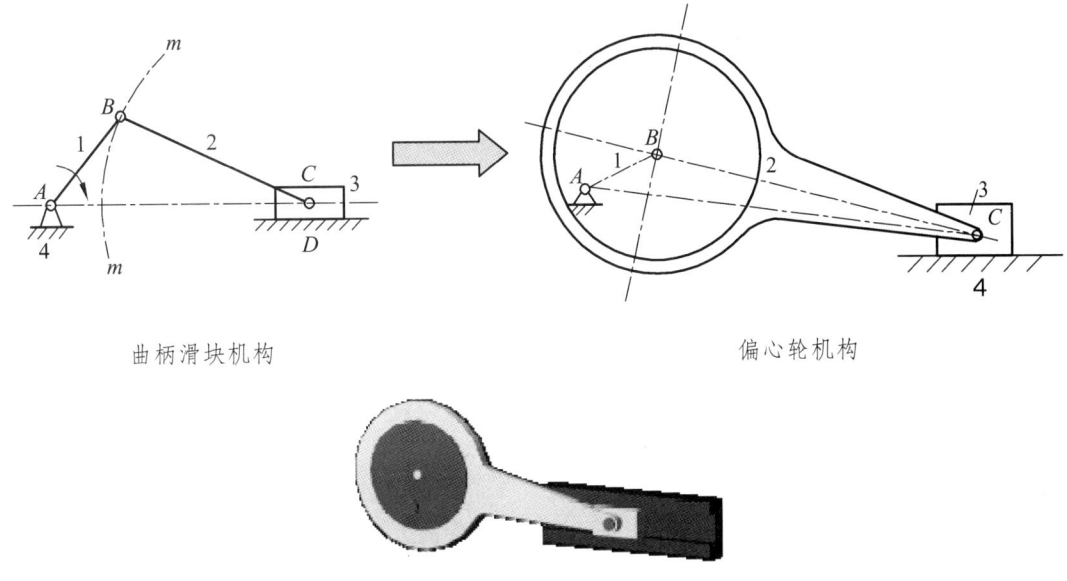

图 1.5.6

在曲柄滑块机构中，若取不同的构件为机架，将会得到不同型式的四杆机构，这就叫变换机架的演化方式，又叫曲柄滑块机构的倒置。

表 1.5.1 机构的演化

曲柄滑块机构	转动导杆机构	摆动导杆机构	摇块机构	定块机构
以 AC 为机架	以 AB 为机架 $l_{AB}<l_{BC}$	以 AB 为机架 $l_{AB}>l_{BC}$	以 BC 为机架	以滑块为机架

下面将以图形来说明：

3. 演化成——导杆机构

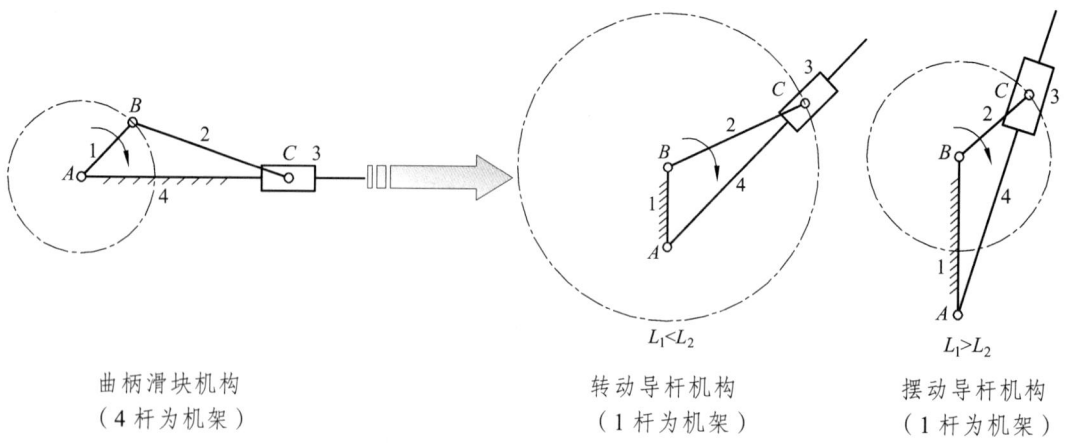

曲柄滑块机构　　　　转动导杆机构　　　　摆动导杆机构
（4杆为机架）　　　　（1杆为机架）　　　　（1杆为机架）

图 1.5.7

导杆机构的应用：牛头刨床机构。

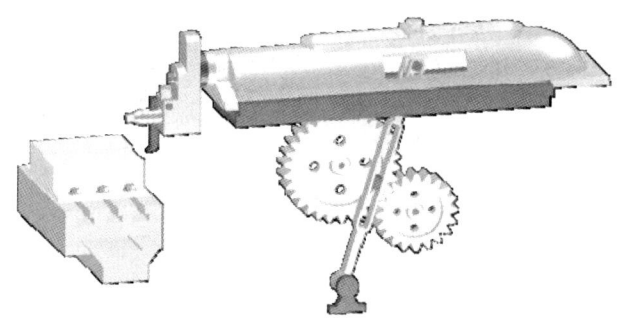

图 1.5.8　牛头刨床机构

4. 演化成——摇块机构

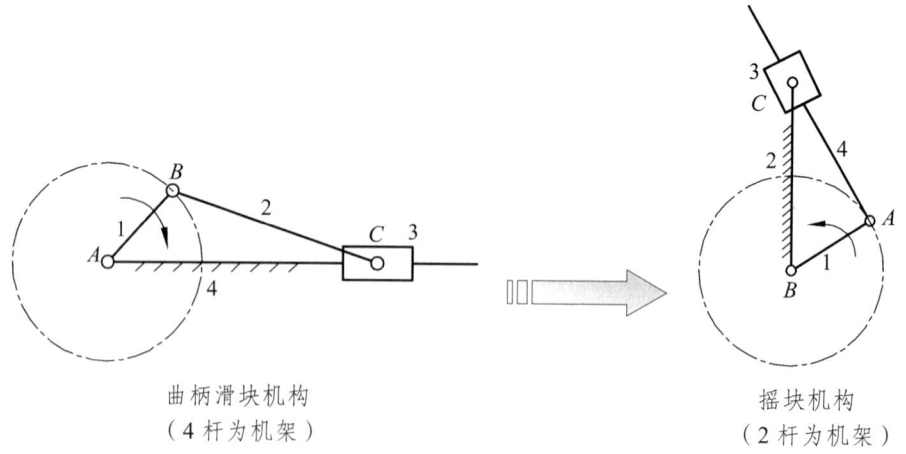

曲柄滑块机构　　　　　　　　　　摇块机构
（4杆为机架）　　　　　　　　（2杆为机架）

图 1.5.9

摇块机构的应用：

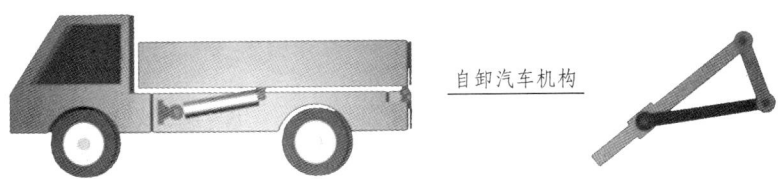

图 1.5.10 自卸汽车机构

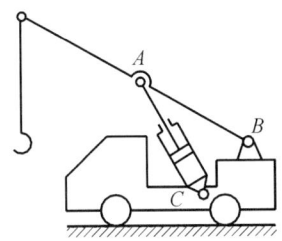

图 1.5.11 吊车的悬臂机构

5. 演化成——定块机构

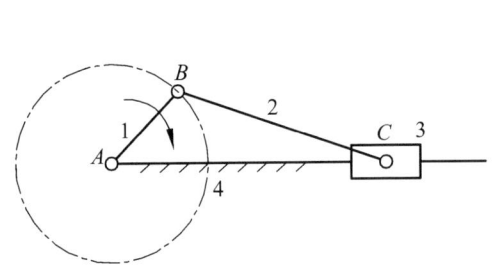

曲柄滑块机构　　　　　　定块机构
（4 杆为机架）　　　　　（3 杆为机架）

图 1.5.12

定块机构的应用：

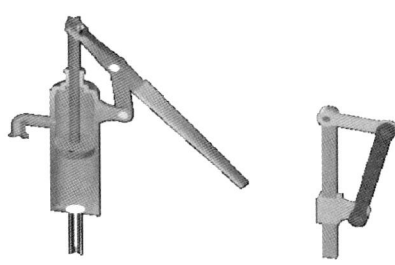

图 1.5.13 压力水机构

二、机构的组合与创新

工作中往往单一的机构不能满足机器的要求,需要一些复杂的机构来完成相关的机械动作,这就需要进行机构的组合与创新。

机构的组合方式主要有:串联式、并联式、封闭式、反馈式、复合式等。

(1)夹持机构是由两个曲柄滑块机构共用一个滑块组合而成的。两个曲柄变形延长形成本机构的工作部分(夹持部分)。滑块的移动,通过连杆使两个曲柄转动,从而把工件夹紧或者放松,完成机械手臂的夹持功能。

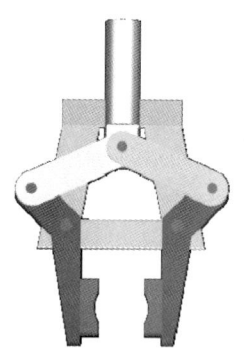
图 1.5.14 夹持机构

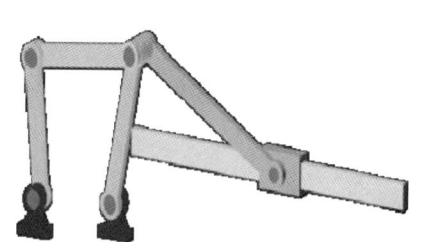
图 1.5.15 筛床六杆机构

(2)筛床六杆机构是由一个双曲柄机构和一个曲柄滑块机构共用一个曲柄组合而成的。双曲柄机构的主动曲柄匀速转动,使从动曲柄变速转动,通过连杆推动着滑块变速滑动,正是因为滑块的变速滑动,因此存在加速度,也就有惯性力,由滑块带动的筛子里的物块因质量不同,产生的惯性力也不一样,在惯性力的作用下,大小不同的物块自然就分开了。

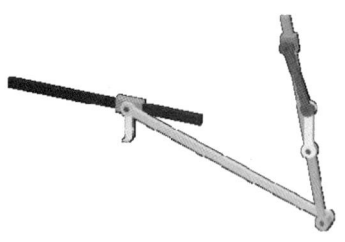
图 1.5.16 简易刨床机构

(3)简易刨床机构是由一个转动导杆机构和一个曲柄滑块机构组合而成的。转动导杆机构中的导杆做 360° 转动,导杆的延长部分也做整周的转动(也就是曲柄),通过连杆使滑块往复移动,滑块的往复移动带动刨刀做切削工作。

机构的叠加组合是指在一个基本机构的可动构件上,再安装一个及以上的基本机构的组合方式。

叠加组合的优缺点:可实现复杂的运动要求,机构的传力功能好,可减少传动功率,但设计构思难度较大。

此外还有齿轮连杆机构、凸轮连杆机构、齿轮凸轮机构、同步带连杆组合机构等。

 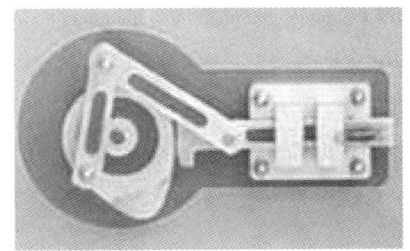

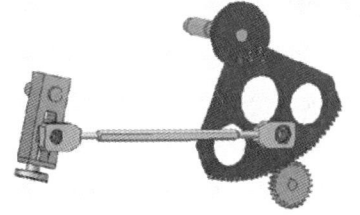 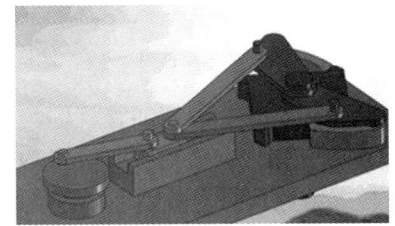

图 1.5.17　各种组合机构

动画：机构的组合与创新

图 1.5.18　机构应用实例、球齿轮机构

任务反思与拓展

1. 德国威士剪叉式升降工作平台是可自行移动的工作平台，是用途广泛的高空作业专用设备，其剪叉式的机械结构，使升降台起升后有很高的稳定性，它有宽大的作业平台和较高的承载能力，适合多人同时作业，使高空作业效率更高，安全更有保障。请你分析该机构的工作情况。

图 1.5.19　德国威士剪叉式升降工作台

2. 日常生活中，举例说明四杆机构的应用，并画出机构运动简图。

3. 吕庸厚、沈爱红编著的《组合机构设计与应用创新》，由机械工业出版社出版。本书系统地分析各类组合机构，开发了新功能的机构，有助于你对组合机构的创新。此外，书中还列举了典型的设计实例，并给出了它们的设计线图，从而省去繁复的计算，使设计简捷且便于选型。

4. 分析图 1.5.20 的图形机构。

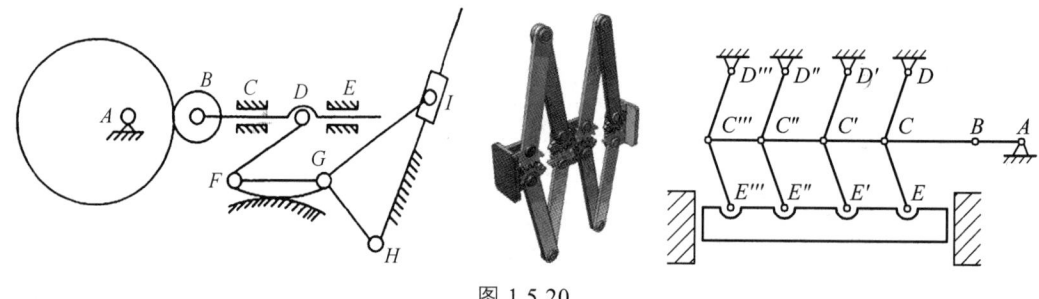

图 1.5.20

5. 上网查询：轮胎竟然可以是球形的？没有轮毂的轮胎竟然能跑？免充气和空心竟然可以同时存在？这些逆天的发明验证了一个道理：脑洞才是第一生产力啊！

项目二　通用零部件

通用零部件是以一种国家标准或者国际标准为基准而生产的零部件。本部分主要研究学习机械通用零部件（如螺纹连接件、键、销、弹簧、轴和轴承等）的类型、结构特点、工作原理和应用等。

任务一　螺纹与螺纹联接件

任务引导

是否见过图 2.1.1 所示零件？其应用在哪些地方？有什么作用？

螺栓和螺母是一种被轻视的零件，但它们又普遍使用在许多重要的场合。如图 2.1.1 所示为高速铁路专用的防盗螺栓。你是否知道起重机回转臂或旋转涡轮螺栓上的载荷？你是否知道原子弹检修孔螺栓是否已经紧固好了？

任务要求

（1）掌握螺纹的基本要素、类型、特点及应用；
（2）能识别常见螺纹连接件。

图 2.1.1

任务实施

一、螺纹的基础知识

1. 常用螺纹的形成

螺纹是指在圆柱（或圆锥）内、外表面上，沿着螺旋线所形成的、具有规定牙型的连续凸起和沟槽。

生产实际中加工螺纹有多种方法，加工在零件外表面上的螺纹叫外螺纹，加工在零件内表面上的螺纹叫内螺纹。如图 2.1.2 和图 2.1.3 所示，在圆柱表面上加工螺纹。

视频：车螺纹　　　　图 2.1.2　车外螺纹　　　　　　图 2.1.3　车内螺纹　　　　钻孔攻丝

2. 螺纹的主要参数

1）牙　型

在通过螺纹轴线的剖面上，螺纹的轮廓形状称为螺纹牙型。常见的螺纹牙型有三角形、梯形、锯齿形、矩形等，如图 2.1.4 所示。其中，三角形螺纹分为普通螺纹和管螺纹，普通螺纹牙型角为 60°，管螺纹牙型角通常为 55°。

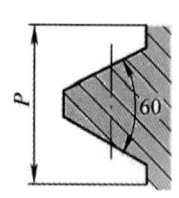
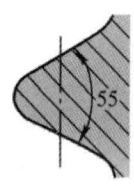
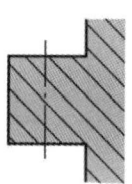
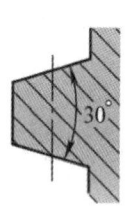
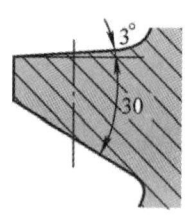

（a）普通螺纹　　（b）管螺纹　　（c）矩形螺纹　　（d）梯形螺纹　　（e）锯齿形螺纹

图 2.1.4　螺纹的牙型

2）螺纹的直径

螺纹的直径有大径 d（公称直径）、小径 d_1、中径 d_2，如图 2.1.5 所示。

大径：是螺纹的最大直径，也是与外螺纹牙顶或内螺纹牙底相重合的假想圆柱面的直径。外螺纹记为 d，内螺纹记为 D。

小径：是螺纹的最小直径，也是与外螺纹牙底或内螺纹牙顶相重合的假想圆柱面的直径，常作为强度计算直径。外螺纹记为 d_1，内螺纹记为 D_1。

中径：在轴向剖面内牙厚与牙宽相等处的假想圆柱面的直径，近似等于螺纹的平均直径。外螺纹记为 d_2，内螺纹记为 D_2，$d_2 \approx 1/2(d + d_1)$。

图 2.1.5

公称直径：一般情况下，螺纹的大径即为螺纹的公称直径，管螺纹除外。

判断技巧：手指能触摸到的为牙顶，不能触摸到的为牙底。

3）螺纹的线数 n

单线螺纹：$n = 1$，沿一条螺旋线形成的螺纹，主要用于连接。

多线螺纹：$n \geq 2$，沿两条或两条以上，且在轴向等距分布的螺旋线所形成的螺纹，主要用于传递。

4）螺距 P 和导程 P_h

螺纹相邻两牙上在中径线上对应两点之间的轴向距离 P 称为螺距。

同一条螺纹上相邻两牙在中径线上对应两点之间的轴向距离 P_h 称为导程。螺距和导程的关系如图 2.1.6 所示。

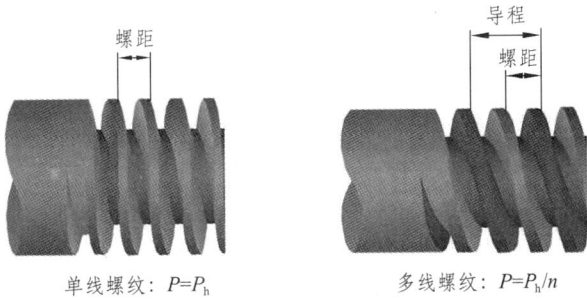

图 2.1.6 螺距和导程

5）螺纹的旋向

螺纹旋向分左旋和右旋两种，判断方法如图 2.1.7 所示，将螺纹的轴线与水平面垂直放置，螺旋线左边较高为左旋螺纹，螺旋线右边较高为右旋螺纹。机械制造中一般采用右旋螺纹，只有特殊要求时，才采用左旋螺纹，左旋螺纹代号标记为 LH。

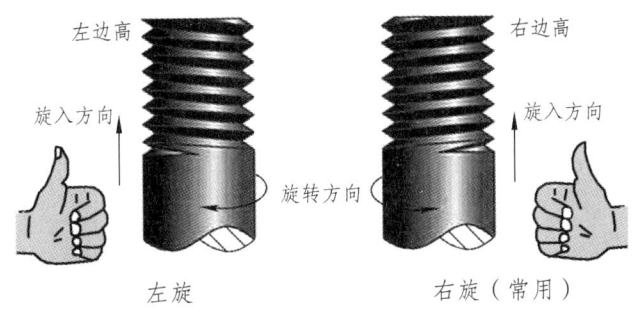

图 2.1.7 螺纹的旋向

只有上述各要素（牙型、大径、旋向、螺距和线数）完全相同的内、外螺纹才能完全旋合。

3. 螺纹的分类

螺纹分类可按螺纹牙型、螺纹用途和标准化程度分类，其特征及用途见表 2.1.1。

表 2.1.1 常用的几种螺纹的特征代号及用途

螺纹种类			特征代号	外形图	用途
连接螺纹	普通螺纹	粗牙	M		最常用的连接螺纹
		细牙			用于细小的精密或薄壁零件的连接和微调装置
	管螺纹		G		用于水、气、油、气管等管路的连接
传动螺纹	梯形螺纹		Tr		用于各种机床的丝杠，做传动用
	锯齿形螺纹		B		只能传递单方向的动力

按标准化程度可分为标准螺纹和非标准螺纹。牙型、大径、螺距符合国家标准的螺纹称为标准螺纹；牙型不符合国家标准的螺纹称为非标准螺纹。

4. 螺纹标注

1）普通螺纹

标注格式：螺纹代号　公称直径×螺距－公差带代号－旋合长度代号－旋向

普通螺纹的螺纹代号用字母"M"表示。

普通粗牙螺纹不必标注螺距，普通细牙螺纹必须标注螺距。

对于多线螺纹，其线数一项应为"P_h导程 P 螺距"，公称直径、导程和螺距的单位为mm。左旋螺纹标注字母"LH"，右旋螺纹不必标注。

中径公差带代号和顶径公差带代号由表示公差等级的数字和字母组成。大写字母代表内螺纹，小写字母代表外螺纹。顶径是指外螺纹的大径和内螺纹的小径，若两组公差带相同，则只写一组。表示内、外螺纹旋合时，内螺纹公差带在前，外螺纹公差带在后，中间用"/"分开。在特定情况下，中等公差精度螺纹不注公差带代号（内螺纹：5H，公称直径小于和等于1.4 mm时；6H，公称直径大于和等于1.6 mm。外螺纹：6h，公称直径小于和等于1.4 mm时；6h，公称直径大于和等于1.6 mm时。）

普通螺纹的旋合长度分为短、中、长三组，其代号分别是S、N、L。若是中等旋合长度，其旋合代号N可省略。

例：

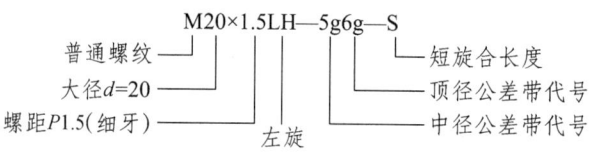

2）管螺纹

管螺纹是位于管壁上用于连接的螺纹，有55°非密封管螺纹（G）和55°密封管螺纹（R、Rc、Rp）。主要用来进行管道的连接，使其内外螺纹的配合紧密，有直管和锥管两种。管螺纹只标注牙型符号、尺寸代号和旋向。具体尺寸可查表2.1.2。

标注格式：

密封管螺纹　特征代号　尺寸代号—旋向

非密封管螺纹　特征代号　尺寸代号　公差等级代号 — 旋向

例：R 1/4。

表2.1.2　管螺纹基本尺寸表（GB/T 7307—1987）

公称直径	每英寸	螺距 p	螺纹直径			牙型高度	圆弧半径
（英寸）	牙数 n		外径 d	中径 d_2	内径 d_1	h_1	r
（1/8）	28	0.907	9.729	9.148	8.567	0.581	0.125
1/4	19	1.337	13.158	12.302	11.446	0.856	0.184
3/8	19		16.663	15.807	14.951	0.856	0.184

续表

公称直径 (英寸)	每英寸牙数 n	螺距 p	螺纹直径 外径 d	螺纹直径 中径 d_2	螺纹直径 内径 d_1	牙型高度 h_1	圆弧半径 r
1/2	14	1.814	20.956	19.794	18.632	1.162	0.249
(5/8)	14		0.912	21.75	20.588		
3/4	14		26.442	25.281	24.119		
(7/8)	14		30.202	29.04	27.878		
1	11	2.309	33.25	31.771	30.293	1.479	0.317
1.1/8	11		37.898	36.42	34.941		
1.1/4	11		41.912	40.433	38.954		
1.3/8	11		44.325	42.846	41.367		
1.1/2	11		47.805	46.326	44.847		
1.3/4	11		53.748	52.27	50.791		
2	11		59.616	58.137	56.659		
2.1/4	11		65.712	64.234	62.755		
2.1/2	11		75.187	73.708	72.23		
2.3/4	11		81.537	80.058	78.58		
3	11		87.887	86.409	84.98		
3.1/2	11		100.334	98.855	97.376		
4	11		113.034	111.556	110.077		
5	11		138.435	136.957	135.478		
6	11		163.836	162.357	160.879		

3）梯形螺纹与锯齿形螺纹

梯形螺纹和锯齿形螺纹的标注和普通螺纹类似，梯形螺纹代号为"Tr"，锯齿形螺纹代号为"B"。

标注格式：螺纹代号 公称直径×螺距－公差带代号－旋合长度代号－旋向

例：

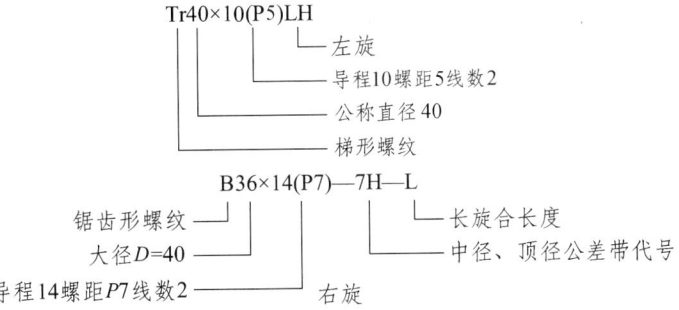

二、螺纹连接件

螺纹连接件的类型很多，常用的有螺栓、螺钉、紧定螺钉、双头螺柱及垫片等防松零件，其结构和尺寸均已标准化，在选用时，除特殊结构外，尽量采用标准件，详见表2.1.3。

表 2.1.3 螺纹连接件的基本类型

名称	图例	结构特点及应用
螺钉	圆柱头　内六角　沉头	头部形状有圆头、扁圆头、六角头、圆柱头和沉头等。起子槽有一字槽、十字槽、内六角孔等。十字槽强度高，便于用机动工具。内六角头螺栓可代替普通六角头螺栓，用于要求结构紧凑的地方
紧定螺钉		紧定螺钉的末端形状，常用的有锥端、平端和圆柱端。锥端用于被紧定零件的表面硬度较低或不经常拆卸的场合；平端接触面积大，不伤零件表面，用于顶紧硬度较大的平面或经常拆卸的场合；圆柱端压入轴上的凹坑中，用于紧定空心轴上的零件位置
六角头螺栓		螺栓精度分 A、B、C 三级，杆部可以是全螺纹或一段螺纹
双头螺柱		两端均有螺纹，两端螺纹可以相同或不同。一端拧入厚度大不便穿透的被连接件，另一端用螺母
六角螺母		根据螺母厚度的不同，分为标准型和薄型两种。薄螺母常用于受剪力的螺栓上或空间尺寸受限制的场合。螺母的制造精度和螺栓相同，分为 A、B、C 三级，分别与相同级别的螺栓配用
槽形螺母		和开口销配合使用，能有效防止螺纹松动
垫圈 平垫圈		常用的垫圈有平垫圈、弹簧垫圈、斜垫圈等。其作用是增大被连接的支承面，降低支承面的压强，防止拧紧螺母时擦伤被连接件的表面。平垫圈与螺栓、螺柱、螺钉配合使用，弹簧垫圈与螺母等配合使用，可起摩擦防松作用
垫圈 弹簧垫圈		

任务拓展与反思

1. 简述螺距、导程、线数的关系？
2. 螺纹的主要用途是_____和_____。
3. 螺纹按旋向分为_____螺纹和_____螺纹。
4. 螺纹按牙型分为_____形、_____形、_____形和_____形四种。
5. 能组成螺纹副的螺杆与螺母必须是旋向_____、牙型_____、参数_____。
6. 普通螺纹牙型截面是_____，牙型角 α = _____，主要用于_____。
7. 螺纹按用途分类，可分为_____螺纹和_____螺纹。
8. 普通螺纹的公称直径是指_____。
9. 常用的螺纹连接件有哪些，适用于哪些场合？

任务二　螺纹连接类型、预紧与防松

任务导引

说说哪些场合或设备上使用了螺纹连接,并试着分析在使用过程中有哪些注意事项?

图 2.2.1

任务要求

(1)了解常用的螺纹连接类型及应用特点;
(2)掌握螺纹连接预紧的作用和防松的方法。

任务实施

一、螺纹连接类型

螺纹连接是利用螺纹连接件将若干个被连接件连接在一起,是一种可拆卸的连接方式。其具有装拆方便、结构简单、工作可靠等优点,在机械设备中有广泛应用。螺纹连接的主要类型包括:螺栓连接、双头螺柱连接、螺钉连接、紧定螺钉连接及一些特殊连接方式。连接结构及应用特点见表2.2.1。

表 2.2.1　常用的螺纹连接

类　型		构造图例	特点及应用
螺栓连接	普通螺栓连接		被连接件不太厚,螺杆带钉头,通孔不带螺纹,螺杆穿过通孔用螺母拧紧。装配后孔与杆间有间隙,杆与孔的加工精度要求低,结构简单,装拆方便,可多次装拆,应用较广。适用于传递轴向载荷且被连接件的厚度不大,能从两边进行安装的场合
	铰制孔螺栓连接		装配后无间隙,杆与孔的加工精度要求高,采用基孔制配合铰制孔螺栓连接。主要承受横向载荷,也可作定位用。 适用于利用螺栓杆承受横向载荷或固定被连接件相互位置的场合
双头螺柱连接			螺杆两端无钉头,但均有螺纹,装配时一端旋入被连接件,另一端配以螺母。拆装时只需拆螺母,而不将双头螺栓从被连接件中拧出。 适用于被连接件之一太厚不便穿孔、结构要求紧凑或须经常装拆的场合

续表

类　型		构造图例	特点及应用
螺钉连接			螺钉不配螺母，直接拧入被连接件体内的盲孔，结构紧凑。适用于被连接件之一太厚且不宜经常装拆的场合
紧定螺钉连接			紧定螺钉旋入被连接件之一的螺纹孔中，其末端顶住另一个被连接件的表面或相应的凹坑中，末端具备一定的硬度。适用于固定两个零件的相应位置，并传递不大的力和转矩的场合
特殊连接	地脚螺栓		地脚螺栓主要应用于将机座或机架固定在地基上的连接。使用前，应将地脚螺栓预埋在地基内
	T形槽螺栓		T形槽螺栓主要用于工装设备中的工装零件与工装机座的连接
	吊环螺钉		吊环螺钉主要装在机器或大型零、部件的顶盖或外壳上，以便于对设备实施起吊

视频：螺钉连接

视频：螺栓连接

视频：螺柱连接

二、螺纹连接的预紧与防松

连接螺纹一般可以满足自锁条件，但在冲击、振动、交变载荷或温度变化很大的情况下，连接有可能松开，也有可能造成严重事故。你知道哪些因螺纹连接松脱而导致的事故吗？

因此，在使用螺纹连接时，必须考虑螺纹的预紧和防松。

1. 螺纹连接的预紧

大多数螺纹连接在承受工作载荷之前,装配时就已经拧紧,称之为预紧。

预紧目的:防止连接松脱,增强可靠性;使被连接件接合面具有足够的紧密性;使接合面产生摩擦力,以承受横向载荷。

螺丝拧紧退回半圈

按照工作条件的要求,螺纹连接分为有预紧力要求和无预紧力要求的连接。有预紧力要求的要用专业扳手进行拧紧(如图 2.2.2 所示),保证所有的螺栓都有同样的预紧力。预紧时需要控制预紧力的

视频:测力矩扳手

大小,因为预紧力过大时容易造成螺纹失效,过小则达不到预紧的效果。对于无预紧要求的连接,要特别注意不能拿大扳手来拧小螺栓,或是加长扳手的长度来拧紧螺栓,这样很容易导致扭力过大而扭断螺栓,工程实际中一般根据操作经验来控制预紧力的大小。

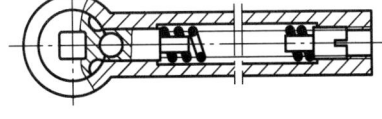

(a)测力矩扳手　　　　　　　(b)定力矩扳手

图 2.2.2 预紧力测量工具

定力矩扳手

2. 螺纹连接的防松

因在实际工作中,受各种情况影响,螺纹副中正压力在某一瞬间消失、摩擦力为零,从而使螺纹连接松动,长期反复,螺纹连接就会松脱而失效。为此,必须进行防松处理。

防松原理:消除(或限制)螺纹副之间的相对运动,或增大相对运动的难度。

常用的防松方法有摩擦防松、机械防松和其他防松,其具体结构、原理和特点见表 2.2.2。

表 2.2.2 几种常用的防松方法

防松方法		结构图例	原 理	特点及应用
摩擦防松	对顶螺母		两螺母对顶拧紧后,上下两螺母与螺栓螺纹接触面相反,使旋合螺纹间始终受到附加的压力和摩擦力的作用	结构简单,适用于平稳、低速和重载的固定装置的连接
	弹簧垫圈		螺母拧紧后,靠垫圈压平而产生的弹性反力使旋合螺纹间压紧。同时垫圈斜口的尖端抵住螺母与被连接件的支承面,也有防松作用	结构简单,使用方便,但在振动冲击载荷作用下,防松效果较差,一般用于不甚重要的连接
	自锁螺母		螺母一端制成非圆形收口或开封后径向收口。当螺母拧紧后,收口胀开,利用收口的回弹力使旋合螺纹间压紧	结构简单,防松可靠,可多次装卸而不降低防松性能

续表

防松方法		结构图例	原 理	特点及应用
机械防松	开槽螺母与开口销	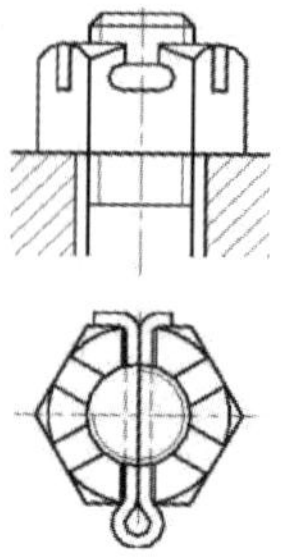	六角开槽螺母拧紧后,将开口销穿入螺栓尾部小孔和螺母的槽内,并将开口销尾部掰开与螺母侧面贴紧	适用于有较大冲击、振动的高速机械中运动部件的连接
	止动垫圈	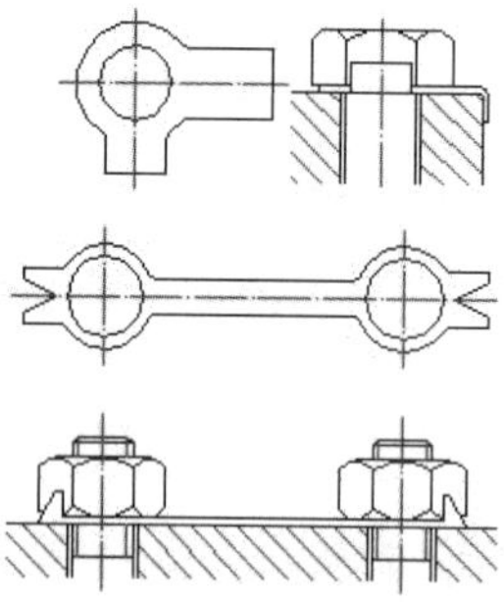	螺母拧紧后,将单耳或双耳止动垫圈分别向螺母和被连接件的侧面折弯贴紧,即可将螺母锁住。若两个螺栓需要双联锁紧时,可采用双联止动垫圈,使两个螺母相互制动	结构简单,使用方便,防松可靠
	串联钢丝	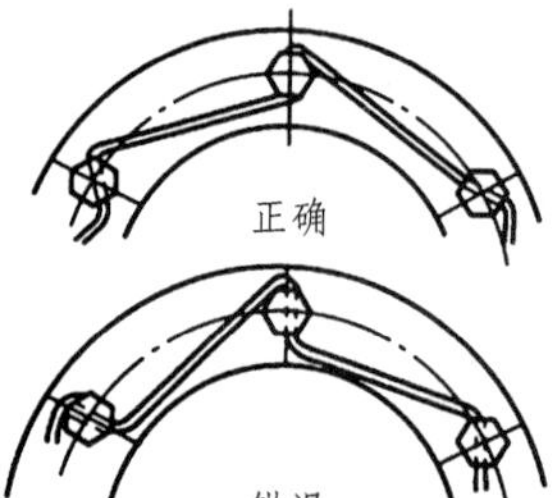	用低碳钢丝穿入各螺钉头部的孔内,将各螺钉串联起来使其相互制约,使用时必须注意钢丝的穿入方向,防松可靠	适用于螺钉组连接,但是拆卸不方便
破坏螺纹副运动关系	永久防松	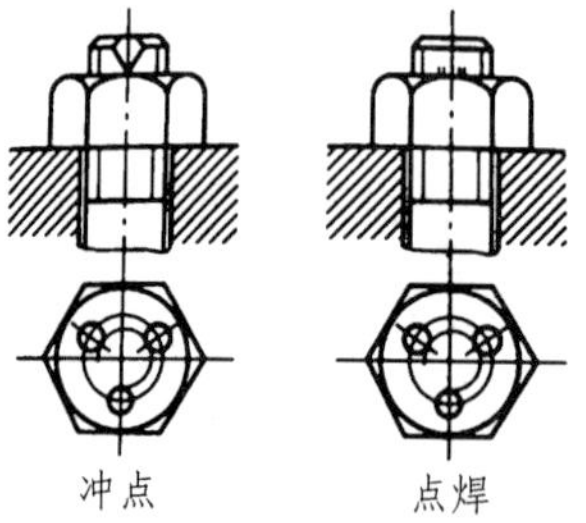	在螺纹件旋合好后,用冲头在旋合缝处或在端面冲点、点焊防松,防松效果很好	不可拆卸
	化学防松	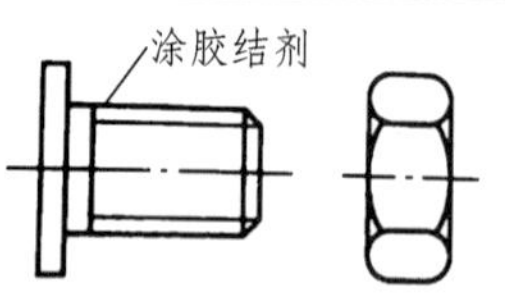	黏合,用黏合剂涂于螺纹旋合表面,拧紧螺母后黏合剂能自动固化,防松效果良好	不便拆卸

任务拓展与反思

1. 常用的螺纹联接的类型有哪些？各适合于什么场合？

2. 简述螺栓联接的特点和应用。
3. 简述螺纹连接预紧的目的及要求。
4. 螺纹联接中,为什么采用防松装置?比较常用的螺纹防松方法的特点是什么?
5. 受拉螺栓连接是靠静摩擦力来连接的。(判断)   (   )
6. 受剪螺栓连接是靠螺栓受剪切和挤压来连接的。(判断)   (   )
7. 弹簧垫圈是为了增大支承面积,减小挤压应力。(判断)   (   )
8. 螺纹连接是利用_____,是一种_____的连接方式。
9. 螺纹的预紧是指_____。

任务三　键与键连接

任务导引

怎样才能使轴与轮毂一起转动呢?怎样把运动和动力从一根轴传递到另一根轴呢?

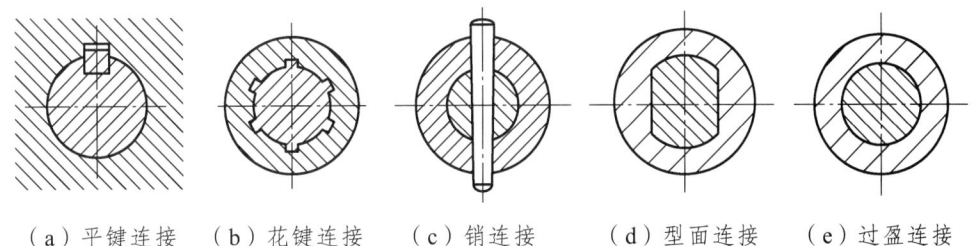

（a）平键连接　（b）花键连接　（c）销连接　（d）型面连接　（e）过盈连接

图 2.3.1　常用的圆周方向的定位与固定方式

键连接就是最常用的方法之一。图 2.3.2 表示的就是键连接。

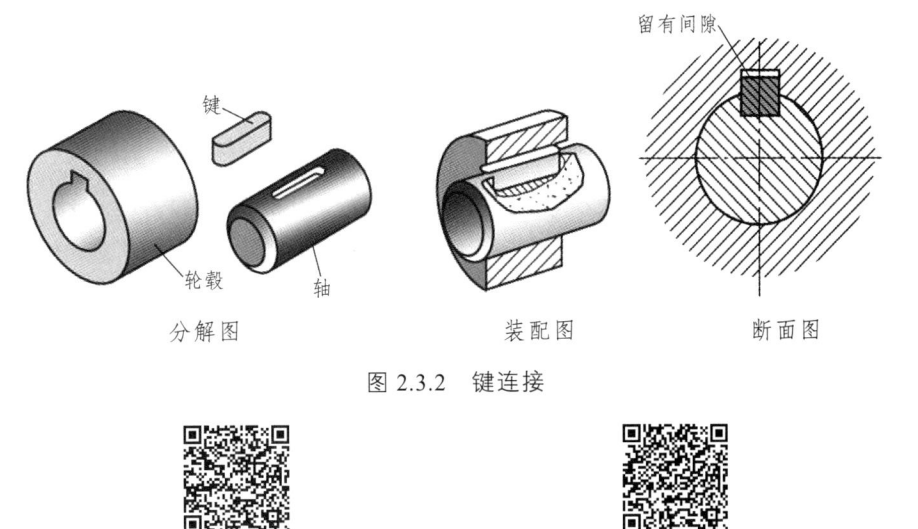

图 2.3.2　键连接

视频：键连接　　　　　　　　视频：铣键槽

任务要求

(1) 了解键连接的结构、特点、作用;
(2) 能根据工作需要正确选用键连接。

任务实施

键连接主要用于轴与轮毂的连接,以实现轴与轮毂之间的轴向固定并传递转矩,有的键也可同时用来实现轴向固定或轴向移动。这种连接具有结构简单、工作可靠、装拆方便及标准化等特点,因此获得了广泛的应用。键是标准件,在设计时根据使用要求选择,再进行验算。

1. 键连接的分类及特点

根据形状,键可以分为平键、半圆键、楔键、花键等多种,其中平键最常用。根据使用情况,可分为松键连接和紧键连接。

松键连接包括平键、半圆键、花键,是以键的两侧面作为工作面来传递转矩,顶面和轮毂之间有少量的间隙。其结构简单,拆装方便,对中性好,应用广泛。

紧键连接包括楔键、切向键,其工作表面是键的上下表面,键与键槽的两个侧面不相接触,为非工作表面。能对轴上的零件做轴向固定,可以承受不大的单向轴力。

常用键连接及其特点见表 2.3.1。

表 2.3.1 键连接及其特点

类型		结构图例	特点及应用
松键连接	普通平键	A型　B型　C型	根据键端部形状不同,有A型(圆头)、B型(方头)和C型(单圆头)3种。A型键在槽中固定良好,但轴上键槽端部的应力集中较大;B型键应力集中较小,但键在轴上的轴向固定不好;C型键多用于轴端,适用于高速、高精度和承受变载、冲击的场合
	导向平键		键与轮毂之间采用间隙配合,能实现轴上零件的轴向移动,并起导向作用。键的长度比普通平键长,故需用螺钉固定在键槽上,键与轮毂槽采用间隙配合,为了拆卸方便,键的中部设有起键螺孔
	半圆键		工作面为键的两侧面,有较好的对中性;可在轴上键槽中摆动以适应轮毂上键槽斜度;适用于锥形轴与轮毂的连接;键槽对轴的强度削弱较大,只适用于轻载连接

续表

类型		结构图例	特点及应用
松键连接	滑键		当轴上零件沿轴向移动距离长时,可采用滑键连接。滑键固定在轮毂上,随传动零件沿键槽移动。键长不受滑动距离的限制,只需在轴上铣出较长的键槽,如车床中光杆与溜板箱中零件的连接
	花键	矩形花键	定心精度高、定心稳定性好、应力集中较小、承载能力较大,应用较为广泛
		渐开线花键	制造精度较高、齿根强度高、应力集中小、承载能力大、定心精度高,常用于载荷较大、定心精度要求较高、尺寸较大的连接
紧键连接	楔键连接	普通楔键　　钩头型楔键	楔键的上、下表面是工作面,键的上表面和轮毂键槽底面都有1:100的斜度。装配时将键打入键槽内产生很大预紧力并靠工作面摩擦力传递转矩。对中性差,当受到冲击或载荷作用时,易造成连接的松动,适用于要求不高、转速较低的场合,如建筑机械和农业机械中。钩头楔键的钩头是为便于拆卸使用,在装配时须留有拆卸位置。外露的钩头随轴转动,易发生事故,应加防护罩
	切向键连接		切向键由一对具有1:100斜度的两个普通楔键沿斜面拼合而成,装配时,一对键分别自轮毂两边打入,与其斜面相互配合,共同楔紧在轮毂之间。切向键互相平行的上、下两面是工作面,工作时依靠轴和轮毂的挤压传递转矩。用于传递转矩大、对中性要求不高的场合,如大型飞轮、带轮

视频：A型平键　视频：C型平键　视频：半圆键　视频：导向键　视频：滑键　视频：切向键　视频：楔键　普通平键和键槽的尺寸

2. 平键标记

平键是标准件，只需根据用途、轴径、轮毂长度选取键的类型和尺寸。普通平键的尺寸是键宽 b、键高 h 和键长 L，如图 2.3.3 所示。其中，键宽 b 和键高 h 一般根据轴径尺寸标准确定；键长 L 应参照标准中的键长系列值，选取略短于轮毂长度的尺寸。

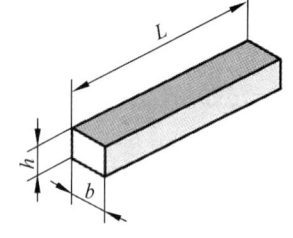

图 2.3.3　平键尺寸

普通平键的标记形式为：　键型　键宽×键长　标准号

标准规定，A 型键的键型可省略不标，B 型和 C 型键的键型必须标出。

例如：

键 16×100 GB/T 1096—2003：键宽为 16 mm，键长为 100 mm 的 A 型普通平键。

键 B18×100 GB/T 1096—2003：键宽为 18 mm，键长为 100 mm 的 B 型普通平键。

键 C18 ×100GB/T 1096—2003：键宽为 18 mm，键长为 100 mm 的 C 型普通平键。

任务拓展与反思

1. 平键连接的特点是什么？平键分为哪几种类型？
2. 花键连接与平键连接相比有什么不同？
3. 简述导向平键和滑键间的区别？
4. 平键标记：键 B12×30　GB1096—79 中，12×30 表示什么？
5. 根据形状，常用的键可以分为＿＿＿＿、＿＿＿＿、＿＿＿＿、＿＿＿＿等多种，其中＿＿＿＿最常用。
6. 键连接分为＿＿＿＿＿＿＿＿连接和＿＿＿＿＿＿＿＿连接。
7. 松键连接包括＿＿＿＿＿＿＿＿连接、＿＿＿＿＿＿＿＿连接、＿＿＿＿＿＿＿＿连接；紧键连接包括＿＿＿＿＿＿＿＿连接、＿＿＿＿＿＿＿＿连接。
8. 分析图 2.3.4 所示的键连接类型。

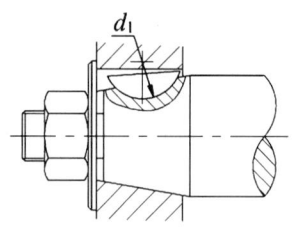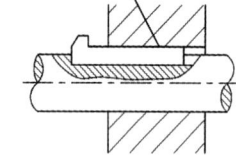

图 2.3.4　键连接

任务四　销连接

任务导引

除螺纹连接、键连接零件，还有其他哪些连接方式？

任务要求

（1）了解销的作用、特点、类型及功用；

（2）了解销的标记。

任务实施

1. 销连接

销连接主要用于固定零件之间的相互位置，并能传递少量载荷，还可以作为安全装置中的过载剪断元件，对机器的其他重要零部件起过载保护作用。销是标准件，形状和尺寸已标准化，在设计时可根据需要查阅有关标准手册。销的分类方式有多种，常按销的用途和销的形状分类。销按用途分为定位销、连接销和安全销，其特点如表 2.4.1 所示。

表 2.4.1 销按用途分类

类型	图例	特点及用途
定位销		用来固定零件之间的相对位置的销，它是组合加工和装配时的重要辅助零件。定位销通常不能承受载荷或承受很小的载荷，其直径一般根据结构的需要确定，数目一般不低于2个
连接销	传递横向力　传递转矩	用于连接的销，承受较小的载荷，常用于轻载或非动力传输结构中，其尺寸可根据连接的结构特点按经验或规范确定，必要时再按剪切和挤压强度条件进行校核计算
安全销	销套　安全销	销作为安全装置中的过载剪断元件（过载保护）。安全销在机器过载时应被剪断，因此，销的直径应按过载时被剪断的条件确定。为了确保安全销被剪断而不提前发生挤压破坏，通常可在安全销上加一个销套

销按形状不同，常用的销可分为圆柱销、圆锥销和开口销等。圆柱销靠过盈与销孔配合，适用于不常拆卸的场合；圆锥销适用于经常拆卸的场合，圆锥销的上端也可做成带内、外螺纹，拧紧螺纹可防止销松脱；开口销是一种防松零件，常用低碳钢丝制成。其特点和应用如表 2.4.2 所示。

表 2.4.2 销按外形分类

类型		图例	标准	特点	应用
圆柱销	普通圆柱销		GB/T 119.1～119.2—2000	销孔精度较高，需要铰制，多次装卸后会降低定位精度和连接的紧固性，只能传递不大的载荷	主要用于定位，也可用于连接
	螺纹圆柱销		GB/T 878—2007		用于定位精度要求不高、经常拆卸的场合
	内螺纹圆柱销		GB/T 120.2—2000		多用于不通孔间的定位
	弹性圆柱销		GB/T 879.1—2000		多用于存在冲击、振动的场合，可代替部分圆柱销、圆锥销等
圆锥销	普通圆锥销		GB/T 117—2000	有 1∶50 的锥度，便于安装；定位精度比圆柱销高，横向受力时能自锁，销孔需铰制	主要用于定位，也可用于固定零件或者传递动力
	内螺纹圆锥销		GB/T 118—2000		用于带不通孔的连接件
开口销			GB/T 91—2000	工作可靠，拆卸方便	用于锁定其他固定件，需与槽形螺母配合使用

2. 销的标记

以普通圆柱销为例，普通圆柱销的标准有 GB/T 119.1—2000《圆柱销不淬硬钢和奥氏体不锈钢》及 GB/T 119.2—2000《圆柱销淬硬钢和马氏体不锈钢》。销的标准尺寸如图 2.4.1 所示。

【例 1】 销 GB/T 119.1 8 m6×40

表示销的公称直径 $d=8$ mm，公差为 m6，公称长度 $l=40$ mm，材料为钢、不经淬火、不经表面热处理的圆柱销。

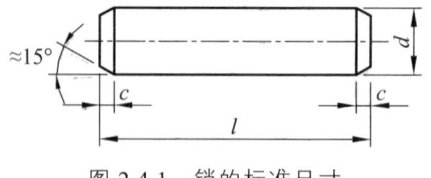

图 2.4.1 销的标准尺寸

圆柱销、圆锥销的装配

任务拓展与反思

1. 常用销按用途可分为_____、_____和_____。
2. 常用销按形状不同，可分为_____、_____和_____等。
3. 定位时常选用哪种类型的销，为什么？

任务五　弹　簧

任务导引

你能列举哪些地方需要使用弹簧吗？分别有什么作用？

图 2.5.1　各类弹簧

任务要求

（1）熟悉弹簧在机器中的作用，了解各类弹簧的应用场合；
（2）了解圆柱弹簧的结构；
（3）了解空气弹簧的结构及应用。

任务实施

弹簧是一种利用弹性来工作的机械零件，它利用材料的弹性和结构特点，在工作时产生变形，把机械功或动能转变为变形能，或把变形能转变为机械功或动能，用以控制机件的运动、缓和冲击或震动、贮蓄能量、测量力的大小等。金属弹簧一般用弹簧钢制成，广泛用于机器、仪表中。

1. 弹簧的主要功能及应用

（1）控制机械的运动，如内燃机中的阀门弹簧离合器中的控制弹簧等。
（2）吸收振动和冲击能量，如汽车、火车车厢下的缓冲弹簧、联轴器中的吸振弹簧等。
（3）储存及输出能量作为动力，如钟表弹簧、枪械中的弹簧等。
（4）用作测力元件，如测力器、弹簧秤中的弹簧等。弹簧的载荷与变形之比称为弹簧刚度，刚度越大，则弹簧越硬。

2. 弹簧的类型

按受力性质，弹簧可分为拉伸弹簧、压缩弹簧、扭转弹簧和弯曲弹簧；按形状可分为圆柱形螺旋弹簧、圆锥形螺旋弹簧、碟形弹簧、环形弹簧、板弹簧、螺旋弹簧等；按材料可分为金属弹簧和非金属弹簧。常用金属弹簧的主要类型、特点及应用如表 2.5.1 所示。

3. 弹簧的结构、参数和尺寸

常见的圆柱形螺旋弹簧是用弹簧钢按螺旋线卷绕而成，因其制造简便，所以应用广泛。

表 2.5.1　金属弹簧的主要类型特点及应用

类型		承载形式	图示	特点及应用
螺旋弹簧	圆柱形	压缩	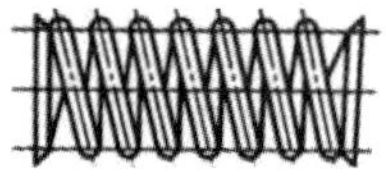	刚度稳定，结构简单，制造方便，应用最广
		拉伸	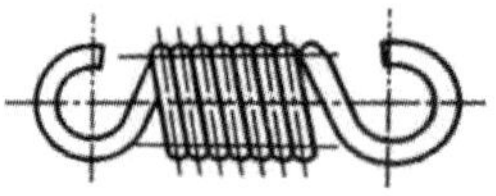	
		扭转	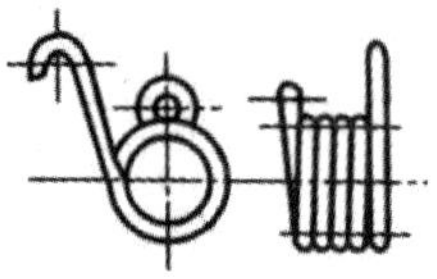	在各种装置中用于压紧，储能或传递转矩
	圆锥形	压缩	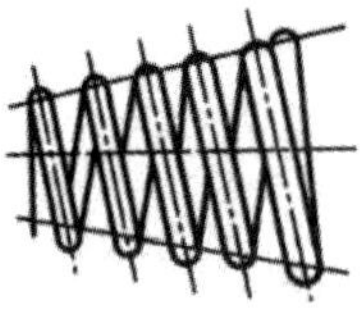	结构紧凑稳定性好，刚度随载荷增大而增大，多用于需要较大载荷和减振的场合
其他弹簧	蝶形弹簧	压缩	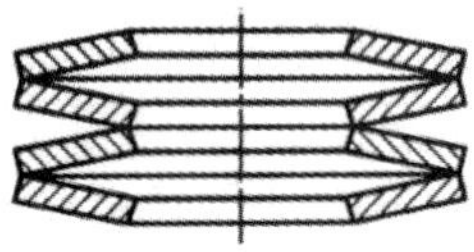	刚度大，缓冲吸振能力强，适用于载荷很大而弹簧的轴向尺寸受限制的场合，如常用作重型机械、大炮等的缓冲和减振弹簧
	环形弹簧	压缩	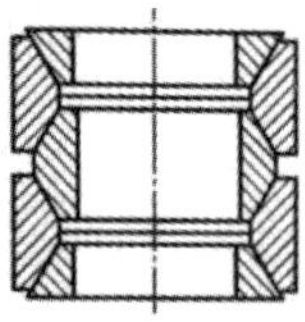	能吸收较多能量，有很高的缓冲和吸振能力，常用作重型车辆和飞机起落架等的缓冲弹簧
	平面涡卷弹簧	扭转	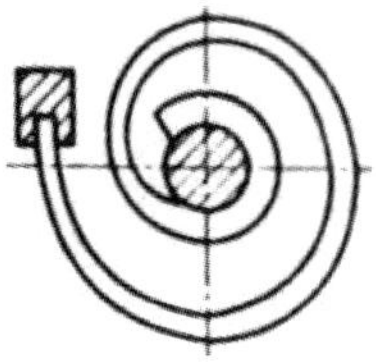	变形角大，能储存的能量大，多用于钟表、仪器中的储能弹簧
	板弹簧	弯曲	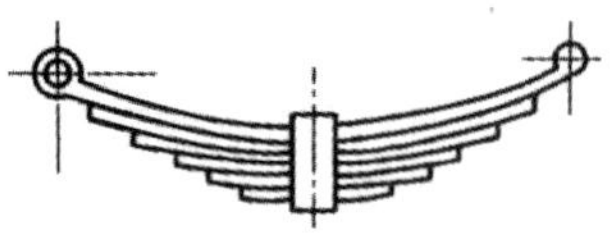	缓冲和减振性能好，主要用作汽车、拖拉机、火车车辆等悬挂装置中的缓冲和减振弹簧

1）螺旋弹簧的端部结构

（1）圆柱形压缩螺旋弹簧。

如图 2.5.2 所示为常用的圆柱形压缩螺旋弹簧端部形式，图（a）Y-I 型为两端面与邻圈并紧、磨平；图（b）Y-II 型为两断面锻扁并与邻圈并紧，主要用于受交变载荷或对垂直度要求较高的重要弹簧；图（c）Y-III 型为两端面与邻圈并紧但是不磨平，主要用于弹簧直径较大的次要弹簧。

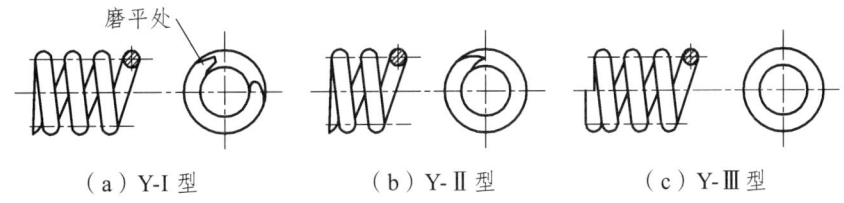

(a) Y-I 型　　　(b) Y-Ⅱ型　　　(c) Y-Ⅲ型

图 2.5.2　圆柱形压缩螺旋弹簧端部的形式

（2）圆柱形拉伸弹簧。

图 2.5.3 所示为圆柱形拉伸螺旋弹簧端部的结构形式，空载时，弹簧各圈相互并拢，并在端部装有挂钩。图（a）为 L-1 型，图（b）为 L-Ⅱ型，挂钩直接由弹簧弯绕而成，制造方便，应用很广，但因在挂钩过渡处产生很大的弯曲应力，故只宜用于弹簧丝直径 $d \leqslant 10$ mm 的不重要场合；图（c）为 L—Ⅶ型，弹簧长度可以调节，但是结构复杂，主要用于弹簧丝较粗、载荷较大的场合；图（d）为 L-Ⅷ型，挂钩弯曲应力小，用于冷卷簧。

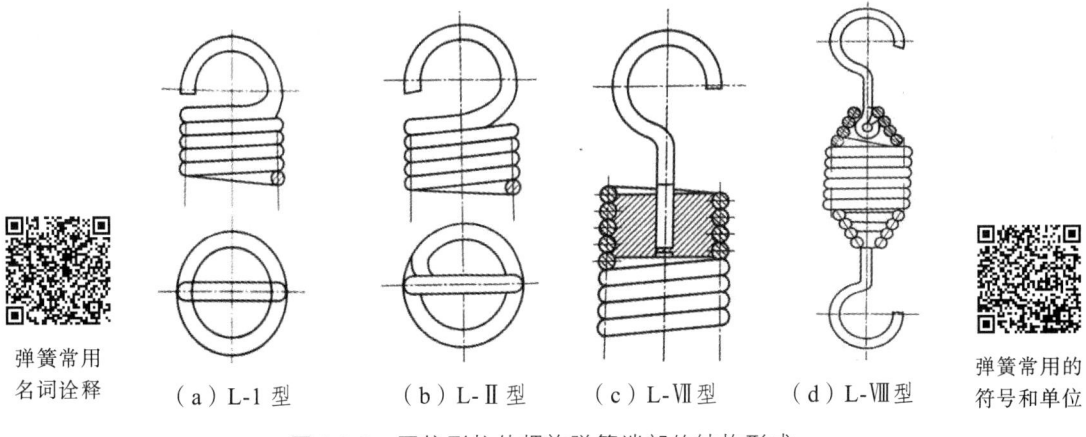

弹簧常用名词诠释　　（a）L-1 型　　（b）L-Ⅱ型　　（c）L-Ⅶ型　　（d）L-Ⅷ型　　弹簧常用的符号和单位

图 2.5.3　圆柱形拉伸螺旋弹簧端部的结构形式

2）弹簧的参数和尺寸

圆柱形螺旋弹簧的主要参数有弹簧丝直径 d、弹簧中径 D_2、工作圈数 n、弹簧节距 p、螺旋升角 α 及旋绕比 C。旋绕比 $C = D/d$，它是弹簧的主要参数之一，不仅影响弹簧的刚度、稳定性，还影响弹簧制造的难易程度。一般推荐取 $4 \leqslant C \leqslant 16$，常用的值为 5~8。如表 2.5.2 所示为圆柱螺旋弹簧的几何尺寸，其中，$D_2 = (D + D_1)/2 = D_1 + d = D - d$。

表 2.5.2　圆柱形螺旋弹簧的几何尺寸

名　称	代号	说　明	名　称	代号	说　明
弹簧钢丝直径	d	制造弹簧的钢丝直径	有效圈数	n	弹簧能保持相同节距的圈数
弹簧外径	D	弹簧的最大外径	总圈数	n_1	有效圈数与支撑圈的和
弹簧内径	D_1	弹簧的最小外径	自由高	H	弹簧在未受外力作用下的高度
弹簧中径	D_2	弹簧的平均直径	弹簧展开长度	L	绕制弹簧时所需钢丝的长度
节距	P	除支撑圈外，弹簧相邻两圈对应点在中径上的轴向距离			

4. 空气弹簧

空气弹簧是在一个密封的容器中充入，利用气体可压缩性实现其弹性作用。

1）特　点

空气弹簧在铁道车辆以及高速客车上应用广泛，相比金属弹簧，空气弹簧有着优良的弹性，且能随负荷的变化进行空气压力的调整，加装高度调节装置后，车身高度不随载荷增减而变化，弹簧刚度可设计得较低，极大地改善了汽车在行驶过程中的舒适性并减少了噪声。同时，空气弹簧能够很好地隔绝高频率的震动，增加零件的使用周期。空气弹簧没有横向刚性，所以在非独立式悬架系统使用时必须增加连杆，而在独立式悬架系统使用时则放在圈状弹簧的位置。但空气弹簧悬架结构复杂、制造成本高。

2）类　型

空气弹簧按气囊的结构型式可分为囊式、膜式和复合式三种。

表 2.5.3　空气弹簧的结构型式

类型	图例	特　点
囊式空气弹簧		囊式空气弹簧由夹有帘线的橡胶气囊和密闭在其中的压缩空气组成。气囊的内层用气密性的橡胶制成，而外层则用耐油橡胶制成。气囊一般做成两节，但也有单节或三、四节的。节数越多，弹性越好，但密封性差，节和节之间围有钢制的腰环，使中间部分不致有径向扩张，并防止两节之间相互摩擦。气囊的上下盖板将气囊密闭
膜式空气弹簧		膜式空气弹簧的密闭气囊由橡胶膜片和金属压制件组成。与囊式的相比，其弹性特性曲线比较理想，因其刚度较囊式较小，车身自然振动频率较低；且尺寸较小，在车上便于布置，故多用于轿车上
复合式空气弹簧		从结构上看，复合式空气弹簧，是介于囊式和膜式之间的一种型式，它综合了上述两种空气弹簧的优点，具有较低的弹簧刚度，但制造工艺复杂

3）应用举例

现代卡车行业配备空气悬架，事实都证明，安装了空气悬架的卡车和挂车比钢板弹簧的卡车的挂车发生"磨损和裂纹"故障的情况要少得多。这就意味着，驾驶室和汽车寿命更长、运营成本更低、停运时间更少、车载昂贵电子设备故障更少。另外卡车乘坐性能更佳，这对车载货物也同样重要。配备空气悬架的卡车和挂车的货物破损率比传统悬架车辆的显著降低，货物破损投诉也大为减少。

CRH5 转向架二系悬挂装置上盖板通过上盖心轴与上枕梁的定位圈和附加空气室相通，下板组成与构架上的空气弹簧座相连，如图 2.5.5 所示。

图 2.5.4 装有空气悬架的卡车

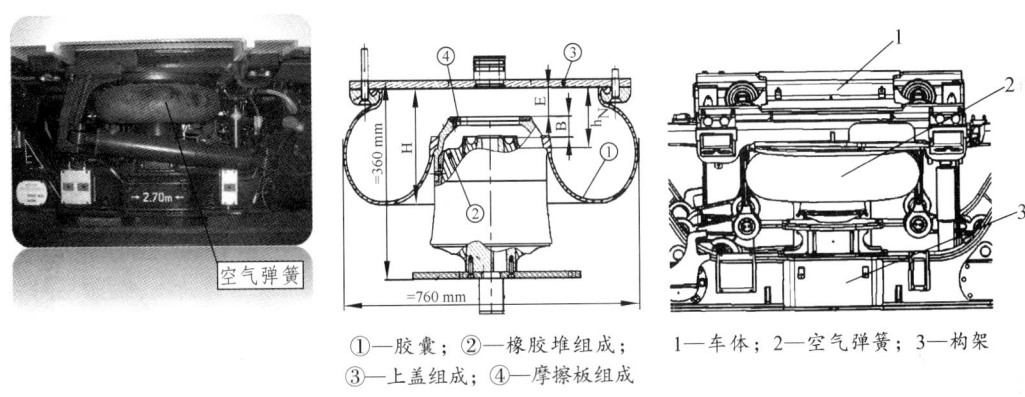

①—胶囊；②—橡胶堆组成；
③—上盖组成；④—摩擦板组成

1—车体；2—空气弹簧；3—构架

图 2.5.5 CRH5 转向架二系悬挂装置空气弹簧

某客车空气弹簧系统主要由空气弹簧、高度控制阀、差压阀、附加气室组成。工作时，压缩空气由列车总风管进入空气弹簧储风缸，经过高度控制阀进入空气弹簧，当弹簧内气压充至一恒定气压时，车体升高到预定平衡位置，原理图如图 2.5.6 所示。

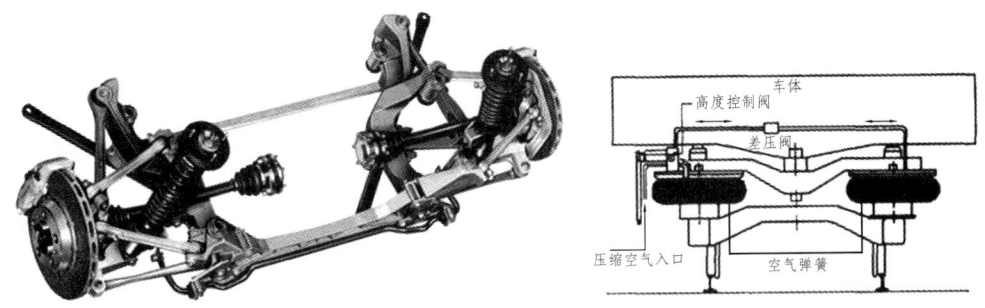

图 2.5.6 客车空气弹簧系统

*5. 弹簧的应用举例

弹簧的应用举例

任务拓展与反思

1. 按受力性质，弹簧可分为_____、_____、_____、_____等。
2. 按形状不同，弹簧可分为_____、_____、_____、_____、_____等。
3. 按材料不同，弹簧可分为_____和_____。
4. 空气弹簧是在_____，利用_____实现其弹性作用。
5. 空气弹簧按气囊的结构型式可分为_____、_____和_____三种。
6. 简述弹簧的主要功能。
7. 简述空气弹簧的特点及应用场合。

任务六　轴

任务导引

你知道汽车是怎样将发动机的动力传递给车轮，使车轮产生动力来驱动汽车行驶的吗？

图 2.6.1

任务要求

（1）了解常用轴的作用、类型、材料；
（2）掌握轴的结构特点。

任务实施

轴是支撑旋转零件、传递运动和动力的零件。它是组成机械的重要零件，也是机械加工中常见的典型零件之一，轴是非标准零件。

1. 轴的分类

按轴所承受的载荷不同，可将轴分为：心轴、转轴和传动轴三种，其特点和用途见表 2.6.1；按轴线的形状不同，可分为：直轴、曲轴和挠性钢丝轴三种，其特点和用途见表 2.6.2。

表 2.6.1 按轴所承受载荷分类

类型	特 点	应用图例
心轴	工作时只承受弯矩而不传递转矩，受载后只产生弯曲变形。按其是否转动，可分为转动心轴和固定心轴	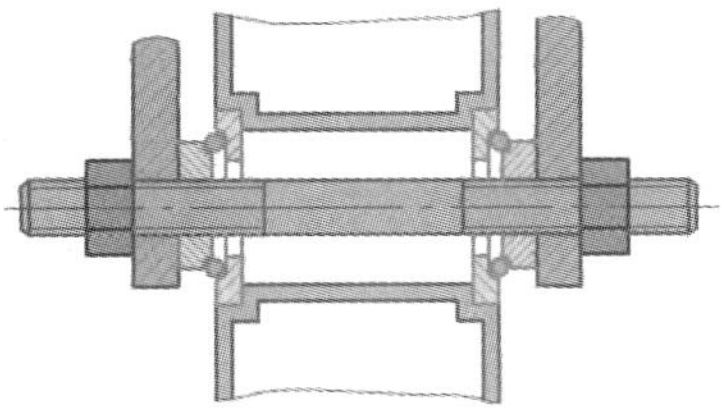 自行车前轮轴——固定心轴 　　火车车轮轴——转动心轴
转轴	工作时既承受弯矩又承受转矩。转轴是机器中应用最多的轴，如汽轮机、水轮机和发电机的轴都是转轴	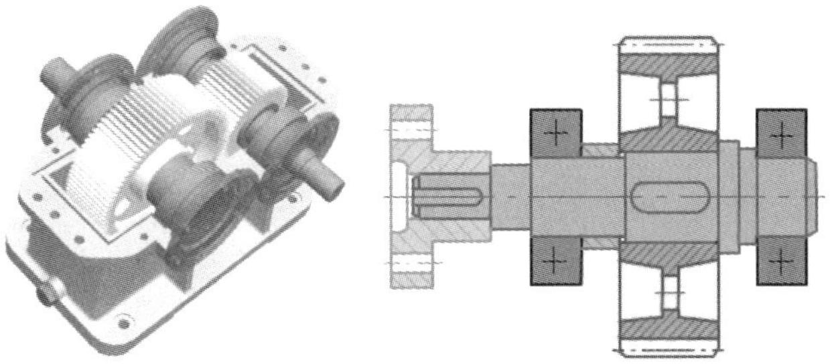 减速器轴——齿轮轴
传动轴	主要用于传递转矩而不承受弯矩，或所承受的弯矩很小的轴，如汽车中连接变速箱与后桥之间的轴	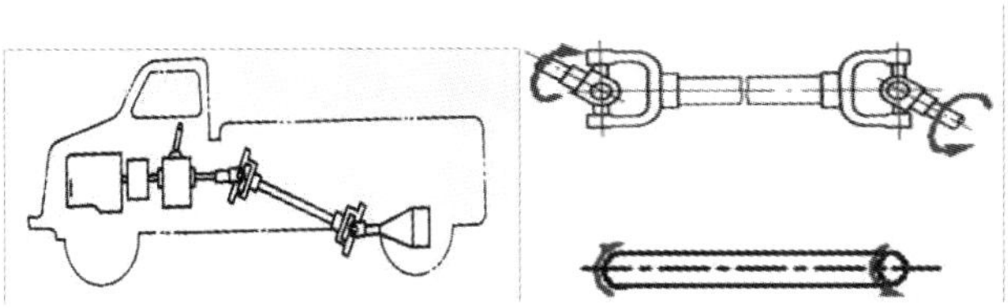 汽车变速器与后桥连接轴

表 2.6.2 按轴线的形状分类

类型	特 点	图 例
直轴	轴心线为直线。直轴在机构中应用最为广泛，按其外形的不同，可分为光轴和阶梯轴	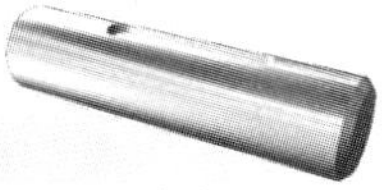 光轴 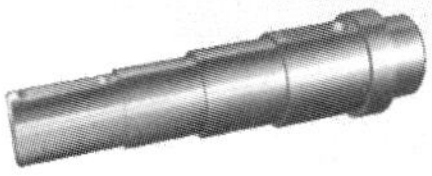　　阶梯轴
曲轴	各轴段的轴心不在同一直线上的轴。主要用于内燃机中，如汽车发动机轴	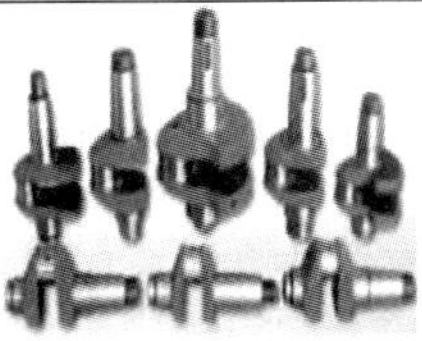 
挠性钢丝轴	钢丝软轴，可随意弯曲，工作时具有弯曲轴线的轴。主要用于两传动轴线不在同一直线或工作时彼此有相对运动的空间传动，也可用于受连续振动的场合，具有缓和冲击的作用。如连接汽车里程表的传动轴	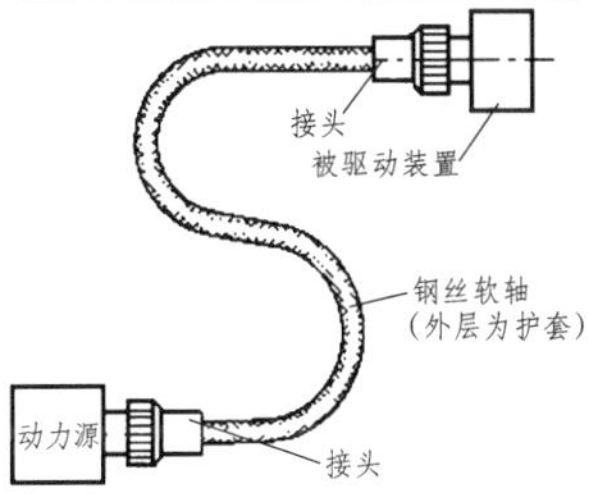 接头／被驱动装置／钢丝软轴（外层为护套）／动力源／接头

轴一般制成实心的（实心轴）。只有在因机器结构要求，需要在轴中安装其他零件或是减轻轴的质量具有特别重大作用时，才将轴制成空心的（空心轴），如图 2.6.2 所示。

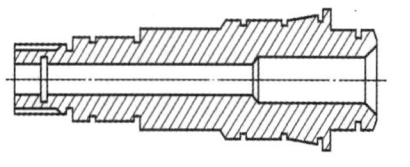

图 2.6.2　空心轴

动画：减速器

2. 轴的结构

根据轴上各段安装零件不同，一根轴有轴头、轴颈和轴身等几个部分，如图 2.6.3 所示。

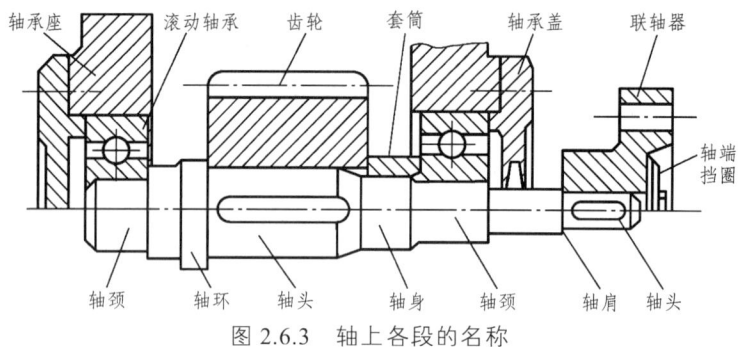

图 2.6.3　轴上各段的名称

1）轴　头

轴上安装旋转传递零件（如曲柄、摇杆、凸轮、带轮、链轮、齿轮、蜗轮、联轴器及离合器等）的轴段称为轴头。轴头的直径应与其相配合的零件轮毂内径一致，并尽量采用直径标准系列，轴头的长度一般比轮毂的宽度短，以保证传动零件轴向固定可靠。

2）轴　颈

安装轴承的轴段称为轴颈。轴颈的直径应取轴承的内径系列。

3）轴　身

连接轴头和轴颈部分的非配合轴段称为轴身。轴身的直径可采用自由尺寸，为了便于加工及尽量减少应力集中。

为保证轴的正常工作，轴上的零件必须准确定位和固定，包括轴向和周向定位。轴向定位及固定是为了保证轴上零件准确地固定在轴上现有的位置。周向定位及固定是为了保证零件与轴之间不发生相对转动，以便能准确地传递运动和转矩。如图 2.6.4 所示为常用的周向定位与固定方式。

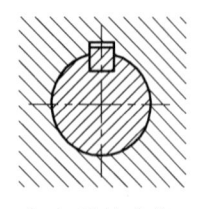
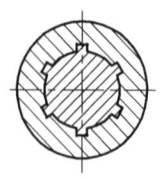
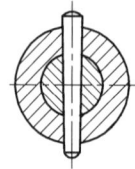
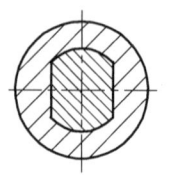
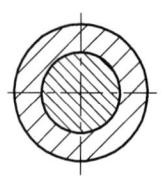

（a）平键连接　　（b）花键连接　　（c）销连接　　（d）型面连接　　（e）过盈连接

图 2.6.4　常用的周向定位与固定方式

3. 轴常用的材料

轴工作时承受的应力大多为重复性的应力,所以轴的主要失效形式是疲劳破坏,在选择轴材料的时候要求有较高的强度和刚度,轴与轴上零件有相对运动的表面还应有一定的耐磨性。

轴的材料常采用优质碳素结构钢、合金结构钢和球墨铸铁等。优质碳素钢具有足够的强度,比合金廉价,对应力集中敏感性较低,并且可以通过正火或调质处理获得良好的综合机械性能,故应用广泛,如30、40、45、50钢,其中以45号钢经调质处理最为常用。

任务拓展与反思

1. 轴一般有哪几部分组成?各部分作用是什么?
2. 轴只是用来支承回转零件。(判断)   （   ）
3. 既承受弯矩又承受扭矩的轴称为转轴。(判断)   （   ）
4. 轴头的直径应与相配合的零件轮毂内径一致。(判断)   （   ）
5. 轴的作用是_____。
6. 轴根据其承受载荷的情况不同,可分为_____、_____和_____。
7. 轴根据其轴线的形状,可分为_____、_____和_____。
8. 在轴的选择上,主要承受弯矩,应选_____轴;主要承受转矩,应选_____轴;既承受弯矩,又承受转矩时,应选_____轴。
9. 常选择_____、_____和_____来做轴的材料。

任务七　轴　承

任务导引

你观察过自行车前后轮的结构吗?轿车的四个轮子是靠什么来支承的?你见过轴承么?

图 2.7.1　轴承的应用

任务要求

(1) 了解滑动轴承的结构、特点和应用;
(2) 了解滚动轴承的结构、类型、特点和应用。

任务实施

轴承在机器中用于支承轴,保持轴的正常工作位置和旋转精度,并减小轴与轴承座间的摩擦和磨损。选择合适的轴承对提高机器的工作性能、使用寿命、承载能力和工作效率有着重要的意义。按摩擦性质,轴承可分为滑动轴承与滚动轴承,如图 2.7.2 所示。

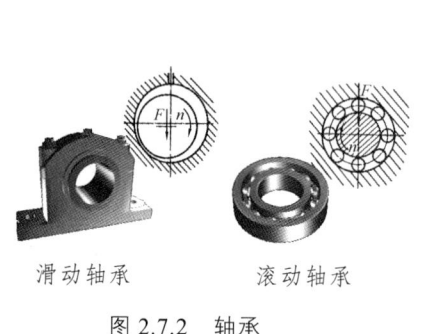

图 2.7.2 轴承   图 2.7.3 滑动轴承

一、滑动轴承

如图 2.7.3 所示,滑动轴承结构一般由轴承座、轴瓦(或轴套)、润滑装置和密封装置等部分组成。轴瓦直接支承轴颈,承受载荷并保持轴的正常工作位置,它是一种滑动摩擦性质的轴承。由于滑动轴承的润滑条件不同,会出现三种摩擦状态:干摩擦状态、边界摩擦状态和液体摩擦状态。

1. 特　点

优点:滑动轴承结构简单,径向尺寸小,易于制造,可以剖分,便于拆装;具有良好的耐冲击性和良好的吸振性能,运转平稳,旋转精度较高,寿命长;完全液体润滑时,摩擦、磨损较小;在高速、重载高精度、结构要求剖分的场合,显示出比滚动轴承更大的优越性。

缺点:非液体摩擦滑动轴承的摩擦较大,磨损严重;液体摩擦滑动轴承在起动或载荷、转速比较大的情况下难以形成足够的油膜。润滑的建立和维护要求较高(尤其是液体润滑轴承),润滑不良会使滑动轴承迅速失效,且轴向尺寸较大。

2. 类　型

按工作表面的润滑状态可分为三种:完全液体润滑滑动轴承,轴颈与轴承间有一层油膜分隔;不完全液体润滑滑动轴承,有油膜,但不足以完全分隔滑动表面;无润滑滑动轴承,不加润滑剂。根据结构不同,滑动轴承可分为整体式、对开式和调心式三种,如表 2.7.1 所示。

表 2.7.1 滑动轴承类型

类 型	图 例	说 明
整体式滑动轴承	1—轴承座；2—轴套	整体式滑动轴承结构简单，制造容易，成本低，常用于低速、轻载、间歇工作而不需要经常装拆的场合。它的缺点是轴只能从轴承的端部装入，装拆不便；轴瓦磨损后，轴与孔之间的间隙无法调整
对开式滑动轴承	1—螺栓；2—轴承盖；3—轴承座；4—上轴瓦；5—下轴瓦	为了保证轴承的润滑，可在轴承盖上注油孔处加润滑油。为便于装配时对中和防止横向移动，轴承盖和轴承座的分合面做成阶梯形定位止口。这种轴承的轴瓦采用对开式，在分合面上配置有调整垫片，当轴瓦磨损后，可适当调整垫片或对轴瓦分合面进行刮削、研磨等切削加工来调整轴颈与轴瓦间的间隙。由于这种轴承装拆方便，故应用较广
调心式滑动轴承	轴变形后造成的"边缘接触" 调心轴承	轴的弯曲变形可能会使轴瓦端部和轴颈出现"边缘接触"，从而导致轴承早期破坏。为防止这种情况发生，当轴的变形大或有调心要求时，可使用调心式轴承。这种轴承的轴瓦支承面和轴承座的接触部分被做成球面，能自动适应轴或机架工作时的变形及安装误差造成轴颈与轴瓦不同心的现象，避免出现边缘接触
推力轴承	（a）实心式 （b）空心式 （c）多环式	按推力轴颈支承面的不同，可分为实心、空心和多环等形式。对于实心式推力轴颈，由于它距支承面中心越远处滑动速度越大，边缘部分磨损较快，因而使边缘部分压强减小，靠近中心处压强很高，轴颈与轴瓦之间的压力分布很不均匀。如采用空心或环形轴颈，则可使压力分布趋于均匀

3. 应用

（1）适用于高速重载（汽轮机、大型鼓风机等）；
（2）适用于低速重载（大型天文望远镜、升船台、轧钢机等）；
（3）适用于高运转精度的机器（精密磨床主轴等）；
（4）适用于严苛的工作环境（宇航、深海、核工业、低温、高温、高压等）；
（5）适用于大型轴的支承；
（6）适用于特殊轴的支承（如曲轴）。

4. 滑动轴承常见的失效形式

（1）磨粒磨损：进入轴承间隙的硬颗粒有的随轴一起转动，对轴承表面起研磨作用。

（2）刮伤：进入轴承间隙的硬颗粒或轴径表面粗糙的微观轮廓尖峰，在轴承表面划出线状伤痕。

（3）胶合：当瞬间温升过高，载荷过大，油膜破裂时供油不足时，轴承表面材料发生黏附和迁移，造成轴承损伤。

（4）疲劳剥落：在载荷的反复作用下，轴承表面出现与滑动方向垂直的疲劳裂纹，扩展后造成轴承材料剥落。

（5）腐蚀：润滑剂在使用中不断氧化，所生成的酸性物质对轴承材料有腐蚀，材料腐蚀易形成点状剥落。

二、滚动轴承

将运转的轴与轴座之间的滑动摩擦变为滚动摩擦，从而减少摩擦损失的一种精密的机械元件，叫滚动轴承。

滚动轴承一般由内圈、外圈、滚动体和保持架等部分组成，如图 2.7.4 所示。外圈与轴承座相配合，起支承作用；内圈与轴之间采用过盈配合，并随轴一起转动；滚动体在内、外圈的滚道中滚动，使内、外圈相互转动时产生滚动摩擦；保持架的作用是使滚动体均匀分布，防止滚动体脱落或相互碰撞。为了适用于某些特殊的使用要求，有的轴承会增加或减少一些零件，如图 2.7.5 所示。组成滚动轴承的四个部分中，唯有滚动体不可或缺，如图 2.7.6 所示。

（a）实物图

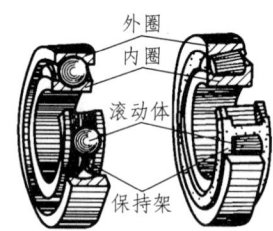
（b）结构图

图 2.7.4 滚动轴承

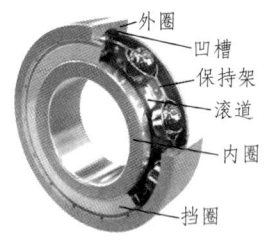

图 2.7.5 滚动轴承六部分

无外圈轴承

无内圈轴承

既无外圈也无内圈轴承

图 2.7.6 特殊滚动轴承

1. 特　点

优点：摩擦阻力小、启动灵敏、效率高、旋转精度高和润滑简便，易于密封和维护，互换性好，为标准零件，由轴承厂批量生产，制造成本低，广泛应用于中速、中载和一般工作条件下运转的机械设备中。

缺点：承受冲击载荷能力差；高速时噪声、振动较大；高速重载寿命较低；径向尺寸较大。

2. 类　型

滚动轴承的类型很多，国标 GB/T 271—2008《滚动轴承分类》对滚动轴承的分类方法进行了详细的规定。常见的滚动轴承如表 2.7.2 所示。

表 2.7.2　常见滚动轴承

名称	实物图例	名称	实物图例
调心球轴承	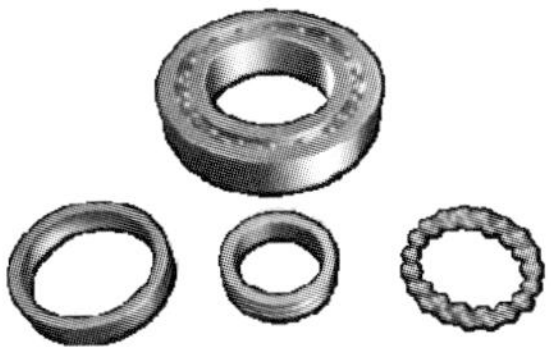	深沟球轴承	
调心滚子轴承		角接触球轴承	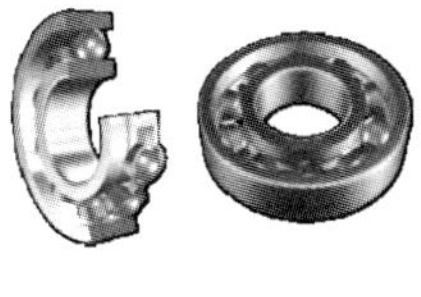
圆锥滚子轴承	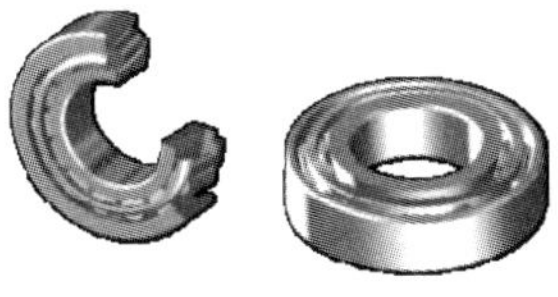	圆柱滚子轴承	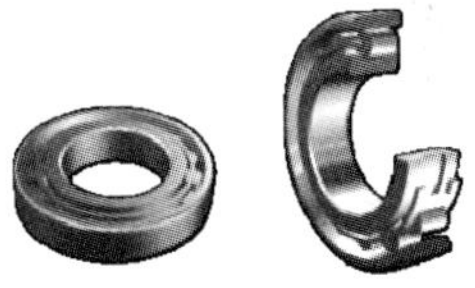
推力球轴承	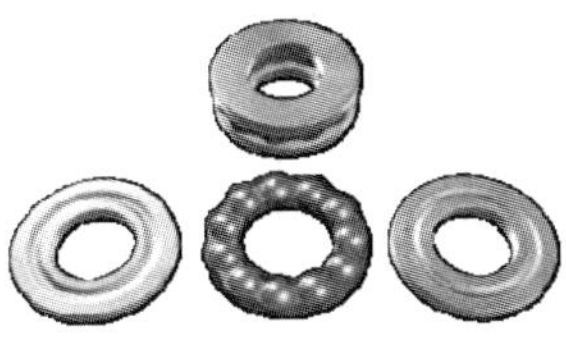	滚针轴承	

滚动轴承常按滚动体形状、滚动体列数、是否调心和承载方向分类，如表 2.7.3 所示。

3. 代　号

为了表示各类滚动轴承的结构、尺寸、公差等级、技术性能等特征，GB/T 272—1993 规定了滚动轴承代号。

表 2.7.3 滚动轴承类型

分类方式	类 型	图例说明	分类方式	类 型	图例说明
按滚动体形状分	球轴承	球形	按滚动体的列数分	单列	
	圆柱滚子轴承	圆柱形		双列	
	圆锥滚子轴承	圆锥形	按工作时能否调心分	调心	
	鼓形滚子轴承	鼓形		非调心	
	滚针轴承	滚针			
按承载方向分	向心轴承			推力轴承	
	径向接触 $\alpha = 0$	角接触 $0 < \alpha \leq 45°$		径向接触 $\alpha = 0$	角接触 $0 < \alpha \leq 45°$

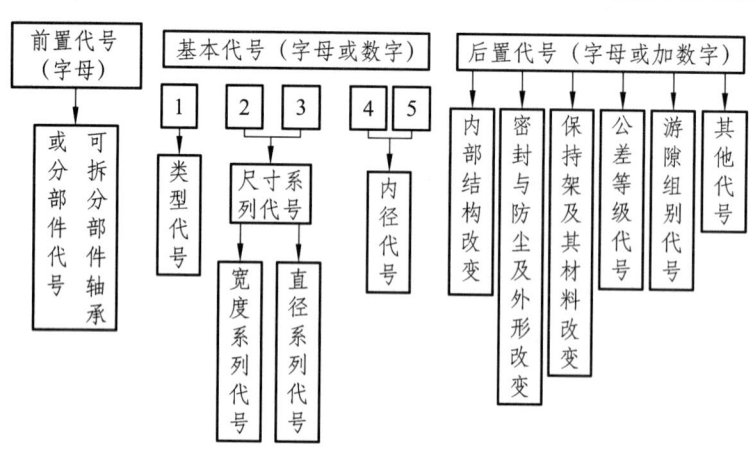

图 2.7.7 滚动轴承代号

1）前置代号——表示可拆分轴承或其分部件的代号

表 2.7.4　前置代号含义

前置代号	含　义	前置代号	含　义
L	可分离轴承的可分离内圈或外圈	WS	推力圆柱滚子轴承的轴圈
R	不带可分离内圈或外圈的轴承	GS	推力圆柱滚子轴承的座圈

2）基本代号——表示类型、结构和尺寸的代号

（1）类型代号。

表 2.7.5　轴承类型代号表

轴承类型	代　号	轴承类型	代　号
调心球轴承	1	深沟球轴承	6
调心滚子轴承	2	角接触球轴承	7
圆锥滚子轴承	3	推力圆柱滚子轴承	8
双列深沟球轴承	4	圆柱滚子轴承	N
推力球轴承	5	滚针轴承	NA

（2）尺寸系列代号——表示宽度（高度）和直径的代号。

① 宽度（高度）系列——内、外径相同而宽度（推力轴承称为高度）不同的特征表示。

表 2.7.6　轴承宽度（高度）代号

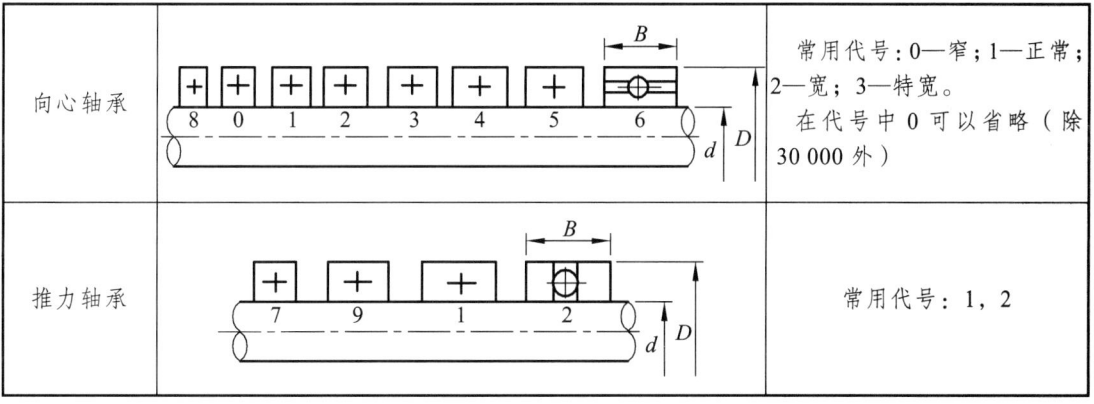

向心轴承：常用代号：0—窄；1—正常；2—宽；3—特宽。在代号中0可以省略（除30 000外）

推力轴承：常用代号：1，2

② 直径系列——内径相同而外径不同的特征表示。

表 2.7.7　轴承直径代号

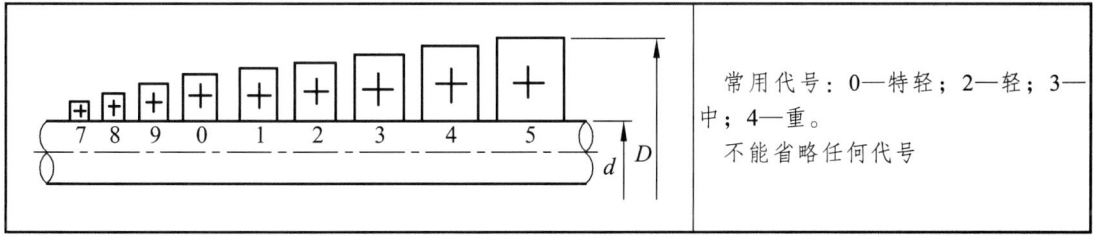

常用代号：0—特轻；2—轻；3—中；4—重。

不能省略任何代号

（3）内径代号。

滚动轴承的内径 $d = 10 \sim 480$ mm 的范围内，其代号规律如表 2.7.8 所示。

表 2.7.8 轴承内径代号

代 号	0	1	2	3	04～96
内径/mm	10	12	15	17	代号×5

3）后置代号——表示结构特点、公差等级、游隙组别、材料及密封、技术要求等发生改变时的补充代号

（1）内部结构改变代号及含义。

表 2.7.9 内部结构改变代号及含义

轴承类型	代 号	含 义	示 例
角接触球轴承（70000）	C	接触角 $\alpha = 15°$	7210C
	AC	接触角 $\alpha = 25°$	7210AC
	B	接触角 $\alpha = 40°$	7210B
圆锥滚子轴承（30000）	E	接触角 α 加大	32215B

（2）密封、防尘与外部形状改变代号及含义。

表 2.7.10 密封、防尘与外部形状改变代号及含义

代 号	含 义	示 例
N	轴承外圈上有止动槽	6120N
NR	轴承外圈上有止动槽，并带有止动环	6120NR
—Z	轴承一面带防尘盖	6120—Z
—FS	轴承一面带毡圈密封	6120—FS

（3）公差等级代号及含义。

表 2.7.11 公差等级代号及含义

代 号	含 义	
（/P0）	低 ↓ 高	公差等级符合标准规定的 0 级（普通级一般可省略不标）
/P6		公差等级符合标准规定的 6 级
/P6x		公差等级符合标准规定的 6x 级
/P5		公差等级符合标准规定的 5 级
/P4		公差等级符合标准规定的 4 级
/P2		公差等级符合标准规定的 2 级

（4）游隙组别代号及含义。

表 2.7.12 游隙组别代号及含义

代 号		含 义
/C1	低	游隙符合标准规定的 1 组
/C2	↓	游隙符合标准规定的 2 组
（/C0）		游隙符合标准规定的 0 组（基本组一般可省略不标）
/C3		游隙符合标准规定的 3 组
/C4		游隙符合标准规定的 4 组
/C5	高	游隙符合标准规定的 5 组

当公差等级和游隙组别同时标注时，"/"号可省略。

【例1】

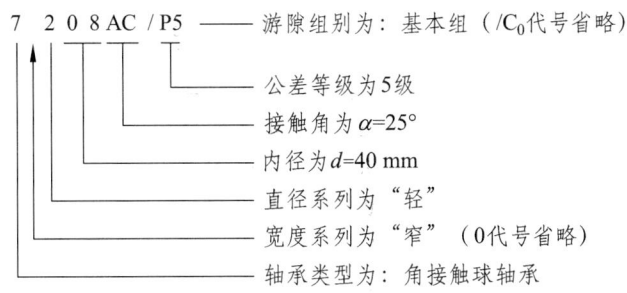

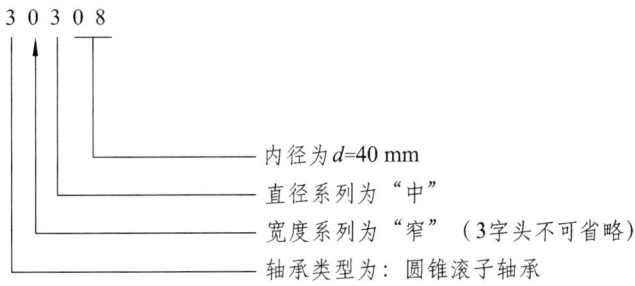

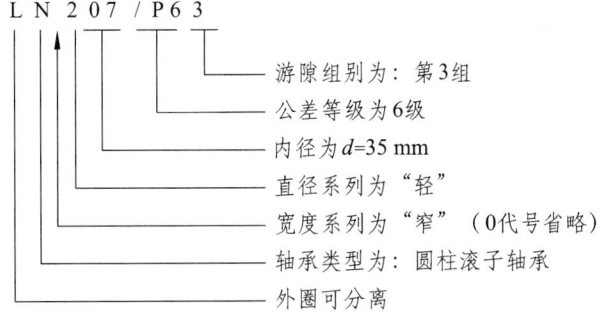

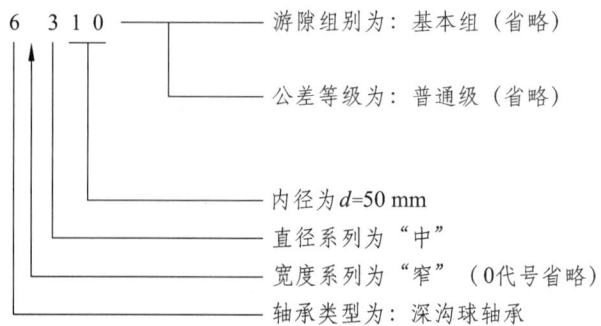

| 抱轴轴承 | 视频：轴承安装孔加工 | 动画：轴承的组成 | 滚动轴承选择原则 | 动画：角接触轴承 | 动画：调心轴承 | 动画：分体式圆锥滚子轴承安装 | 动画：深沟球轴承安装 | 轴承断裂失效的形式 |

任务拓展与反思

1. 滑动轴承有哪些类型？
2. 滚动轴承有哪些类型？
3. 比较：滑动轴承和滚动轴承的特点。
4. 轴承用来引导轴做旋转运动，并承受由轴传给机架的载荷。（判断） （   ）
5. 整体式滑动轴承结构简单、造价低、装配方便。（判断） （   ）
6. 剖分式滑动轴承装拆方便，磨损后能调整孔与轴的间隙。（判断） （   ）
7. 只能承受轴向载荷的滑动轴承称为径向滑动轴承。（判断） （   ）
8. 滑动轴承结构简单，易于制造，可以剖分，便于拆装。（判断） （   ）
9. 滑动轴承有良好的耐冲击和吸振性能，运转平稳，旋转精度较高，寿命长。（判断） （   ）
10. 滚动轴承的优点是摩擦阻力小、启动灵敏、效率高、运转精度较高。（判断） （   ）
11. 滚动轴承的缺点是承受冲击载荷能力差，高速时噪声大，高速重载寿命短。（判断） （   ）
12. 滚动轴承的外圈装在支座孔内，并与支座孔一起转动。（判断） （   ）
13. 滚动轴承的内圈装在轴颈上，并与轴颈一起转动。（判断） （   ）
14. 滚动轴承的保持架使滚动体均匀分布隔开，避免相邻滚动体之间的接触。（判断）（   ）
15. 根据轴承与轴颈之间摩擦性质不同，轴承可分为_____轴承和_____轴承两类。
16. 对开式滑动轴承由_____、_____、_____、_____及_____等组成。
17. 滑动轴承常见的失效形式有_____、_____、_____、_____和_____。
18. 滚动轴承的典型结构由_____、_____、_____及_____4部分组成。
19. 滚动轴承的代号由数字和字母组成，分为3部分，即_____、_____和_____。
20. 滚动轴承代号6208中，6是指_____，2是指_____，08是指_____。

项目三　常用机械传动

机械传动在机械工程中应用非常广泛，主要是指利用机械方式传递动力和运动的传动。分为两类：一是靠机件间的摩擦力传递动力与运动的摩擦传动，二是靠主动件与从动件啮合或借助中间件啮合传递动力或运动的啮合传动。

那么，常用的机械传动有哪些呢？主要的机械传动方式有带传动、链传动、齿轮传动、蜗杆传动、轮系传动、螺旋传动等几种。本项目主要介绍这几种传动方式的组成、原理、特点及使用维护技术。

任务一　机械传动基本知识

任务导引

在机械工程中，机械传动应用十分广泛。机器的原动部分是否可以直接和机器的工作部分相联呢？为什么要设置传动呢？这是因为：

（1）机器工作部分所要求的速度和转矩与动力机的不一致；

（2）有的机器工作部分常需要改变速度；

（3）动力机的输出轴一般只做回转运动，而机器工作部分有的需要其他运动形式，如直线运动、螺旋运动或间歇运动等；

图 3.1.1

（4）由一台动力机带动若干个机器工作部分，或由几台动力机带动一个机器工作部分。

即机械传动的目的是对运动和动力的传递与控制，其主要作用是实现：① 能量的分配；② 转速的改变；③ 转矩的改变；④ 运动形式的改变。

任务要求

掌握机械传动的基本知识、基本理论、基本分析技能。掌握机械传动中的带传动、齿轮传动、蜗杆传动、螺旋传动等装置的工作原理、相关计算、特点及应用；会进行带传动、齿轮传动、蜗杆传动等的传动比计算。初步具有使用和维护一般机械的能力。初步具有分析机械功能、动作及使用和维护一般机械传动的能力，增强业务技能，为解决生产实际问题打下基础。

任务实施

一、机械传动的概念

什么是机械？什么是传动？什么是机械传动？将动力通过中间媒介或机构传递给终端设备（做功的设备），传递动力使机器或机器部件运动或运转。这里的中间媒介或机构，就叫传动。简言之，传动是指传递动力和运动的装置，这种装置也可用来分配能量、改变转速和运动形式。机器通常是通过它将动力机产生的动力和运动传递给机器的工作部分。

传动方式主要有：机械传动、电气传动、流体传动。

机械传动是指利用机械方式传递运动和动力的传动。机械传动是利用机件直接实现传动，在机械工程中应用十分广泛。

机械传动的特性参数：传动比；传动效率。

传动比 i 是主动轮转速与从动轮转速之比：

$$i_{12} = \frac{\omega_1}{\omega_2} = \frac{n_1}{n_2}$$

机械传动效率 η 就是输出功率与输入功率之比：$\eta = P_{出}/P_{入}$

表 3.1.1 机械传动效率表（节选）

传动类别	传动型式	传动效率
圆柱齿轮传动	8级精度的一般齿轮传动（稀油润滑）	0.97
圆柱齿轮传动	加工齿的开式齿轮传动（干油润滑）	0.94~0.96
圆锥齿轮传动	8级精度的一般齿轮传动（稀油润滑）	0.94~0.97
蜗杆传动	自锁蜗杆	0.4~0.45
蜗杆传动	三头和四头蜗杆	0.8~0.92
带传动	平带交叉传动	0.9
带传动	V带传动	0.96
链传动	滚子链	0.96
链传动	无声链	0.97
螺旋传动	滑动丝杠	0.3~0.6
螺旋传动	滚动丝杠	0.85~0.95

二、机械传动的基本要求

机械传动的基本要求：体积小、重量轻、精度高、传动间隙小、运动平稳、传动转矩大。具体来说，机械应该满足以下四个基本要求：

（1）必须达到预定的使用功能，工作可靠，机构精简；

（2）经济合理，安全可靠，效率高能耗少，原材料辅助材料节省，管理和维修费用低；

（3）操作方便，操作方式符合人的习惯和心理，降低噪声，防止有毒、有害介质渗漏，机身美化等；

（4）对不同用途和不同使用环境的适应性要强。

机械传动的日常保养及故障判断：

（1）定时、定点、定人清扫、点检、加油；

（2）观察机器设备上的机件有无松动、裂纹及其他损伤等；

（3）检查润滑是否正常，有无干摩擦和跑、冒、滴、漏现象；

（4）查看金属磨粒的多少、大小及特点，以判断相关零件的磨损情况；

（5）观察机器上的各种反映设备工作状态的仪表，判断有无异常现象；

（6）观察机械传动过程中有无异响，有无温升过高，判断设备工作状况。

三、机械传动的分类

机械传动（mechanical drive）有多种分类方式。

1. 按工作原理

可分为两类：摩擦传动、啮合传动。

（1）靠机件间的摩擦力传递动力和运动的摩擦传动，包括带传动、绳传动和摩擦轮传动等。摩擦传动容易实现无级变速，大都能适应轴间距较大的传动场合，过载打滑还能起到缓冲和保护传动装置的作用，但这种传动一般不能用于大功率的场合，也不能保证准确的传动比。

（2）靠主动件与从动件啮合或借助中间件啮合传递动力或运动的啮合传动，包括齿轮传动、链传动、螺旋传动和谐波传动等。啮合传动能够用于大功率的场合，传动比准确，但一般要求较高的制造精度和安装精度。

2. 按传动比

可分为定传动比传动和变传动比传动两类。变传动比传动又分有级变速和无级变速两类，前者具有若干固定的传动比（见变速器），后者可在一定范围内连续变化。

3. 按传力方式

可分为表 3.1.1 所示的几种传动类型。

表 3.1.1　按传力方式所分的传动类型

序号	传动类型	序号	传动类型
1	摩擦传动	8	气动传动
2	链条传动	8	液压传动
3	齿轮传动	9	万向节传动
4	皮带传动	11	钢丝索传动
5	蜗杆传动	12	联轴器传动
6	棘轮传动	13	花键传动
7	曲轴连杆传动		

四、机械传动的特点

机械传动与电传动、液压传动相比，其主要优点如下：
（1）传动比准确，适用于定比传动；
（2）实现回转运动的结构简单，并能传递较大的扭矩；
（3）故障容易发现，便于维修。

但是，机械传动一般情况下不够平稳；制造精度不高时，振动和噪声较大；实现无级变速的机构较复杂，成本高。因此，机械传动主要用于速度不太高的有级变速传动中。

表 3.1.2　常用机械传动的基本特点比较表

种　类	优　点	缺　点
带传动	结构简单，传动平稳，中心距变化范围大，可起安全和减振作用	外廓尺寸大，轴受力大，寿命短，传动比不能严格保证
摩擦轮传动	结构简单，可实现无级变速	轴受力大，传动比不能严格保证
齿轮传动	传动比准确，效率高，工作可靠，寿命长，适用范围广	制造要求高，中心距不能过大
链传动	中心距变化范围大，平均传动比准确，比带传动过载能力大	瞬时传动比不准确
螺旋传动	将回转运动变成直线运动，可用于微调机构和自锁机构，滚动螺旋传动效率高	普通滑动螺旋传动效率低，不适用于大功率传动
轮系	用于相距较远的两轴间的传动，变速变向传动，可获得较大的传动比，实现运动的合成与分解	零件多，尺寸大，结构复杂

任务拓展与反思

1. 为什么要设置传动呢？
2. 什么是机械传动？

3. 机械传动的主要类型有哪些？
4. 机械传动的特点有哪些？

任务二　螺旋传动

任务导引

螺旋传动是靠螺旋与螺纹牙面旋合实现回转运动与直线运动转换的机械传动。同时传递运动和动力，是机械设备和仪器仪表中广泛应用的一种传动机构。如果要将回转运动换成直线运动，你该采用什么来传动呢？

任务要求

识记螺旋传动的组成、类型、特点和应用。

动画：螺旋传动

任务实施

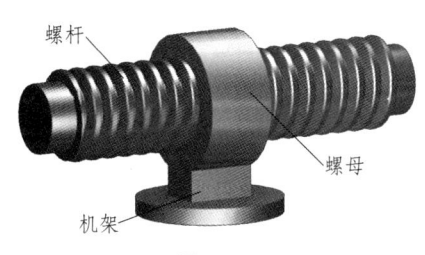

图 3.2.1

图 3.2.2

一、概　念

螺旋传动是利用螺纹副来传递运动和动力的，由螺杆螺母和机架组成。螺旋副是内外螺纹相互配合组成的运动副。是一种空间运动副。

二、功　能

主要用于将旋转运动转换为直线运动（包括螺母固定，螺杆旋转时直线移动，以及螺杆定位置旋转时螺母直线移动）。

图 3.3.3

螺旋传动的四种基本形式如表 3.2.1 所示。

表 3.2.1 螺旋传动的四种基本形式

基本传动形式	示意图	特点及应用
螺母固定、螺杆转动并轴向移动		可获得较高的传动精度，适合于行程较小的场合，如千斤顶、压力机、台虎钳
螺杆固定、螺母转动并轴向移动		结构简单、紧凑，但精度较差，使用不便，应用较少
螺母转动、螺杆轴向移动		结构复杂，用于仪器调节机构，如螺旋千分尺的微调机构
螺杆转动、螺母轴向移动		结构紧凑、刚性好，适用于行程较大的场合，如车床的丝杠进给机构

三、分 类

螺旋传动按其在机械中的作用可分为：传导螺旋、传力螺旋和调整螺旋。

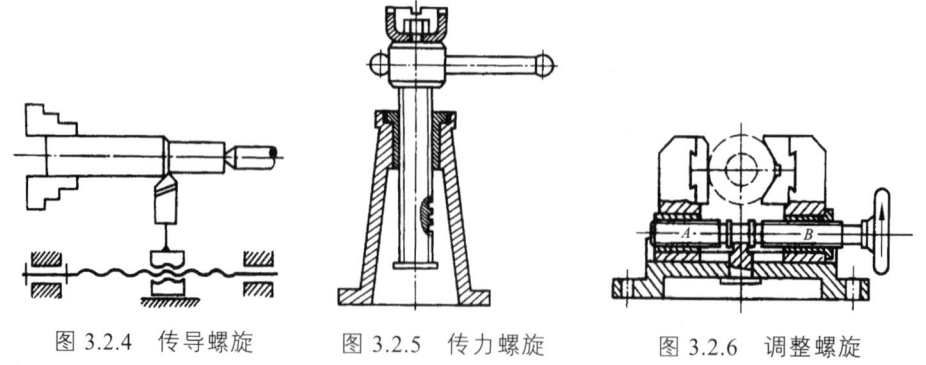

图 3.2.4 传导螺旋　　图 3.2.5 传力螺旋　　图 3.2.6 调整螺旋

1. 传力螺旋传动

以传递力为主，可用较小的转矩转动产生轴向运动和大的轴向力，如图3.2.7（a）的千斤顶、图3.2.7（b）的压力机。

一般为间歇工作，每次工作时间较短，工作速度也不高，并具有自锁能力。

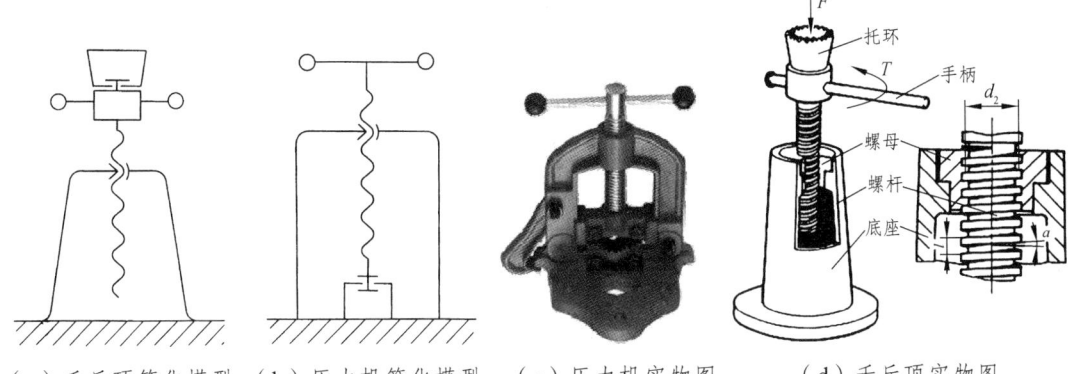

（a）千斤顶简化模型　（b）压力机简化模型　（c）压力机实物图　（d）千斤顶实物图

图3.2.7　传力螺旋传动应用

2. 传导螺旋传动

以传递运动为主，并要求有较高的传动精度。

有时也承受较大的轴向力的螺旋为传导螺旋。如图3.2.8所示的金属切削机床的进给螺旋。传导螺旋常在较长的时间内连续工作，工作速度较高。

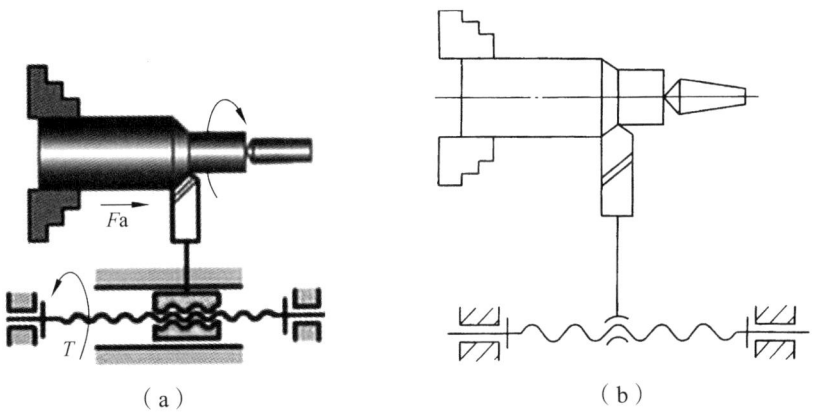

（a）　　　　　　　　　　（b）

图3.2.8　金属切削机床的进给螺旋

3. 调整螺旋传动

用以调整（或固定）机械零件（部件）的相互位置，如机床卡盘。压力机的螺旋和量具的测量螺旋等，调整螺旋有时也承受较大的轴向载荷，常在空载下调整，例如用于调整带的张紧程度的调整螺旋等。

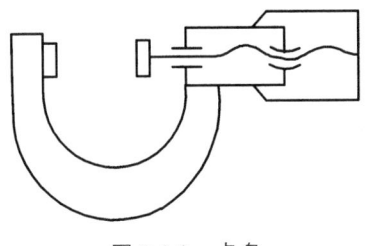

图3.2.9　卡盘

四、螺旋机构的特点

（1）结构简单，制造方便，实用性强；
（2）能将较小的回转力矩转变为较大的轴向力；
（3）有较高的运转精度；
（4）传动平稳，工作可靠，必要时可实现自锁；
（5）通常采用矩形、梯形和锯齿形三种螺纹牙型，摩擦损失大，传动效率较低，寿命短。

螺旋机构的应用：用于间断工作的起重千斤顶、螺旋压力机等传力机械，以及传递功率不大的传导机械和仪器、工具中。

*五、螺旋机构的形式

螺旋机构的形式

*六、滚动螺旋传动

滚动螺旋传动

*七、液压螺旋传动

液压螺旋传动

任务拓展与反思

1. 请你补充新的螺旋传动，并介绍其结构、特点、工作原理和应用情况。
2. 已知左旋双线螺杆的螺距为 8 mm，若螺杆按图 3.2.10 所示方向回转两周，螺母移动了多少距离？方向如何？
3. 分析千分尺的螺旋传动的工作原理。

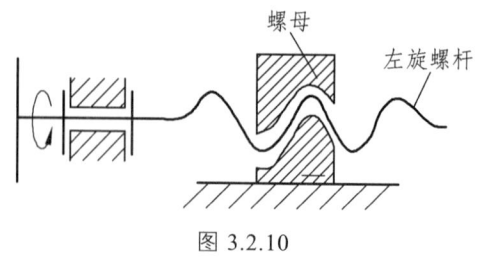

图 3.2.10

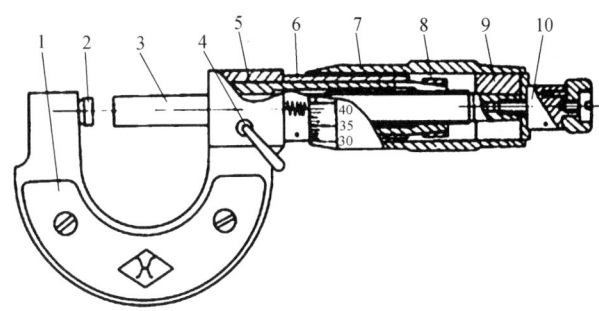

图 3.2.11 千分尺

1—尺架；2—砧座；3—测微螺杆；4—锁紧装置；5—螺纹轴套；6—固定套管；
7—微分筒；8—螺母；9—接头；10—测力装置

4. 分析和观察活动扳手的螺旋传动。

5. 螺旋传动就是利用螺旋副固定各个零件之间的相互位置，形成可拆静连接。（　　）

　　A. 对　　　　　B. 错

6. 螺旋传动的特点是（　　）。

　　A. 结构复杂　　B. 承载大　　C. 效率高

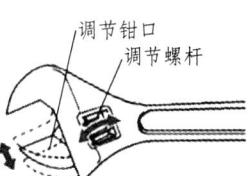

图 3.2.12 活动扳手

任务三　带传动

任务导引

带传动是机械传动中重要的传动形式之一。随着工业技术水平的不断提高，带传动的形式有了多样性、多领域的发展，在汽车工业、家用电器、办公机械以及各种新型机械设备中得到了越来越广泛的应用。

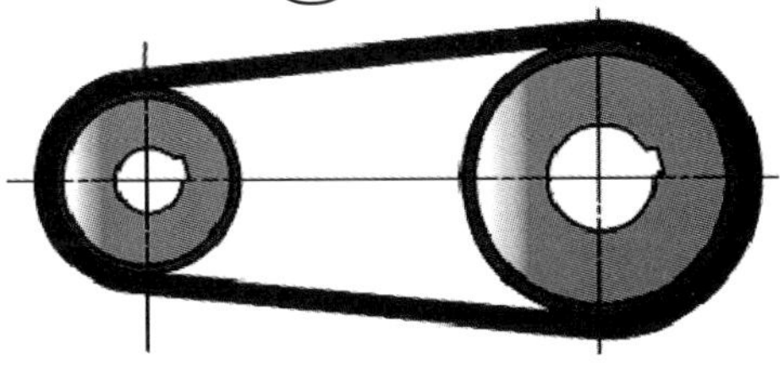

图 3.3.1

带传动主要应用在动力传动方面，一般用在高速的输入端，如空压机、风机、工程机械、纺织机械、装箱机、套标机、食品机械、水泥机械等，是最常用的一种机械传动。

任务要求

了解带传动的工作原理、特点及类型。能识别常见带传动的类型及安装使用维护。

任务实施

一、带传动的组成

带传动一般是由主动轮、从动轮、紧套在两轮上的传动带及机架组成。当原动机驱动主动轮转动时，由于带与带轮之间摩擦力的作用，使得从动轮一起转动，从而实现运动和动力的传递。

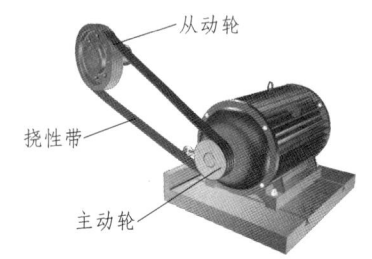

图 3.3.2 带传动的组成

动画：带传动

二、带传动的类型

带传动的分类方式有多种，表 3.3.1 所示是常用的几种情况。

表 3.3.1 带传动的分类方法

动画：同步带传动

	摩擦型带传动	啮合型带传动			
按传动原理分	靠传动带与带轮间的摩擦力实现传动，如 V 带传动、平带传动等	靠带内侧凸齿与带轮外缘上的齿槽相啮合实现传动，如同步带传动			
按用途分	传动带——传递运动和动力	输送带——输送物品			
	平带	V 带	多楔带	同步齿形带	圆形带
按传动带的截面形状分	截面形状为矩形，内表面为工作面	截面形状为梯形，两侧面为工作表面	它是在平带基体上由多根 V 带组成的传动带。可传递很大的功率	兼有带传动和齿轮传动的特点	截面为圆形。只用于小功率传动

此外,随着新材料、新技术的不断发展,带传动技术也在不断发展,近年来对带传动安全性、多样性的要求也日益增多,如金属带、难燃带、抗静电带等。

三、带传动的特点和应用

1. 带传动的特点

(1)带有良好的挠性,能吸收振动,缓和冲击,传动平稳、噪声小。
(2)过载时,带会打滑,防止其他机件损坏,起到保护作用。
(3)结构简单,制造、安装和维护方便。
(4)带与带轮之间存在弹性滑动,故不能保证恒定的传动比。
(5)工作时需要张紧,对带轮轴和轴承有很大的压力。
(6)带传动装置外廓尺寸大,可实现大中心距传动($a \leqslant 15$ m);结构不够紧凑。
(7)传动效率低($\eta \leqslant 0.97$);带的寿命较短,需经常更换。

2. 应用场合

功率 $p \leqslant 50$ kW,带速 $v = 5 \sim 25$ m/s,传动比 $i \leqslant 7$,要求传动平稳、传动比不要求准确的远距离传动。带传动的应用如图 3.3.3 所示。

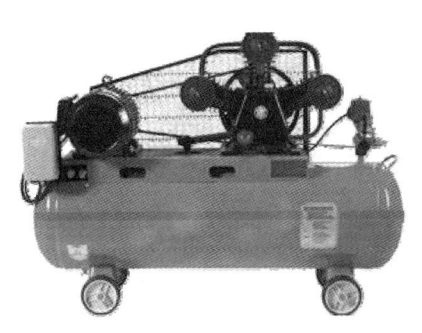
(a)大理石切割机

(b)汽车发机上的带传动

(c)双面带传动

图 3.3.3 带传动的应用

四、带传动的工作原理、弹性滑动和传动比 i

1. 带传动根据其传动原理分为摩擦型和啮合型两大类

☞ 摩擦型带传动是依靠挠性带与带轮压紧所产生的摩擦力传递运动和动力

☞ 啮合型带传动是依靠带齿与带轮齿相互啮合传递运动和动力

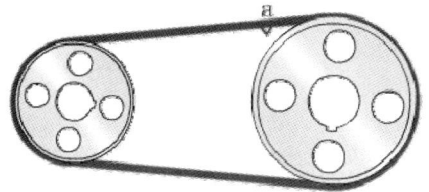

图 3.3.4 摩擦型带传动　　　　　　图 3.3.5 啮合型带传动

带传动的主要失效形式是带与轮之间的打滑和带的疲劳损坏。因此带传动工作基本要求是：保证带在不打滑的前提下，具有足够的疲劳强度和寿命。

2. 带传动的弹性滑动

传动带是弹性体，受到拉力后会产生弹性伸长，伸长量随拉力大小的变化而改变（在带传动工作时，进入主动轮一侧的带为紧边，另一侧的带则为松边）。带由紧边绕过主动轮进入松边时，带的拉力由 F_1 减小为 F_2，其弹性伸长量也由 δ_1 减小为 δ_2。这说明带在绕过带轮的过程中，相对于轮面向后收缩了（$\delta_1 - \delta_2$），带与带轮轮面间出现局部相对滑动，导致带的速度逐步小于主动轮的圆周速度。同样，当带由松边绕过从动轮进入紧边时，拉力增加，带逐渐被拉长，沿轮面产生向前的弹性滑动，使带的速度逐渐大于从动轮的圆周速度。这种由于带的弹性变形而产生的带与带轮间的滑动称为弹性滑动。

表 3.3.2 打滑与弹性滑动的区别

	打　滑	弹性滑动
现象	带在带轮上的全面滑动。从动轮明显降速，发出"嚓嚓"声响，严重时停止转动	在正常滑动范围内，人眼无法察觉
原因	由过载引起。当 $F>F_{max}$（$P>P_{max}$）时，便发生滑动	由带的弹性变形引起。只要传递圆周力，就有拉力差和弹性变形，就必然产生弹性滑动
影响	无法正常工作，造成传动失效	引起传动比不准确
控制	可以加以控制避免，通常要求传动时不超载	是客观现象，不可避免

弹性滑动和打滑是两个截然不同的概念。打滑是指过载引起的全面滑动，带传动也不能工作，是需要避免的。而弹性滑动是由于拉力差引起的，只要传递圆周力，就必然会发生弹性滑动，所以弹性滑动是不可以避免的。弹性滑动的影响，使从动轮的圆周速度 v_2 低于主动轮的圆周速度 v_1，其圆周速度的相对降低程度可用滑动率 ε 来表示，即

$$\varepsilon = \frac{v_1 - v_2}{v_1}$$

在一般传动中 $\varepsilon = 0.01 \sim 0.02$，其值不大，可不予考虑。

3. 传动比

带传动的传动比：

$$i = \frac{n_1}{n_2} = \frac{d_2}{d_1}$$

式中，n_1、n_2 分别表示主、从动带轮每分钟的转速，以 d_1、d_2 分别表示两带轮的直径。主、从动轮的转向相同。

五、V 带及 V 带轮

1. V 带的结构和标准

表 3.3.3 V 带结构

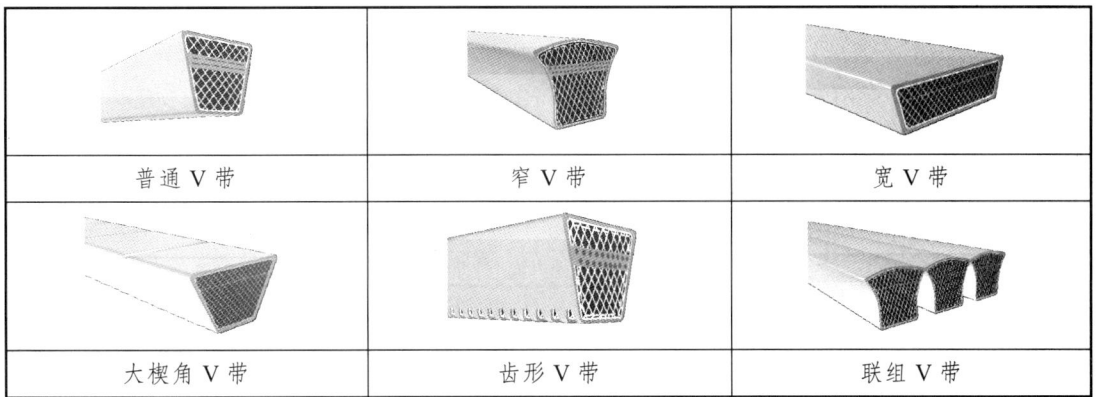

普通 V 带	窄 V 带	宽 V 带
大楔角 V 带	齿形 V 带	联组 V 带

V 带有普通 V 带、窄 V 带、宽 V 带、联组 V 带等。如图 3.3.6 所示,这里主要介绍普通 V 带的组成、结构、型号和标准。

1）普通 V 带的结构

普通 V 带为无接头的环形带,具体结构如图 3.3.6 所示,由四部分组成:包布层由橡胶帆布制成,起保护作用;顶胶（伸张层）和底胶（压缩层）分别由橡胶制成,当带弯曲时承受拉伸和弯曲作用;抗拉体（强力层）是主要承受拉力的部分。抗拉体（强力层）由几层胶帘布或一排胶线绳制成,帘布结构的抗拉强度大,承载能力较强;绳芯结构的柔韧性好,抗弯强度高,但承载能力较差。

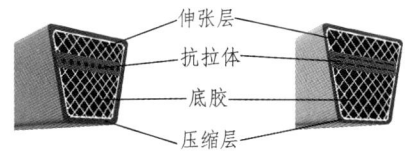

图 3.3.6 普通 V 带的结构

2）普通 V 带的标准与型号

表 3.3.4 普通 V 带的型号

型号	Y	Z	A	B	C	D	E
顶宽 b	6	10	13	17	22	32	38
节宽 b_d	5.3	8.5	11	14	19	27	32
高度 h	4.0	6.0	8.0	10.5	13.5	19	23.5
楔角 ϕ	40°						
每米质量 $q/(kg \cdot m^{-1})$	0.04	0.06	0.10	0.17	0.30	0.62	0.90

我国生产的普通 V 带的尺寸采用基准宽度制，共有 Y、Z、A、B、C、D、E 七种型号。Y 型 V 带截面尺寸最小，E 型 V 带截面尺寸最大，如表 3.3.4 所示。

V 带弯曲时既不伸长又不缩短的周线称为节线，由全部节线构成的面称为节面，又称中性层。节面对应的宽度称为节宽 b_p。

V 带的节线长度 L_d 称为 V 带基准长度，它是 V 带的公称长度。用于带传动的几何尺寸计算和带的标记。

V 带轮上与所配用的 V 带节宽 b_p 对应的直径 d_d 称为带轮基准直径。

3）普通 V 带的标记：V 带型号 + 基准长度 + 标准号

标记实例：B 型带，基准长度为 1 000 mm，标记为：B1000 GB 11544—89

*表 3.3.5 普通 V 带的基准长度 L_d（摘自 GB/T 11544—1997）

基准长度 L_d (mm)	普通 V 带型号		基准长度 L_d (mm)	普通 V 带型号			
280	Y		900		B		
315	Y		1 000		B		
355	Y		1 120		B		
400	Y		1 250		B		
450	Y		1 400		B		
500	Y		1 600		B		
560			1 800		B		
630		Z	2 000		B		
710		Z	2 240		B		
800		Z	2 500		B	C	
900		Z	2 800			C	
1 000		Z	3 150			C	
1 120		Z	3 550			C	
1 250		A	4 000			C	
1 400		A	4 500			C	
1 600		A	5 000			C	D
1 800		A	5 600				D
2 000		A	6 300				D
2 240		A	7 100				D E
2 500		A	8 000				D E
2 800		A	9 000				D E
3 150		A	10 000				D E
3 550		A	11 200				E

2. V 带轮的材料和结构

（1）带轮材料：铸铁、铸钢、铝合金或工程塑料等，其中灰铸铁应用最广。

表 3.3.6　V 带轮材料的选择

带速 $V \leqslant 25$ m/s 时	带轮常用材料为铸铁（HT150 或 HT200）
当 5 m/s$<V<$25 m/s 时	带轮要进行静平衡
带速 $V \geqslant 25 \sim 45$ m/s 时	高速带轮材料多为铸钢、锻钢或铝合金
当 $V>25$ m/s 时	带轮则应进行动平衡
小功率传动时	可采用铸铝或塑料

（2）带轮的结构类型。

带轮由三部分组成：轮缘（用以安装传动带）；轮毂（用以安装在轴上）；轮辐或腹板（联接轮缘与轮毂）。

*3. V 带带轮轮槽角的选取

普通 V 带的楔角都是 40°，但安装在带轮上后，带弯曲会使其楔角 a 变小。为了保证带传动工作时带和带轮槽工作面接触良好，V 带带轮的轮槽角 ϕ 比 40° 要适当减小，一般取 34°、36°、38°。小带轮上 V 带变形严重，对应轮槽角小些，大带轮的轮槽角则可大些，如图 3.3.7 所示。

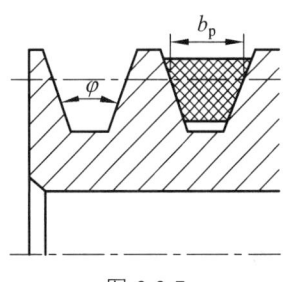

图 3.3.7

V 带带轮按轮辐结构不同划分为实心、腹板、孔板和椭圆轮辐四种结构型式。其结构选择与带轮尺寸大小（基准直径 d_d）有关，如表 3.3.7 所示。

表 3.3.7　几种不同轮辐结构的 V 带带轮

实心式	腹板式	孔板式	轮辐式
$d_d \leqslant (2.5 \sim 3)d$，$d$ 为轴径	$d_d<300$ mm 若 $d_2-d_1<100$ mm	$d_d<300$ mm $d_2-d_1 \geqslant 100$ mm	$d_d>300$ mm

*六、同步齿形带

1. 同步带传动的特点

同步齿形带传动是啮合传动,兼有带传动和齿轮传动的特点。同步带传动时无相对滑动,能保证准确的传动比。传动功率较大(数百千瓦)、传动效率高(达98%),传动比较大($i<12\sim20$),允许带速高(至50 m/s),而且初拉力较小,作用在轴和轴承上的压力小,但制造、安装要求高,价格较贵。

图 3.3.8　同步齿形带

图 3.3.9　同步齿形带实物图

同步带规格已标准化,同步带最基本的参数是节距。同步带轮的齿形一般采用渐开线,并用与齿轮加工相似的方法加工。为了防止同步带从带轮上脱落,带轮侧边应装挡圈。

2. 同步带传动的应用

同步带传动主要用于要求传动比准确的中、小功率传动中,如计算机、录音机、数控机床、汽车等。如图 3.3.11 所示为同步带传动在汽车发动机控制系统中的应用。

图 3.3.10　同步带传动在打印机中的应用　　图 3.3.11　同步带传动在汽车发动机控制系统中的应用

七、带传动的安装使用维护

1. 带传动的安装

（1）安装 V 带时，应先将中心距缩小后套带，严禁用撬棍将带撬入或撬出带轮。

（2）同组使用的带应型号相同，长度相等，长度配组公差应符合要求，以免各带受力不均。

（3）带轮在安装时，应保证两轮轴线平行，误差小于 20′；两轮槽应对准，处于同一平面，其 V 型槽对称平面应重合，误差小于 20′，防止 V 带脱落或缩短寿命，如图 3.3.12 所示。

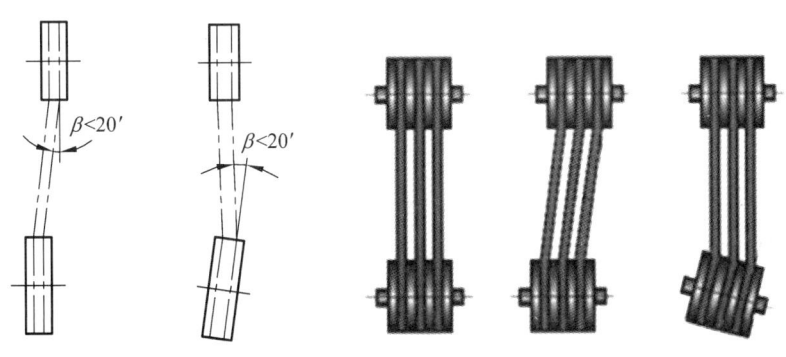

图 3.3.12　带轮安装时，两轮轴线位置

（4）V 带在轮槽中应有正确的位置。如图 3.3.13 所示，V 带顶面应与带轮外缘表面平齐或略高出一些，底面与槽底间应有一定间隙，以保证 V 带和轮槽的工作面之间可充分接触。

（5）装好 V 带后，应按规定的初拉力张紧。对于中等中心距的带传动，也可凭经验安装，带的张紧程度以大拇指能将带按下 15 mm 为宜，如图 3.3.14 所示。新带使用前，最好预先拉紧一段时间后再使用。

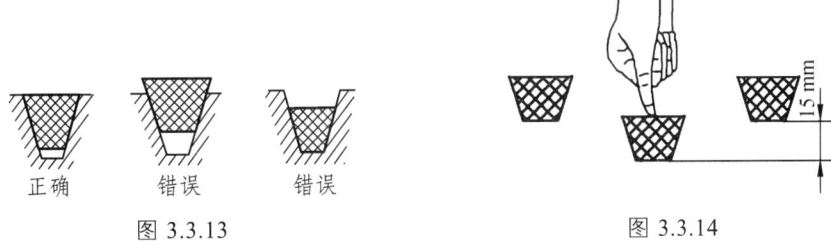

图 3.3.13　　　　　　　　　　图 3.3.14

2. 带传动的维护

（1）要采用安全防护罩，以保障操作人员的安全；同时防止油、酸、碱对带的腐蚀。图 3.3.15 为单冲压片机的防护罩。

（2）不能新旧带混用，以免载荷分布不均，缩短寿命。定期对带进行检查有无松弛和断裂现象，如有一根松弛和断裂则应全部更换新带。一般情况下，不同厂家的 V 带或新旧 V 带不得配组使用。

（3）禁止给带轮上加润滑剂，应及时清除带轮槽及带上的油污。

图 3.3.15　单冲压机的防护罩

（4）带传动工作温度不应过高，一般不超过 60 ℃。

（5）定期张紧，保持适当的初拉力。长期停机时，应将传动带放松。

3. 带传动的张紧

由于带不是完全的弹性体，在工作一段时间后，带由于产生部分塑性变形而出现松弛现象，张紧程度逐渐减小，带的传动能力随之下降，因此应采取一些措施保证带具有一定的张紧力，具体措施如表 3.3.8 所示。

表 3.3.8 保证带的张紧力的具体措施

中心距可调		中心距不可调
定期张紧		
适用于两轴水平或倾斜不大的传动	适用于垂直或接近垂直的传动	张紧轮装于松边内侧以免反向弯曲降低带寿命
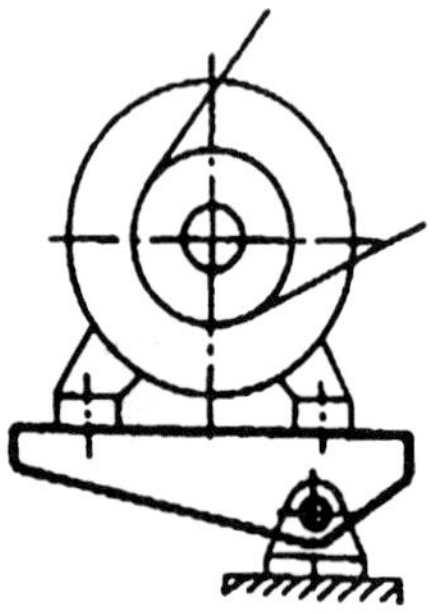 常用于中小功率传动	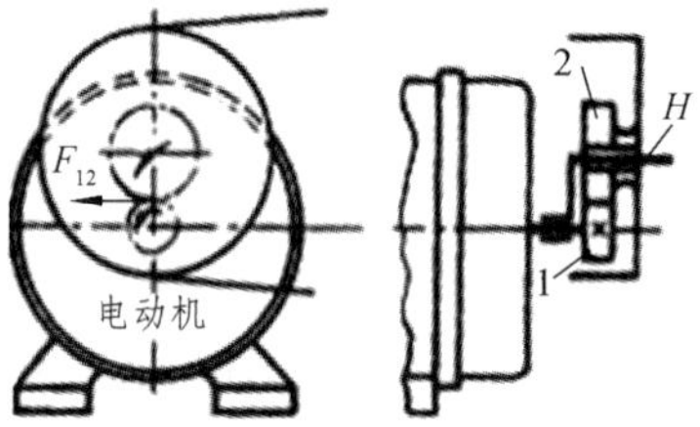 张紧力大小随传动功率成正比变化	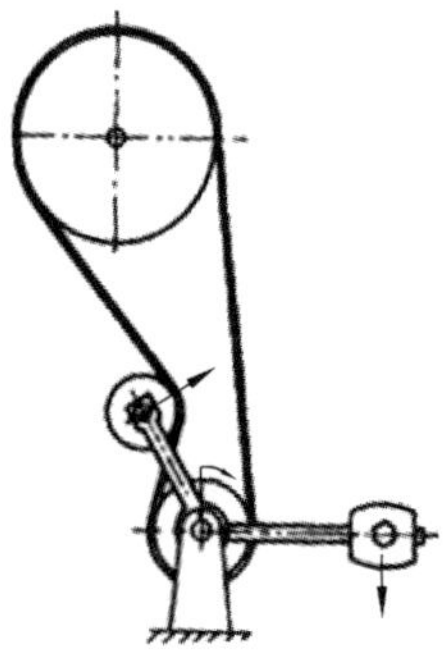 张紧轮装于松边外侧靠近小轮，以增大包角

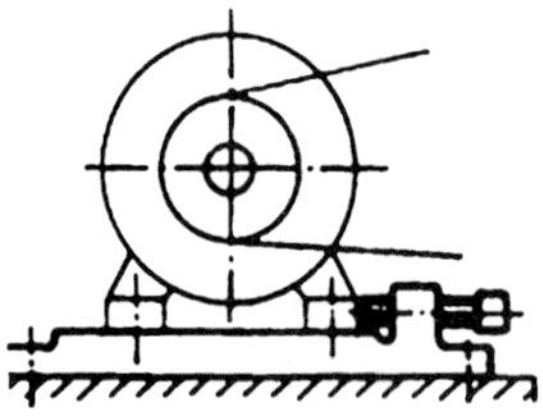

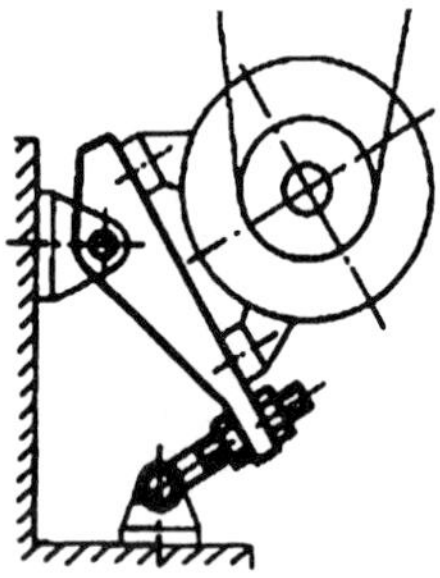

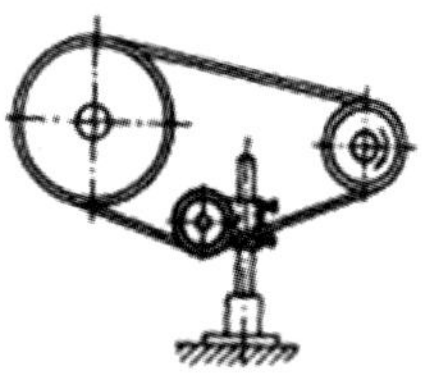

图 3.3.16 所示为常见的带传动张紧装置，图中（a）和（b）设有调整螺栓，可随时调整电动机的位置；图中（c）所示的结构，是靠电动机和机架重量的自动张紧装置；图中（d）为带轮中心距固定，利用张紧轮调紧。

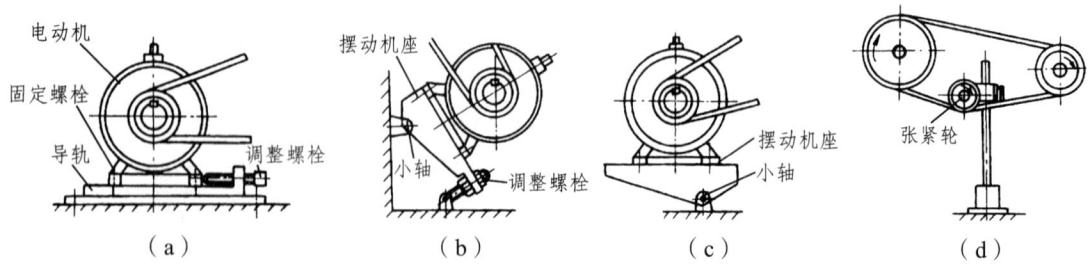

图 3.3.16 常见的带传动张紧装置

张紧轮的轮槽尺寸与带轮的相同,且直径小于小带轮的直径。

任务拓展与反思

图 3.3.17 高铁混凝土铣刨机

1. 图 3.3.17 所示就是高铁混凝土铣刨机,其传动部分采用的就是带传动。高铁混凝土铣刨机主要用于去除混凝土、沥青道路、环氧树脂、耐磨地面的高出部位或对地面进行深度铣刨,轻度拉毛,去除地面涂层、油漆、各种道路标线地面受损、积污需要翻新时,去除旧地坪表面等。

2. 认识图 3.3.18 所示的带传动张紧装置。

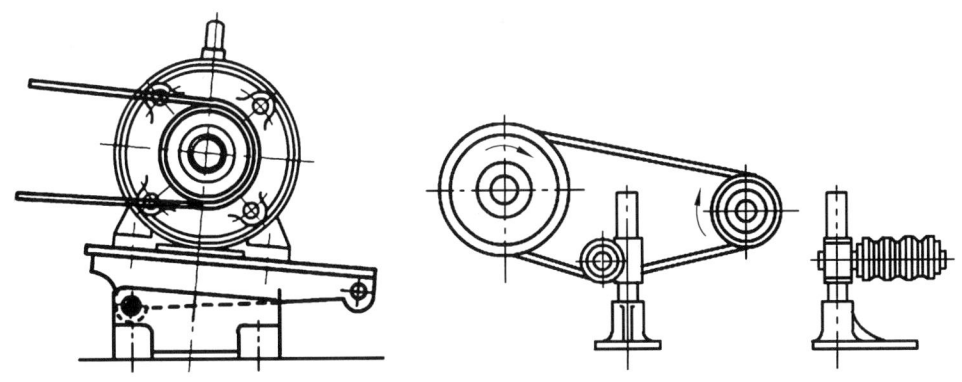

图 3.3.18 带传动张紧装置

3. 带传动的主要类型有哪些?各有什么特点?
4. 带传动中的弹性滑动和打滑是怎样产生的?对带传动有何影响?
5. 带传动的主要失效形式是什么?
6. 为什么带传动通常布置在机器的高速级?
7. 带传动中带为何要张紧?如何张紧?
8. 认识螺杆式空压机,观察上面的带传动。

图 3.3.19 螺杆式空压机

9. 带传动由_____带轮、_____带轮和_____带组成。

10. 带传动依靠传动带与带轮间产生的_____来带动实现运动和动力的传递。

11. 带传动能缓和_____，吸收_____，传动_____，噪声小。

12. 相同情况下，V 带传动的传动能力大于平带传动的传动能力。（判断）（　）

13. V 带的横截面为梯形，下面为工作面。（判断）（　）

14. 带传动结构简单，制造、安装和维修方便，成本较低。（判断）（　）

15. 带与带轮之间存在弹性滑动，传动效率低、不能保证恒定的传动比。（判断）（　）

16. 带传动外廓尺寸较大，结构不紧凑，还需要张紧装置。（判断）（　）

17. 没有初拉力带就不能传递功率。（判断）（　）

任务四　链传动

任务导引

图 3.4.1

链传动是啮合传动，它是利用链与链轮轮齿的啮合来传递动力和运动的机械传动。除了日常生活中常用的自行车之外，链传动应用在国民经济的各个领域，特别是在汽车、农业、食品、输送、林业、矿山、冶金、自动化设备中应用广泛。

任务要求

1. 了解链传动的工作原理，特点及应用范围。
2. 了解滚子链的结构及其链轮的结构特点。
3. 了解链传动的布置和润滑。

任务实施

一、链传动的组成及其特点

1. 链传动的组成

动画：链传动

链传动由轴线平行的主动链轮、从动链轮、链条以及机架组成。它靠链条与链轮齿之间的啮合来传递运动和动力。

链传动的传动比 i_{12} 就是主从动链轮的转速之比，它与主从动链轮的齿数成反比：

$$i_{12} = \frac{n_1}{n_2} = \frac{z_2}{z_1}$$

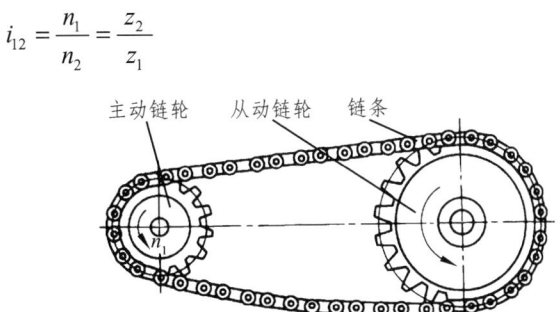

图 3.4.2　链传动的组成

2. 链传动的特点

链传动与带传动相比，具有以下优点：

（1）由于是啮合传动，没有弹性滑动与打滑现象，所以平均传动比恒定不变。

（2）链条装在链轮上，不需要很大的张紧力，对轴的压力小。

（3）能传递较大的圆周力，效率较高。（一般可达 96%～97%）

（4）维护容易，并有一定的缓冲减振作用。

（5）能在较恶劣的环境下（如高温、多尘、油污、潮湿、泥沙、易燃及有腐蚀性条件）工作。

缺点是：瞬时传动比不恒定，工作时有噪声；磨损后容易发生跳齿；不宜在载荷变化很大和急速反向的传动中应用；无过载保护作用。

二、链与链轮

1. 链传动类型

按照用途不同，链可分为起重链、牵引链和传动链三大类。起重链主要用于起重机械中提起重物，其工作速度 $v \leq 0.25$ m/s；牵引链主要用于链式输送机中移动重物，其工作速度 $v \leq 4$ m/s；传动链用于一般机械中传递运动和动力，通常工作速度 $v \leq 15$ m/s。

用于动力传动的链主要有套筒滚子链和齿形链两种。

（1）滚子链。

如图 3.4.3 所示，滚子链由滚子、套筒、轴销、内链板和外链板组成。套筒滚子链由内链板、外链板、套筒、销轴、滚子组成。

表 3.4.1 三类链传动的应用

传动链	输送链	起重链
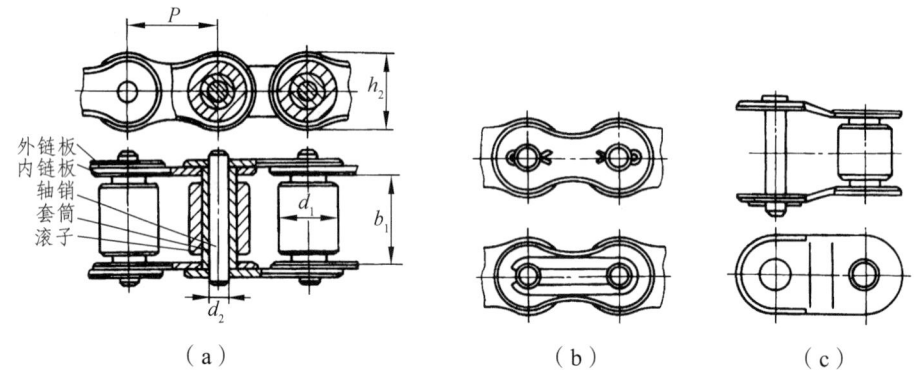		
传动链主要用于一般机械中传递运动和动力，也可用于输送等场合	输送链用于输送工件、物品和材料，可直接用于各种机械上，也可以组成链式输送机作为一个单元出现	起重链主要用于传递力，起牵引、悬挂物体的作用，兼作缓慢运动

图 3.4.3 滚子链

外链板固定在销轴上，内链板固定在套筒上，滚子与套筒间和套筒与销轴间均可相对转动，因而链条与链轮的啮合主要为滚动摩擦。套筒滚子链可单列使用和多列并用，多列并用可传递较大功率。套筒滚子链比齿形链重量轻、寿命长、成本低，在动力传动中应用较广。

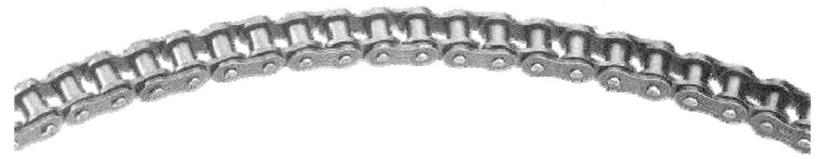

图 3.4.4 套筒滚子链实物图

滚子链的参数主要有节距和节数。相邻两销轴轴心线间的距离称为节距，用 p 表示，它是链的主要参数。节距 p 越大，链的各元件的尺寸也大，承载能力也越高，但重量也增加，冲击和振动也随之加大。链条长度以链节数来表示。链节数最好取为偶数，以便链条联成环形时正好是外链板与内链板相接，接头处可用弹簧夹或开口销锁紧。若链节数为奇数时，则需采用过渡链节。在链条受拉时，过渡链节还要承受附加的弯曲载荷，通常应避免采用。

（2）齿形链。

齿形链是由一组齿形链板铰接而成，如图 3.4.5 所示。

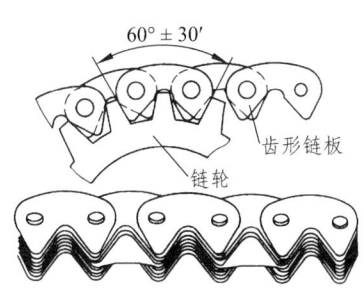 

图 3.4.5 齿形链

齿形链由若干组齿形链板交错排列,用铰链相互联接而成(见图 3.4.6)。链板两侧工作面为直边,夹角为 60°,靠链板工作面和链轮轮齿的啮合来实现传动。齿形链的铰链可以是简单的圆柱销轴,也可以是轴瓦式齿形链和滚柱式齿形链。

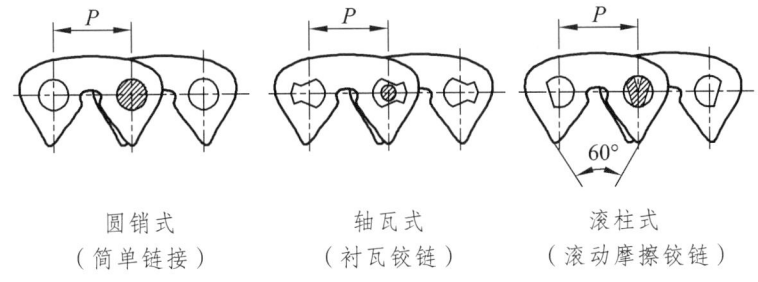

图 3.4.6 齿形链的铰链方式

由于齿形链的齿形及啮合特点,其传动较平衡,承受冲击性能好,轮齿受力均匀,噪声较小,故又称无声链。它允许较高的链速,特殊设计的齿形链传动最高链速可达 40m/s。但它结构比滚子链复杂、价格较高、重量较大,所以目前应用较少。

2. 链轮的结构与材料

(1)链轮的结构。

国家标准(GB/T 1243—1997)规定的滚子链链轮的端面齿形如图 3.4.7 所示,它由三段圆弧和一段直线 bc 组成。

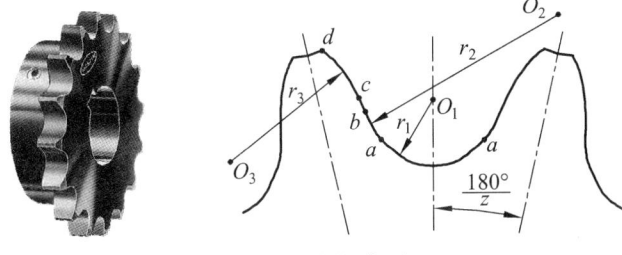

图 3.4.7 链轮齿形图

链轮的外形结构与链轮的直径有关。如图 3.4.8 所示,小直径一般制成实心式[见图(a)];中等直径可制成孔板式[见图(b)];大直径的链轮常采用螺栓联接的组合式[见图(c)]或焊接结构[见图(d)]。

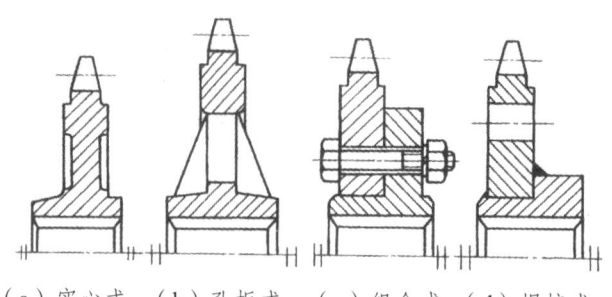

（a）实心式　（b）孔板式　（c）组合式　（d）焊接式

图 3.4.8　链轮结构

（2）链轮的材料。

链轮材料应满足强度和耐磨性要求。

表 3.4.2　链轮采用的材料

低速、轻载或平稳传动时	链轮可采用低、中碳钢制造
中速、中载无剧烈冲击时	采用中碳钢淬火处理，其齿面硬度 $HRC>40\sim45$
高速、重载或连续工作时	采用低碳合金钢表面渗碳淬火（如用 15Cr、20Cr 等钢渗碳淬硬至 $HRC=50\sim60$），或中碳合金钢表面淬火（如用 40Cr、35CrMnSi、35CrMo 等钢淬硬到 $HRC=40\sim50$）
低速、轻载且齿数较多时（$Z>50$）	允许用不低于 HT150 的铸铁链轮

传动过程中，小链轮轮齿的受载次数比大链轮轮齿多，磨损和冲击比较严重，因此小链轮的材料应较好，齿面硬度应较高。当大链轮用铸铁时，小链轮通常都用钢。

三、链传动的失效形式

链传动的失效主要表现为链条的失效，失效形式主要有以下几种：

图 3.4.9　链传动的失效形式

（1）链板疲劳破坏。链在松边拉力和紧边拉力的反复作用下，经过一定的循环次数，链板会发生疲劳破坏。正常润滑条件下，链板疲劳强度是限定链传动承载能力的主要因素。

（2）滚子、套筒的冲击疲劳破坏。链传动的啮入冲击首先由滚子和套筒承受。在反复多次的冲击下，经过一定循环次数，滚子、套筒可能会发生冲击疲劳破坏。这种失效形式多发生于中、高速闭式链传动中。

（3）销轴与套筒的胶合。润滑不当或速度过高时，销轴和套筒的工作表面会发生胶合。

胶合限定了链传动的极限转速。

（4）链条铰链磨损。铰链磨损后链节变长，容易引起跳齿或脱链。开式传动、环境条件恶劣或润滑密封不良时，极易引起铰链磨损，从而急剧降低链条的使用寿命。

（5）过载拉断。这种拉断常发生于低速重载的传动中。

四、链传动的使用与维护

1. 链传动的布置

链传动的两轴应平行，两链轮应位于同一平面内。否则易使链条脱落，或不正常磨损。

其次两链轮的连心线最好在水平面内或接近水平的布置。若需要倾斜布置时，倾角也应避免大于45°。应避免垂直布置，因为过大的下垂量会影响链轮与链条的正确啮合，降低传动能力。

链传动最好紧边在上、松边在下，以防松边下垂量过大使链条与链轮轮齿发生干涉或松边与紧边相碰，如图3.4.10所示。

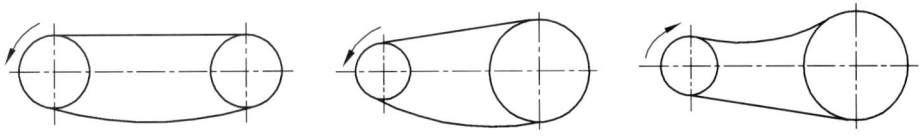

图3.4.10　链传动中松边、紧边的布置图

2. 链传动的张紧

链传动张紧的目的，主要是为了避免在链条的垂度过大时，产生啮合不良和链条的振动现象；同时也为了增加链条与链轮的啮合包角。当两轮轴心连线倾斜角大于60°时，通常设有张紧装置。

张紧方法：

（1）常用移动链轮增大两轮中心距。

（2）当中心距不可调时，可用张紧轮定期或自动张紧。

张紧轮应装在靠近小链轮的松边上。张紧轮可分为有齿与无齿两种。其分度圆直径要与小链轮分度圆直径相近。无齿的张紧轮可以用酚醛层压布板制成，宽度应比链宽约宽5 mm。还可用压板、托板张紧，特别是中心距大的链传动，用托板控制垂度更合理。如图3.4.11所示为常见的张紧装置。

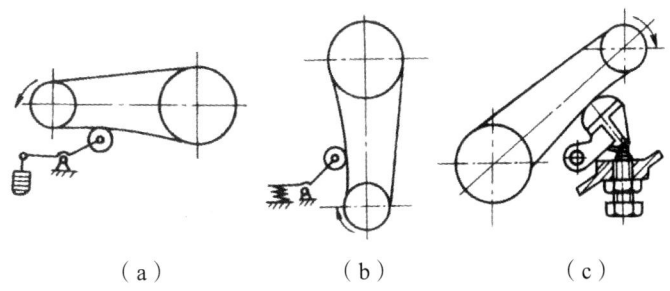

（a）　　　　　　（b）　　　　　　（c）

图3.4.11　链传动的张紧装置

3. 链传动的常见故障

链传动的常见故障有疲劳破坏、磨损、胶合、跳齿等。

4. 链传动的润滑

链传动润滑的目的：能缓和冲击、减小摩擦、减轻磨损，不良的润滑会降低链传动的使用寿命。

（1）润滑剂的选择。

链条润滑剂的选用原则：应尽可能地选择润滑油润滑，对特殊链条和特殊情况下可以选择润滑脂和干膜润滑剂润滑。应最大限度地满足链条运行时对润滑剂的要求，并结合设备和生产的要求，选用最合适、最经济的润滑剂。

（2）润滑方式。

链传动的润滑方式由链节距 P 和链速 v 的关系决定，可通过图 3.4.12 确定。

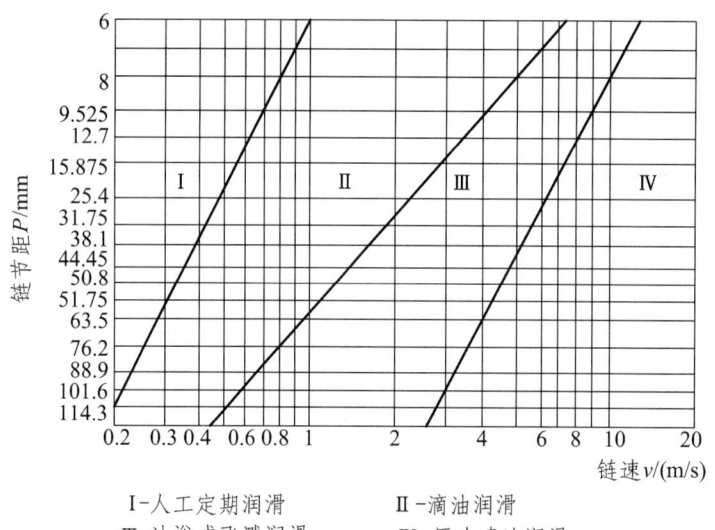

Ⅰ-人工定期润滑　　Ⅱ-滴油润滑
Ⅲ-油浴或飞溅润滑　　Ⅳ-压力喷油润滑

图 3.4.12　链节距和链速随润滑方式变化的关系图

表 3.4.3　滚子链的润滑方式及供油量

方式	润滑方法	供油量
人工润滑	用刷子或油壶定期在链条松边内、外链板间隙中加油	每班加一次油
滴油润滑	装有简单外壳，利用油杯滴油	单排链（5~20）滴/分，速度高时取大值
浸油润滑	采用不漏油外壳，将链条浸入油池中	链条浸油深度一般为 6~12 mm
飞溅润滑	采用不漏油外壳，在链轮侧边安装甩油盘。当链条宽度超过 125 mm 时，应在链条两侧各装一个甩油盘	甩油盘的浸油深度为 2~35 mm，圆周速度应大于 3 m/s
压力喷油润滑	采用不漏油外壳，喷油管口设在链条啮入处，循环油可起冷却作用	喷油管供油量可根据链节距及链速查有关手册

常用链传动的润滑方式的装置如图 3.4.13（a）、（b）、（c）、（d）、（e）所示。

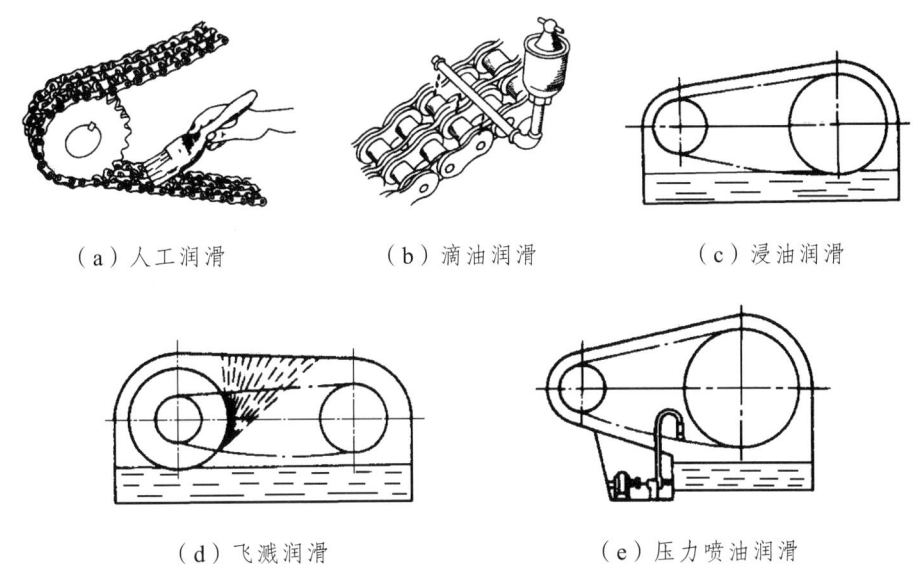

（a）人工润滑　　　（b）滴油润滑　　　（c）浸油润滑

（d）飞溅润滑　　　（e）压力喷油润滑

图 3.4.13　链传动的润滑装置

链条的润滑形式会因链条使用的方式不同而有所不同，大部分链条传动都会采用滴油润滑和油浴润滑，也有采用喷油润滑和油绳润滑的。

滴油润滑一般用于速度较快的、长间隔的输送链条上。比如说烘烤设备的链条，纺织设备的链条等。这种润滑方式的特点是：润滑效果好，浪费少，不受任何限制，但润滑均匀性较差。

对高速传动的链条多数是采用喷油润滑方式，这种润滑方式的特点是：润滑效果好，均匀性好，但其有一定的局限性，浪费较大。

油浴润滑方式一般用于闭式的链条传动，如：油田的钻井设备等。这种润滑方式的特点是：应该说是最理想的润滑方式，但也受到了很多限制。

还有其他链条的润滑方式，特别是那些很短的链条，几乎采用的都是人工涂抹方式。

（3）润滑部位。

对一般的链条来说，润滑的部位主要是链轮和链条的滚子、链轴和轴套。由于链条的结构不同，所以链条的润滑部位也可能发生改变。但是在大多数的链条中，润滑部位主要还是链轮和链条的滚子、链轴和轴套，如图 3.4.14 所示。

润滑时应设法在链传动关节的缝隙中注入润滑油，并应均匀分布在链宽上。润滑油应加在松边，因为链节处于松弛状态时润滑油容易进入摩擦面。

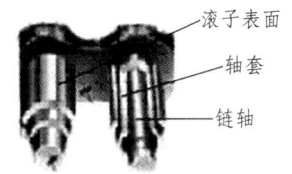

图 3.4.14　链条润滑部位

对开式传动和不易润滑的链传动，可定期将链条拆下用煤油清洗，干燥后再浸入 70～80 ℃ 的润滑油中，待铰链间隙中充满油后安装使用。

任务拓展与反思

图 3.4.15

1. 注意：自行车的主动链轮是大链轮，从动链轮是小链轮。若要将自行车速度增大，应该将牙盘半径增大，飞轮半径减小，后轮半径增大。现在的变速自行车就是这样设计的。

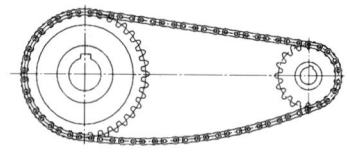

2. 链传动由具有特殊齿形的____________________链轮、________________链轮和____________ 组成。

3. 链条上相邻两销轴中心的______________________ P 称为节距。

4. 滚子链的节距越大，链条的尺寸________________，承载能力_________________。

5. 链传动是通过链条的链节与链轮轮齿的啮合来传递运动和动力。(判断) ( )

6. 链传动能保证准确的平均传动比。(判断) ( )

7. 链传动能在低速、重载和高温等不良环境中工作。(判断) ( )

8. 链轮转速越高，节距越大，齿数越少，传动越不平稳。(判断) ( )

任务五　齿轮传动

任务导引

你也许看到过机械式手表，看到过齿轮，可你知道齿轮是怎么啮合传动的吗？

上弦轮控制夹板
柄轴
立轮
上弦轮
上弦介轮簧
上弦介轮
上弦介轮
上弦棘轮
原动系

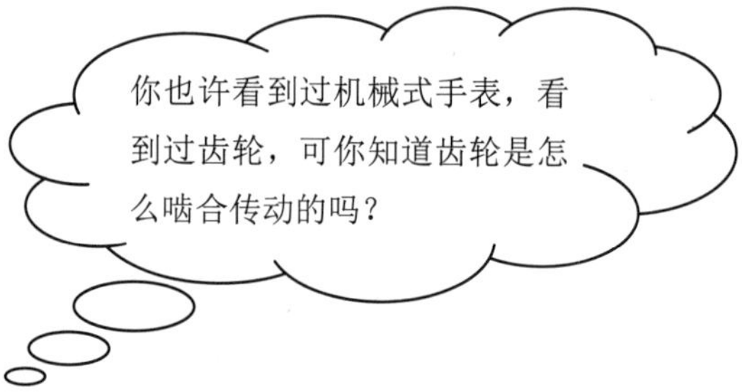

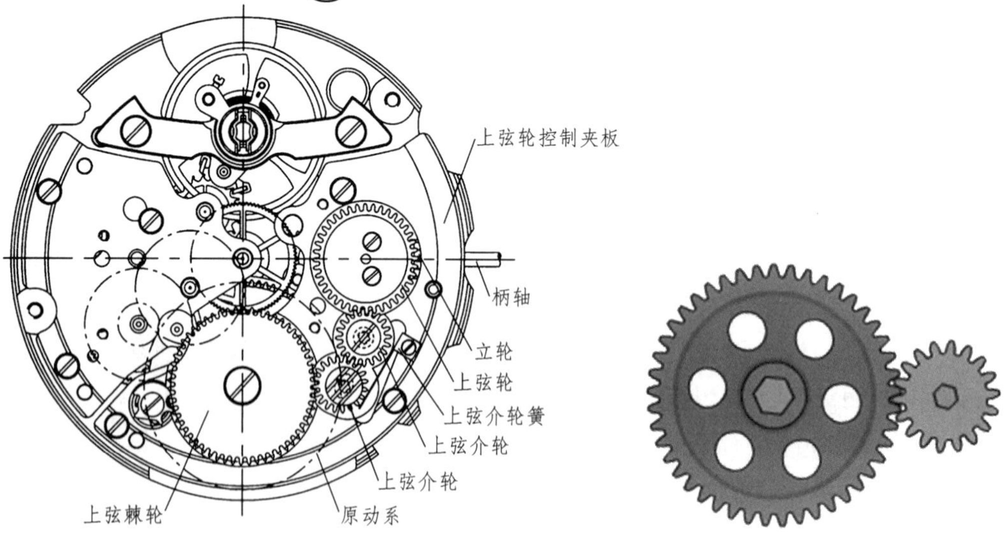

图 3.5.1　齿轮传动

齿轮传动是近代机器中传递运动和动力的最主要形式之一。在交通运输机械、金属切削机床、工程机械、冶金机械，以及人们常见的汽车、机械式钟表中都有齿轮传动。齿轮已成为许多机械设备中不可缺少的传动部件，齿轮传动也是机器中所占比重最大的传动形式。

任务要求

了解齿轮传动的特点、类型、应用和正确啮合条件、连续传动条件等；熟悉渐开线齿轮各部分的名称；了解斜齿圆柱齿轮、直齿圆锥齿轮的形成、啮合传动特点；掌握齿轮传动的正确使用与维护。

任务实施

齿轮传动是利用齿轮副来传递运动和（或）动力的一种机械传动。齿轮副的一对齿轮的齿依次交替接触，从而实现一定规律的相对运动的过程和形态称为啮合。齿轮传动属于啮合传动。

一、齿轮传动的组成及功能

1. 组　成

齿轮传动由主动轮、从动轮和机架三部分组成。

2. 功　能

通过轮齿的啮合将主动轴的运动和转矩传递给从动轴。它可以用来传递空间任意两轴间的运动和动力。

3. 齿轮传动工作原理

主动齿轮 1 的轮齿与从动齿轮 2 的轮齿直接啮合，从而驱动从动齿轮转动。如图 3.5.3 所示。

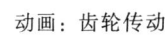

动画：齿轮传动

 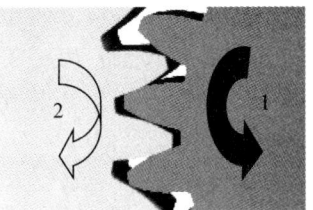

图 3.5.2　齿轮传动的组成　　　　图 3.5.3　齿轮传动的工作原理图

4. 传动比

在齿轮传动中，主动轮的齿数为 Z_1，从动轮的齿数为 Z_2，主动轮每转过一个齿，从动齿轮也转过一个齿。当主动齿轮的转速为 n_1，从动齿轮的转速为 n_2 时，单位时间内主动齿轮转

过的齿数 n_1Z_1 与从动齿轮转过的齿数 n_2Z_2 应相等，即

$$n_1Z_1 = n_2Z_2 \Longrightarrow i_{12} = \frac{n_1}{n_2} = \frac{Z_2}{Z_1}$$

式中　n_1、n_2——主、从动齿轮的转速，r/min，处于啮合时两轮的转向相反；
　　　Z_1、Z_2——主、从动齿轮的齿数。

上式说明：齿轮传动的传动比 i_{12} 是主动齿轮转速与从动齿轮转速之比，也等于两齿轮齿数之反比。

【例1】 如图 3.5.4 所示一对直齿（或斜齿）圆柱齿轮传动，已知 $Z_1 = 20$，$Z_2 = 40$。试求：① 传动比 $i_{12} = ?$ ② 当 $n_1 = 1\ 200$ r/min，$n_2 = ?$

解：$i_{12} = \dfrac{\omega_1}{\omega_2} = \dfrac{n_1}{n_2} = \dfrac{Z_2}{Z_1} = \dfrac{40}{20} = 2$　　$n_2 = \dfrac{n_1}{i_{12}} = \dfrac{1\ 200}{2} = 600$ rpm

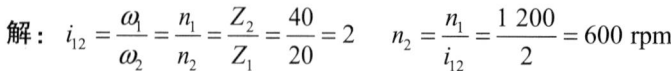

图 3.5.4

5. 齿轮传动的应用特点

（1）保证瞬时传动比恒定不变；工作可靠性高，传递运动准确。
（2）结构紧凑，可实现较大的传动比。
（3）速度适用范围大（$V = 0 \sim 300$ m/s）。
（4）功率适用范围大（一般 $P = 0 \sim 105$ kW，有时可高达 50 000 kW）。
（5）传动效率高（$\eta = 0.96 \sim 0.99$）。
（6）使用寿命长（$h \leqslant 12$ 年）。
（7）制造和安装精度高，制造工艺较复杂，故成本高。

二、齿轮传动的类型

齿轮传动的分类方式很多，主要有以下几种：
（1）按啮合方式分：外啮合、内啮合和齿轮齿条啮合。
（2）按轮齿的方向分：直齿、斜齿和人字齿。
（3）按两齿轮轴线关系和轮齿方向分：两轴平行、两轴相交、两轴交错。
（4）按工作环境分：开式齿轮传动、闭式齿轮传动和半开闭式齿轮传动。
开式齿轮传动：齿轮在非密闭空间的传动，一般采用脂润滑，齿轮工作环境粉尘较多。
闭式齿轮传动：齿轮在密闭空间的传动，有密闭的箱体、良好的润滑、齿轮工作环境清洁。
（5）按齿廓曲线分：渐开线、圆弧和摆线齿轮。
（6）按轮齿齿面硬度：软齿面齿轮（齿面硬度 ≤ 350 HBS），硬齿面齿轮（齿面硬度 > 350 HBS）；全软齿面（齿硕硬度 <250 HBS）。
（7）按使用情况分： 动力齿轮——以动力传输为主，常为高速重载或低速重载传动。传动齿轮——以运动准确为主，一般为轻载高精度传动。

表 3.5.1　齿轮传动类型

分类方法		类型图例		
两轴平行（平面齿轮传动）	按轮齿方向	直齿轮圆柱齿轮传动	斜齿圆柱齿轮传动	人字齿圆柱齿轮传动
	按啮合情况	外啮合齿轮传动	内啮合齿轮传动	齿轮齿条传动
两轴不平行（空间齿轮传动）	相交轴齿轮传动	直齿锥齿轮传动	曲齿锥齿轮传动	斜齿锥齿轮传动
	交错轴齿轮传动	交错轴斜齿轮传动	蜗轮蜗杆传动	准双曲面齿轮传动
按齿轮的齿廓曲线分		渐开线齿轮	圆弧齿轮	摆线齿轮

三、齿轮传动的基本要求

1. 基本要求

齿轮用于传递运动和动力，必须满足以下两个要求：

（1）传动准确、平稳。

齿轮传动的瞬时传动比恒定不变，以避免产生动载荷、冲击、振动和噪声。

（2）承载能力强、工作可靠。

齿轮必须具备足够的工作能力，以保证齿轮传动时不会出现各种失效。

2. 正确啮合条件

是不是所有的齿轮都能够相互啮合呢？你认为什么样的两个齿轮才能相互啮合？两个齿轮要正确啮合应该满足什么条件？通过专家的分析研究，得出齿轮的正确啮合条件是

$$m_1 = m_2 = m$$
$$\alpha_1 = \alpha_2 = \alpha$$

式中　m_1、m_2——两个齿轮的模数；

　　　m——标准模数；

　　　α_1、α_2——两齿轮的压力角；

　　　α——标准压力角，等于 20°。

3. 连续传动条件

要使齿轮连续传动，就必须在前一对轮齿尚未脱离啮合时，后一对齿已经进入啮合状态。所以齿轮连续传动的条件是：两齿轮的实际啮合线 B_1B_2 应大于或等于齿轮的基圆齿距 p_b，即必须使 $B_1B_2 > p_b$。B_1B_2 与 p_b 的比值 ε 称为重合度。

齿轮连续传动的条件，也就是 $\varepsilon = B_1B_2/p_b \geq 1$。重合度越大，说明齿轮传动的连续性越好，承载能力越强，传动的平稳性越好，振动噪声越小。

四、渐开线标准直齿圆柱齿轮的基本参数和几何尺寸计算

1. 渐开线齿廓

齿轮传动对齿廓曲线的基本要求：一是传动平稳；二是承载能力要强。

渐开线的形成：如图 3.5.5 所示，在某平面上，动直线 nn 沿着一固定的圆做纯滚动，此动直线 nn 上任意一点 K 的运动轨迹 AK 称为该圆的渐开线，该圆称为渐开线的基圆，其半径以 r_b 表示，直线 nn 称为渐开线的发生线。

以同一个基圆上产生的两条反向渐开线为齿廓的齿轮就是渐开线齿轮，如图 3.5.6 所示。对于渐开线齿廓来说，能保持瞬时传动比恒定，具有传动的可分离性，能保证齿轮传动的基本要求。

动画：渐开线齿轮是怎么回事？

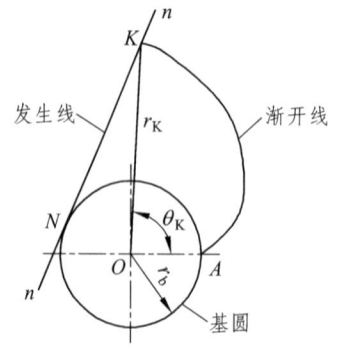

图 3.5.5　渐开线

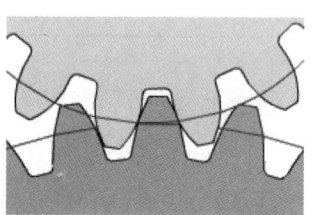

图 3.5.6　渐开线齿轮

2. 齿轮各部分名称

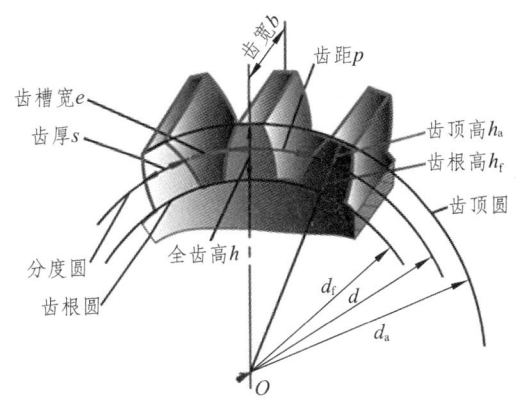

图 3.5.7 齿轮各部分的名称图

表 3.5.2 齿轮各部分名称的定义及代号

名 称	定 义	代号及说明
齿顶圆	通过轮齿顶部的圆周	齿顶圆直径以 d_a 表示
齿根圆	通过轮齿根部的圆周	齿根圆直径以 d_f 表示
分度圆	齿轮上具有标准模数和标准齿形角的圆	分度圆直径以 d 表示
齿厚	在端平面（垂直于齿轮轴线的平面）上，一个齿的两侧端面齿廓之间的分度圆弧长	齿厚以 s 表示
齿槽宽	在端平面上，一个齿槽的两侧端面齿廓之间的分度圆弧长	齿槽宽以 e 表示
齿距	两个相邻且同侧端面齿廓之间的分度圆弧长	齿距以 p 表示
齿宽	齿轮的有齿部位沿分度圆柱面直母线方向量度的宽度	齿宽以 b 表示
齿顶高	齿顶圆与分度圆之间的径向距离	齿顶高以 h_a 表示
齿根高	齿根圆与分度圆之间的径向距离	齿根高以 h_f 表示
齿高	齿顶圆与齿根圆之间的径向距离	齿高以 h 表示

齿轮上的分度圆是一个十分重要的圆，为方便起见，分度圆上的齿距、齿厚和齿槽宽等都直接称为齿距 p、齿厚 s 及齿槽宽 e 等。分度圆上的各参数的代号也都不带下标。

3. 基本参数

1）标准齿轮的压力角 α

在齿轮传动中，齿廓曲线和分度圆交点处的速度方向与该点的法线方向（即力的作用力方向）之间所夹的锐角就叫分度圆上的压力角，简称压力角，用 α 表示。图上 K 点的压力角用 α_K 表示。

2）齿数 Z

齿轮圆周上轮齿的数目称为齿数，用 Z 表示。它表示一个齿轮的轮齿总数。

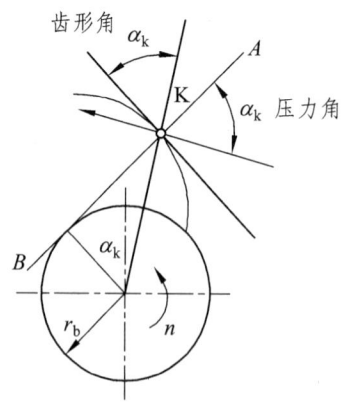
图 3.5.8 齿形角

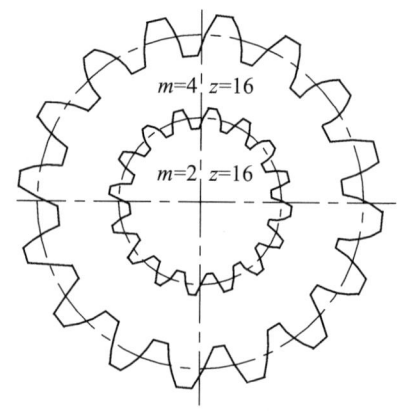
图 3.5.9 齿数、模数

3）模数 m

分度圆上的 p/π 比值称为模数，以 m 表示，即：$m = p/\pi$。

模数是齿轮几何计算的基础，显然，m 越大，则 p 越大，即轮齿就越大。

分度圆直径 $d = mZ$。

表 3.5.3 标准模数系列（摘自 GB 1357—87） 单位：mm

第一系列	1	1.25	1.5	2	2.5	3	4	5	6
	8	10	12	16	20	25	32	40	50
第二系列	1.75	2.25	2.75	(3.25)	3.5	(3.75)	4.5	5.5	(6.5)
	7	9	(11)	14	18	22	28	36	45

注：优先选用第一系列，括号内的模数尽量不选用。

4）齿顶高系数（$h_a^* = 1$）

$$h_a = h_a^* m$$

5）顶隙系数（$c^* = 0.25$）

$$c = c^* m$$

渐开线圆柱齿轮的齿顶高系数和径向间隙系数的关系如表 3.5.4 所示。

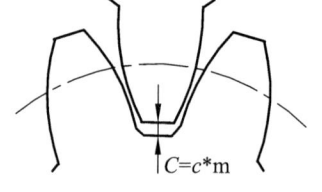
图 3.5.10 顶隙系数

表 3.5.4 齿顶高系数和径向间隙系数的关系

	正常齿制	短齿制
h_a^*	1.0	0.8
c^*	0.25	0.3

齿根高：$h_f = (h_a^* + c^*)m$

全齿高：$h = h_a + h_f = (2h_a^* + c^*)m$

6）几个概念

（1）标准齿轮：具有模数和齿形角为标准值，分度圆上的齿厚和槽宽相等，齿顶高系数和顶隙系数为标准值的齿轮。不具备上述特征的齿轮称为非标准齿轮。

（2）标准安装：一对齿轮节圆与分度圆重合的安装称为标准安装。

（3）标准中心距：标准安装时的中心距就叫标准中心距，以 a 表示。

4. 几何尺寸计算

表 3.5.5　外啮合标准直齿圆柱齿轮的几何尺寸计算

名　　称	代　号	公　　式
模数	m	$m = p/\pi = d/Z$
齿顶高	h_a	$h_a = h_a^* m = m$
齿根高	h_f	$h_f = h_a^* m + c^* m = 1.25\,m$
齿高	h	$h = h_a + h_f$
分度圆直径	d	$d = mz$
齿顶圆直径	d_a	$d_a = d + 2h_a = m(Z + 2)$
齿根圆直径	d_f	$d_f = d - 2h_f = m(Z - 2.5)$
齿距	p	$p = \pi m$
齿厚	s	$s = p/2 = \pi m/2$
齿槽宽	e	$e = p/2 = \pi m/2$
中心距	a	$a = (d_1 + d_2)/2 = m(Z_1 + Z_2)/2$

【例2】 已知一对标准直齿圆柱齿轮，$Z_1 = 20$，$Z_2 = 40$，$m = 5$ mm，$\alpha = 20°$，试计算其分度圆、齿根圆直径。

解：$d_1 = mZ_1 = 5 \times 20 = 100$ mm

$d_2 = mZ_2 = 5 \times 40 = 200$ mm

$d_{f1} = d_1 - 2(1 + 0.25) \times 5 = 100 - 12.5 = 87.5$ mm

$d_{f2} = d_2 - 2(1 + 0.25) \times 5 = 200 - 12.5 = 187.5$ mm

回顾：（1）齿轮的五个参数有哪些？（2）什么是标准齿轮？（3）何为标准中心距？请你回答。

五、斜齿轮传动

动画：斜齿轮传动

1. 斜齿圆柱齿轮的齿廓及其啮合特点

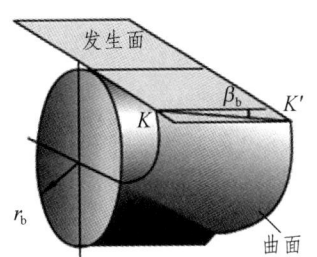

图 3.5.11　斜齿圆柱齿轮的齿廓

斜齿圆柱齿轮齿廓曲面的形成：当平面沿基圆柱作纯滚动时，其上与母线成一倾斜角 β_b 的斜直线 KK 在空间所走过的轨迹为渐开线螺旋面，该螺旋面即为斜齿圆柱齿轮齿廓曲面，β_b 称为基圆柱上的螺旋角。

表 3.5.6 直齿圆柱齿轮与斜齿轮圆柱齿轮传动特性对比

对 比	直齿圆柱齿轮传动	斜齿圆柱齿轮传动
齿廓曲面的形成		
轮齿的方向	齿向平行于轴线	齿向与轴线夹螺旋角 β
齿轮接触线	接触线平行于齿向且等长	接触线倾斜且不等长
轮齿啮合时受载特点	一对齿进入啮合或脱离啮合时，沿齿宽突然加载或突然卸载	一对齿进入啮合或脱离啮合时，沿齿宽逐渐加载或逐渐卸载
归 纳	平稳性较差，噪声和冲击较大，一般适应于中低速和中轻载场合	平稳性较好，承载力大，噪声和冲击较小，适应于高速和重载场合

图 3.5.12　圆柱齿轮使用实景图

2. 斜齿轮传动的特点

（1）啮合平稳性好。（这是斜齿轮最突出的优点。）

（2）承载能力大。（因重合度大，接触线总长度大的缘故。）

（3）结构尺寸可更紧凑。（因不发生根切的最小齿数更小。）

（4）制造成本并不增加。

（5）缺点是：传动时会产生轴向分力，且该分力随螺旋角加大而增加，使轴的支承变复杂。因此，通常取螺旋角在 8°～15° 范围内，以便限制轴向分力。

高速传动均应采用斜齿轮传动。

3. 使用人字齿轮来消除轴向力

由图 3.5.13 分析可知：人字齿轮两个方向产生的轴向分力 F_a 大小相等、方向相反，相互抵消。

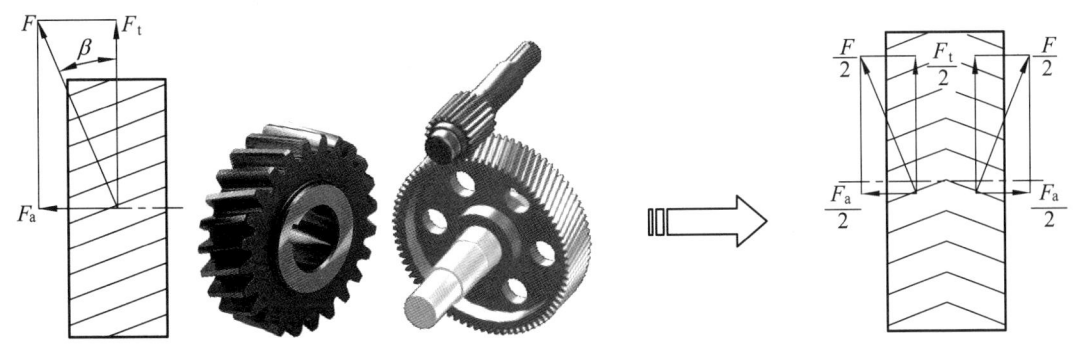

图 3.5.13　人字齿轮

4. 斜齿轮传动的正确啮合条件

由于斜齿圆柱齿轮轮齿齿面是螺旋面，因此有端面和法面两种情形。端面是指垂直于齿轮轴线的平面，用 t 做标记。法面是指与轮齿齿线垂直的平面，用 n 做标记。斜齿轮传动的正确啮合条件是：

法向模数和法向压力角相等；螺旋角大小相等，旋向相反（外啮合）或相同（内啮合）。

$$\begin{cases} m_{n1} = m_{n2} = m \\ \alpha_{n1} = \alpha_{n2} = \alpha \\ \beta_1 = \pm\beta_2 \end{cases}$$

图 3.5.14

5. 斜齿圆柱齿轮的旋向

斜齿圆柱齿轮轮齿的螺旋方向可分为左旋和右旋。其判别方法为：将齿轮轴线垂直放置，轮齿自左至右上升者为右旋，反之为左旋，如图 3.5.15 所示。

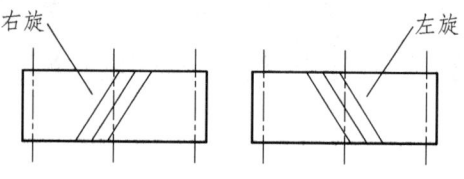

图 3.5.15 斜齿圆柱齿轮的旋向

六、直齿圆锥齿轮传动

1. 圆锥齿轮传动概述

圆锥齿轮传动是用来传递空间两相交轴之间运动和动力的一种齿轮传动，其轮齿分布在截圆锥体上，齿形从大端到小端逐渐变小。圆柱齿轮中的有关圆柱均变成了圆锥。为计算和测量方便，通常取大端参数为标准值。

动画：圆锥齿轮传动

曲齿圆锥齿轮传动　　　直齿圆锥齿轮传动

图 3.5.16 圆锥齿轮

一对圆锥齿轮两轴线间的夹角 Σ 称为轴角。其值可根据传动需要任意选取，在一般机械中，多取 Σ = 90°。

圆锥齿轮的轮齿有直齿、斜齿和曲齿。直齿圆锥齿轮设计、制造、安装比较简便，应用广泛。

2. 直齿圆锥齿轮传动的特点

实际使用的直齿圆锥齿轮是经过近似处理的齿轮，其传动特点如下：

（1）轮齿分布在锥体上且呈收缩状，故有大小端之分；

（2）几何形状由大端的齿根圆直径、分度圆直径、齿顶圆直径等直径尺寸以及锥体的齿根圆锥角、分度圆锥角、齿顶圆锥角等角度尺寸两套数据组成；

（3）适合于相交轴间的传动，多见正交传动；

（4）齿面接触状况较差，传动精度控制较难，故适用于低速、轻载传动；

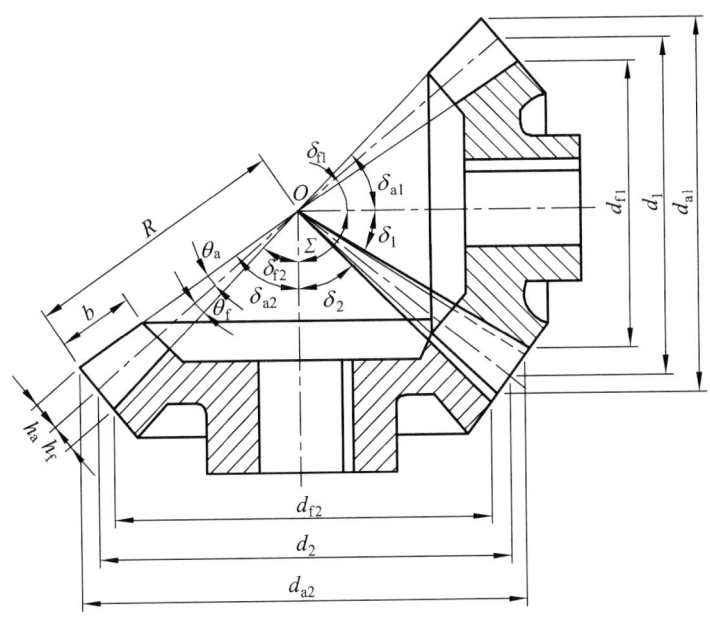

图 3.5.17 直齿圆锥齿轮参数图

（5）由于加工进刀方式以及检测方便的原因，大端参数为标准值。

模数 m 见标准 GB 12368—90；压力角 $\alpha = 20°$；齿顶高系数 $h_a^* = 1$，顶隙系数 $c^* = 0.2$。

3. 直齿圆锥齿轮传动的正确啮合条件和传动比计算

直齿锥齿轮的正确啮合条件为：两锥齿轮的大端模数和压力角分别相等且等于标准值，此外，两轮的锥距还必须相等。

$$m_1 = m_2 = m$$
$$\alpha_1 = \alpha_2 = \alpha$$

一对标准直齿圆锥齿轮传动的传动比：

$$i = \omega_1 / \omega_2 = Z_2 / Z_1 = d_2 / d_1 = \tan \delta_2$$
$$(\Sigma = \delta_1 + \delta_2 = 90°)$$

七、齿轮齿条传动

1. 齿 条

（1）由于齿条的齿廓是直线，所以齿廓上各点的法线是平行的；传动时齿条是直线移动的，故各点的速度大小和方向均相同；齿条齿廓上各点的压力角也都相同，等于齿廓的倾斜角。

（2）与分度线相平行的各直线上的齿距都相等。

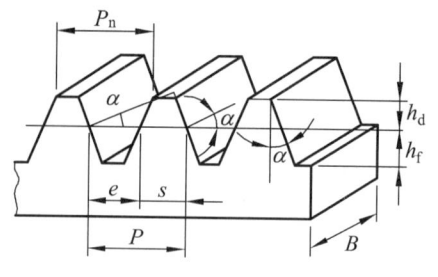

图 3.5.18　齿条参图

2. 齿轮齿条传动

齿轮的转动带动齿条直线移动。齿条的前后移动也可以带动齿轮的转动。齿轮齿条传动的主要目的是将齿轮的回转运动转变为齿条的往复直线运动，或将齿条的直线往复运动转变为齿轮的回转运动，如图 3.5.19 所示齿条的移动速度可用下式计算：

$$V = \pi d_1 n_1 = \pi m Z_1 n_1$$

齿轮每回转一周时，齿条移动的距离为

$$L = \pi d_1 = \pi m Z_1$$

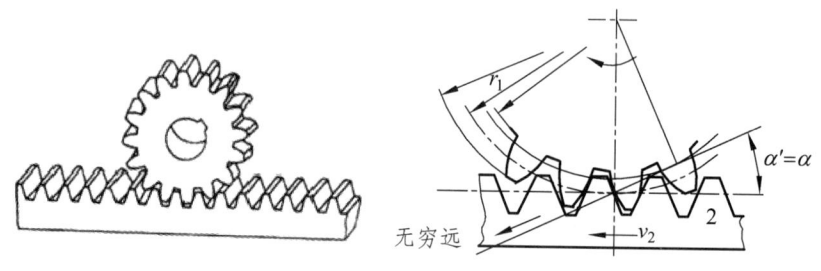

图 3.5.19　齿轮齿条

动画：齿条传动

八、齿轮的失效形式

齿轮传动的失效主要发生在轮齿上，分析失效形式有助于建立齿轮设计的准则，提出防止和减轻对应的措施。

表 3.5.7　齿轮的失效形式及原因

主要失效形式	图例	原因	现象	避免措施
轮齿折断		疲劳折断、过载折断、局部折断	主要发生在闭式硬齿面传动的齿根	提高齿面和齿根的表面强度；减小齿根应力集中，降低齿面的粗糙度

续表

主要失效形式	图例	原因	现象	避免措施
齿面点蚀 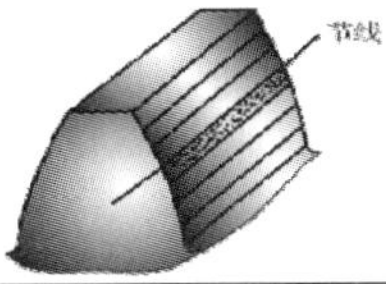		（闭式）交变的接触应力	主要发生在闭式软齿面节线附近靠近齿根部分出现麻点状凹坑	提高齿面硬度、润滑油的黏度和降低表面粗糙度等
齿面磨损 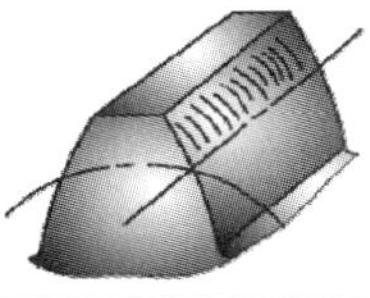		开式传动、相对滑动。较软的齿表面易被划伤也可能产生齿面磨料磨损	齿形破坏、齿厚减薄，侧隙增大，冲击振动加大，传动质量急剧下降	改善润滑、密封条件，提高齿面硬度、降低齿面粗糙度等
齿面胶合 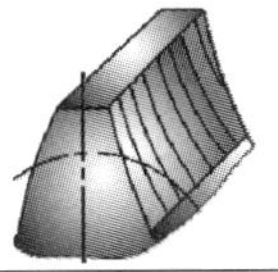	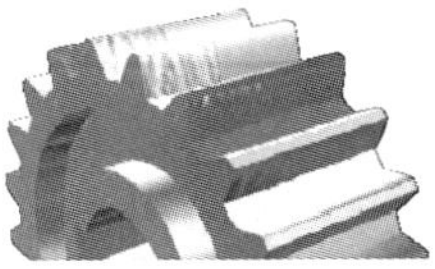	高速重载、油膜破裂，齿面熔焊在一起。低速重载，齿面不易形成油膜，高压冷焊在一起	撕脱、粘着、齿廓形状改变	提高齿面硬度，降低齿面粗糙度，限制油温等减缓或防止齿面胶合
齿面塑性变形 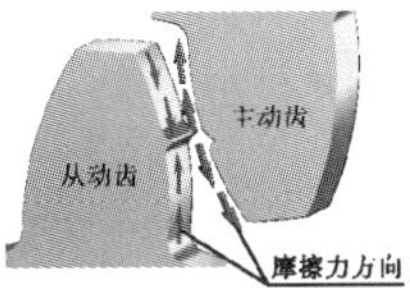		材料较软、频繁起动和严重过载	齿形破坏，在节线附近形成凸棱	提高齿面硬度，增大润滑油黏度

九、齿轮的结构

通常齿轮是由轮缘、轮腹、轮毂三个部位组成的。齿轮轮缘、轮腹、轮毂等各部分尺寸由其结构来决定。齿轮的结构形式由其尺寸大小、毛坯材料、加工工艺、使用要求及经济性等因素决定。

齿轮的结构形式主要有齿轮轴、实体式齿轮、腹板式（孔板式）齿轮和轮辐式齿轮。齿轮结构形式的选用见表3.5.8。

齿轮最常用的材料是锻钢、铸钢、铸铁及一些非金属材料。

软齿面齿轮的齿面硬度≤350 HBS，常用中碳钢和中碳合金钢进行调质或正火处理。在确定大、小齿轮硬度时应注意使小齿轮的齿面硬度比大齿轮的齿面硬度高 30~50 HBS，这是因为小齿轮受载荷次数比大齿轮多，且小齿轮齿根较薄，为使两齿轮的轮齿接近等强度，小齿轮的齿面要比大齿轮的齿面硬一些。

图3.5.20 齿轮的组成

硬齿面齿轮的齿面硬度 >350 HBS，常用的材料为中碳钢或中碳合金钢经表面淬火处理。

当齿轮的尺寸较大（大于 400~600 mm）而不便于锻造时，可用铸造方法制成铸钢齿坯，再进行正火处理以细化晶粒。

表 3.5.8 不同结构形式的齿轮

齿轮结构形式	使用条件	具体结构	制造工艺
齿轮轴	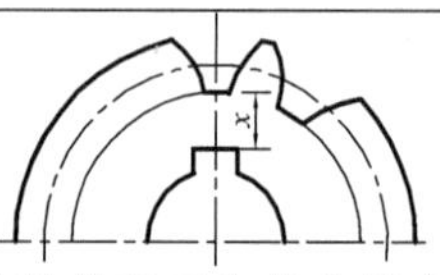 当键槽顶至齿根的距离 $x \leq (2 \sim 2.5)m_n$	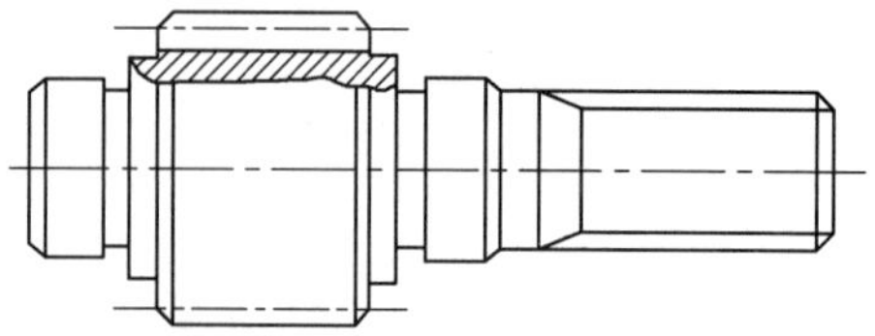	采用锻造热加工工艺
实体式齿轮	$d_a \leq 200$ mm	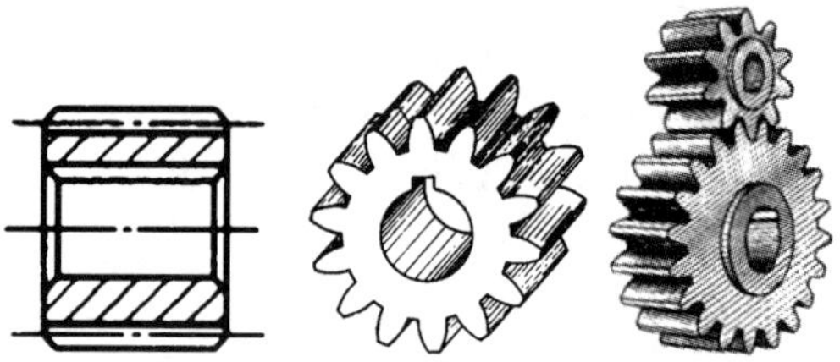	采用锻造热加工工艺
腹（孔）板式齿轮	$d_a = 200 \sim 500$ mm	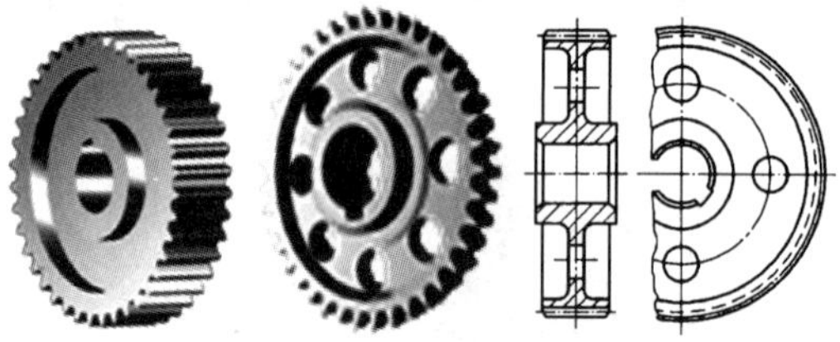	采用锻造热加工工艺，直径偏大时也可采用铸造工艺
轮辐式齿轮	$d_a > 500$ mm	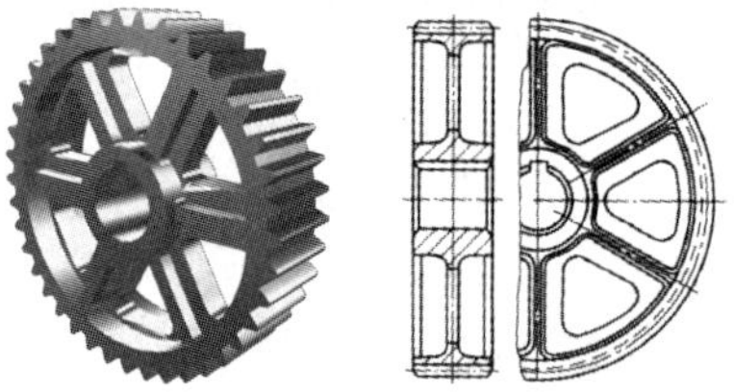	铸造热加工工艺

低速、轻载场合的齿轮可以制成铸铁齿坯。当尺寸大于 500 mm 时可制成大齿圈，或制成轮辐式齿轮。

十、齿轮传动的润滑维护

轮齿啮合时，由于齿面间存在相对滑动而发生摩擦磨损，增加损耗，降低效率。在高速传动中，这种齿面间的摩擦磨损更为严重，故在齿轮传动中润滑是非常必要的。

1. 齿轮传动的润滑

润滑目的：减轻磨损、提高效率、散热、防锈、延长寿命等。

1）润滑方式

（1）闭式传动。

由圆周速度 V 确定：浸油润滑（$V \leq 15$ m/s），喷油润滑（$V > 15$ m/s）。

[有的资料上是浸油润滑（$V \leq 12$ m/s），喷油润滑（$V > 12$ m/s）。]

当齿轮的圆周速度 $V \leq 15$ m/s 时，常将大齿轮的轮齿浸入油池采用油浴润滑，借助齿轮的传动，将油带到啮合齿面，同时也可把油甩到箱壁上，用以散热和润滑轴承。为了减少齿轮的搅油阻力和润滑油的温升，齿轮浸入油中的深度，一般不超过一个齿高（但不少于 10 mm），最大浸油深度不应超过大齿轮半径的 1/3。对于锥齿轮，浸油深度至少为齿宽 b 的一半，或至整个齿宽。

箱体油池中的油量，与齿轮传递功率的大小有关。单级齿轮传动，每 1 kW 的加油量约为（0.35～0.7）L，多级齿轮传动，按级数可适当成倍增加。

当齿轮圆周速度 $V > 15$ m/s 时，应采用喷油润滑。所谓喷油润滑是将润滑油以一定压力由喷嘴直接喷射到齿轮啮合处的一种润滑方法，压力喷油润滑效果良好，但需要专门的装置，费用较贵。

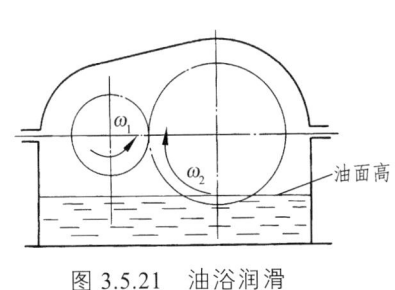
图 3.5.21 油浴润滑

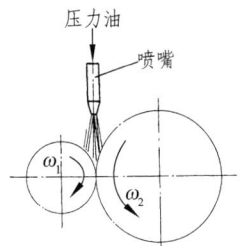
图 3.5.22 喷油润滑

（2）开式传动。

对于开式或半开式齿轮传动及低速轻载的闭式齿轮传动，由于其圆周速度较低，一般选用润滑脂或粘附性高的润滑油进行人工定期加油。

2）润滑介质的选择

齿轮传动大多采用润滑油进行润滑，闭式齿轮传动润滑油的黏度可根据齿轮的材料、承载情况和圆周速度参考手册中的表格确定。

2. 齿轮传动的维护

（1）启动、加载、卸载及换挡时要求平稳，避免冲击。

（2）浸油润滑时，经常检查油箱保持油面在合理位置。喷油润滑时，经常检查油压在合理压力，按期换油。

（3）应采用科学的监测手段，如温度检测、声响检测等，防止事故发生。

3. 应用举例

齿轮传动在电力机车上得到广泛应用，齿轮传动装置联接牵引电机和轮对，把牵引电机产生的转矩传递给轮对，驱使车轮旋转，通过轮轨间的黏着作用，形成牵引力或制动力。

SS3 型 4000 系电力机车采用双侧刚性斜齿轮传动，整个齿轮传动装置由大齿轮、小齿轮和齿轮箱组成。大齿轮 87 齿，由齿圈和齿轮心组成，压装在车轮轮心的轮毂上。小齿轮 20 齿，压装在牵引电机电枢轴的两端，如图 3.5.23 所示。

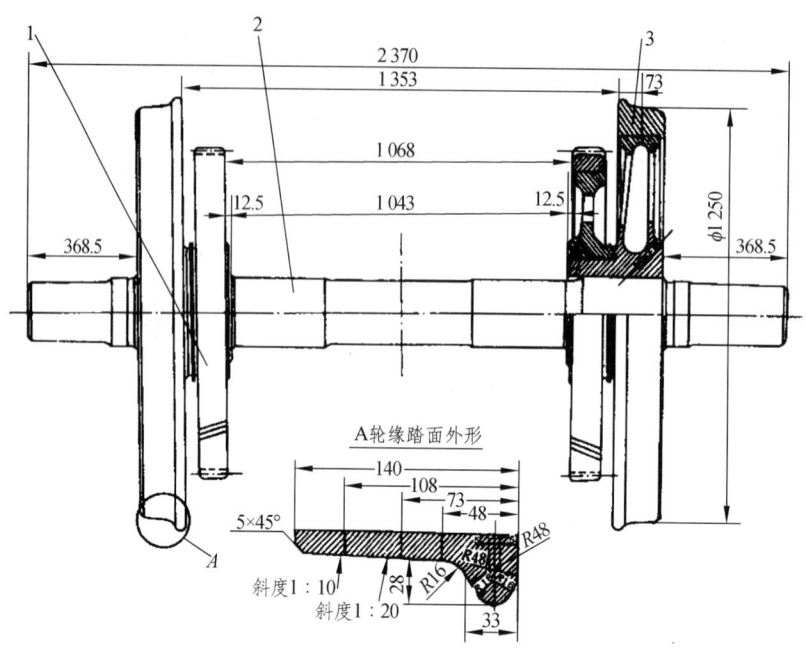

图 3.5.23　SS₃ 型 4000 系电力机车非整体式轮对
1—大齿轮；2—车轴；3—车轮

任务拓展与反思

1. 请计算图 3.5.23 中齿轮传动的传动比 $i = $？

2. 试分析图 3.5.23 轮对中两个斜齿轮的旋向和轴向力的方向。

3. 有一标准直齿圆柱齿轮，已知齿顶圆直径 $d_a = 135$ mm，齿数 $Z = 25$。求：齿轮模数 m、分度圆直径 d、齿根圆直径 d_f、基圆直径 d_b。

4. 两个标准直齿圆柱齿轮，已测得齿数 $Z_1 = 22$、$Z_2 = 98$，小齿轮齿顶圆直径 $d_{a1} = 240$ mm，大齿轮全齿高 $h = 22.5$ mm，试判断这两个齿轮能否正确啮合传动？

5. 相互啮合的一对标准直圆柱齿轮，两轮的转向相同，已知小齿轮的转速 $n_1 = 1440$ r/min，大齿轮的转速 $n_2 = 480$ r/min，两轮的中心距 $a = 50$ mm，若将小齿轮卸下后，它可以和一个齿数为 20 的标准齿轮 Z 正确啮合，现测得 Z 的齿顶圆直径为 54.78 mm，试求：（1）小齿轮的齿数 Z_1，大齿轮的齿数 Z_2；（2）d_{a1}，$d_{f2} = $？

6. 某标准直齿圆柱齿轮，已知齿距 $p = 12.566$ mm，齿数 $Z = 25$。求该齿轮的分度圆直径、齿顶圆直径、基圆直径、齿高以及齿厚。

7. 已知一对渐开线直齿圆柱齿轮外啮标准中心距 $a = 180$ mm，齿轮传动比 $i = 2$，模数 $m = 4$ mm。求两齿轮的齿数 Z_1、Z_2；两齿轮各自的分度圆、齿顶圆、齿根圆和基圆直径。

8. 标准渐开线直齿轮的五个基本参数是_____。齿轮的五种失效形式是：_____、_____、_____、_____及齿面_____变形。

9. 选择题

（1）用于两轴平行的齿轮传动有（　　）。

A. 圆柱齿轮传动　　　　B. 圆锥齿轮传动　　　　C. 螺旋齿轮传动
（2）两齿轮轴线相交用（　　）。
A. 直齿锥齿轮传动　　　B. 斜齿圆柱齿轮　　　　C. 螺旋齿轮传动
（3）齿轮传动的优点是（　　）。
A. 能保证瞬时传动比恒定不变　　B. 传动效率低　　C. 传动噪声大
（4）齿轮轮齿齿顶所在的圆称为（　　）。
A. 齿顶圆　　　　　　　B. 齿根圆　　　　　　　C. 基圆
（5）齿轮的齿根圆直径是（　　）。
A. d_a　　　　　　　　B. d_f　　　　　　　　C. d_b
（6）一对渐开线直齿圆柱齿轮的正确啮合条件是_____。
A. $m_1 = m_2 = m$，$\alpha_1 = \alpha_2 = \alpha$　　B. $\varepsilon_a \geq 1$　　C. $i = $ 常数
（7）两标准齿轮正确安装时的中心距为标准中心距，其值为_____。
A. $a = r_{d1} + r_{d2}$　　　B. $a = r_1 + r_2$　　　C. $a = r_{f1} + r_{f2}$
（8）斜齿圆柱齿轮传动的特点是_____。
A. 传动更加平稳　　　　B. 承载能力变小　　　　C. 不产生轴向力.
（9）圆锥齿轮传动中，两轴线交角一般为_____。
A. 60°　　　　　　　　B. 90°　　　　　　　　C. 120°

任务六　蜗杆传动

任务导引

当传动的两根轴既不平行、又不相交时，你应该选用什么传动呢？

图 3.6.1　蜗杆传动机构

蜗杆传动主要用于传递空间垂直交错两轴间的运动和动力。蜗杆传动具有传动比大、结构紧凑等优点，广泛应用于机床分度机构、汽车、仪表、起重运输机械、冶金机械及其他机械设备中。

起重机械

分度机构

微动机构

图 3.6.2　蜗杆传动的应用

任务要求

蜗杆传动类型、应用、失效形式、材料选择和润滑等。

任务实施

一、蜗杆传动的组成

蜗杆传动由蜗杆和蜗轮组成，一般以蜗杆为主动件。蜗杆传动广泛用于各种机械和仪表中，常用作减速。

用于传递空间交错轴间的动力和运动；交错角为 $\Sigma = 90°$。

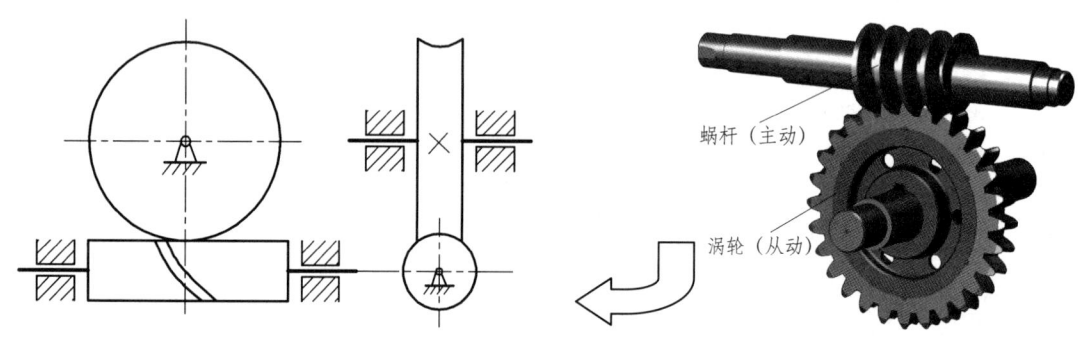

图 3.6.3 蜗杆传动的简图画法　　　　图 3.6.4 蜗杆传动的组成

二、蜗杆传动的特点

动画：蜗杆传动

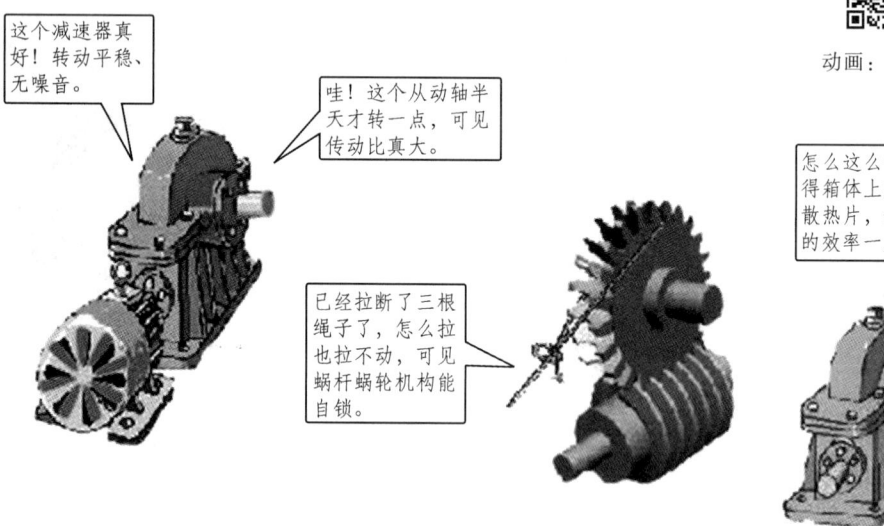

图 3.6.5 蜗杆传动的特点

（1）传动比大（动力型：$i = 10 \sim 80$，运动型 $i \Rightarrow 1\,000$）。

一般在动力传动中，取传动比 $i = 10 \sim 80$；在分度机构中，i 可达 $1\,000$。这样大的传动比如用齿轮传动，则需要采取多级传动才行，所以蜗杆传动结构紧凑，体积小、重量轻。

（2）传动极其平稳（蜗杆连续齿、重合度大）。

因为蜗杆齿是连续不间断的螺旋齿，它与蜗轮齿啮合时是连续不断的，蜗杆齿没有进入和退出啮合的过程，因此工作平稳，冲击、震动、噪声小。

（3）运动极其精确。

（4）承载力很大（轮齿为曲梁抗弯能力大）。

（5）可实现自锁（当蜗杆导程角 $\gamma \leq$ 当量摩擦角 ρ_v 时）。

蜗杆的螺旋升角很小时，只能蜗杆带动蜗轮传动，而蜗轮不能带动蜗杆转动。

（6）效率较低（一般 $\eta = 0.8 \sim 0.9$ 或 $0.7 \sim 0.8$，自锁 $\eta \leq 0.5$）。

发热量大，齿面容易磨损。

（7）价格昂贵（常用锡青铜）。

由蜗杆传动的特点可知：蜗杆传动常用于两轴交错、传动比较大、传递功率不太大或间歇工作的场合。

三、蜗杆传动的类型

蜗杆传动的各类型如表 3.6.1 所示。

表 3.6.1　蜗杆传动的分类

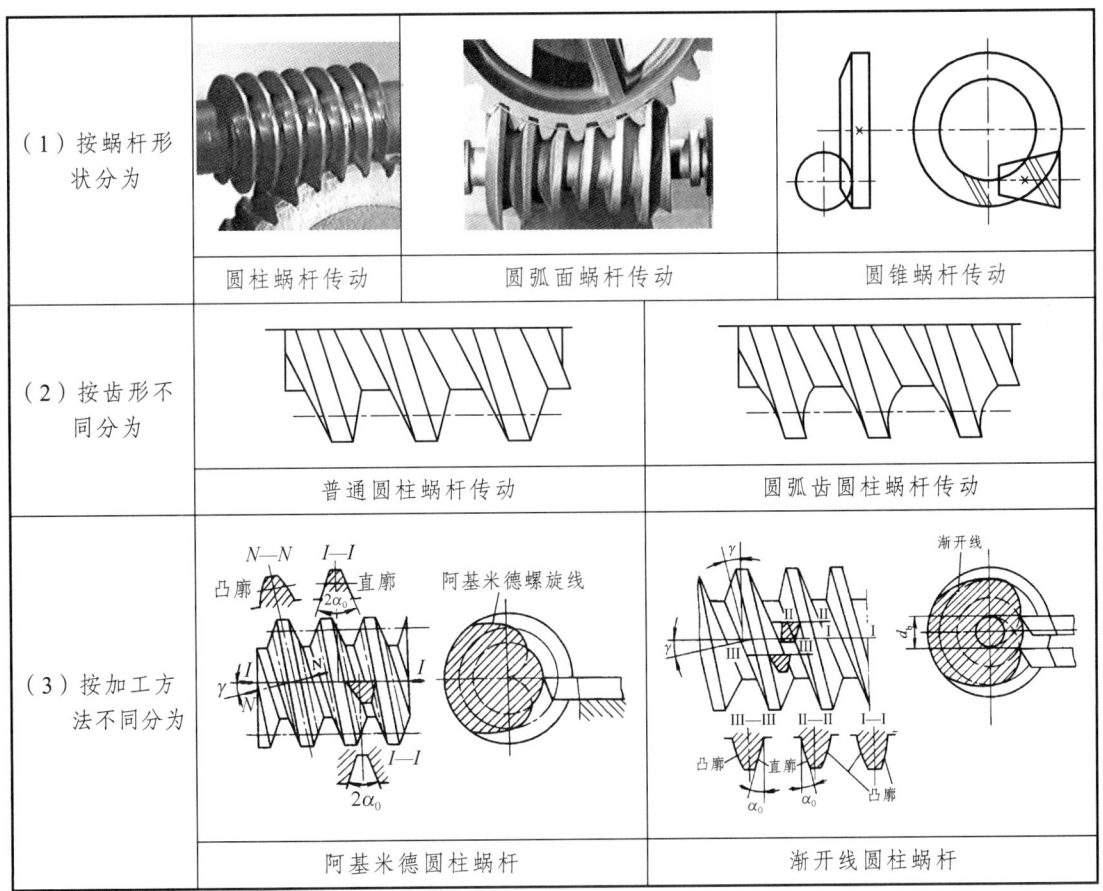

四、蜗杆与蜗轮的运动关系判定

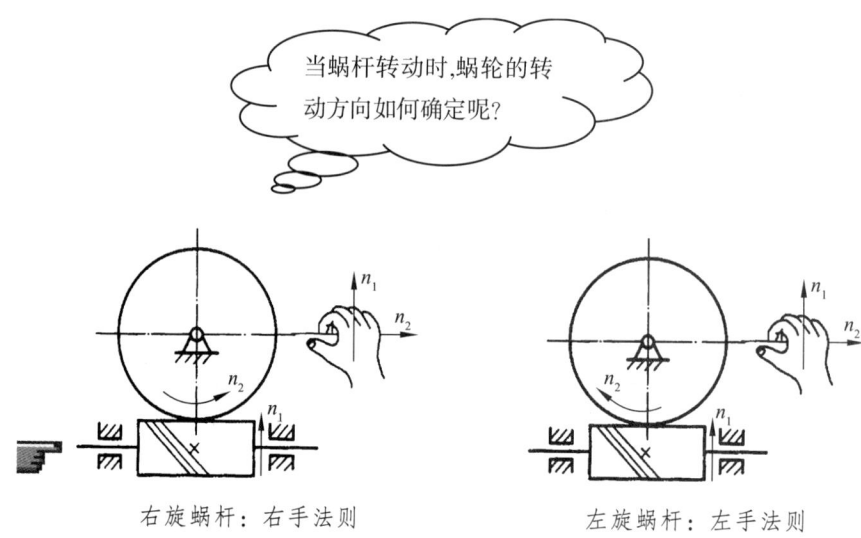

图 3.6.6　蜗杆与蜗轮运动关系判定准则

蜗杆传动时，蜗轮的回转方向不仅与蜗杆的回转方向有关，而且与蜗杆的旋向有关。判断的方法和步骤如下：

Step1：判断蜗杆蜗轮的旋向，方法是让其轴线竖放，从左到右观察，轮齿向上升的，就是右旋，反之为左旋。

Step2：判断蜗轮的转向，用四指握住蜗杆转向，则蜗轮转向与拇指指向相反。右旋蜗杆用右手四指顺蜗杆转向握拳，拇指垂直于四指方向，则蜗轮在啮合点处的速度方向与拇指的指向相反。左旋蜗杆则使用左手按同样方法判断。

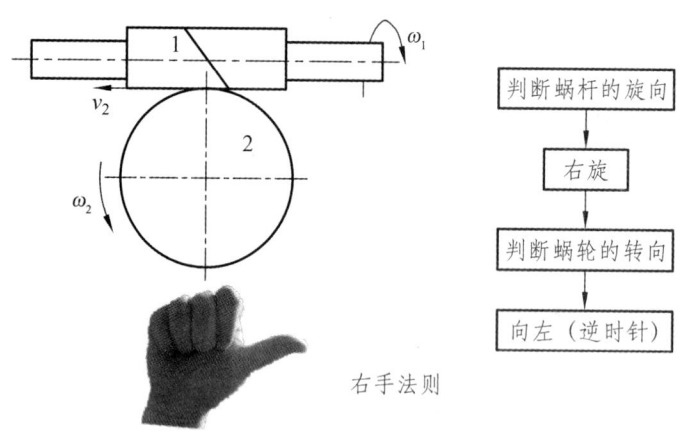

图 3.6.7　判断蜗杆旋向、蜗轮转向的流程

看图说话：分析图 3.6.8，说出或标出蜗轮的转向、蜗杆的旋向。

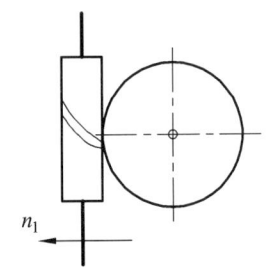 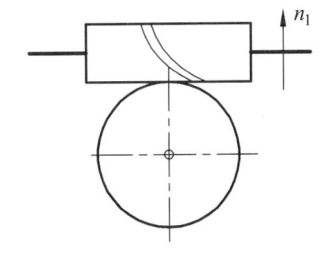 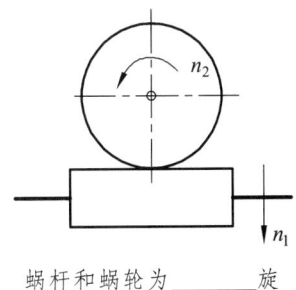

蜗轮左旋，逆时针方向旋转　　蜗轮_____，旋转方向为_____　　蜗杆和蜗轮为_____旋

图 3.6.8　蜗轮转向、蜗杆旋向判断

五、蜗杆传动的主要参数和啮合条件

在蜗杆传动中，其几何参数及尺寸计算均以中间平面为准。通过蜗杆轴线并与蜗轮轴线垂直的平面称为中间平面，如图 3.6.9 所示。在此平面内，阿基米德蜗杆相当于齿条，蜗轮相当于渐开线斜齿轮，蜗杆与蜗轮的啮合相当于渐开线齿轮与齿条的啮合。国家标准规定，蜗杆以轴面的参数为标准参数，蜗轮以端面的参数为标准参数。

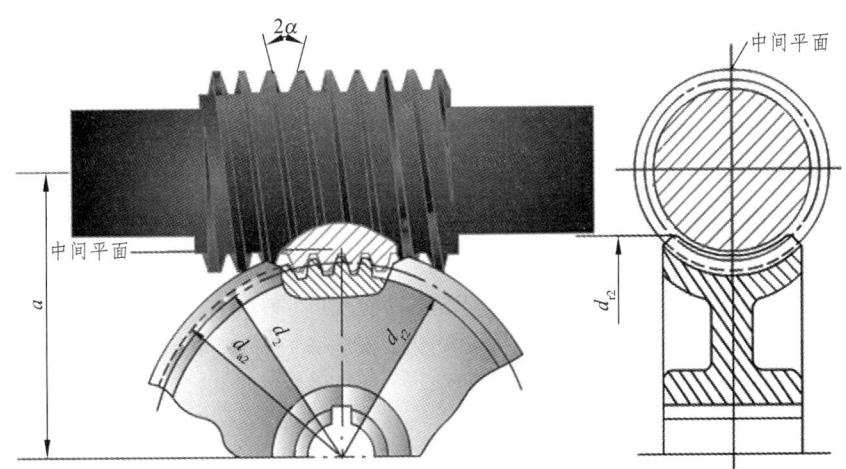

图 3.6.9　蜗杆传动的主要参数标示图

蜗杆传动的主要参数有模数 m、齿形角 α、蜗杆直径系数 q、蜗杆导程角 γ、蜗杆头数 Z_1、蜗轮齿数 Z_2 及蜗轮螺旋角 β。

1. 模数 m、齿形角 α

蜗杆的轴面齿形角 α_{a1} 和蜗轮的端面齿形角 α_{t2} 相等且为标准值，即

$$\alpha_{a1} = \alpha_{t2} = 20°$$

蜗杆的轴面模数 m_{a1} 和蜗轮的端面模数 m_{t2} 相等，且为标准值，即

$$m_{a1} = m_{t2} = m$$

表 3.6.2　蜗杆标准模数 m 值

第一系列	1、1.25、1.6、2、2.5、3.15、4、5、6.3、8、10、12.5、16、20、25、31.5、40
第二系列	1.5、3、3.5、4.5、5.5、6、7、12、14

注：摘自 GB/T 10088—1988，优先采用第一系列。

2. 蜗杆分度圆导程角 γ、蜗轮的螺旋角 β

蜗杆分度圆导程角 γ 是指蜗杆分度圆柱螺旋线的切线与端平面之间所夹的锐角。导程角的大小直接影响蜗杆的传动效率。导程角大则效率高，但自锁性差；导程角小则蜗杆传动自锁性强，但效率低。

蜗轮的螺旋角 β 相当于斜齿轮的螺旋角，它与蜗杆的导程角 γ 大小相等，旋向相同：$\gamma = \beta$。

3. 蜗杆分度圆直径 d_1 和蜗杆直径系数 q

为了保证蜗杆的正确性，切制蜗轮的滚刀的分度圆直径、模数和其他参数必须与该蜗轮相配的蜗杆一致，齿形角与相配的蜗杆相同。蜗杆分度圆直径 d_1 不仅与模数 m 有关，而且还与头数 Z_1 和导程角 γ 有关。因而，即使模数 m 相同，也会有很多直径不同的蜗杆，所以对于同一尺寸的蜗杆必须有一把对应的蜗轮滚刀，即对同一模数、不同直径的蜗杆，必须配相应的滚刀，这就要求备有很多相应的滚刀，显然很不经济。在生产中为了使刀具标准化，限制滚刀的数目，对一定模数 m 的蜗杆的分度圆直径 d_1 做了规定，即规定了蜗杆直径系数 q，且 $q = d_1/m$。注意 $d_1 \neq mZ_1$。

4. 蜗杆头数 Z_1、蜗轮齿数 Z_2 和传动比 i

蜗杆头数 Z_1 愈多，γ 角愈大，传动效率高；Z_1 愈少，升角 γ 也小，则传动效率低，自锁性好。一般自锁蜗杆头数取 $Z_1 = 1$。常用蜗杆头数 $Z_1 = 1$、2、4。Z_1 不宜过多，否则制造蜗轮滚刀有困难。

蜗轮齿数 Z_2 可根据蜗杆头数 Z_1 和传动比 i 来确定，一般推荐 $Z_2 = 29 \sim 80$。Z_2 过多时，会使结构尺寸过大，蜗杆支承跨距加大，刚度下降，影响啮合精度。

蜗杆传动的传动比：

$$i = \frac{n_1}{n_2} = \frac{Z_2}{Z_1}$$

注意：$i = n_1/n_2 = Z_2/Z_1 \neq d_2/d_1$。

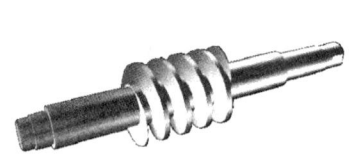

图 3.6.10

图 3.6.11

5. 蜗杆传动的正确啮合条件

要组成一对正确啮合的蜗杆与蜗轮，应满足一定的条件。蜗杆传动的正确啮合条件为

$$\begin{cases} m_{a1} = m_{t2} = m & \text{蜗杆的轴面模数与蜗轮的端面模数相同;} \\ \alpha_{a1} = \alpha_{t2} = \alpha & \text{蜗杆的轴面压力角与蜗轮的端面压力角相同;} \\ \gamma = \beta & \text{蜗杆的导程角与蜗轮的螺旋角大小相同,旋向相同。} \end{cases}$$

六、蜗杆、蜗轮的常用材料与结构

在蜗杆传动中，由于材料和结构上的原因，蜗杆螺旋部分的强度总是高于蜗轮轮齿强度，所以失效常发生在蜗轮轮齿上。由于蜗杆传动中的相对速度较大，效率低，发热量大，所以蜗杆传动的主要失效形式是蜗轮齿面胶合、点蚀（闭式传动）及磨损（开式传动）。

要求：① 足够的强度；② 良好的减摩、耐磨性；③ 良好的抗胶合性。

抗胶合性：要求匹配材料性质差异大。
减 摩 性：要求材料的摩擦系数小。
耐 磨 性：要求材料具有较高硬度。

图 3.6.12

为了降低摩擦系数、减少磨损和防止胶合破坏，通常蜗杆用钢材、蜗轮用有色金属（铜合金、铝合金）制造。

1. 蜗杆材料

表 3.6.3　蜗杆材料选择

工况	选用材料	热处理工艺
高速重载	低碳合金结构钢 15Cr\20Cr\20CrMnTi	渗碳淬火 56～62 HRC→磨削
中速中载	中碳优质结构钢或中碳合金结构钢 45\40Cr	表面淬火 45～55 HRC→磨削
低速、不重要	中碳优质结构钢 45	调质<270 HB

2. 蜗轮材料

表 3.6.4　蜗轮材料选择

速度	蜗轮的选用材料	性能及要求
$V_S \leq 25$ m/s	铸造锡青铜（ZCuSn10P$_1$）	减摩性好，抗胶合性好，价贵，强度稍低
$V_S \leq 12$ m/s	锡锌铅青铜 ZCuSn5Pb5Zn5	
$V_S \leq 8$ m/s	铸造铝铁青铜（ZcuAl10Fe3）	减摩性、抗胶合性稍差，但强度高，价廉
$V_S \leq 2$ m/s	铸铁：灰口铸铁；球墨铸铁	要进行时效处理、防止变形

3. 蜗杆结构

蜗杆与轴常做成一体，称为蜗杆轴，如图 3.6.13 所示。

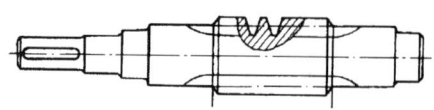

图 3.6.13　蜗杆轴

4. 蜗轮结构

蜗轮结构分为整体式和组合式。铸铁蜗轮或直径小于 100 mm 的青铜蜗轮做成整体式。为了降低材料成本，大多数蜗轮采用组合结构，齿圈用青铜，而轮芯用价格较低的铸铁或钢制造，如图 3.6.14 所示。

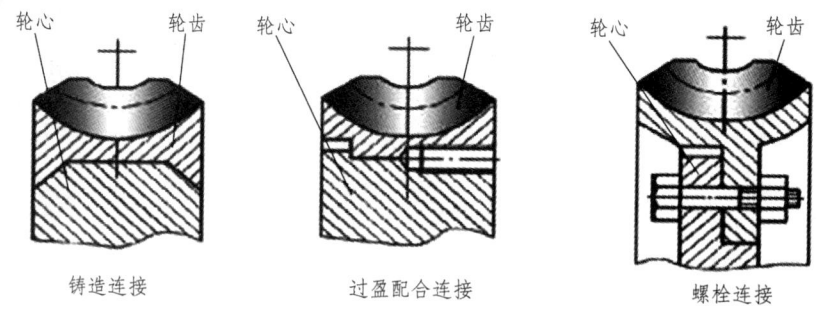

图 3.6.14　蜗轮结构

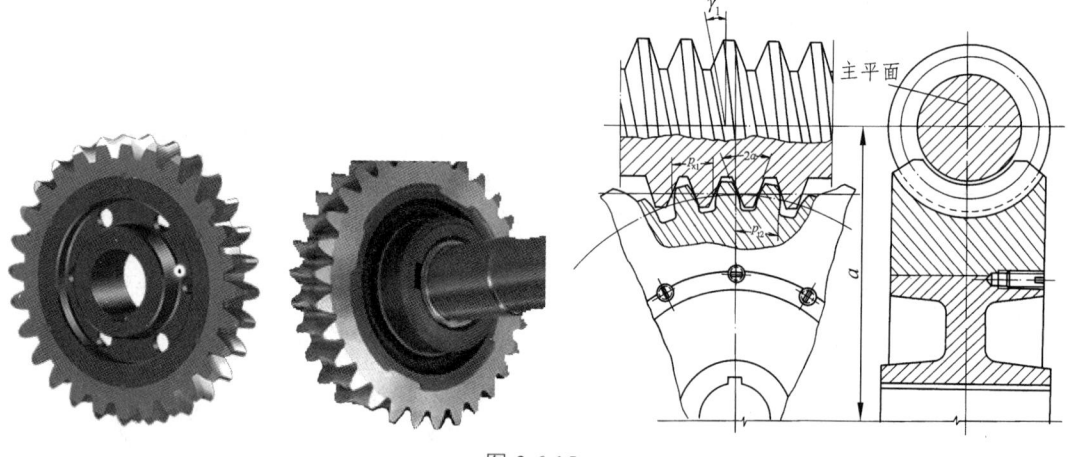

图 3.6.15

*七、蜗杆传动的效率、润滑和散热

蜗杆传动的效率、润滑和散热

任务拓展与反思

一、填 空

1. 蜗杆传动是由_____，_____和_____组成的。
2. 蜗杆传动用于传递两轴_____之间的运动和动力。
3. 蜗杆传动两轴交错角一般为_____。在中间平面上蜗杆为_____齿廓，蜗轮为_____齿廓，蜗杆蜗轮的啮合相当于_____的啮合。
4. 蜗杆传动中 Z_1 表示_____，Z_2 表示_____。
5. 蜗杆传动中，蜗杆_____面的模数和压力角，应等于蜗轮_____面的模数和压力角。

二、判断题

1. 蜗杆传动的传动比 $i = n_1/n_2 = d_2/d_1$。 （ ）
2. 蜗杆的标准参数面为端面。 （ ）
3. 蜗轮分度圆直径 $d_2 = mz_2$。 （ ）
4. 蜗杆的分度圆直径 $d_1 = mz_1$。 （ ）
5. 蜗杆传动机构是用蜗轮带动蜗杆传递运动和动力的。 （ ）

三、选择题

1. 蜗杆分度圆的直径 d_1 是_____。
   A. mz_1　　　　　B. mz_2　　　　　C. mz_3
2. 蜗杆的标准模数是_____。
   A. 端面模数　　　B. 法向模数　　　C. 轴向模数
3. 蜗杆传动中 z_1 应取_____。
   A. $z_1 = 1\sim4$　　B. $z_1 >$ 或 $= 17$　　C. $z_1 = 20\sim40$
4. 蜗杆传动中，蜗杆轴面的模数和压力角，应等于蜗轮_____的模数和压力角。
   A. 端面　　　　　B. 法面　　　　　C. 轴面

四、问 答

1. 蜗杆传动的主要特点是什么？适合用在哪些场合？
2. 正确啮合条件是什么？
3. 蜗杆传动的主要失效形式是什么？
4. 蜗杆传动的效率受哪些因素影响？
5. 提高箱体散热能力的方法有哪些？
6. 传动的中间平面指的是什么？蜗杆以什么模数为标准模数？

*【小结】

1. 蜗杆传动的组成：蜗杆（主动件）、蜗轮（从动件）。

2. 蜗杆传动的类型和应用特点。
3. 蜗轮回转方向的判定方法。
4. 蜗轮蜗杆传动的主要参数：模数 m、齿形角 a、蜗杆直径系数 q、蜗杆导程角 γ、蜗杆头数 Z_1、蜗轮齿数 Z_2 及蜗轮螺旋角 β_2。
5. 蜗杆传动的正确啮合条件。
6. 蜗杆传动润滑及散热方式。

任务七　定轴轮系

任务导引

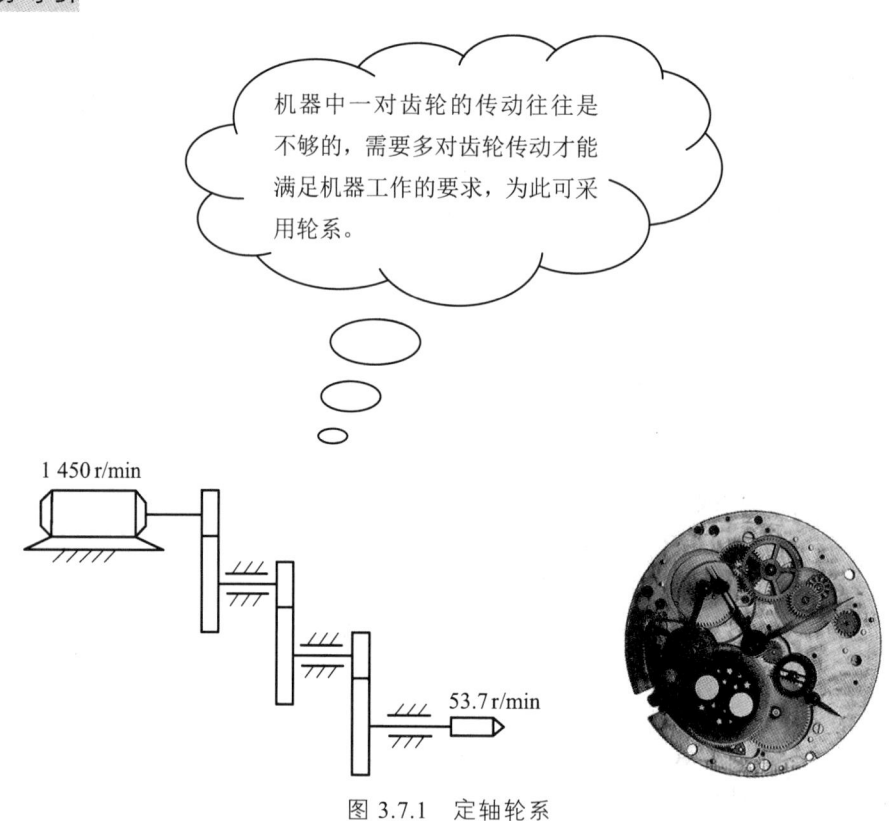

图 3.7.1　定轴轮系

任务要求

了解轮系的分类和主要功用，掌握定轴轮系传动比计算的应用。

任务实施

在复杂的现代机械中，为了满足各种不同的需要，常常采用一系列齿轮组成的传动系统。这种由一系列相互啮合的齿轮（蜗杆、蜗轮）组成的传动系统称为轮系。

一、轮系的分类

表 3.7.1 轮系的分类

分 类	定 义	简 图
定轴轮系	当轮系运转时，所有齿轮的几何轴线位置相对机架固守不变，也称普通轮系	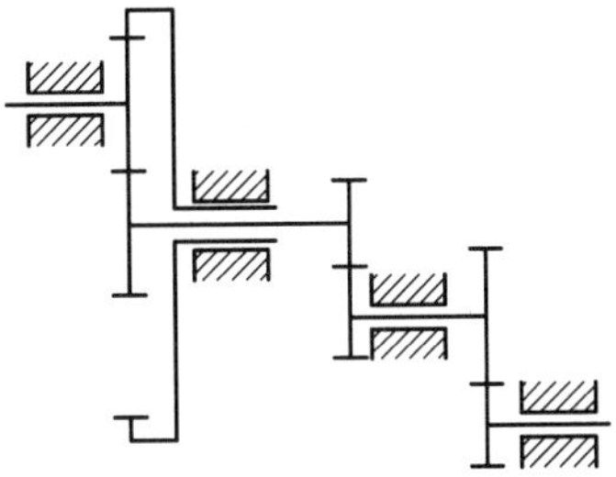
周转轮系	轮系运动时，至少有一个齿轮的几何轴线相对机架的位置是不固定的，而是绕另一个齿轮的几何轴线转动	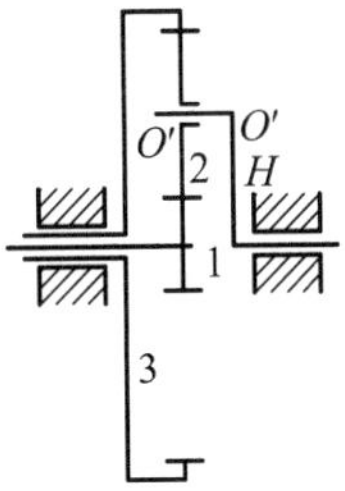 
混合轮系	即有定轴轮系又有周转轮系的轮系	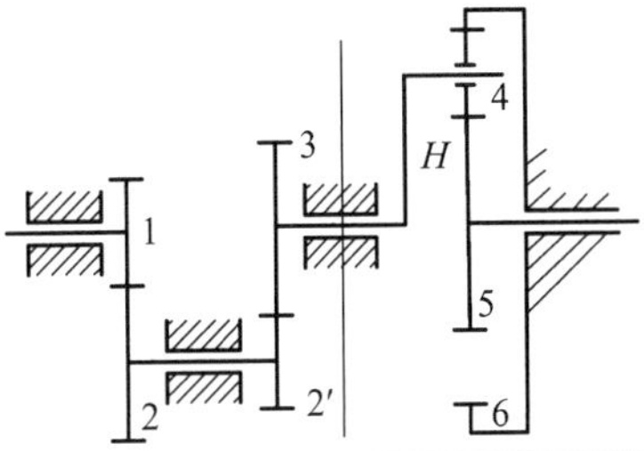

此外，还有其他的分类方式，如定轴轮系又可分为平面定轴轮系和空间定轴轮系；周转轮系又可分为行星轮系和差动轮系等。

动画：轮系的应用

二、轮系的功能、应用特点

表 3.7.2 各轮系的功用与特点

功用与特点	轮系图例	说 明
（1）可获得很大的传动比	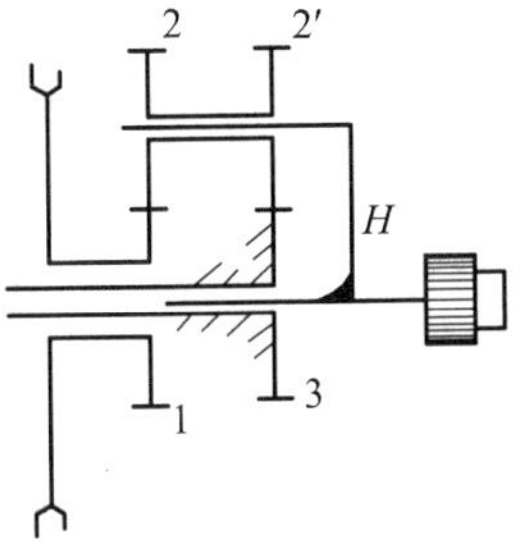	轮系传动比可达 $i=10\,000$，而且结构紧凑（假设 $z_1=100$，$z_2=101$，$z_2'=100$，$z_3=99$ $i_{H1}=10\,000$）

续表

功用与特点	轮系图例	说明
（2）可做较远距离的传动		当两轴中心距较大时，若仅用一对齿轮传动，两齿轮的尺寸较大，结构很不紧凑。若改用定轴轮系传动，则缩小传动装置所占空间
（3）可以方便地实现变速（主动轴转速不变时，利用轮系使从动轴获得多种工作速度）		汽车变速箱（定轴轮系） 一挡：1—2—5—6（Ⅱ轴低速前进）； 二挡：1—2—3—4（Ⅱ轴中速前进）； 三挡：A—B（Ⅱ轴高速前进）； 倒挡：1—2—7—8—6（Ⅱ轴低速后退）
（4）实现变向要求（指主动轴转速不变时，利用轮系使从动轴方便地在传动过程中改变速度的方向）		操作手柄向下运动，齿轮1与齿轮2啮合，齿轮4逆时针转动，实现换向动作
（5）可以实现运动的合成与分解		将两个输入运动合成为一个输出运动，或将一个输入运动分解成两个输出运动（如通过差速器，把汽车发动机的转动分解成左右车轮的两个运动）

三、定轴轮系传动比计算

1. 定轴轮系中各轮转向判断

表 3.7.3 齿轮类型

齿轮类型	结构图形	运动简图	转向——画箭头表达
外啮合传动			$i_{12}=\dfrac{n_1}{n_2}=-\dfrac{z_2}{z_1}$ 主、从动齿轮转向相反，两箭头指向相反
内啮合传动			$i_{12}=\dfrac{n_1}{n_2}=+\dfrac{z_2}{z_1}=\dfrac{z_2}{z_1}$ 主、从动齿轮转向相同，两箭头指向相同
圆锥齿轮传动			两轮的转向在图上画两箭头表示 $i=\dfrac{n_1}{n_2}=\dfrac{z_2}{z_1}$
蜗轮蜗杆传动			两箭头指向按左右手法则标注 $i=\dfrac{n_1}{n_2}=\dfrac{z_2}{z_1}$

2. 传动路线

分析轮系中运动和动力的传递过程（传动方向齿轮 J→K 里，如图 3.7.2 中细实线所示），弄清工作原理。

动画：轮系传动路线分析

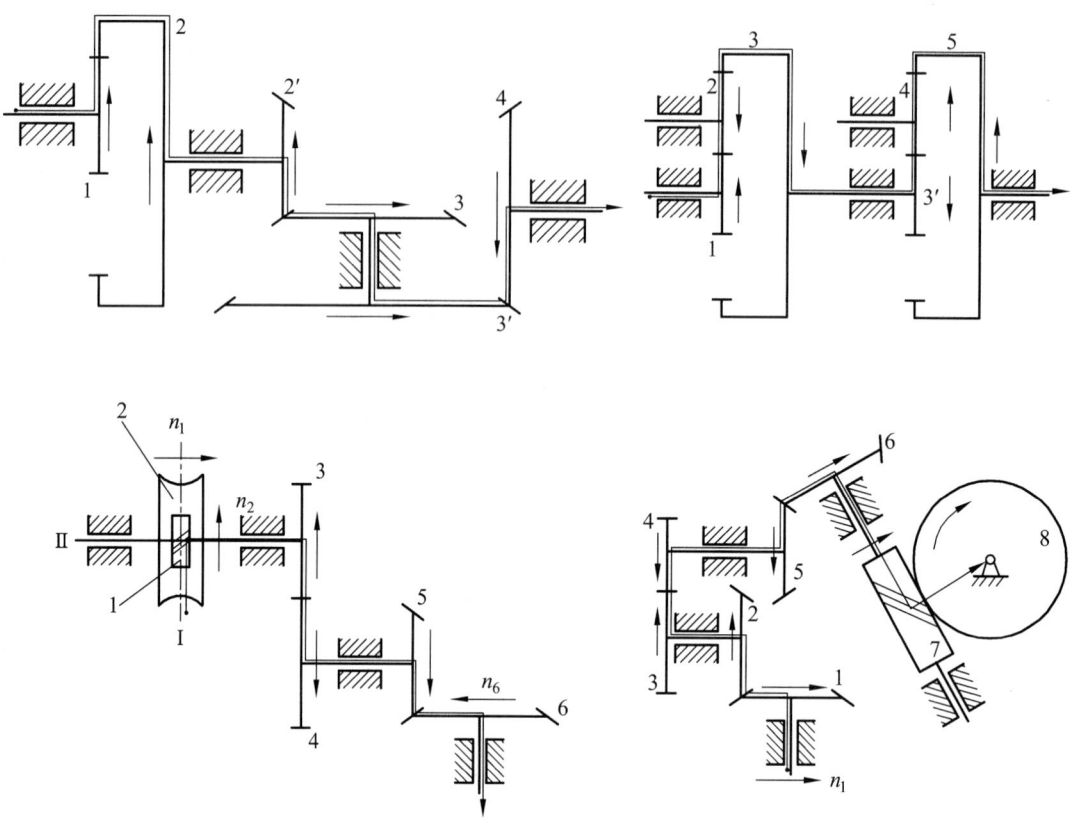

图 3.7.2 轮系传动路线分析

3. 传动比计算

轮系传动比：轮系中首轮与末轮转速之比；输入轴和输出轴角速度或转速之比。

$$i_{JK} = \frac{\omega_J}{\omega_K} = \frac{n_J}{n_K}$$

轮系传动比计算包括两个内涵：
（1）轮系传动比 i 大小的计算；
（2）输入轴和输出轴转向关系的确定（即各轮转向的确定）。

通过分析推导可得到一般平面定轴轮系传动比计算公式为：

$$i_{JK} = \frac{n_J}{n_K} = \frac{各从动齿轮齿数的连乘积}{各主动齿轮齿数的连乘积}$$

对公式的说明：
（1）i_{Jk} 表示：首轮是齿轮 J，末轮是齿轮 K，传动方向是由齿轮 J 传到齿轮 K；
（2）在传动方向 $J \rightarrow K$ 里，分析确定各啮合对中齿轮的主从关系；
（3）分子和分母同时出现的齿轮称为"惰轮"或"过桥轮"，它只改变从动轮的转向，而不影响传动比的大小。

图 3.7.3 所示定轴轮系的首轮是 1,末轮是 5,齿轮 2、3、5 是从动轮,其余的是主动轮。按上述公式分析可得

$$i_{15} = \frac{n_1}{n_5} = \frac{Z_2 Z_3 Z_5}{Z_1 Z_{2'} Z_{3'}}$$

4. 惰轮的应用

惰轮:只改变从动轮的旋转方向,不改变主、从动轮传动比的大小。惰轮又叫过桥轮,或过轮。

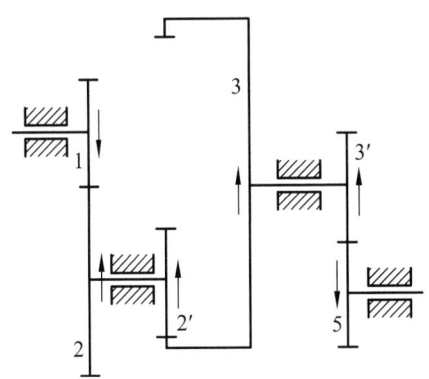

图 3.7.3 定轴轮系

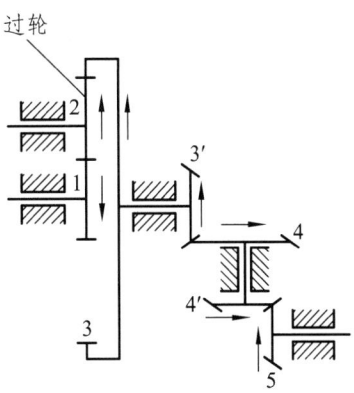

图 3.7.4 齿轮 1、5 转向相反

【例1】 如图 3.7.5 所示,已知,$Z_1 = 20$,$Z_2 = 40$,$Z_3 = 25$,$Z_4 = 54$,$Z_5 = 18$,$Z_6 = 50$。试求:(1)用箭头画出各个齿轮旋向。

(2)$i_{16} = ?$

(3)当 $n_1 = 1\ 200$ r/min,$n_6 = ?$

解:

(1)如图 3.7.5 所示。

(2)$i_{16} = \dfrac{Z_2 Z_4 Z_6}{Z_1 Z_3 Z_5} = \dfrac{40 \times 54 \times 50}{20 \times 25 \times 18} = 12$

(3)$n_6 = \dfrac{n_1}{i_{16}} = \dfrac{1\ 200}{12} = 100$ r/min

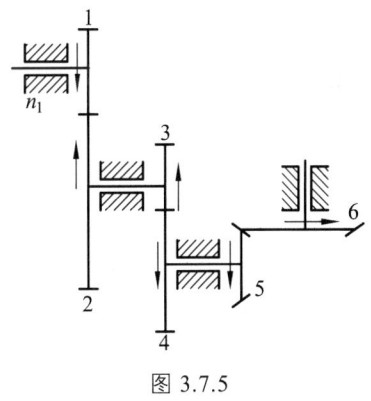

图 3.7.5

四、定轴轮系中任意从动齿轮的转速计算

【例2】 在图 3.7.6 的定轴轮系中,已知 $Z_1 = 15$,$Z_2 = 25$,$Z_{2'} = Z_4 = 14$,$Z_3 = 24$,$Z_{4'} = 20$,$Z_5 = 24$,$Z_6 = 40$,$Z_{6'} = 2$,$Z_7 = 60$;若 $n_1 = 800$ r/min,求传动比 i_{17}、蜗轮 7 的转速和转向。

解:计算传动比的大小

$$i_{17} = \frac{n_1}{n_7} = \frac{Z_2 Z_3 Z_4 Z_5 Z_6 Z_7}{Z_1 Z_{2'} Z_3 Z_{4'} Z_5 Z_{6'}}$$

$$= \frac{25 \times 14 \times 40 \times 60}{15 \times 14 \times 20 \times 2} = 100$$

$$n_7 = \frac{n_1}{i} = \frac{800}{100} \text{ r/min} = 8 \text{ r/min}$$

各轮转向如图 3.7.6 所示。

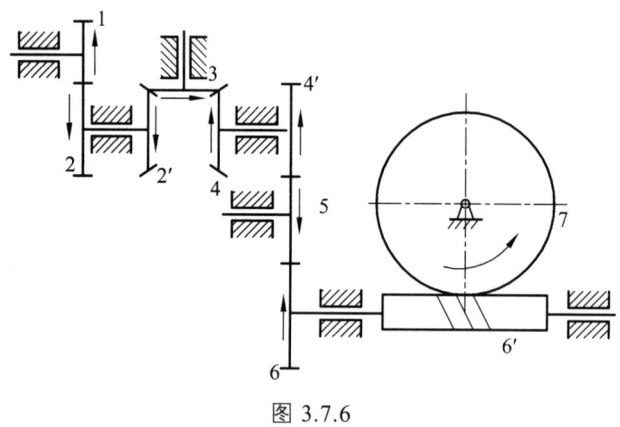

图 3.7.6

【例 3】 如图 3.7.7 所示，已知 $Z_1 = 25$，$Z_2 = 50$，$Z_3 = 20$，$Z_4 = 40$，$Z_5 = 4$，$Z_6 = 40$，若 $n_1 = 800$ r/min。

求：（1）蜗轮转速 n_6。
（2）各轮的转向。

解：

$$i_{16} = \frac{Z_2 Z_4 Z_6}{Z_1 Z_3 Z_5} = \frac{50 \times 40 \times 40}{25 \times 20 \times 4} = 40$$

$$i_{16} = n_1 / n_6$$

$$n_6 = \frac{n_1}{i_{16}} = \frac{800}{40} = 20 \text{ r/min}$$

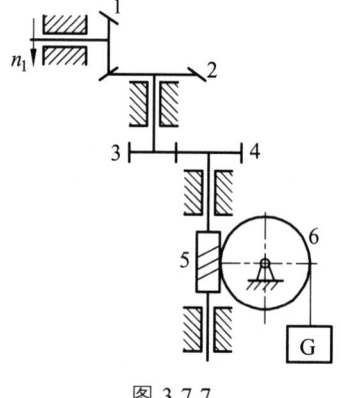

图 3.7.7

【例 4】 如图 3.7.8 所示为磨床砂轮架进给机构，已知 $Z_1 = 28$，$Z_2 = 56$，$Z_3 = 38$，$Z_4 = 57$，丝杆为 Tr50×3。当手轮回转速度 $n_1 = 50$ r/min 且回转方向如图 3.7.8 所示时，试计算砂轮架移动速度，并判断砂轮架移动方向。

解： 根据螺母移动速度 v 的计算公式

$$v = n_k P_h = n_1 \frac{\text{主动轮齿数连乘积}}{\text{从动轮齿数连乘积}} P_h$$

$$v = n_1 \frac{Z_1 Z_3}{Z_2 Z_4} P_h = 50 \times \frac{28 \times 38}{56 \times 57} \times 3$$

$$= 50 \text{ mm/min} \approx 0.8333 \text{ mm/s}$$

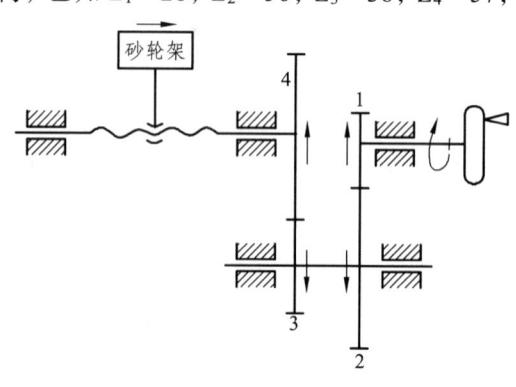

图 3.7.8

丝杆为右旋,根据右手定则判断砂轮架移动方向向右。

*五、周转轮系传动比的计算

周转轮系传动比的计算

*六、复合轮系的传动比计算

复合轮系的传动比计算

任务拓展与反思

1. 轮系分为_____轮系和_____轮系。
2. 在传动中所有齿轮的回转轴都具有固定的轮系称为_____轮系。
3. 在传动中某些齿轮的回转轴既要绕其本身轴线转动外,还要绕着其他轴线转动的轮系称为_____轮系。
4. 讨论分析图 3.7.9。

图 3.7.9

5. 定轴轮系的应用分析

当隔离开关采用远动控制操作时,常采用电动操动机构。CJ2 型电动操动机构是牵引变电所应用最为广泛的隔离开关操动机构。CJ2 型隔离电动操动机构如图 3.7.10 所示。其机械传动部分主要由具齿轮传动和蜗杆蜗轮传动组成,属于空间定轴轮系的应用。

CJ2 型电动操动机构:

1)结构

CJ2 型电动操动机构由电动机驱动齿轮及蜗轮减速装置,将力矩传递给输出轴,输出轴垂直安装,机构中设有分合闸终点限位开关及机械限位装置,使机构主轴的转角限制在准确的位置。机构设有手柄,可在现场进行手动分、合闸操作。

2)工作原理

(1)电动分闸。按下分闸按钮,分闸接触器的控制线圈接通,接触器触头闭合,使电动机线

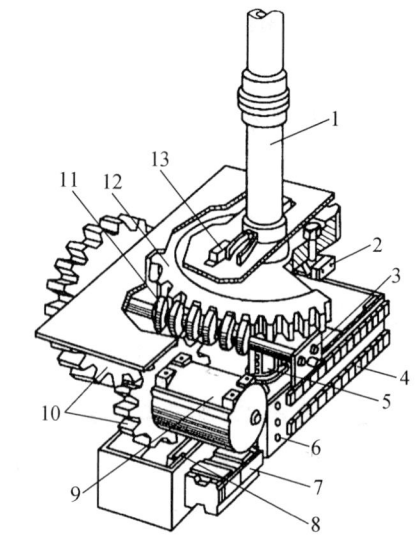

图 3.7.10 CJ2 型隔离操动机构
1—主轴;2—橡皮定位体;3—分合指示;4—接线座;
5—辅助开关;6—按钮;7—交流接触器;8—热继电器;
9—电动机;10—齿轮;11—蜗杆;
12—涡轮;13—微动开关

路接通,电动机驱动齿轮与蜗轮减速装置,带动与主轴相连的隔离开关或接地开关实现分闸。当主轴接近分闸终点位置时,装在蜗轮上的弹性压片使终点限位开关分开,切断分闸接触器的控制线圈的电流,接触器触头断开,切断电动机电源,机械限位装置使机构限制在分闸准确位置。

(2)电动合闸。按下合闸按钮,合闸接触器的控制线圈接通,接触器触头闭合,使电动机线路接通,主轴按分闸相反方向旋转,使隔离开关合闸。当主轴接近合闸终点位置时,终点限位开关分开,合闸接触器断电,触头断开电机电源。机构限位装置使机构限制在合闸准确位置。

(3)电动停止。在分闸过程中,需要中途停止时,可按下停止按钮切断控制电源。

(4)人力操作分合闸。对不配电磁锁的机构,用手柄直接操作电机轴进行分合闸操作。对装设有电磁锁的机构,先按一下电磁锁上的按钮,若指示灯亮,表示允许开锁,可以进行人力操作,这时将电磁锁上的拉板向右拉动,手动操作轴挡板被拉开。将手柄插入蜗杆轴上进行操作。操作完毕,将手柄取出电磁锁锁栓复位,使电动操作轴挡板返回原位。按下电磁锁上的按钮后,若指示灯不亮,表明不允许人力操作。紧急情况下人力操作时,须经批准,先将机构电源开关拉开,取来应急钥匙,插入电磁锁钥匙孔中,按顺时针方向转 90° 后,即可将电磁锁拉开,插入手柄,进行人力操作。

*任务八　气压传动

任务导引

气压传动与控制技术,是生产过程自动化和机械化的最有效手段之一,具有高速高效、清洁安全、低成本、易维护等优点,被广泛应用于轻工机械领域,在食品包装及生产过程中

也正在发挥越来越重要的作用。

任务要求

识记气压传动的组成,理解气压传动的工作原理,能识别气压传动中的各部件名称,能看懂气压系统结构图。

任务实施

一、气压传动的基本原理

气压传动是以压缩空气为工作介质进行能量传递和信号传递的一门技术。气压传动的工作原理是利用空压机把电动机或其他原动机械输出的机械能转换成空气的压力能,然后在控制元件的作用下通过执行元件把压力能转换为直线运动或回转运动形式的机械能,从而完成各种动作,并对外做功。

二、气压传动系统的组成

气压传动系统一般由气源装置、控制元件、执行元件和辅件元件组成。

气源装置是获得压缩空气的装置。其主体部分是空气压缩机,它将原动机供给的机械能转变为气体的压力能。

图 3.8.1 气源处理器

2. 控制装置

控制元件用来控制压缩空气的压力、流量和流动方向,以便使执行机构完成预定的工作循环。它包括各种压力控制阀、流量控制阀和方向控制阀等。

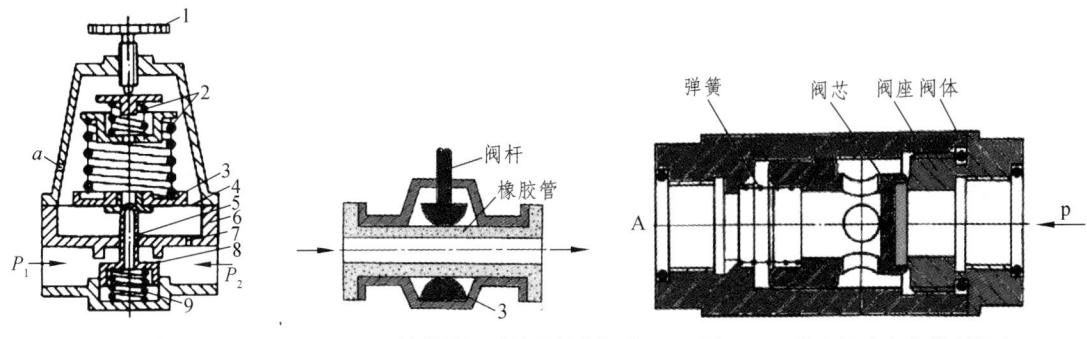

图 3.8.2 直动式调压阀　　图 3.8.3 柔性节流阀(流量控制阀)　　图 3.8.4 单向阀(方向控制阀)

3. 执行元件

执行元件是将气体的压力能转换成机械能的一种能量转换装置。它包括实现直线往复运动的汽缸和实现连续回转运动或摆动的汽马达或摆动马达等。

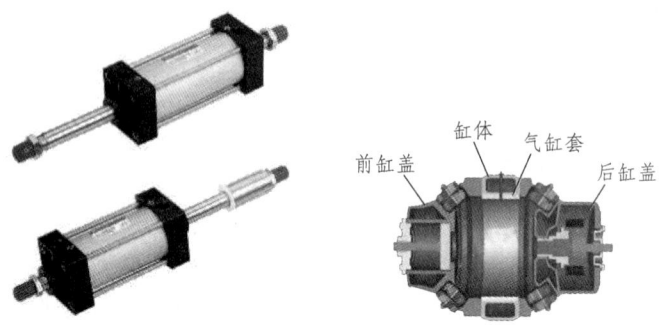

图 3.8.5 气缸

4. 辅助元件

辅助元件是保证压缩空气的净化、元件的润滑、元件间的连接及消声等所必需的元件。它包括过滤器、油雾器、管接头及消声器等。

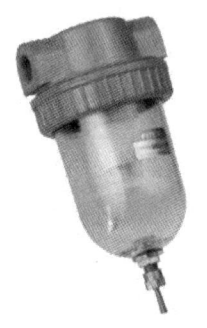

图 3.8.6 过滤器

图 3.8.7 气压表

三、气压传动的特点

表 3.8.1 气压传动的优缺点

序号	气压传动的优点	气压传动的缺点
1	工作介质是空气，与液压油相比可节约能源，而且取之不尽、用之不竭。气体不易堵塞流动通道，使用后可将其随时排入大气中，不污染环境	由于空气的可压缩性较大，气动装置的动作稳定性较差，外部载荷变化时，对工作速度的影响
2	空气的黏度很小（约为液压油的万分之一），流动阻力小，在管道中流动的压力损失较小，便于集中供应和远距离输送	由于工作压力低，启动装置的输出力或力矩受到限制
3	空气的特性受温度影响小，在高温下能可靠地工作，不会发生燃烧或爆炸，温度变化对空气的黏度影响极小，不会影响传动性能	气动装置中的信号传动速度比光、电控制速度慢，不宜用于信号传递速度要求十分高的复杂线路中
4	相对液体传动而言，气动动作迅速、反应快，一般只需 0.02～0.3 s 就可达到工作压力和速度	噪声较大

续表

序号	气压传动的优点	气压传动的缺点
5	气体压力具有较强的自我保持能力,即使压缩机停机,关闭气阀,装置中仍然可以维持一个稳定的压力	
6	气动元件可靠性高、寿命长	
7	工作环境适应性好,在易燃、易爆、多尘埃、强磁、辐射、振动等恶劣环境中,也能正常工作切控制优越	
8	气动装置结构,成本低,维护方便,过载能自动保护	

四、应 用

气动设备应用较为广泛,如气动压力机、气动离心机、密封试验仪、自动装配线等。

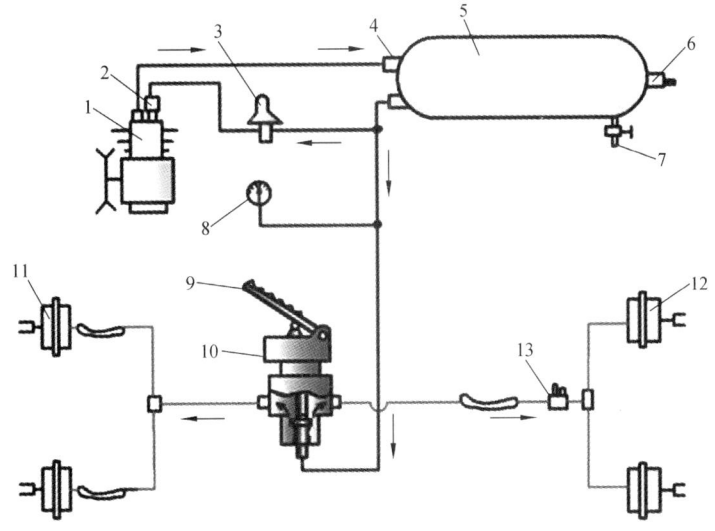

图 3.8.8

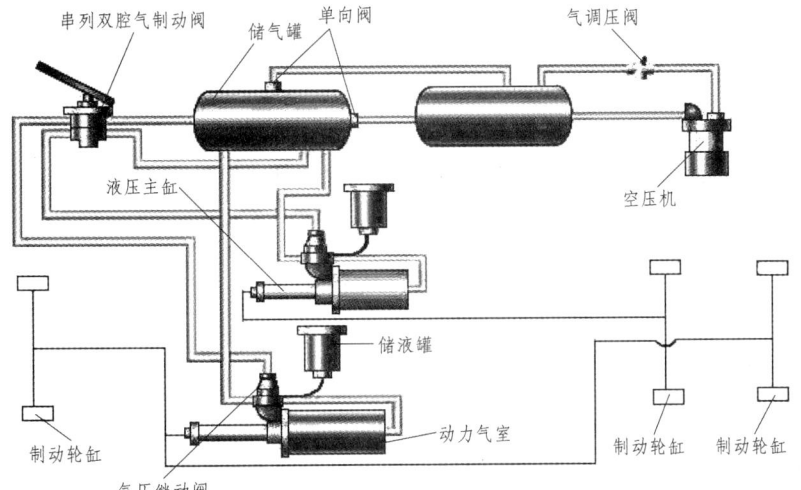

图 3.8.9 气顶液制动系统示意图

153

任务拓展与反思

1. 气动扳手就是气压传动中的执行元件,气动扳手在自动装配线上、汽车维修方面应用十分广泛,请走访4S店了解气动扳手的俗称。

*2. 气压传动仿真。

表 3.8.2 气压传动仿真

气压传动仿真	一个铝合金制件在气缸 A 作用下推到相应位置,并在气缸 B 作用下压印标记。工作过程如右图所示 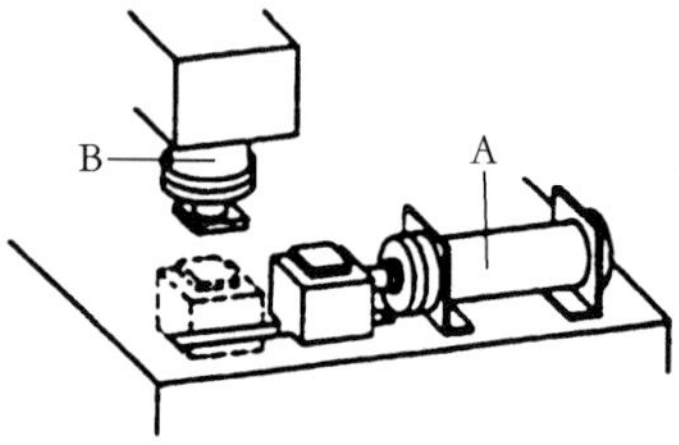
学习目标	(1)能根据任务合理选用各种气动元件,设计双气缸顺序动作回路; (2)利用 FluidSIM 软件设计组装回路,并仿真
训练内容及任务	气动控制回路设计图(FluidSIM 软件)
要求	(1)设计气动图、正确选用气动元件并组装回路;(2)仿真演示气缸动作顺序符合要求

*任务九 液压传动

任务导引

液压传动,是机械设备中发展速度最快的技术之一,特别是近年来,随着机电一体化技术的发展,与微电子、计算机技术相结合,液压传动进入了一个新的发展阶段。它已成为工业机械、工程建筑机械及国防尖端产品不可缺少的重要技术。

任务要求

识记液压传动的组成,理解液压传动的工作原理,能识别液压传动中的各部件名称,能看懂液压系统结构图。

任务实施

一、液压传动的基本原理

用液体作为工作介质,在密封的回路里,以液体压力进行传递的传动方式,称之为液压传动。其工作原理是:以油液作为工作介质,通过密封容积的变化来传递运动,通过油液内部的压力来传递动力。

二、液压传动系统的组成

液压传动系统主要由动力元件、执行元件、控制元件、辅助元件和工作介质五部分组成。

1) 能源装置

把机械能转换成油液液压能的装置。

2) 执行元件

把油液的液压能转换成机械能的元件。

液压缸是液压系统中的执行元件,它能将液压能转换为直线运动形式的机械能,输出运动速度和力,且结构简单、工作可靠。

常见液压缸可按结构形式特点和作用方式进行分类如表 3.9.1 所示。

表 3.9.1 液压缸的分类方法

类型	名称	图形符号	说 明
单作用式	柱塞式液压缸		柱塞仅单向运动,返回行程是靠自重和负荷将柱塞推回
	单活塞杆		活塞仅单向运动,返回行程是靠自重和负荷将活塞推回
	双活塞杆		活塞两侧都装有活塞杆,只能向活塞一侧供给压力油,返回行程通常利用弹簧力、重力和外力将活塞推回
	伸缩缸		以短缸获得长行程,伸出用液压油由大到小逐节推出,靠外力由小到大逐节缩回
双作用式	单活塞杆式		双向液压驱动,单边有杆,双向推力和速度不等
	双活塞杆式		双向液压驱动,双边有杆,可实现等速往复运动
	伸缩式液压缸		双向液压驱动,伸出由大到小逐节推出,由小到大逐节缩回

3) 控制调节元件

对系统中油液压力、流量或油液流动方向进行控制或调节的元件。

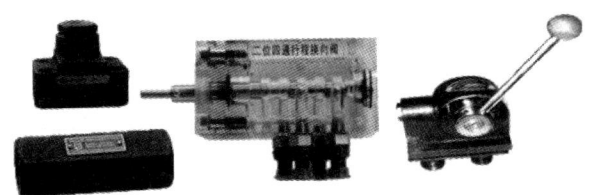

图 3.9.1　单向阀　　图 3.9.2　换向阀

单向阀的作用是保证通过阀的液流只向一个方向流动而不能反方向流动,一般由阀体、阀芯和弹簧等零件构成。单向阀的连接方式有管式和板式两种。

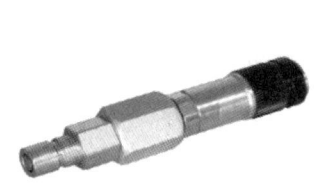

图 3.9.3

换向阀的结构和工作原理如表 3.9.2 所示。

表 3.9.2 换向阀的结构和工作原理

工作情况	二位三通液控换向阀 符号	备 注
一位： 控制油口无油压 B 口关闭，O 口打开，A、O 油口相通（液体从 A 油口流进、O 油口流出）		换向阀由阀体、阀芯、弹簧、控制活塞、控制油口和 O、A、B 三个油口（即三通）组成
二位： 控制油口有油压 O 口关闭，B 口打开，A、B 油口相通（液体从 A 油口流进、B 油口流出）		当控制油口有油压时，控制活塞向右运动把阀芯顶向右端，实现油路换向

压力控制阀的作用是控制液压系统中的压力，或利用系统中压力的变化来控制其他液压元件的动作，简称压力阀。

按照用途不同，压力阀可分为溢流阀、减压阀、顺序阀和压力继电器等。

压力阀是利用作用于阀芯上的液压力与弹簧力相平衡的原理来进行工作的。

（1）溢流阀的结构和工作原理。

直动式溢流阀依靠系统中的压力油直接作用在阀芯上与弹簧力等相平衡，以控制阀芯的启闭动作。进口压力油经阀芯中间的阻尼孔作用在阀芯的底部端面上，当进油压力较小时，阀芯在调压弹簧的作用下处于下端位置，将进油口回油口隔

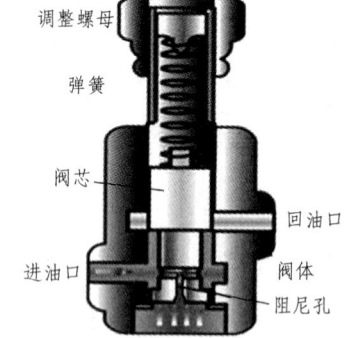

图 3.9.4 压力阀

开。当油压力升高，在阀芯下端所产生的作用力超过弹簧的压紧力。此时，阀芯上升，阀口被打开。将多余的油液排回油箱，阀芯上的阻尼孔用来对阀芯的动作产生阻尼，以提高阀的工作平衡性，调整螺帽母可以改变弹簧的压紧力。这样也就调整了溢流阀进口处的油液压力。

（2）压力继电器是一种将液压信号转变为电信号的转换元件。当控制流体压力达到调定值时，它能自动接通或断开有关电路，使相应的电气元件（如电磁铁、中间继电器等）动作，以实现系统的预定程序及安全保护。

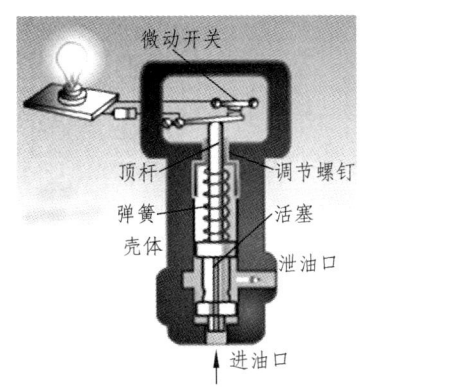
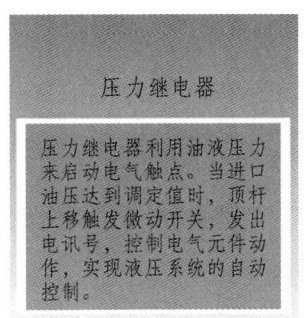

图 3.9.5　压力继电器

4）辅助元件

其中有油箱、过滤器、油管等统称为辅助元件。

5）工作介质

主要是液压油，传递能量。

表 3.9.3　液压传动系统的组成

名称	功用	图示
动力部分	将原动机输出的机械能转换为油液的压力能（液压能）。动力元件有液压泵，在液压千斤顶中为手动柱塞泵	(1)液压泵 (2)执行元件 (3)控制元件 (4)辅助元件
执行部分	将液压泵输入的油液压力能转换为带动工作机构的机械能。执行元件有液压缸和液压马达，在液压千斤顶中为液压缸	(1)液压泵 (2)执行元件 (3)控制元件 (4)辅助元件

续表

名称	功 用	图 示
控制部分	用来控制和调节油液的压力、流量和流动方向。控制元件和各种压力控制阀、流量控制阀和方向控制阀等,在液压千斤顶中为放油阀等	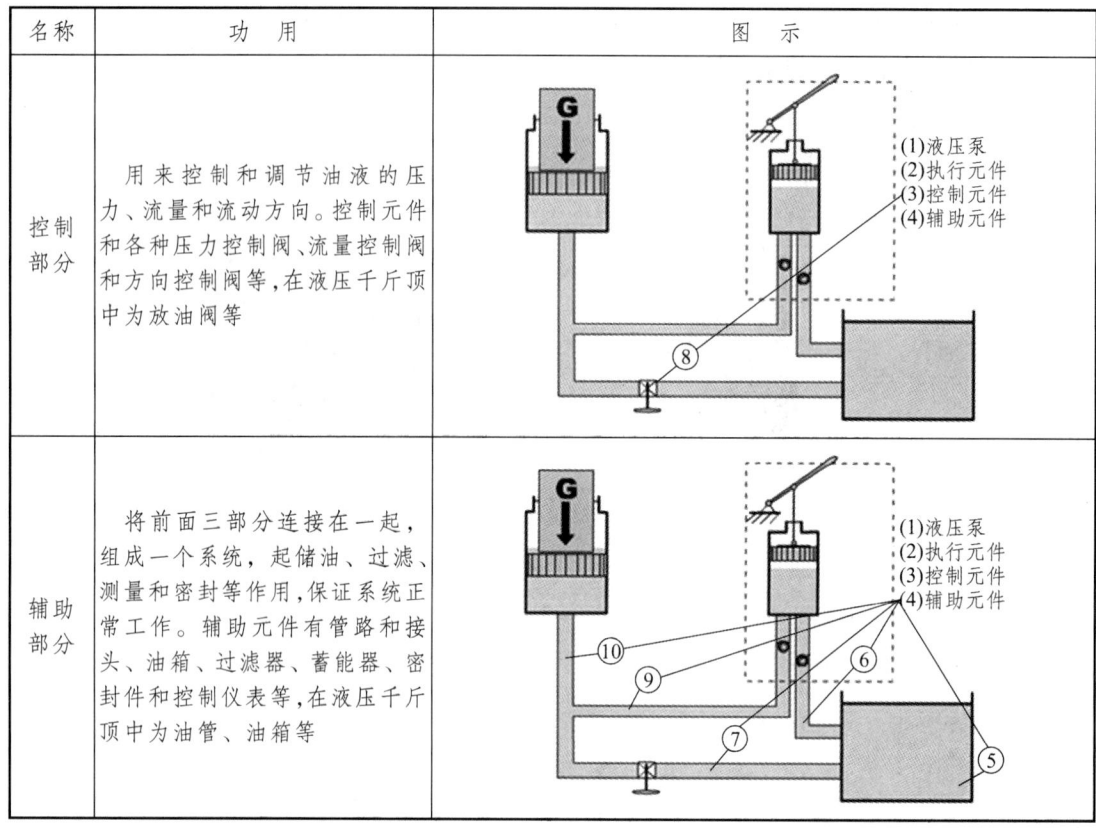(1)液压泵 (2)执行元件 (3)控制元件 (4)辅助元件
辅助部分	将前面三部分连接在一起,组成一个系统,起储油、过滤、测量和密封等作用,保证系统正常工作。辅助元件有管路和接头、油箱、过滤器、蓄能器、密封件和控制仪表等,在液压千斤顶中为油管、油箱等	(1)液压泵 (2)执行元件 (3)控制元件 (4)辅助元件

三、液压传动的特点

表 3.9.4 液压传动的优缺点

液压传动的优点	液压传动的缺点
在同等的体积下,液压装置比电气装置能产生出更多的动能	液压传动在工作过程中常有较多的能量损失,长距离传动时尤为明显
液压装置工作比较稳定	液压传动对油温变化比较敏感,不宜在很高或很低的温度条件下工作
液压装置能在大范围内实现无级调速,它还可以在运行的过程中进行调速	为了减少泄漏,液压元件在制造精度上的要求较高,造价较高,对工作介质的污染比较敏感
液压传动易于自动化,它对液体压力、流量或流动方向易于调节和控制	液压传动出现故障时不宜找出原因
液压装置易于实现过载保护	
液压元件实现了标准化、系列化和通用化,液压系统的设计、制造和使用比较方便	
用液压传动实现直线运动远比用机械传动简单	

液压传动的应用特点如下：
（1）易于获得很大的力和力矩。
（2）高速范围大，易实现无级高速。
（3）质量轻，体积小，动作灵敏。
（4）传动平稳，易于频繁换向。
（5）便于采用电液联合控制以实现自动化。
（6）易于实现过载保护。
（7）液压元件能够自动润滑，元件的使用寿命长。
（8）液压元件易于实现系列化、标准化、通用化。

目前液压传动技术正向高压、高速、高效率、大流量、大功率、微型化、低噪声、低能耗、经久耐用、高度集成化方向发展，向计算机控制的机电一体化方向发展。

四、应 用

表 3.9.5 液压传动的应用

行业名称	应用举例
数控加工机械	数控镗床、数控加工中心
起重运输机械	列车、汽车吊、港口龙门吊、叉车、装卸机械、皮带运输机等
工程机械	挖掘机、装载机、推土机、压路机、铲运机等
建筑机械	打桩机、液压千斤顶、平地机、塔吊等
农业机械	联合收割机、拖拉机、农具悬挂系统等
冶金机械	电炉炉顶及电极升降机、轧钢机、压力机等
轻工机械	打包机、注塑机、校直机、橡胶硫化机、造纸机等
矿山机械	凿岩机、开掘机、开采机、破碎机、提升机、液压支架等
智能机械	折臂式小汽车装卸器、数字式体育锻炼机、模拟驾驶舱、机器人
汽车工业	自卸式汽车、汽车吊、高空作业车、汽车转向器、减振器等
国防工业	飞机、坦克、舰艇、火炮、导弹发射架、雷达、大型液压机等
造船工业	船舶转向机、液压提升机、气象雷达、液压切割机、液压自动焊机等

减振器主要用来吸收振动能量并将其转换成热能散发到大气中，起抑制振动的作用。

根据能量转换形式的不同，减振器可分为摩擦式减振器和液压减振器两类。在轴箱悬挂装置中只使用了液压减振器，摩擦减振器用在车体支承装置中。

在 SS3 型 4000 系列电力机车的每个转向架的第一和第三轴上设有一个垂向液压减振器，与轴箱两侧的圆弹簧并联。垂向液压减振器由活塞部、进油阀部、密封部、缸端和联接部等组成，如图 3.9.6 所示。

当转向架发生振动，构架与轴箱之间产生相对运动时，分别与构架和轴箱体相连的减振器的活塞与缸筒也随之产生相对运动。当活塞在缸筒内移动时，就会使黏滞性液体通过针阀（节流阀）向与活塞运动方向相反的一方流动，液体油流经针阀时产生黏滞摩擦形成摩擦阻力。活塞与缸筒之间，即转向架构架与轴箱之间的相对运动要继续进行下去，就必须克服这个摩擦阻力。这种黏滞摩擦作用，使一部分引起振动的机械能转变为热能散发出去，从而起到衰减振动的作用。

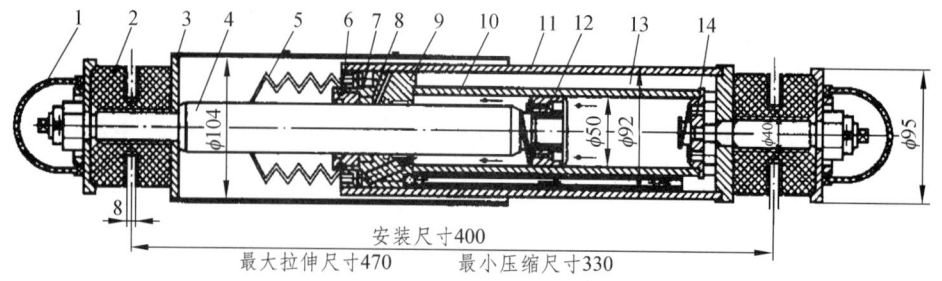

图 3.9.6 垂向液压减振器

1,6—防尘圈；2—橡胶垫；3—防护罩；4—活塞杆；5—塔式防尘罩；7—内垫圈；8—外垫圈；
9—导承组件；10—内油缸；11—储油缸；12—活塞组件；13—液压油；14—底阀组件

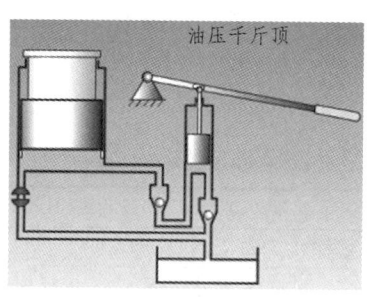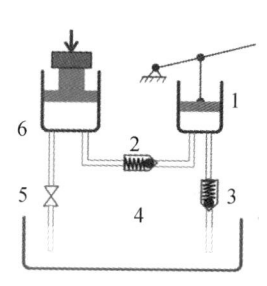

图 3.9.7 油压千斤顶

液压千斤顶，是一种轻小型起重设备，其工作原理为帕斯卡原理，即：液体各处的压强是一致的，这样，在平衡的系统中，比较小的活塞上面施加的压力比较小，而大的活塞上面施加的压力也比较大，这样能够保持液体的静止。所以通过液体的传递，可以得到不同端上的不同的压力，这样就可以达到一个变换的目的。我们所常见到的液压千斤顶就是利用了这个原理来达到力的传递。其工作过程为：手柄向上，单向阀2关闭，单向阀3打开，液压油从油箱4吸入小液压缸1；当手柄向下，单向阀3关闭，单向阀2打开，液压油从小液压缸1流向大液压缸6，重物被顶起；打开放油阀5，液压油从大液压缸流回油箱4，千斤顶复位。

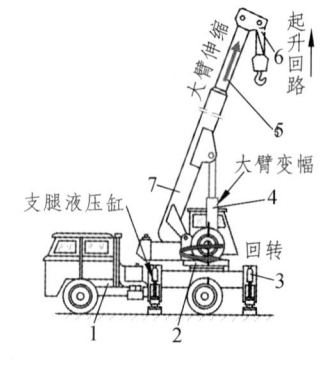

图 3.9.8 应用实例

任务拓展与反思

1. 液压系统主要由工作介质、_____、_____、_____和_____五部分组成。
2. 各种液压阀用于控制液压系统中液体的_____、_____和_____等，以保证执行元件完成预定的工作运动。

3. 液压传动装置工作平稳,能方便地实现无级调整,但不能快速启动、制动和频繁换向。(判断) （　　）

4. 液压系统中,液压缸属于（　　),液压泵属于（　　)。
   A. 动力部分　　　　B. 执行部分　　　　C. 控制部分

5. 溢流阀属于（　　)控制阀。
   A. 方向　　　　　　B. 压力　　　　　　C. 流量

*液压传动的基本知识习题

液压传动的基本知识习题及参考答案

项目四 机械连接部件

联轴器和离合器是连接两轴，使其一起回转并传递转矩的一种机械装置。联轴器和离合器的区别是：用联轴器连接的两轴，只有在机器停止运转后，才能将其拆卸和分离；而用离合器连接的两轴可在机器运转过程中随时使两轴分离或结合。制动器是用来迫使机器迅速停止运转或降低机器运转速度的机械装置。联轴器、离合器和制动器的结构形式多样，常用的多已标准化。

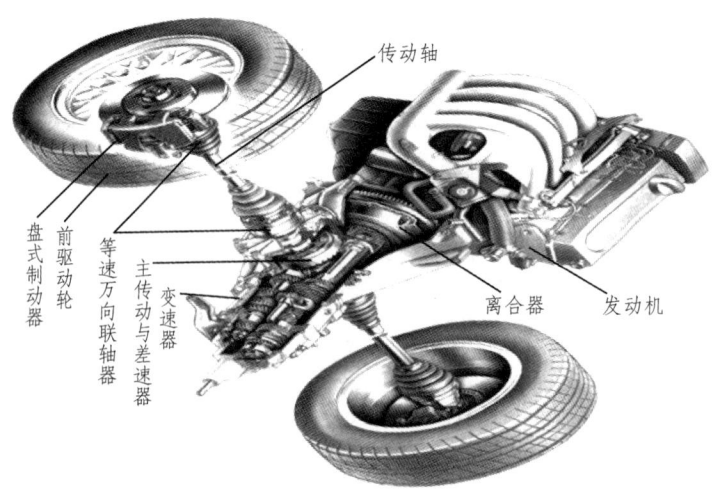

图 4.0.1 汽车传动系统中的万向联轴器、离合器和制动器

任务一 联轴器

任务导引

机械设备的驱动装置一般指电动机、柴油机、蒸汽机等，或是齿轮箱；被驱动装置常见的有水泵、空压机、鼓风机、轮毂、齿轮箱等。那连接驱动装置和被驱动装置的部件是什么？

任务要求

了解联轴器的种类、结构及应用场合。

图 4.1.1

162

任务实施

一、联轴器概述

联轴器是机械传动中的常用部件。它的功用是联接两轴,使其一起转动并传递转矩,有时也做安全装置。用联轴器联接的两轴在机器工作时不能分离,只有当机器停止运转后,用拆卸的方法才能将他们分开。

由于制造及安装误差、承载后零件的变形、轴承磨损、回转零件不平衡以及温度变化等影响,联轴器所连接的两轴的轴线往往存在着某种程度的相对位移与偏斜,如图 4.1.2 所示。

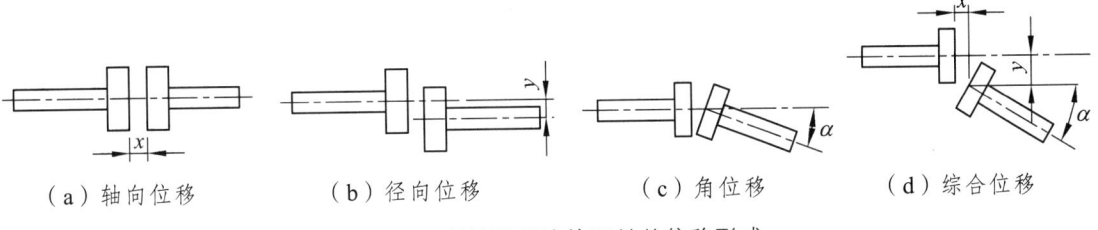

（a）轴向位移　　（b）径向位移　　（c）角位移　　（d）综合位移

图 4.1.2　联轴器所连接两轴的偏移形式

二、联轴器类型

联轴器的种类很多,按是否含弹性元件可分为刚性联轴器和挠性联轴器。刚性联轴器由刚性传力件组成,又可分为固定式和可移式两类。固定式刚性联轴器不能补偿两轴的相对位移;可移式刚性联轴器能补偿两轴的相对位移。挠性联轴器包含有弹性元件,不仅能补偿两轴的相对位移,还具有吸收振动和缓和冲击的能力。

1. 刚性联轴器

刚性联轴器,即将两根设备轴以刚性的方式来连接,起到传递动力的作用。刚性联轴器具有较高的传动精度（能同步传动）,但不具备保护后继设备的功能。典型产品:凸缘联轴器、套筒联轴器,详见表 4.1.1。

表 4.1.1　常见刚性联轴器

类型		图　例	特点及应用
固定式刚性联轴器	凸缘联轴器		凸缘联轴器（亦称法兰联轴器）是利用螺栓连接两凸缘盘式半联轴器,两个半联轴器分别用键与两轴连接,以实现两轴连接,传递转矩和运动。凸缘联轴器结构简单,制造方便,成本较低,工作可靠,装拆、维护均较方便,传递转矩较大,能保证两轴具有较高的对中精度,一般常用于载荷平稳,高速或传动精度要求较高的轴系传动。凸缘联轴器不具有径向、轴向和角向补偿的性能,使用时如果不能保证被连接两轴对中精度,将会降低联轴器的使用寿命、传动精度和传动效率,并引起振动和噪声

续表

类型		图例	特点及应用
固定式刚性联轴器	套筒联轴器		套筒联轴器与所连接的两周端分别用键或销连接成一体,从而将两周固定在一起。其结构简单而紧凑,容易制造,但拆装不方便,两轴的对中精度要求较高,适用于低速、轻载、安装精度较高的场合
移动式刚性联轴器	十字滑块联轴器	1,3—半联轴器;2—十字滑块	十字滑块联轴器由两个端面开有径向凹槽的半联轴器和两端各有凸榫(端榫头互相垂直)的十字滑块构成。工作时,十字滑块随两轴转动,同时滑块上的两榫可在两个半联轴器的凹槽中滑动,以补偿两轴间的径向位移。其结构简单、制造方便、可补偿两轴间综合偏移等,但十字滑块会产生偏心转动,故适用于低速、无剧烈冲击、轴线相对位移较大的场合 动画:十字滑块联轴器
	齿式联轴器	1,4—有外齿的内套筒; 2,3—有内齿的凸缘外壳	齿式联轴器由两个有内齿的外壳和两个有外齿的内套筒组成。工作时依靠内、外齿间的啮合传递扭矩,但应保证齿轮间充分的润滑。通常将外齿的外圆制成球面,外侧制成鼓形并保持较大的齿侧间隙,以补偿两轴间的径向位移。其工作可靠、安装精度要求不高、承载能力强,但结构复杂、制造成本高,故适用于需频繁启动、经常正反转的重型机械中
	万向联轴器		万向联轴器由两个叉形套筒和一个十字轴组成,叉形套筒与两轴间船采用销连接,且套筒可绕十字轴转动,从而允许两轴间产生较大夹角 $a=40°\sim 45°$。但十字轴万向联轴器工作时,由于夹角的存在,当主动轴做等角速度转动时,从动轴将做变角速度活动,从而在传动时引起附加载荷。为克服这一缺点,可将两个单十字万向联轴器串联起来,得到双十字万向联轴器,保证两轴同步转动。 万向联轴器结构结构紧凑、维护方便,因而广泛应用于汽车、多头钻床等机器中 动画:万向联轴器

2. 挠性联轴器

挠性联轴器不仅能够传递动力,其中的挠性部件还能够有效容忍和补偿轴间的偏差,部分挠性联轴器还能有效缓解设备震动。因此虽然部分联轴器不能完全同步传动,但挠性联轴器的最大好处在于能够保护后继设备,延长设备的使用寿命,见表 4.1.2。

表 4.1.2 常见挠性联轴器

类 型	图 例	特点及应用
弹性套柱销联轴器	(弹性套 柱销)	弹性套柱销联轴器的结构与凸缘联轴器类似,用带弹性套的销柱代替连接螺栓。弹性套的材料大多采用橡胶。其结构简单、装拆方便、制造容易等特点,能补偿一定的两轴线间相对偏移,多用于启动频繁或经常正、反转,传递中小转矩的中、高速轴。尺寸参数已经标准化,具体可查阅国标 GB/T 4323—2002《弹性套柱销联轴器》
弹性柱销联轴器	(柱销 挡板)	弹性柱销联轴器中安装有若干尼龙材料制成的柱销,以实现两轴间动力和扭矩的传递。为防止柱销从半联轴器凸缘孔中滑出,柱销两端须安装挡板,销柱与挡板间留出一定间隙。能传递较大的转矩,其结构简单、制造容易、柱销更换方便,适用于启动频繁、须正反转的高速轴间的连接。尺寸参数已经标准化,具体可查阅国标 GB/T 5014—2003《弹性柱销联轴器》
簧片联轴器	内持式 外持式	高弹性,可靠,结构紧凑,有良好的阻尼性能。主要用于载荷变化大,可能发生扭振的轴系中
波纹管联轴器		由波纹管和两个套筒组成。结构简单,运转稳定,惯性小,弹性回差小。主要用于仪表和控制器

三、新型联轴器简介

动画：蛇形弹簧联轴器

任务拓展与反思

1. 联轴器的功用是_____。
2. 机器在运转时，两轴_____，只有在机器停止运转后，并经过_____才能把两轴分离。
3. 联轴器根据结构特点，可分为_____和_____两大类。
4. 简述常用联轴器的结构特点及应用。

任务二　离合器

任务导引

汽车起步时，发动机是运转的，汽车是静止的，如何使汽车运动起来？

汽车运动起来，如何一步一步地提速？

紧急制动时怎么做？离合器操作不当，汽车为什么熄火？

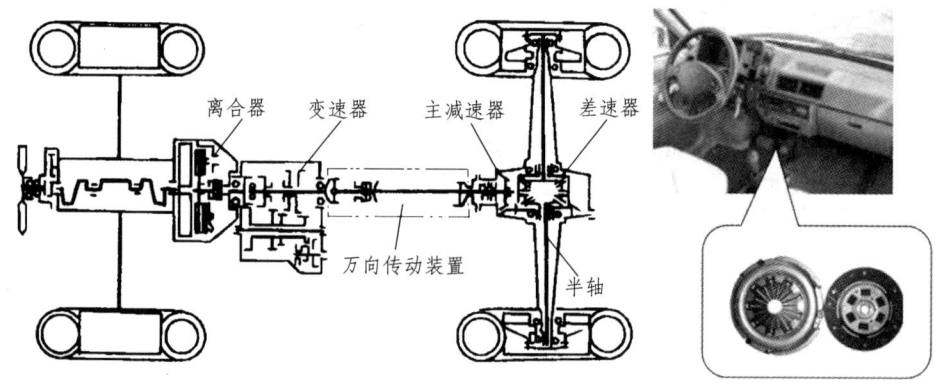

图 4.2.1　汽车传动系统中的离合器

任务要求

了解离合器的种类、结构及应用场合。

任务实施

一、离合器概述

离合器是用来连接两轴，以传递运动和转矩，且在机器运转过程中能随时使两轴进行接合或分离的一种机械装置。

1. 离合器的功用

（1）传递和切断动力：离合器相当于一个动力开关，当它接合时，接通发动机到变速器的动力，当其断开时，切断发动机到变速器的动力。

（2）平稳起步：当离合器由分离状态过渡到接合状态时，汽车就能很平顺地从静止到运动，实现平稳起步。

（3）便于换挡：当需要挡位变换时，可以短暂切断发动机的动力输出，让变速器处于自由状态，这样可以轻易顺畅的变换挡位。

（4）防止过载：当离合器的负荷超过其承受的最大极限时，离合器会出现打滑现象，从而防止传动系过载，起保护作用。

2. 离合器的性能要求

（1）具有合适的转矩储备能力，既能保证传递发动机最大扭矩又能防止传动系过载。

（2）接合平顺柔和，以保证汽车平稳起步。

（3）分离迅速彻底，便于发动机启动和变速器换挡。

（4）具有良好的散热能力。离合器滑转产生的热量如不及时散出，会影响其使用寿命和工作的可靠性。

（5）从动部分转动惯量应尽可能小，以减轻换挡时的冲击。

（6）操作轻便，以减轻驾驶员的疲劳。

二、离合器的类型

离合器的种类很多，按控制离合的过程可分为操纵离合器和自动离合器，按离合的原理可分为牙嵌式离合器和摩擦式离合器。下面介绍几种常用的离合器。

1. 牙嵌式离合器

牙嵌式离合器由两个端面带牙的半离合器组成，如图4.2.2(a)、(b)所示，其中，半离合器与轴之间采用平键连接。工作时，移动操纵滑环使半离合器沿轴向移动，从而控制离合器的接合或分离。当两个半离合器端面的牙相互嵌合时即可传递运动和扭矩。为方便对中，在主动轴端的半离合器中安装有对中环，从动轴端可在对中环内自由移动。

动画：牙嵌式离合器

牙嵌式离合器中常用的牙型有三角形、方形、梯形和锯齿形，如图4.2.2（c）所示。其中，三角形牙常用于传递中小转矩的低速离合器；梯形牙能够自动补偿磨损后产生的牙侧间隙，因而具有广泛的应用；锯齿形具有很高的强度和承载能力，但只能单向工作。

牙嵌式离合器结构简单、尺寸紧凑，能传递较大的扭矩，安装后无须经常调整，但接合时存在冲击和噪声，故多用于低速或静止状态接合的场合。

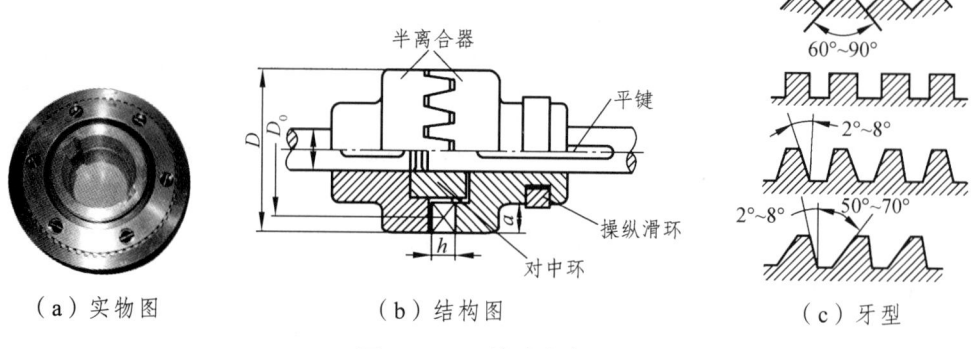

(a)实物图　　(b)结构图　　(c)牙型

图 4.2.2　牙嵌式离合器

2. 摩擦式离合器

摩擦式离合器是通过摩擦盘接触面之间的摩擦力来传递运动和动力的,如图 4.2.3。常用的摩擦式离合器为多盘摩擦离合器,其结构如图 4.2.4(a)所示。外轮鼓 2 内通过花键连接有外摩擦片 6 [见图(b)],并可与主动轴一起转动;套筒 4 上通过花键连接有内摩擦片 7 [见图(c)],并可带动从动轴一起转动。当滑环 9 向左移动时,杠杆 10 通过压板 5 将内、外摩擦片压紧,离合器进入接合状态,两组摩擦片之间的摩擦力使主动轴和从动轴一起转动。

动画:多盘摩擦离合器

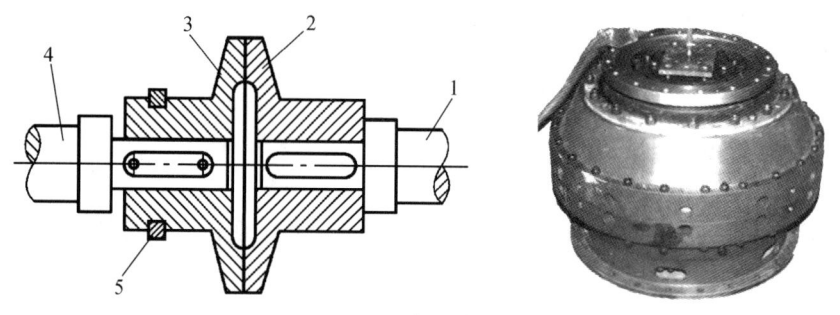

图 4.2.3　摩擦离合器

1—主动轴；2—主动盘；3—从动盘；4—从动轴；5—滑环

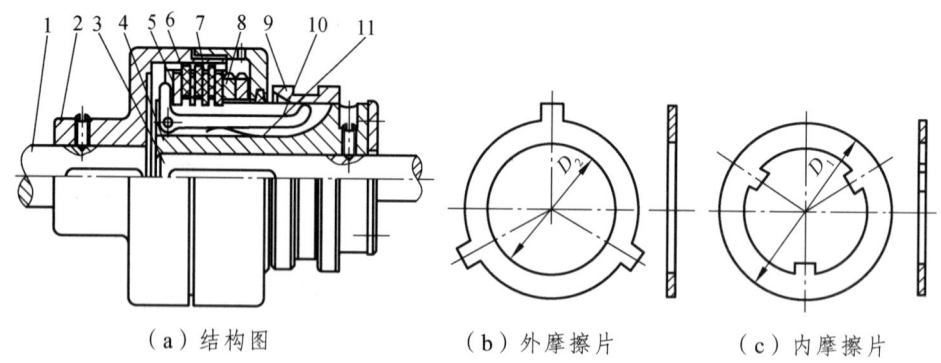

(a)结构图　　(b)外摩擦片　　(c)内摩擦片

图 4.2.4　多盘摩擦离合器

1—主动轴；2—外鼓轮；3—从动轴；4—套筒；5—压板；6—外摩擦片；
7—内摩擦片；8—调节螺母；9—滑环；10—杠杆；11—弹簧

与牙嵌式离合器相比，摩擦式离合器能在任何转速差时实现两轴的接合或分离，并能有效减小接合时的振动和冲击，并在转矩过大时通过打滑实现过载保护，其缺点是结构复杂，制造成本高，工作时容易造成发热和磨损。摩擦式离合器适用载荷范围大，应用广泛，例如，在汽车传动系统中，通常采用摩擦式离合器实现发动机转轴与变速箱输入轴之间的接合与分离。

动画：电磁摩擦离合器

3. 超越离合器

根据主、从动轴间相对速度差的不同以实现连接或分离的离合器称为超越离合器。其结构如图 4.2.5 所示。图 4.2.6 所示为超越离合器在自行车上的应用。

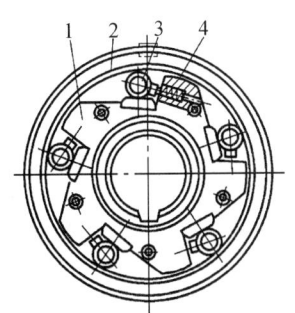 

超越离合器

图 4.2.5　超越式离合器

1—星轮；2—外圈；3—滚柱；4—弹簧

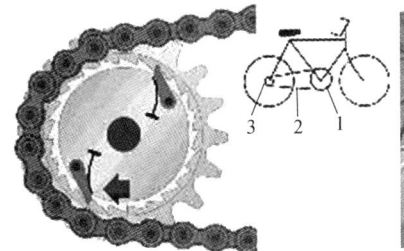 

图 4-2-6　超越离合器应用

*三、离合器常见故障、原因及排除方法

离合器常见故障、原因及排除方法

任务拓展与反思

1. 离合器的功用是_____可将传动系统随时_____或_____。
2. 简述离合器的类型。
3. 简述联轴器和离合器的异同。

任务三 制动器

任务导引

你观察过自行车、摩托车、汽车的制动装置是怎么样的？制动原理是什么？

任务要求

（1）了解制动器的作用、分类；
（2）了解常用制动器的制动原理。

任务实施

一、制动器概述

制动器是具有使运动部件或运动机械减速、停止或保持停止状态等功能的装置。其主要由制架、制动件和操纵装置等组成，有些制动器还装有制动件间隙的自动调整装置。为了减小制动力矩和结构尺寸，制动器通常装在设备的高速轴上，但对安全性要求较高的大型设备（如矿井提升机、电梯等），则装在靠近设备工作部分的低速轴上。

1. 制动器的功用

降低正在运行的机械或机构的速度或使其停止；限制速度；作为安全装置。

2. 制动器的结构和性能要求

能产生足够大的制动力矩；结构简单、尺寸紧凑；制动过程平稳、迅速、可靠；内部零件具有足够强度和刚度，以及良好的耐热性和耐磨性；使用、调整及维修方便。

二、制动器类型

制动器的种类很多，按工作状态可分为常闭式和常开式两种。其中，常闭式制动器平时处于紧闸状态，施加外力时松闸解除制动，常用于起重机中；常开式制动器平时处于松闸状态，施加外力时抱闸制动，常用于车辆的制动。根据制动元件结构形式的不同，制动器可分为带式、块式、蹄式和盘式四种。下面介绍机械中几种常用的制动器。

1. 带式制动器

图 4.3.1 所示为简易带式制动器的结构示意图，其主要由制动轮、制动带、制动杠杆等部件组成。制动轮 1 通过平键连接在轴上，制动带 2 环绕在制动轮上。当需要制动时，在制动杆 3 一端施加外力，使制动带抱紧制动轮实现制动；外力消失后，制动解除。

图 4.3.2 示为杠杆控制的带式制动器，制动轮与外棘轮 2 固结，棘爪 3 铰接与制动轮 4 上 A 点，制动轮上围绕着由杠杆 5 控制的钢带 6，制动轮 4 逆时针方向自由转动，棘爪 3 在棘轮齿背上滑动，若该轮向相反方向转动，则轮 4 被制动。

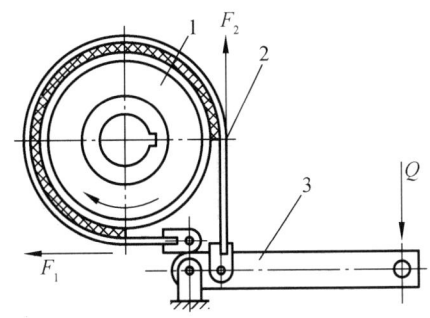

图 4.3.1 带式制动器

1—制动轮；2—制动带；3—制动杠杆

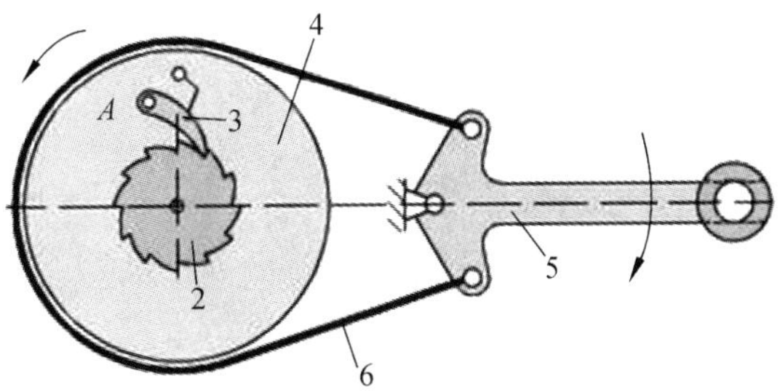

图 4.3.2 杠杆控制的带式制动器

2—外棘轮；3—棘爪；4—制动轮；5—杠杆；6—钢带

带式制动器结构简单、尺寸紧凑，可以产生较大的制动力矩，但在制动时，制动的轴和轮承受力大，制动带与轮之间的压力不均匀，使带的磨损也不均匀，容易造成带的断裂。

2. 抱块式制动器

如图 4.3.3 所示，常闭（通电时松闸，断电时制动）抱块式制动器是靠制动块在制动轮上压紧来实现刹车的。

工作原理：主弹簧通过制动臂使闸瓦块压紧在制动轮上，使制动器经常处于闭合（制动）状态；当松闸器通电时，利用电磁作用把顶柱顶起，通过推杆推动制动臂，操纵闸瓦块与制动轮松开。闸瓦块磨损时，可以调节推杆的长度进行补偿。闸瓦块的材料可采用铸铁，也可在铸铁上覆以石棉或皮革。

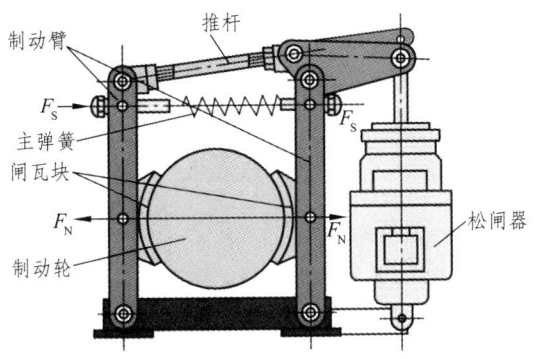

图 4.3.3 抱块式制动器

这种制动器制动和开启迅速，结构简单，造价低廉，间隙调整方便，散热较好且比较安全，一般用于起重运输机械。但是制动时冲击大，不适于制动力矩大和需要频繁起动的场合。

3. 内涨蹄式制动器

内涨蹄式制动器有双蹄、多蹄和软管多蹄等多种形式，其中双蹄式应用最广，如图 4.3.4 所示。制动蹄的一端可绕销轴转动，另一端与油泵的活塞固定连接，制动轮与需制动的轴连接。当压力油进入油泵时，左、右活塞向外移动，带动两个制动蹄向外扩张并紧贴在制动轮的内表面，实现抱闸制动；当油路卸压时，制动蹄在弹簧的拉力作用下与制动轮分离，实现松闸。这种制动器结构紧凑，在各种车辆及结构尺寸受限制的机械中应用广泛。

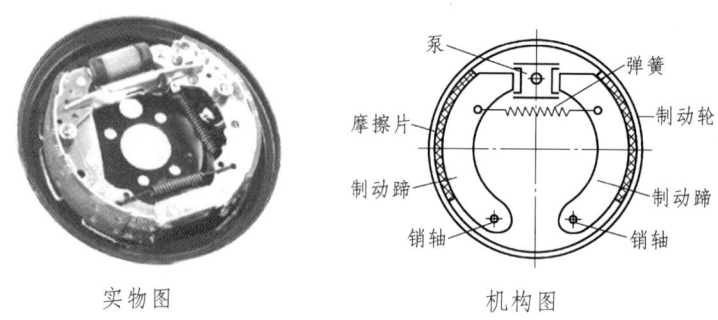

图 4.3.4 内涨蹄式制动器

内涨蹄式制动器结构紧凑、密封容易、散热方便，因此广泛应用于各类车辆和安装空间有限的制动场合。

4. 盘式制动器

盘式制动器多为液压控制，按油缸的分布可分为定钳式和浮钳式两种。其中，浮钳式由于只需在制动盘一侧布置油缸，占用空间小，从而在小型汽车中广泛应用，其主要由卡钳、制动盘、摩擦片、油泵等零部件组成，如图 4.3.5 所示。制动时，液压油进入油泵中，活塞推动卡钳，使摩擦片紧压在制动盘上，产生摩擦力距实现抱闸制动；油路泄压后，活塞复位，摩擦片与制动盘分离，制动解除。

盘式制动器和鼓式制动器性能对比

盘式制动器结构简单紧凑、径向尺寸小、散热条件好，制动性能稳定，特别是高负载时耐高温性能好，因此广泛应用于工程机械和各种汽车中。

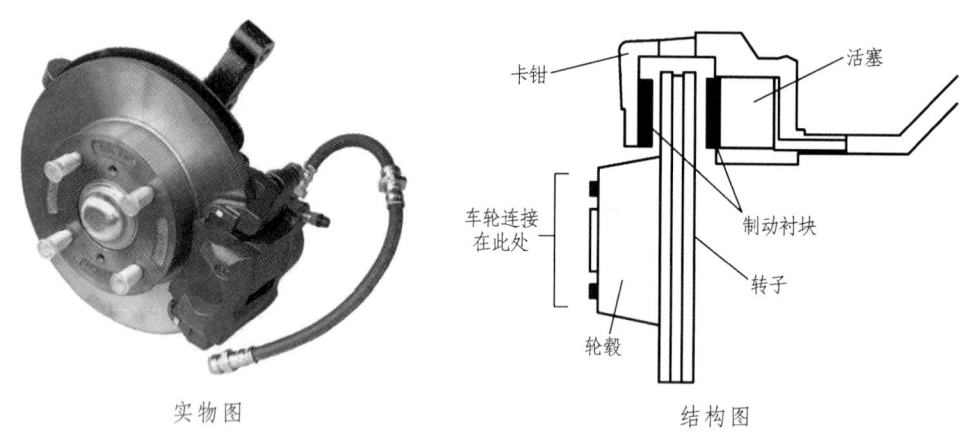

图 4.3.5 浮钳盘式制动器

随着科技的发展，对制动器的要求越来越高，制动器因现代工业机械的发展而出现多种新的结构形式，如汽车制动器又分为行车制动器、驻车制动器和平衡增力制动器。在行车过程中，一般都采用新型的平衡增力制动器，因为平衡增力制动器在行驶过程中配合螺旋凹槽制动鼓会使汽车在整个行驶过程中保持平衡状态，并且制动的稳定性也是国内汽车制动器中最好的一种，对重载汽车的驾驶员有着很好的保驾护航作用。

5. 制动器动画演示

动画：制动器

任务拓展与反思

1. 制动器是具有_____的装置。
2. 制动器主要由_____、_____和_____等组成。
3. 按制动零件的结构特征，制动器一般可分为_____、_____、_____和_____等。
4. 简述各类制动器的制动原理及应用。

项目五 机械设备的润滑与密封

任何机器运转时，相互接触的零件之间都将因相对运动而产生摩擦，而磨损正是由于摩擦产生的结果。由于磨损，将造成表层材料的损耗，零件尺寸发生变化，直接影响零件的使用寿命。据不完全统计，世界上使用的能源大约有 1/3～1/2 消耗于摩擦，而机械零件 80% 失效原因是磨损。如果能够尽量减少无用的摩擦消耗，便可大量节省能源，如果能控制和减少磨损，则既减少设备维修次数和费用，又能节省制造零件及其所需材料的费用。随着科学技术的发展，摩擦学的理论和应用必将由宏观进入微观，由静态进入动态，由定性进入定量，成为系统综合研究的领域。摩擦是相对运动的物体表面间的相互阻碍作用现象；磨损是由于摩擦而造成的物体表面材料的损失或转移；润滑是减轻摩擦和磨损所应采取的措施。

任务一 摩擦与磨损

任务导引

机械零件的磨损是怎样产生的？有什么样的危害？

任务要求

（1）了解摩擦的类型和特点；
（2）了解磨损的类型和特点。

任务实施

一、摩 擦

由于机械零件的润滑条件不同，会出现不同的摩擦状态，一般有干摩擦、边界摩擦、液体摩擦和混合摩擦四类，其特点如表 5.1.1 所示。

表 5.1.1 四种滑动摩擦

摩擦类型	概　念	图　示	特　点
干摩擦	表面间无任何润滑剂或保护膜的纯金属接触时的摩擦	(弹性变形；塑性变形)	摩擦大，能力消耗大，降低零件寿命，甚至产生胶合破坏，丧失工作能力
边界摩擦	摩擦表面被吸附在表面的边界膜隔开，其摩擦性质取决于边界膜和表面的吸附性能时的摩擦	(边界膜)	结构简单，对零件制造精度和工作条件的要求不高，应用广泛
液体摩擦	摩擦表面被流体膜隔开，摩擦性质取决于流体内部分子间黏性阻力的摩擦	(流体)	流体摩擦时的摩擦系数最小，且不会有磨损产生，是理想的摩擦状态
混合摩擦	摩擦表面间处于边界摩擦和流体摩擦的混合状态		混合摩擦能有效降低摩擦阻力，其摩擦系数比边界摩擦时要小得多

边界摩擦和混合摩擦在工程实际中很难区分，常统称为不完全液体摩擦。

二、磨　损

对磨损的研究开展较晚，20 世纪 50 年代提出黏着理论后，60 年代在相继研制出各种表面分析仪器的基础上，磨损研究才得以迅速开展。

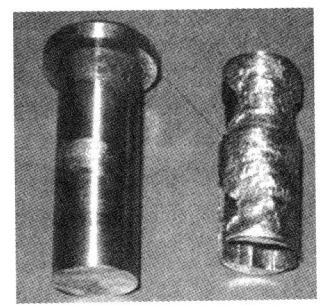

图 5.1.1　摩擦与磨损现象

磨损机件表面相接触并做相对运动时，表面逐渐分离出磨屑，使表面材料逐渐流失、造成表面损伤的现象。磨损一般来源于摩擦，但磨损与摩擦力、摩擦系数之间的关系却很复杂。在具体工作条件下影响磨损的因素很多，其中有环境因素（湿度、温度和介质等）、润滑条件、工作条件（载荷、速度和运动方式等）、零件材料的成分、组织以及工作表面的物理化学性质等。磨损会影响机器的效率，降低工作的可靠性，甚至促使机器提前报废。

一个零件的磨损过程大致可分为三个阶段，即：

磨合阶段——新的零件在开始使用时一般处于这一阶段，磨损率较高。

稳定磨损阶段——属于零件正常工作阶段，磨损率稳定且较低。

剧烈磨损阶段——属于零件即将报废的阶段，磨损率急剧升高。

在使用机器时，应该力求缩短磨合期，延长稳定磨损期，推迟剧烈磨损的到来。为此就必须对形成磨损的机理有所了解。关于磨损机理与分类的见解颇不一致，大体上可概括为表5.1.2所列几种。

磨损的类型

表 5.1.2 磨损类型

序号	类型	概念
1	磨粒磨损	简称磨损，是外部进入摩擦表面的游离硬颗粒或硬的轮廓峰尖所引起的磨损
2	疲劳磨损	简称点蚀，是由于摩擦表面材料微体积在交变的摩擦力作用下，反复变形所产生的材料疲劳所引起的磨损
3	黏附磨损	简称胶合，当摩擦表面的轮廓峰在相互作用的各点处由于瞬时的温升和压力发生"冷焊"后，在相对运动时，材料从一个表面迁移到另一个表面，便形成黏附磨损
4	冲蚀磨损	流体中所夹带的硬质物质或颗粒，在流体冲击力作用下而在摩擦表面引起的磨损
5	腐蚀磨损	当摩擦表面材料在环境的化学或电化学作用下引起腐蚀，在摩擦副相对运动时产生的磨损
6	微动磨损	摩擦副在微幅运动时，由上述各磨损机理共同形成的复合磨损。微幅运动可理解为不足以使磨粒脱离摩擦副的相对运动

任务拓展与反思

1. 摩擦和磨损有什么联系和区别。
2. 摩擦状态一般有_____、_____、_____和_____四类。
3. 一个零件的磨损过程大致可分为_____、_____和_____三个阶段。

任务二 润 滑

任务导引

为避免机械设备零件的严重磨损，我们有什么办法呢？

任务要求

（1）了解润滑剂的种类、性能及选用；
（2）了解机械常用的润滑剂和润滑方法；
（3）掌握零部件的润滑方法。

任务实施

一、润滑的作用

（1）减小摩擦、磨损。润滑是在相对运动的两固体摩擦表面间，引入润滑剂（流体或固体等物质），将摩擦表面分开的方法。润滑剂能够牢固地吸附在机器零件的摩擦面上，形成一定厚度的润滑膜，它与摩擦表面的结合力很强，但其本身分子间的摩擦系数很小。润滑剂的介入，使两摩擦副之间的摩擦转变成润滑剂本身间的摩擦，从而达到减小摩擦、磨损的目的。

（2）降低温度。摩擦副在运动时会产生大量热量，而由于润滑油的热传导，把摩擦副所产生的热量通过流体带回到油箱内，促使物体表面的温度降低。

（3）防止锈蚀。润滑油、脂对金属无腐蚀作用，极性分子吸附在金属表面，能隔绝水分与潮湿空气和金属表面接触，起到防腐、防锈和保护金属表面的作用。

（4）冲洗、密封作用。摩擦副在运动时产生的磨损微粒或外来杂质，可利用润滑剂的流动把摩擦表面间的磨粒带走，防止物体磨损，以延长零件使用寿命。润滑油与润滑脂能深入各种间隙，弥补密封面的不平度，防止外来水分、杂质的侵入，起到密封作用。

（5）传递动力、减少振动。在传动中，由于液体的不可压缩性而成为一种良好的动力传递介质。摩擦副在工作时，两表面间会产生噪声与振动，由于液体有黏度，它把两表面隔开，使金属表面不直接接触，从而减少了振动。

二、润滑剂

常用的润滑剂按形态分有液体（润滑油）、半固体（润滑脂）、固体三种，其中润滑油和润滑脂应用广泛。如：润滑油有动植物油、矿物油、合成油；润滑脂指润滑油+稠化剂；固体润滑剂有石墨、二硫化钼、聚四氟乙烯等。

润滑油的性能主要由黏度来表示。黏度是润滑油运动时油液内部摩擦阻力大小的量度。黏度过大的润滑油不能流到配合间隙很小的两摩擦表面之间，不能起到润滑作用；若黏度过小，润滑油易从需润滑的部位挤出，同样起不到润滑作用。因此，机械所用润滑油的黏度必须适当。在选择润滑油时，应综合考虑承受的载荷、滑动速度、工作温度及摩擦表面状况等条件，一般可参考以下选用原则：

工作在压强大、冲击强及交变载荷等条件下，黏度值应高一些；转速高、压力小时，润滑油的黏度值应低一些；反之，黏度值应高一些；工作温度高时，黏度值应高一些；反之，黏度值可低一些；摩擦表面粗糙或未经跑合时，黏度值应高一些。

润滑脂的性能主要由针入度和滴点来表示。在选用润滑脂时，应综合考虑零件工作温度、抗水性、机械安定性等条件。承载要求高时，应选用针入度小的润滑脂；相对滑动速度大且温度高时，应选择针入度大的润滑脂。

三、油润滑

润滑方法有很多，按给油方式可分为间歇供油润滑和连续供油润滑。其中，间断供油润滑常用于低速、轻载或间歇工作等不重要场合。连续供油润滑多用于高速、重载等重要场合。常用的连续供油润滑方法有滴油润滑、飞溅润滑和压力油润滑等。

1. 滴油润滑

滴油润滑需要采用弹簧盖油杯或针阀式油杯，如图 5.2.1 所示。弹簧盖油杯利用毛细管的虹吸作用将润滑油连续送到零件工作表面，但无法改变送油量；针阀式油杯可通过调节螺母改变供油量，且可通过上部的手柄控制润滑油的通断。

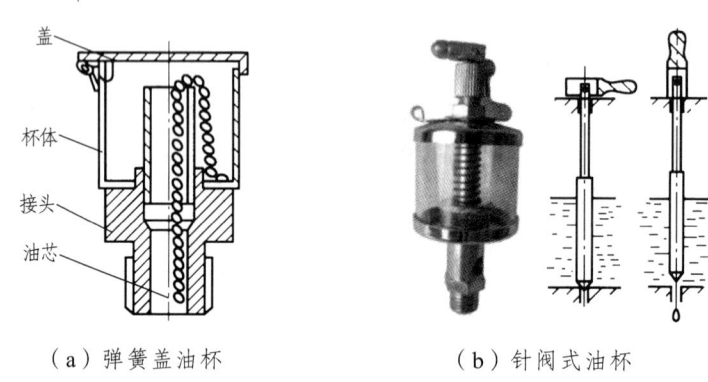

（a）弹簧盖油杯　　　　（b）针阀式油杯

图 5.2.1　滴油润滑装置

2. 飞溅润滑

飞溅润滑靠浸泡在油池中的零件本身，使之飞溅在摩擦表面上，如图 5.2.2 所示。在闭式箱体中的滚动轴承、齿轮传动、蜗杆传动、链传动、凸轮等中广泛应用的一种循环润滑方式。为考虑搅拌功率损失和润滑的有效性，零件的浸泡深度有一定限制。浸在油池中的机件的速度过高，则搅拌功率损失过大，油的氧化严重；但速度也不易过低，否则影响润滑效果。

3. 油环润滑

油环润滑是依靠附装在轴上的甩油环将油搅动，甩到零件表面上，如图 5.2.3 所示。

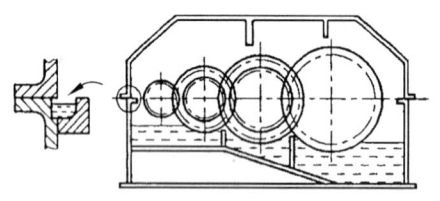
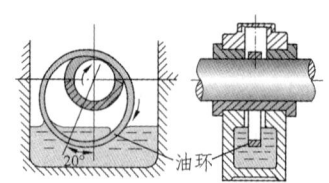

图 5.2.2　飞溅（油池）润滑　　　　图 5.2.3　油环润滑

4. 压力油润滑

压力油润滑利用油泵将润滑油强制送入设备进行润滑，润滑油经过零件流回油箱，可以重复使用，如图 5.2.4 所示。压力油润滑可调整供油量，并能对轴承上某点实现集中润滑，故适用于高速、重载、振动和交变载荷等工作条件下的轴承。

5. 油雾润滑

如图 5.2.5 所示，油雾润滑装置由喷管、吸管和油量调节器等组成。

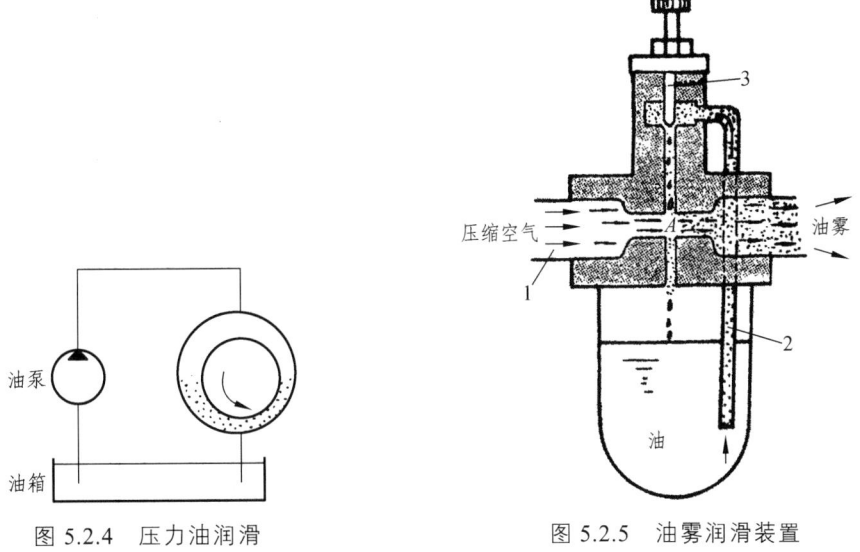

图 5.2.4 压力油润滑

图 5.2.5 油雾润滑装置

四、脂润滑

油脂润滑常用于运转速度较低的场合，将润滑脂涂抹于需润滑的零件上。优点是润滑脂黏度大，不易流失，承载能力高，便于密封和维护，一次填充可运转润滑脂，还可以用于简单的密封。但其性能不如润滑油稳定，内摩擦系数大，冷却作用差。

采用脂润滑只能是间歇供油，将润滑脂贮存在黄油杯中，定期旋转杯盖，可将润滑脂压送到轴承中，也可用黄油枪向轴承中补充润滑油，如图 5.2.6 所示。

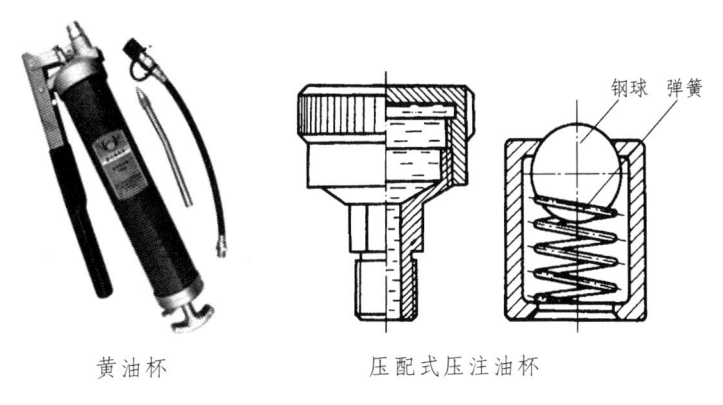

图 5.2.6 油脂润滑

五、固体润滑

用固体粉末代替润滑油膜的润滑，适用于速度很低、载荷特重或温度很高、很低的特殊条件及不允许有油、脂污染的场合。常用的固体润滑剂：石墨、二硫化钨、二硫化钼、聚四氟乙烯等。

六、润滑应用举例

1. 链传动润滑

表 5.2.1 链传动润滑

方式	润滑方法	图示	供油量
人工润滑（用于短链条传动）	用刷子或油壶定期在链条松边内、外链板间隙中加油	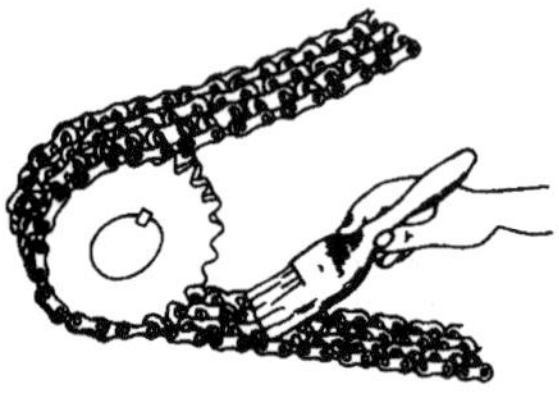	每班加一次油
滴油润滑（用于速度较快、长间隔传动）	装有简单外壳，利用油杯滴油		单排链（5~20）滴/分，速度高时取大值
浸油润滑（用于闭式的链条传动）	采用不漏油外壳，将链条浸入油池中	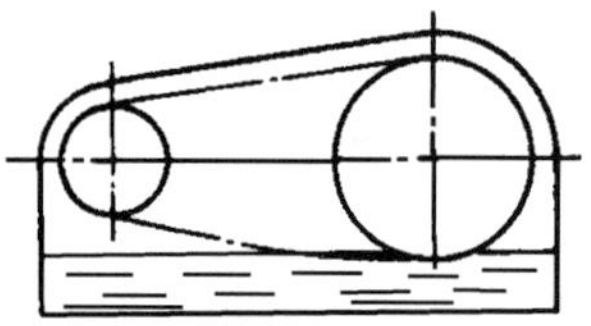	链条浸油深度一般为 6~12 mm
飞溅润滑	采用不漏油外壳，在链轮侧边安装甩油盘。当链条宽度超过 125 mm 时，应在链条两侧各装一个甩油盘	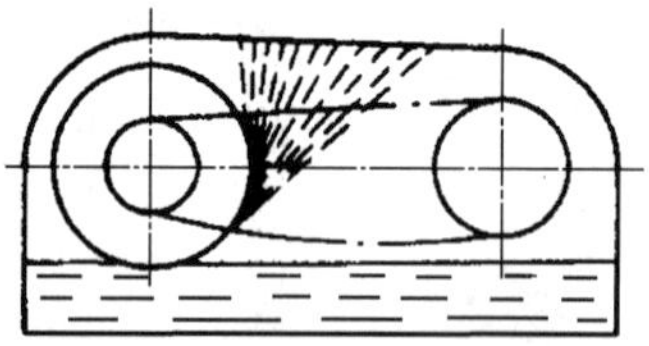	甩油盘的浸油深度为 2~35 mm，圆周速度应大于 3 m/s
压力喷油润滑（用于高速传动）	采用不漏油外壳，喷油管口设在链条啮入处，循环油可起冷却作用	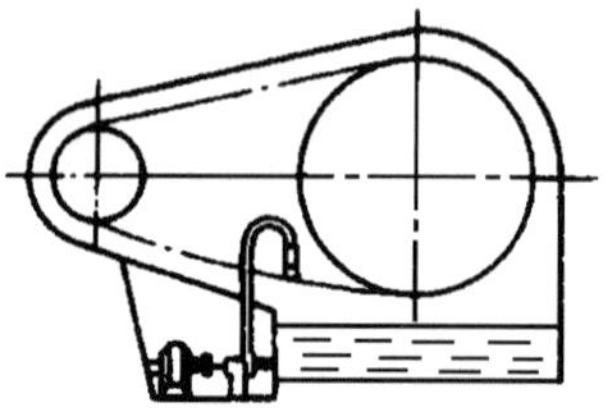	喷油管供油量可根据链节距及链速查有关手册

2. 齿轮传动的润滑

轮齿啮合时，由于齿面间存在相对滑动而发生摩擦磨损，这将增加损耗，降低效率。故在齿轮传动中润滑是非常必要的。齿轮传动大多采用润滑油进行润滑。润滑方式主要有浸油润滑、喷油润滑、人工润滑等。

视频：轴承密封润滑

流体润滑原理

任务拓展与反思

1. 简述润滑的类型、特点及应用？
2. 机械设备润滑主要作用有_____。
3. 常用的润滑剂按形态分为_____、_____、_____三种。
4. 常用的连续供油润滑方法有_____、_____、_____、_____和_____等。

任务三　密　封

任务导引

泄漏是机械设备常发生的故障之一。造成泄漏的主要原因是什么？有什么解决方法呢？

任务要求

（1）了解几种常用的密封方法；
（2）能够正确选用密封的种类；
（3）熟悉密封装置的功用及类型。

泄漏简介

任务实施

密封主要是为了阻止液体、气体工作介质或润滑剂泄漏，防止灰尘、水分进入润滑部位。使用时，应根据压力、速度、工作温度等工作条件，选择经济、合理的密封类型和结构。

对密封的基本要求是密封性好，安全可靠，寿命长，并应力求结构紧凑，系统简单，制造维修方便，成本低廉。大多数密封件是易损件，应保证互换性，实现标准化，系列化。密封件大部分都有相应的标准和规格，应尽量选用标准件。

根据被密封表面是否有相对运动，密封分为静密封和动密封。

1. 静密封

静密封：两个相对静止不动的结合面之间的密封。

静密封主要有垫片密封、胶密封和直接接触密封三大类。根据工作压力，静密封又可分为中低压静密封和高压静密封。中低压静密封常用材质较软、宽度较宽的垫片密封，高压静密封常用材质较硬、接触宽度很窄的金属垫片。

静密封要求结合面平整、光洁，在螺栓固紧压力下贴紧而密封。结合面的间隙小于 5 μm，且需研磨加工。

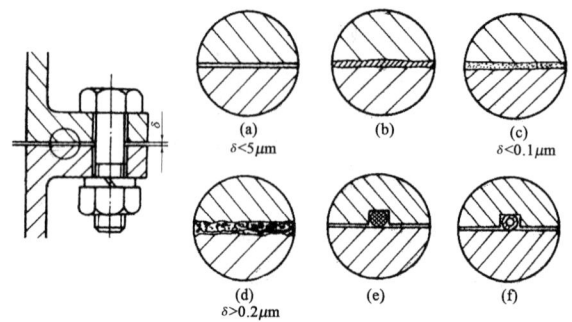

图（a）—研磨面密封
图（b）、(c)—垫片密封
图（d）—密封胶密封
图（e）、(f)—O 形圈密封

图 5.3.1　静密封

2. 动密封

动密封：两个相对运动的结合面，保持一定间隙的密封。

密封方法可分三大类：接触式密封，非接触式密封和组合式密封。它们的密封型式、适用范围和性能可查阅相关资料。一般说来，接触式密封的密封性好，但受摩擦磨损限制，适用于密封面线速度较低的场合。非接触式密封的密封性较差，适用于较高速度的场合。

（1）接触式密封：利用各种密封圈或毡圈密封，仅适用于中、低速场合。

接触式密封包括毡圈密封、橡胶密封等。由于密封件与轴或其他配合件直接接触，工作时产生摩擦磨损并使温度升高，所以适用于中、低速运转条件下轴承的密封。如图 5.3.2 和图 5.3.3 所示。

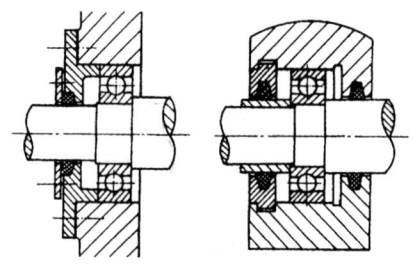

图 5.3.2　毡圈密封

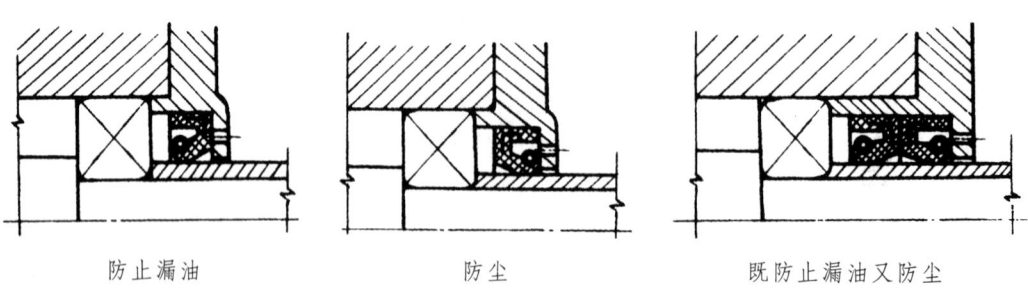

防止漏油　　　　　防尘　　　　　既防止漏油又防尘

图 5.3.3　橡胶密封

（2）非接触式密封：密封部位相互运动的结合面间不接触，可适用于运动速度较高的场合，主要有间隙密封、迷宫密封等，如图5.3.4和图5.3.5所示。

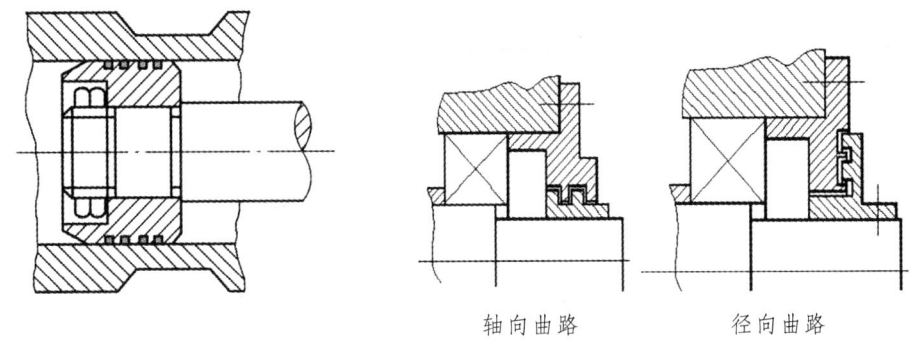

图 5.3.4　间隙式密封　　　　　　图 5.3.5　迷宫式密封

迷宫式密封可用于油润滑和脂润滑的轴承中，防尘防漏油效果较好，密封可靠，无摩擦损失，基本上不受圆周速度的限制。但结构复杂，制造安装不便。

（3）组合式密封：是将几种密封结构组合在一起使用，可发挥两者的优点，使密封更为有效和可靠，如图5.3.6所示。

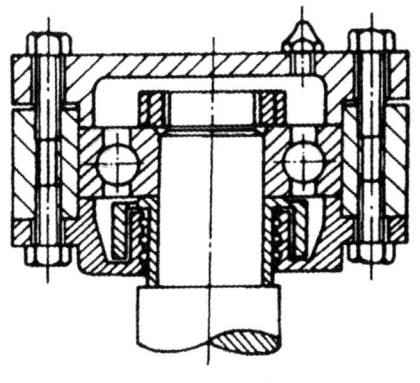

图 5.3.6　组合式密封

3．O形密封圈简介

O形密封圈简介

任务拓展与反思

1. 对密封的要求有哪些？
2. 常用的密封有哪些类型？
3. 根据被密封表面是否有相对运动，密封分为_____和_____。
4. 常用的静密封主要类型有_____、_____和_____。

项目六　常用材料

材料是人类生产和生活的物质基础。材料的种类很多，其中用于机械设备的各种材料，称为机械工程材料。

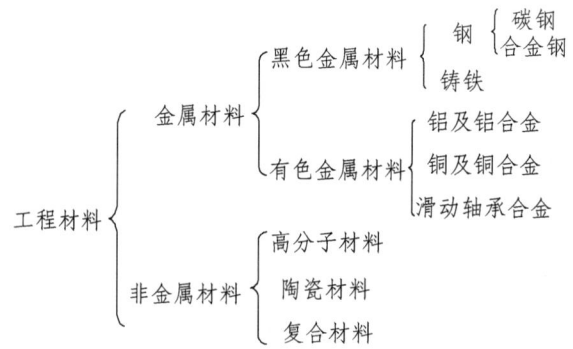

为了正确、合理地使用机械工程材料，必须了解和掌握其性能。机械工程材料的性能包括使用性能和工艺性能。使用性能是指材料在使用过程中所表现出来的性能，主要有力学性能（又称机械性能）、物理性能和化学性能等；工艺性能是指材料在各种冷热加工过程中所表现出来的性能，主要有铸造、锻造、焊接、热处理和切削加工等性能。

任务一　金属的力学性能

任务导引

高速车刀、机床齿轮、汽车板簧等零部件都是由材料制成的，那么这些零部件所采用的材料需具有哪些特性？

任务要求

掌握金属材料的力学性能。

任务实施

在机械制造中选用材料时，一般以力学性能作为主要依据。金属的力学性能是指金属在外力的作用下，抵抗变形和破坏的能力。主要有强度、塑性、硬度、韧性、刚度和疲劳强度等。金属材料的力学性能是非常重要的，它是评定金属材料质量的主要依据，也是机械零件及工具设计和选材的主要依据。所以，熟悉和掌握金属材料的力学性能具有重要的意义。

一、载荷、变形、应力、应变

1. 载荷

零件或工具在加工或使用过程中所受的外力称为载荷。常见分类方式如表 6.1.1 所示。

表 6.1.1 载荷的分类方法

	拉力（压力）	扭矩	剪切力	弯曲力
按作用方式分				
	静载荷		动载荷	
按作用性质分	大小不变或变化缓慢的载荷	静拉力、静压力	大小和方向随时间而发生改变的载荷	冲击载荷、交变载荷

2. 变形

金属材料在外力的作用下所发生的形状和尺寸的变化称为变形。变形分为弹性变形和塑性变形两种。

（1）弹性变形。随载荷的去除而消失的变形。

（2）塑性变形。不能随载荷的去除而消失的变形，也称永久变形。

3. 应力

金属材料受外力作用时，单位面积上内力的大小称为应力，用 σ 表示，其计算公式如下：

$$\sigma = \frac{F}{S}$$

式中 F——外力，N；

S——面积，mm^2；

σ——应力，MPa（$1\ N/m^2 = 1\ Pa$；$1\ MPa = 10^6\ Pa$；$1\ GPa = 10^9\ Pa$）。

4. 应变

单位长度的伸长量。

$$\varepsilon = \frac{\Delta l}{l}$$

式中 Δl——原始长度与变形后长度差；

l——原始长度。

二、强度

强度是指金属材料在静载荷作用下抵抗永久变形和断裂的能力。大小通常用应力 σ 表示。当材料在满足强度的载荷作用范围内是不会发生破坏，只有当材料承受的载荷超过了自身的强度时才会发生断裂之类的破坏。

根据外力作用性质不同，主要有屈服强度、抗拉强度、抗压强度、抗弯强度等。工程常用的是屈服强度和抗拉强度。相同条件下，材料的强度越高，则构件的承载力也就越高。

材料的强度等力学性能须通过试验的方法进行测定。此类试验须按标准（如国家标准、行业标准）中规定的方法进行。

例如低碳钢的拉伸强度测试实验。

为了便于对试验结果进行比较，试验时首先要把待测试的材料加工成试件。我国国家标准 GB/T 228—1987《金属拉力试验法》中规定，拉伸试件截面可采用圆形（见图 6.1.1）或矩形，长度可根据其截面尺寸按规定比例或不按比例适当选取。按比例选取试件长短两种规格。圆截面长试件其工作段长度（也称标距）$l_0 = 10d_0$，短试件 $l_0 = 5d_0$。金属材料的压缩实验，一般采用短圆柱形试件，其高度为直径 d_0 的 1.5～3 倍。

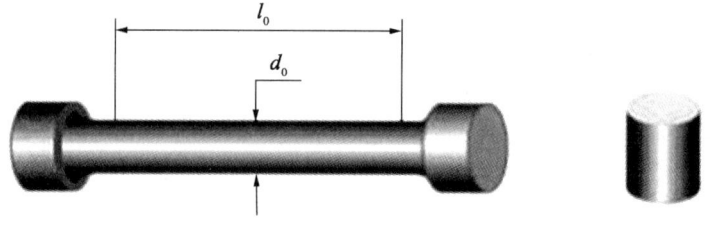

图 6.1.1　圆形截面拉伸试件

拉伸实验机在实验过程中可以绘制出施加的载荷与试件变形的线图，一般称为拉伸曲线。如图 6.1.2 所示。随试件尺寸的不同，会使拉伸图在量的方面有所差异。为了消除尺寸的影响，将拉力除以试件横截面的原始面积 A_0，得出试件横截面上的正应力，用 σ 表示；伸长量 Δl 除以标距的原始长度 l_0，得出试件在工作段内的相对伸长量 ε，以 σ 为纵坐标、ε 为横坐标绘出的曲线称为应力—应变图，它表明从加载开始到破坏为止，应力与应变的对应关系，如图 6.1.3 所示，其反映了材料的性能。

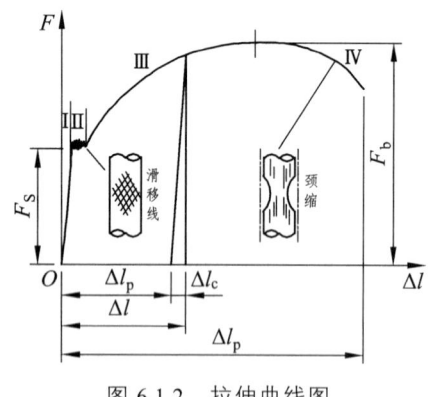

图 6.1.2　拉伸曲线图　　　　　图 6.1.3　应力应变图

表 6.1.2 试件受力特性变化情况表

阶　段	力学特性	拉伸图（应力-应变线图）特征
第Ⅰ阶段（弹性变形阶段）	试件受力以后，产生弹性变形，因此，称第Ⅰ阶段为弹性变形阶段	曲线呈直线状
第Ⅱ阶段（屈服阶段）	弹性变形阶段以后，试件的伸长显著增加，但外力却滞留在很小的范围内上下波动。外力不需增加，变形却继续增大，这种现象称为屈服或流动。屈服阶段中拉力波动的最低值称为屈服载荷，用 F_s 表示。所对应的应力称为屈服极限，用 σ_s 表示	曲线出现波动
第Ⅲ阶段（强化阶段）	过了屈服阶段以后，继续增加变形，需要加大外力，试件对变形的抵抗能力又获得增强，力与变形是非线性的关系。此阶段称为强化阶段	曲线非线性增长
第Ⅳ阶段（颈缩阶段）	当拉力继续增大达某一确定数值时，可以看到，试件某处突然开始逐渐局部变细，形同细颈，称颈缩现象。因此，第Ⅳ阶段称为颈缩阶段。颈缩出现前，试件所能承受的拉力最大值，称为最大载荷，用 F_b 表示。所对应的应力称为强度极限，用 σ_b 表示	曲线单调下降

三、刚　度

刚度是指材料受力时抵抗弹性变形的能力。刚度的大小取决于材料的弹性模量及几何形状。弹性模量是指材料在弹性变形阶段应力 σ 与应变 ε（试样原始标距的增量 Δl 与原始标距 l_0 的比值）的比值，用符号 E 表示，即 $E = \sigma/\varepsilon$（单位为 MPa）。E 值越大，材料的刚度越大，材料抵抗弹性变形的能力越强。E 值的大小主要取决于材料的本性，除随温度的升高而降低外，其他方法如热处理合金化、冷热加工等对其影响很小。设计零件结构时，增加承载截面的尺寸、改变截面形状均可提高零件的刚度。

对于某些弹性变形量超过一定数值后，会影响机器工作质量的零（构）件，如机床的主轴、导轨、丝杠等，刚度显得尤为重要。而对于需要通过控制刚度以防止发生振动、颤振或失稳的结构（如建筑物、机械等），在选材时必须考虑材料的刚度。

四、塑　性

塑性是指金属材料在给定载荷外力的作用下，产生永久变形而不被破坏的能力。金属材料在受到拉伸变形时，长度和横截面积都要发生变化。因此，金属的塑性可以用材料的伸长率 δ 和截面收缩率 ψ 两个指标来衡量。

（1）伸长率 δ

试件拉断后，工作段的残余伸长量 $\Delta l = l_0 - l_1$ 与标距长度 l_0 的比值，代表试件拉断后塑性变形程度，称为材料的伸长率，用 δ 表示。即

$$\delta = \frac{l_1 - l_0}{l_0} \times 100\%$$

（2）截面收缩率 ψ

试件断口处横截面面积的相对变化率称为截面收缩率，如图 6.1.4 所示。用 ψ 表示，即

$$\psi = \frac{A_0 - A_1}{A_0} \times 100\%$$

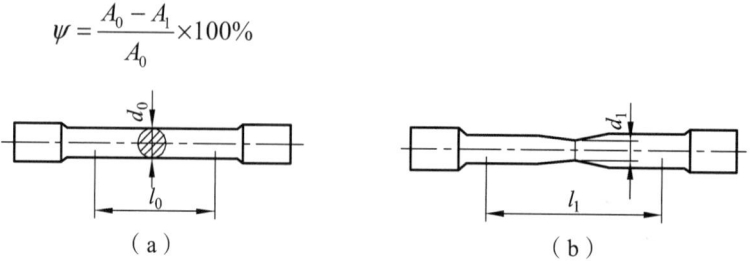

图 6.1.4

金属材料的伸长率和截面收缩率愈大，表示该材料的塑性愈好，即材料能承受较大的塑性变形而不被破坏。工程上通常把常温、静载下伸长率大于 5% 的金属材料称为塑性材料，如低碳钢；而把伸长率小于 5% 的金属材料称为脆性材料，如灰口铸铁等。

低碳钢是一种塑性极好的材料，在汽车制造业中常用这种材料通过冲裁、拉延、翻边等压力加工的方法来加工出汽车的车身覆盖件。

五、硬　度

硬度是指材料局部抵抗硬物压入其表面的能力，是衡量材料软硬程度的指标。例如将一个坚硬的钢球压入钢板的表面，就会在钢板表面留下圆形痕迹，这个痕迹的大小就反映了材料的软硬程度。

其他硬度

硬度是由硬度计测试出来的。常用的硬度标准有三种：布氏硬度、洛氏硬度、维氏硬度。

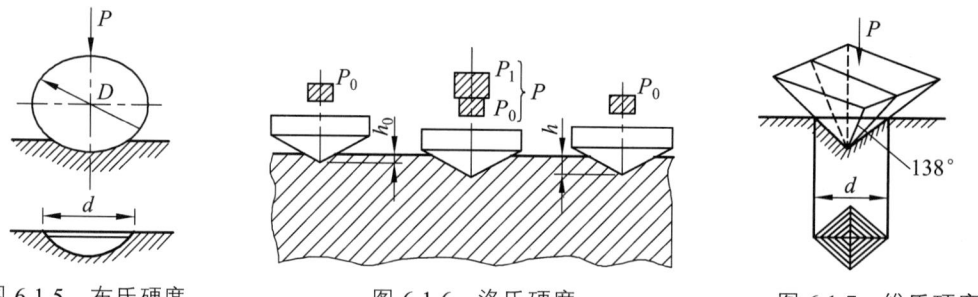

图 6.1.5　布氏硬度　　　图 6.1.6　洛氏硬度　　　图 6.1.7　维氏硬度

表 6.1.3　三种硬度标准

硬度名称	表示方法（不标单位）	适用范围	优缺点
布氏硬度	HBW　例：550 HBW	测定灰铸铁等硬度不很高的材料	优点：能准确反映出金属材料的平均性能。 缺点：不宜于测成品及薄件
洛氏硬度	HBS（应用最广） 例：20 HRC	一般淬火钢件	优点：压痕小，可测成品或较薄件。 缺点：需测多次，取平均值
维氏硬度	HV　例：640 HV	测较薄件的硬度，尤其是渗碳、渗氮层的硬度	优点：可测从很软到很硬的各种金属材料的硬度。 缺点：对试样表面质量要求较高

六、韧　性

韧性表示材料在塑性变形和断裂过程中吸收能量的能力。韧性越好，则发生脆性断裂的可能性越小。在材料科学及冶金学上，韧性是指当承受应力时对折断的抵抗，其定义为材料在破裂前所能吸收的能量与体积的比值。

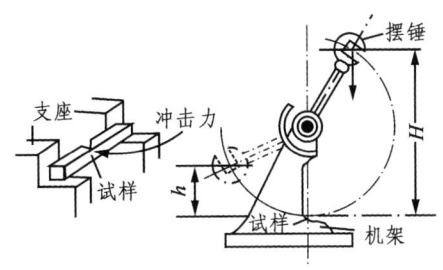

图 6.1.8　冲击实验

通常以冲击强度的大小、晶状断面率来衡量。衡量材料抗冲击能力的指标用冲击韧性来表示。冲击韧性是通过冲击实验来测定的。

七、疲劳性能

机械零件，如轴、齿轮、轴承、叶片、弹簧等，在工作过程中各点的应力随时间作周期性的变化，这种随时间作周期性变化的应力称为交变应力（也称循环应力）。在交变应力的作用下，虽然零件所承受的应力低于材料的屈服点，但经过较长时间的工作后产生裂纹或突然发生完全断裂的现象称为金属的疲劳。

一般试验时规定，钢在经受 10^7 次、非铁（有色）金属材料经受 10^8 次交变载荷作用时不产生断裂时的最大应力称为疲劳强度。当施加的交变应力是对称循环应力时，所得的疲劳强度用 σ^{-1} 表示。

疲劳破坏是机械零件失效的主要原因之一。据统计，在机械零件失效中大约有 80% 以上属于疲劳破坏，而且疲劳破坏前没有明显的变形，所以疲劳破坏经常造成重大事故。因此，对于轴、齿轮、轴承、叶片、弹簧等承受交变载荷的零件要选择疲劳强度较好的材料来制造。

*八、疲劳强度的影响因素及解决措施

疲劳强度的影响
因素及解决措施

任务拓展与反思

1. 机械工程材料的性能包含了哪些？
2. 什么是材料的力学性能？
3. 力学性能有哪些常用指标？这些指标的含义是什么？
4. 常用的硬度试验方法有几种？其应用范围是什么？
5. 塑性材料在拉伸时经历了几个阶段？各有什么特点？
6. 反应材料受冲击载荷的性能指标是什么？
7. 疲劳破坏是怎样形成的？

任务二 钢

任务导引

在现代工业中,石油是血液,钢铁是骨骼。机器设备的骨骼直接影响到机器设备的使用与安全。在日常生活中到处都能看到钢铁材料的产品,从生活中的直尺到工程中的扳手,从小到一把瑞士军刀大到一台挖掘机。在这些不同的产品里,所用的钢铁材料有什么不同?它们的性能又如何?

图 6.2.1 钢铁制品

任务要求

(1)了解铸铁、碳素钢、合金钢及铸钢的分类、牌号、性能和用途;
(2)了解钢的热处理及其目的。

任务实施

钢铁材料在人们的日常生活和生产活动中具有非常广泛的应用,从厨房的锅碗瓢盆,到出行所乘的汽车、高铁,再到各种机械加工设备,都离不开钢铁材料。

钢铁主要由铁和碳两种基本元素构成,故钢铁又称为铁碳合金。习惯上常说的钢铁是钢和铁的总称,其中,铁包括纯铁和铸铁。通常情况下,将碳含量在 0.0218%~2.11% 的铁碳合金称为钢;碳含量小于 0.0218% 的铁碳合金称为纯铁;碳含量大于 2.11% 的铁碳合金称为铸铁,工业中常用铸铁的碳含量不超过 4.3%。

钢的种类繁多,根据是否含有合金元素,可分为碳素钢和合金钢。

一、碳素钢

碳素钢是近代工业中使用最早、用量最大的基本材料。目前碳素钢的产量在各国钢总产量中的比重,约保持在 80% 左右,它广泛应用于建筑、桥梁、铁道、车辆、船舶和各种机械制造工业。工业用钢主要是由冶金厂生产的板材、棒材、型材、管材及线材等。钢材生产的主要流程是:炼铁、炼钢、铸锭、压力加工成各种规格的钢材。

碳素钢的性能主要取决于钢的含碳量和显微组织。在退火或热轧状态下,随含碳量的增加,钢的强度和硬度升高,而塑性和冲击韧性下降。所以工程结构用钢,常限制含碳量。

碳素钢中的残余元素和杂质元素,如锰、硅、镍、磷、硫、氧、氮等,对碳素钢的性能也有影响。这些影响有时互相加强,有时互相抵销。其中影响比较显著的有:

（1）硫、氧、氮都能增加钢的热脆性，而适量的锰可减少或部分抵销其热脆性。
（2）残余元素除锰、镍外都降低钢的冲击韧性，增加冷脆性。
（3）除硫和氧降低强度外，其他杂质元素均在不同程度上提高了钢的强度。
（4）几乎所有的杂质元素都能降低钢的塑性和焊接性。

1. 碳素结构钢

表 6.2.1　碳素结构钢的表示方法

组成部分	说明	举例说明	性能特点	应用举例
Q	字母Q表示"屈服"	Q235-A·F：屈服强度为235 MPa 的 A 级优质沸腾钢	焊接性能好，塑性、韧性好，有一定强度	常轧制成薄板、钢筋、焊接钢管等，用于桥梁、建筑等结构和制造普通螺钉、螺母等零件
强度值	材料的屈服极限	Q195：屈服强度为 195 MPa 的碳素结构钢 Q215：屈服强度为 215 MPa 的碳素结构钢		
质量等级	从优到劣用英文字母 A、B、C、D、E、F……表示	Q255：屈服强度为 255 MPa 的碳素结构钢 Q275：屈服强度为 275 MPa 的碳素结构钢	强度较高，塑性、韧性较好，可进行焊接	通常轧制成型钢、条钢和钢板作结构件以及制造简单机械的连杆、齿轮、联轴器、销等零件
脱氧方式	沸腾钢、半镇静钢、镇静钢、特殊镇静钢分别用 F、b、Z、TZ 表示			

2. 优质碳素结构钢

（1）优质碳素钢分类与性能。

优质碳素结构钢和碳素结构钢相比，硫、磷及其他非金属夹杂物的含量较低。根据含碳量和用途的不同，这类钢大致又分为三类。

表 6.2.2　钢的分类

类型	分类标准	性能说明	应用说明
低碳钢	含碳量小于 0.25%	低碳钢强度和硬度较低，塑性和韧性较好，因此其冷成形性良好，同时还具有良好的焊接性和切屑性能	10、15、20 钢可制作轴套、链条的滚子和轴以及不重要的齿轮、链轮、摩擦片等
中碳钢	含碳量 0.25%～0.6%	热加工及切削性能良好，焊接性能较差，强度、硬度比低碳钢高，而塑性和韧性低于低碳钢，在中等强度水平的各种用途中，中碳钢得到广泛应用	30~55 钢碳钢中应用最广的一类，主要用来制造齿轮、轴类、连杆、套筒等零件，如机车车轴、汽车、拖拉机的曲轴、内燃机车的低速齿轮等
高碳钢	含碳量大于 0.6%	具有高的强度和硬度，高的弹性极限和疲劳强度。但焊接性能和冷塑性变形能力差。主要用于制造弹簧和耐磨零件。碳素工具钢是基本上不加入合金化元素的高碳钢	60~85 钢主要用于制造各类弹簧，如机车车辆及汽车上的螺旋弹簧、板弹簧、气门弹簧、弹簧发条等，其中 65、70、75、65Mn 钢用得最多

（2）优质碳素结构钢的牌号。

表 6.2.3　优质碳素结构钢的牌号含义

牌号组成	说　明	举　例	性能特点	应用说明
含碳量数字	以万分之几表示钢材的平均含碳量；较高含锰元素的，加标锰元素符号"Mn"	20：含碳量为0.2%的优质碳素结构钢	塑性好，易于拉拔、冲压、挤压、锻造和焊接	常用来制造螺钉、螺母、垫圈、小轴以及冲压件、焊接件
含碳量数字+锰元素含量		45：含碳量为0.45%的优质碳素结构钢	强度、硬度较高，且兼有较好的塑性和韧性	常用来制造轴、丝杠、齿轮、连杆、套筒、键、重要螺钉和螺母等
		60Mn：含碳量为0.60%的优质碳素结构钢，另外含有锰元素	淬火、回火后强度、硬度提高，且弹性优良	常用来制造小弹簧、发条、钢丝绳、轧辊等

3. 碳素工具钢

碳素工具钢是用来制造刃具、量具、模具及其他工具的钢。这些工具都要求高硬度和高耐磨性；因此，碳素工具钢含碳质量分数都在 0.7% 以上，属于高碳钢，有害杂质元素（S、P）含量较少，都属于优质钢和高级优质钢。

表 6.2.4　碳素工具钢的牌号含义

碳素工具钢	牌号	含　义	用　途
T+数字（钢中平均含碳质量分数的千分之几） T+数字（钢中平均含碳质量分数的千分之几）+A（高级优质碳素工具钢）	T7	平均碳质量分数为 0.07% 的碳素工具钢	凿子、模具、锤子、木工工具及钳工装配工具等不受大的冲击且需较高硬度和耐磨性的工具
	T7A	平均含碳质量分数为 0.07% 的高级优质碳素工具钢	
	T8	平均碳质量分数为 0.08% 的碳素工具钢	
	T8A	平均含碳质量分数为 0.08% 的高级优质碳素工具钢	
	T9	平均碳质量分数为 0.09% 的碳素工具钢	刨刀、冲头、冲模、丝锥、手工锯条及卡尺等不受较大冲击的工具
	T9A	平均含碳质量分数为 0.09% 的高级优质碳素工具钢	
	T10	平均碳质量分数为 0.1% 的碳素工具钢	
	T10A	平均碳质量分数为 0.1% 的高级优质碳素工具钢	
	T11	平均碳质量分数为 0.11% 的碳素工具钢	
	T11A	平均含碳质量分数为 0.11% 的高级优质碳素工具钢	
	T12	平均碳质量分数为 0.12% 的碳素工具钢	丝锥、铰刀、钻头、锉刀等不受冲击而要求极高硬度的工具
	T12A	平均含碳质量分数为 0.12% 的高级优质碳素工具钢	
	T13	碳质量分数为 0.13% 的碳素工具钢	
	T13A	平均含碳质量分数为 0.13% 的高级优质碳素工具钢	

二、合金钢

随着工业生产和科技的不断进步，对钢材的某些性能提出了更高的要求。如重型机器的轴、汽车的一些重要零件，要求有更高的综合力学性能；对切削速度较高的刀具要求更高的硬度、耐磨性和红硬性；大型电站设备、化工设备等不仅需要良好的力学性能，而且还要求具有耐热、耐腐蚀、耐磨和抗氧化等特殊物理化学性能。因碳钢不能满足这些要求，于是产生了各种合金钢，应对钢材更高的要求。

所谓合金钢是为了改善钢的性能，特意加入其他合金元素的钢。常用的合金元素有硅、锰铬、镍、钨、钒、钴、铅、钛和稀土金属等。合金元素是通过与钢中的铁和碳发生作用，以及合金元素之间的相互作用，从而影响钢的组织和改善钢的热处理性能等，以满足各种使用性能的要求。

1. 合金钢的分类

合金钢的分类方法很多，常用的分类如表 6.2.5 所示。

表 6.2.5 合金钢的分类

分类方式	类别	说明
按用途	合金结构钢	主要用于制造重要的机器零件和工程结构件
	合金工具钢	主要用于制造重要的刃具、量具和模具
	特殊性能钢	具有某种特殊物理、化学性能的钢，如不锈钢，耐热钢，耐磨钢
按所含合金元素总含量	低合金钢	合金元素总含量<5%
	中合金钢	合金元素总含量 5%～10%
	高合金钢	合金元素总含量>10%

表 6.2.6 合金钢牌号

类别	牌号组成	举例	说明
合金结构钢	两位数字（平均含碳质量分数万分之几）+元素符号（主要合金元素）+数字（合金元素的质量分数，凡合金元素含量<1.5%时不标出；如果平均含量为 1.5%～2.5%时，则标为 2；如果平均含量为 2.5%～3.5%时标为 3；依次类推）	60 Si 2 Mn	表示平均碳含量为 0.6%，含有 2%硅，含有不超过 1.5%锰的合金结构钢
滚动轴承钢	含碳质量分数般在 0.95%～1.15% 之间，牌号是在钢号前冠以"G"，铬的含量用千分之几表示，其余元素同其他合金结构钢表示	GCr15	表示为含铬质量分数为 1.5%的滚动轴承钢
合金工具钢	一位数字（平均含碳质量分数的千分数）+元素符号（主要合金元素）数字（合金元素含量，表示方法与合金结构钢相同）	5 Cr Mn Mo	表示平均含碳量为 0.5%，含有不超过 1.5%铬、锰、钼元素的合金工具钢

2. 合金结构钢

合金结构钢按用途可分为低合金结构钢和机械制造用钢两大类。

（1）低合金结构钢。低合金结构钢虽然是一种低碳、低合金的钢，但具有高的屈服强度和良好的塑性和韧性，具有良好的焊接性和一定的耐蚀性，因此广泛用于桥梁、船舶和车辆等领域。如用 16Mn 来代替 Q235-A 钢，强度可提高 20%～30%，耐大气腐蚀性能提高 20%～30%，重量可减轻 20%～30%。常用低合金钢的牌号、性能及用途如表 6.2.7 所示。

表 6.2.7　常用普通低合金钢举例

牌　号	用途举例
16Mn	桥梁、汽车大梁、船舶等
15MnV	锅炉、大型厂房等
09Mn2	油罐、油槽等
14MnMoV	500℃以下高压容器

（2）机械制造用钢。机器制造用钢主要用于制造各种机械，按用途及热处理特点可分为渗碳钢、调质钢、弹簧钢和滚动轴承钢等。常用机械制造用钢的牌号、特性和用途如表 6.2.8 所示。

表 6.2.8　常用机械制造用钢的牌号、性能和用途

类　别	牌　号	特　性	用　途
渗碳钢	20Cr 20MnVB 20CrMnTi	属低碳钢（$\omega_c = 0.10\% \sim 0.25\%$），加入合金元素主要有铬、镍、锰等。渗碳、淬火、低温回火后表面硬度、耐磨性高	适于制造高速、重载、受冲击的重要件，如传动轴、高速齿轮等
调质钢	40Cr 40MnB 40MnVB 38CrMoAlA	属中碳钢（$\omega_c = 0.25\% \sim 0.50\%$），主加合金元素有铬、镍、锰、硅等。调质（淬火+高温回火）后具有良好的综合力学性能	适于制造重载作用下同时承受冲击载荷作用的一些重要零件。如要求表面高硬度耐磨性，可表面淬火，如曲轴等
弹簧钢	55Si2Mn 60Si2Mn	$\omega_c = 0.5\% \sim 0.7\%$，主加合金元素有锰、铬等。具有高的弹性极限、高疲劳强度，足够的塑性和韧性，良好的表面质量	适于制造汽车、拖拉机上的减振板簧和螺旋弹簧，汽缸安全阀簧，止回阀簧等
滚动轴承钢	GCr15	$\omega_c = 0.95\% \sim 1.15\%$，主加元素铬的质量分数在 0.60%～1.65% 之间，同时添加锰、硅、钼、钒等可以提高淬透性。具有高的接触疲劳强度、高硬度和高耐磨性、高的弹性极限和一定的冲击韧性，并有一定的抗蚀性	适于制造各种滚动轴承的滚动体和内外套圈的专用钢。还可制造刃具、冷冲模具、量具以及性能要求与滚动轴承相似的零件

3. 合金工具钢

合金工具钢是在碳素工具钢的基础上，为改善其性能，再加入适量的合金元素的钢。这

种钢比碳素工具钢具有更高的硬度、耐磨性，更好的淬透性、热硬性和回火稳定性等。因而可以制造截面大、形状复杂、性能要求高的工具。

合金工具钢按用途可分为刃具钢、模具钢和量具钢。刃具钢可分为低合金刃具钢和高速钢，模具钢可分为冷变形模具钢和热变形模具钢。

表 6.2.9 合金工具钢的分类

类别	性能说明	应用说明
刃具钢	刃具在工作条件下产生强烈的磨损并发热，还有震动和承受一定的冲击负荷。刃具用钢应具有高的硬度、耐磨性、红硬性和良好的韧性。为了保证其具有高的硬度，满足形成合金碳化物的需要，钢中碳含量一般在 0.8%~1.45%	盘形铣刀
模具钢	模具大致可分为冷作模具、热作模具和塑料模具三类，用于锻造、冲压、切型、压铸等。由于各种模具用途不同，工作条件复杂，因此对模具用钢，按其所制造模具的工作条件，应具有高的硬度、强度、耐磨性、足够的韧性，以及高的淬透性、淬硬性和其他工艺性能	冲压模具
量具钢	量具应具有良好的尺寸稳定性、高耐磨性、高硬度和一定的韧性。因此量具用钢应具有硬度高、组织稳定、耐磨性好，以及良好的研磨和加工性能、热处理变形小、膨胀系数小和耐蚀性好。常用的钢类有铬钢、铬钨锰钢、锰钒钢等	螺纹通规

三、应用举例

五金工具常用的钢材如下：

（1）由于合金工具钢具有特殊的机械性能，所以通常中高档的五金工具采用合金工具钢材质。主要是适用于工具使用率高和对工具要求比高的汽修厂、汽车厂、电厂和工矿企业等。

（2）低档次的五金工具通常采用碳素工具钢，它具有价格低廉的优势。主要是适用于使用率不高的家庭用户和对工具要求不高的行业。

（3）S2 合金钢（一般用于制作旋具头、螺丝批）。

（4）铬钼钢（一般用于制作螺丝批）。

（5）铬钒钢（一般用于制作套筒、扳手、钳子）。

（6）碳钢（一般用于制作低档次的工具）。

手动五金工具主要采用模锻工艺加工制造。

螺丝刀常使用的材质有：批杆使用 S-2 合金钢、铬钼钢、铬钒钢和碳钢；手柄使用木质、塑料和橡塑。

任务拓展与反思

1. 钢中常存的杂质元素对钢的性能有何影响？
2. 合金元素在钢中与铁、碳的主要作用是什么？
3. 为什么在碳素钢中要控制 S、P 的含量？
4. 说明下列牌号属于哪类钢？并说明其中数字和符号的含义，每个牌号的用途各举实例 1 个。

65Mn　　T12A　　Q235-F　　20CrMnTi　　W18Cr4V　　45　　T10　　60Si2Mn

任务三　铸钢铸铁

任务导引

观察这些零件，分析它们是由什么材料制成的？有什么共同特征？

图 6.3.1　各种零件

任务要求

了解铸铁、铸钢的分类、牌号、性能和用途。

任务实施

一、铸　钢

冶炼后直接铸造成毛坯或零件的碳素钢，适用于形状复杂且韧性、强度要求较高的零件，也常用于韧性、强度要求较高的大型零件。当铸件的强度要求较高、采用铸铁不能满足要求时应采用铸钢。

性能特点：抗拉强度、塑性、韧性较高。

表 6.3.1　铸钢的分类

	牌号	分类		特点
铸钢	ZG+两组数字（屈服强度、抗拉强度）如：ZG200-400	碳素铸钢	低碳铸钢 ZG15	熔点较高、铸造性能差，仅用于制造电机零件或渗碳零件
			中碳铸钢 ZG25~ZG45	具有高于各类铸铁的综合性能，即强度高、有优良的塑性和韧性，适于制造形状复杂、强度和韧性要求高的零件，如火车车轮、锻锤机架和砧座、轧辊和高压阀门等，是碳素铸钢中应用最多的一类
			高碳铸钢 ZG55	熔点低，其铸造性能较中碳钢的好，但其塑性和韧性较差，仅用于制造少数的耐磨件
		合金铸钢	低合金钢	常用：锰系、锰硅系及铬系等。ZG40Mn、ZG30MnSi1、ZG30Cr1MnSi1 常用来制造齿轮、水轮机工作缸和水轮机转子等零件；ZG40Cr1 常用来制造高强度齿轮和高强度轴等重要受力零件
			高合金钢	特点：耐磨、耐热或耐腐蚀。用途高锰钢 ZGMn13，是一种抗磨钢，主要用于制造在干摩擦工作条件下使用的零件，如挖掘机的抓斗前壁和抓斗齿、拖拉机和坦克的履带等；铬镍不锈钢 ZG1Cr18Ni9 和铬不锈钢 ZG1Cr13 和 ZGCr28 等，对硝酸的耐腐蚀性很高，主要用于制造化工、石油、化纤和食品等设备上的零件

二、铸 铁

1. 分类与性能

铸铁是含碳大于 2.11% 的铁碳合金。工业和生活用铸铁含碳量常在 2.5%～4.0%。铸铁的成分主要是铁，此外还含有少量的碳、硅、锰、磷、硫，也可根据需要含有其他合金元素。

铸铁与铸钢、钢相比，其价格便宜，并具有一系列的优良性能，故而广泛用于现代工业中，如普通车床的床身、底座、床头箱，发动机的缸体等。

根据碳在铸铁中存在形式的不同，铸铁可分为如下几类：

（1）白口铸铁。碳分主要以游离碳化铁形式出现的铸铁，断口呈银白色，故得名为白口铸铁。白口铸铁中存有大量的渗碳体，性硬而脆，难于进行切削加工，故很少用它来制造机器零件。通常白口铸铁用来制造一些要求高耐磨件，如轧钢机的轧辊、球磨机的磨球，以及农村用的犁铧等。目前，白口铸铁主要用来作为炼钢生铁和生产可锻铸铁的毛坯。

（2）灰口铸铁。又简称灰铸铁或者灰铁。碳全部或大部分以自由态——石墨（G）的形式存在于铸铁中，其断口呈暗灰色，故称灰口铸铁。根据石墨的形态不同，灰口铸铁亦可分为如下几类：

① 普通灰口铸铁：亦称灰铸铁，碳分主要以片状石墨形式出现的铸铁，断口呈灰色，此类铸铁的机械性能不高，但生产工艺简单，价格低廉，工业上应用最广，在各类铸铁的产量中其可占 80% 以上。

② 球墨铸铁：铁液经过球化处理而不是在凝固后经过热处理，使石墨大部分或全部呈球状，有时少量为团絮状的石墨。此类铸铁的机械性能较好，且可通过热处理进一步提高性能，其应用日趋广泛。

③ 可锻铸铁：白口铸铁通过石墨化或氧化脱碳可锻化处理，改变其金相组织或成分而获得的有较高韧性的铸铁。可锻铸铁中的石墨以团絮状形式存在，它具有一定的塑性和韧性。

④ 蠕墨铸铁：大部分石墨为蠕虫状石墨的铸铁。这种铸铁是七十年代发展起来的一种新型铸铁，它廉有灰铸铁的良好铸造性能和机械性能，又有较高的强度，它的应用越来越受到人们的重视。

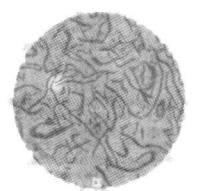  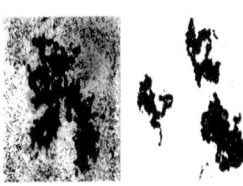 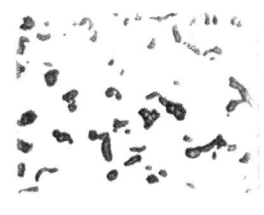

（a）灰铸铁　　　（b）球墨铸铁　　　（c）可锻铸铁　　　（d）蠕墨铸铁

图 6.3.2　四种铸铁示意图

（3）麻口铸铁。碳分部分以游离碳化铁形式出现，部分以石墨形式出现的铸铁，断口灰白色相间，犹如麻点，故称麻口铸铁。此类铸铁有较大的硬脆性，工业上也很少使用。

2. 牌号及应用

（1）灰铸铁。灰口铸铁的牌号及用途如表6.3.2所示。牌号中"HT"表示"灰铁"二字汉语拼音的首字母，在"HT"后的数字表示最低抗拉强度值。如：HT150表示最低抗拉强度为150 MPa的灰铸铁。

表6.3.2　灰铸铁的牌号

牌号	σ_b/MPa	HBS	应用举例
HT100	≥100	143～229	低负荷和不重要的零件，如外罩、手轮、支架、盖等
HT150	≥150	163～229	承受中等载荷的零件，如泵体、轴承座、齿轮箱、床身、工作台等
HT200	≥200	170～241	承受较大负荷的零件，如气缸、齿轮、液压缸、活塞、联轴器等
HT250	≥250	170～241	
HT300	≥300	187～255	承受高负荷的重要零件，如凸轮、车床卡盘、压力机的机身、气缸体、气缸盖等
HT350	≥350	197～269	

（2）球墨铸铁。球墨铸铁的牌号及用途如表6.3.3所示。牌号中的"QT"表示"球铁"二字汉语拼音的首字母，在"QT"后的数字分别表示低抗拉强度和最低伸长率。如：QT400—15表示最低抗拉强度为400 MPa、最低伸长率为15%的球墨铸铁。

表6.3.3　球墨铸铁的牌号

牌号	σ_b/MPa	δ/%	HBS	应用举例
QT400—15	400	15	130～180	阀体、汽车、内燃机车零件、机床零件、减速壳
QT400—10	450	10	160～210	
QT500—7	500	7	170～230	机油泵齿轮、机车、车辆轴瓦
QT600—3	600	3	190～270	
QT700—2	700	2	225～305	柴油机曲轴、凸轮轴、气缸体、气缸套、活塞环、主轴
QT800—2	800	2	245～335	
QT900—2	900	2	280～360	汽车的螺旋锥齿轮、拖拉机减速齿轮、柴油机凸轮轴

（3）可锻铸铁。可锻铸铁的牌号、机械性能及用途见表6.3.4。牌号中的"KT"表示"可铁"二字汉语拼音的首字母，"H"表示"黑"，"Z"表示珠光体基体。牌号后面的两组数字分别表示低抗拉强度和最低伸长率。如：KTH330—08表示最低抗拉强度为330 MPa，最低断后伸长率为8%的黑心可锻铸铁；KTZ350—04表示最低抗拉强度为700 MPa，最低断后伸长率为4%的珠光体可锻铸铁。

表6.3.4　可锻铸钢的牌号

牌号	σ_b/MPa	δ/%	HBS	应用举例
KTH300-06	300	6	≤150	汽车、拖拉机的后桥外壳、转向机构、弹簧钢板支座等，机床上用的扳手、低压阀门、管接头等
KTH330-08	330	8		
KTH350-10	350	10		
KTH370-12	370	12		
KTH550-04	550	4	180～230	曲轴、连杆、齿轮、凸轮轴、活塞环等
KTH700-02	700	2	240～290	

（4）蠕墨铸铁。蠕墨铸铁的牌号、机械性能及用途如表 6.3.5 所示。牌号中"RuT"表示"蠕铁"二字汉语拼音的首字母，其后数字表示低抗拉强度。如：RuT340 表示最低抗拉强度为 340 MPa 的蠕墨铸铁。

表 6.3.5 蠕墨铸铁的牌号

牌号	σ_b/MPa	δ/%	HBS	应用举例
RuT420	420	0.75	200~280	活塞环、气缸套、制动盘、钢珠研磨盘等
RuT380	380	0.75	193~274	
RuT340	340	1.0	170~249	重型机床件、大型齿轮箱体、盖、座、飞轮、起重机卷筒
RuT300	300	1.0	140~217	排气管、变速箱体、气缸盖、纺织机零件
RuT260	260	3.0	121~197	增压机壳体、汽车底盘零件等

任务拓展与反思

1. 何为铸铁？
2. 铸钢和铸铁有什么区别？
3. 可锻铸铁与球墨铸铁那种适宜制造薄壁铸件？
4. 解释下列牌号的含义。
HT100、QT600-02、KTZ500-04、ZG200-400、KTH350-10。
5. 下列铸件宜选用何种铸铁？
车床床身、汽车发动机曲轴、自来水三通管、电机外壳。
6. 灰铸铁的性能有何特点？
7. 灰铸铁最适宜制造那种铸件？

任务四　有色金属材料

任务导引

钢铁材料虽然有很好的性能，但是还有很多金属制品不是选用钢材材料，小到钥匙大到飞机。除钢铁材料以外的其他金属统称为非铁合金（俗称有色金属）。非铁合金在实际生活和工程中随处可见。

图 6.4.1 非铁合金制品

任务要求

了解常用有色金属的分类、牌号、性能和用途。

任务实施

有色金属的种类很多，由于冶炼比较困难，成本比较高，故目前有色金属的产量和使用量不如钢铁材料多，但由于有色金属具有某些独特的性能，因而使它成为现代工业中不可缺少的金属材料。常用的有色金属有铝及铝合金、铜及铜合金等。

一、铝及铝合金

铝及其合金在工业上是仅次于钢的一种重要金属，尤其是在航空、航天、电力工业及日常生活用品中得到广泛的应用。

（一）铝

1. 性能特点

（1）密度小，熔点低，导电性、导热性好，磁化率低。纯铝是银白色金属，密度小，仅为铁的 1/3，熔点低，导电性和导热性好。铝合金的密度也很小，熔点更低，但导电、导热性不如纯铝、铝及铝合金的磁化率极低，属于非铁磁材料。

（2）抗大气腐蚀性能好。铝和氧的化学亲和力大，在大气中，铝和铝合金表面会很快形成一层致密的氧化膜，防止内部继续氧化。但在碱和盐的水溶液中，氧化膜易破坏，因此不能用铝及铝合金制作的容器盛放盐和碱溶液。

（3）加工性能好，比强度（强度与比重的比值）高，具有较高的塑性，易于压力加工成型，并有良好的低温性能。纯铝的强度低，不能直接用于制作受力的结构件。

2. 牌　号

纯铝代号用 1×××系列表示。牌号的最后两位数字表示最低铝的百分含量。牌号第二位的字母表示原始纯铝的改型情况。A 为原始纯铝，其余为其改型。常见牌号：1060、1085、1080、1100、1200。

（二）铝合金

由于纯铝的强度很低，故不宜做结构材料。通过长期的生产实践和科学实验，人们逐渐以加入合金元素（常加入 Cu、Si、Mg、Mn、Zn 等）及运用热处理等方法来强化铝，这就得到了一系列的铝合金。

铝合金是工业中应用最广泛的一类有色金属结构材料，在航空、航天、汽车、机械制造、船舶及化学工业中已大量应用。

图 6.4.2　Model S 车辆铝制车身

全球瞩目的美国纯电动汽车生产公司特斯拉研发制造的 Model S 整辆车包含了 250 项专利。其全铝车身兼顾了轻量化与高强度特性，除了车身外，其前后悬架大部分材料也采用铝材。

添加一定元素形成的合金在保持纯铝质轻等优点的同时还能具有较高的强度。这样使得其比强度胜过很多合金钢，成为理想的结构材料，广泛用于运输机械、动力机械及航空工业等方面，飞机的机身、蒙皮、压气机等常以铝合金制造，以减轻自重。采用铝合金代替钢板材料的焊接，结构重量可减轻 50% 以上。

表 6.4.1 铝及铝合金牌号

系列	牌号	性能简介	应用举例
1000 纯铝	1060	导电性能很好，适用作为金属导线	纯铝导线
	1085、1080	成形性、表面处理性良好，在铝合金中其耐蚀性最佳。适用于化学工业容器、散热片、溶接线、导电材料	化工容器
	1100、1200	导电性和导热性很好。适用于散热片、瓶盖、印刷板、建材、热交换器组件	换热器
2000 铜为主要合金元素	2011	快削合金，切削性好，强度也高，但耐蚀性不佳。适用于光学组件、螺丝头	瞄准镜
	2014、2017、2024	含有多量的 Cu，耐蚀性不佳，但强度高，可作为构造用材使用，锻造品亦可适用，适用于航空器、齿轮、油压组件、轮轴	航空箱
	2025	锻造用合金。锻造性良好且强度高，但耐蚀性不佳。适用于航空器引擎、油压组件	引擎
3000 锰为主要合金元素	3003、3203	强度比 1100 约高 10%，成形性、溶接性、耐蚀性均良好。适用于一般器物、散热片、化妆板、影印机滚筒、船舶用材	CPU 散热片
	3004、3104	强度比 3003 高，成形性优越，耐蚀性也良好。适用于铝罐、灯泡盖头、屋顶板、彩色铝板	百事可乐瓶
6000 硅和镁为主要合金元素	6061	热处理型之耐蚀性合金。用 T6 处理能有非常高的耐力值，但溶接接口之强度低，因此使用于螺钉、铰钉船舶、车辆、陆上构造物。	自行车车架
	6063	代表性的挤出用合金，强度比 6061 低，挤出性良好，可作复杂的断面形状之形材，耐蚀性及表面处理性均佳，适用于建筑、公路护栏、高栏、车辆、家具、装饰品。	铝合金窗
	6151	锻造加工性特别好，耐蚀性及表面处理性亦佳，适用于复杂的锻造品。如机械、汽车组件。	机油泵
7000 锌为主要合金元素	7072	电极电位低，主要用于防蚀性覆盖皮材，亦适用于热交换器之散热片。铝合金合板材之皮材，散热片。	电饭锅外壳
	7075	铝合金中具有最高强度的合金之一，但耐蚀性不佳，与 7072 之覆盖皮材可改善其耐蚀性，耐蚀性非常良好。适用于车辆、其他陆上构造物、航空器	自行车牙盘

二、铜及铜合金

现代工业上使用的铜及铜合金主要有工业纯铜、黄铜和青铜。

（一）工业纯铜

工业纯铜的颜色为玫瑰红色，它的表面常形成一层紫红色的氧化物，故称紫铜。具有较高的导电导热性能;耐蚀性好;具有良好的塑性;硬度、强度较低。纯铜价格昂贵,一般不作结构零件,主要用作导电材料及配制铜合金的原料。

工业纯铜用"T"和数字表示。"T"表示铜字拼音首字母,数字表示顺序号。顺序号越大,杂质含量越高。常见牌号有 T1、T2、T3 和 T4。

(二) 铜合金

铜合金以纯铜为基体加入一种或几种其他元素所构成的合金。纯铜密度为 8.96 g/cm^3,熔点为 1 083 ℃,具有优良的导电性、导热性、延展性和耐蚀性。主要用于制作发电机、母线、电缆、开关装置、变压器等电工器材和热交换器、管道、太阳能加热装置的平板集热器等导热器材。常用的铜合金分为黄铜、青铜、白铜三大类。

表 6.4.2 铜合金的分类

类别	分 类	性能说明	应用说明
黄铜	黄铜是以锌为主加元素的铜合金。按照化学成分不同,黄铜分为普通黄铜和特殊黄铜	普通黄铜:是锌和铜的合金。普通黄铜由黄字汉语拼音首字母"H"加数字表示。数字表示平均含铜质量分数的百分数。如 H70 表示平均含铜质量分数为 70%,含锌量为 30% 的普通黄铜	H80,颜色为金黄色,可作装饰品;H70,具有较好的塑性和冷成型性,用于制造弹壳、散热器等;H62,是普通黄铜中强度最高的一种,主要用于制造弹簧、垫圈和金属网等
		特殊黄铜:在普通黄铜中加入其他合金元素所组成的铜合金,称为特殊黄铜,特殊黄铜的牌号由"H"加合金元素符号、含铜质量分数以及含合金元素质量分数组成	常用特殊黄铜有铅黄铜,主要用于制造大型轴套、垫圈等;锰黄铜主要用于制造在腐蚀条件下工作的零件,如气阀、滑阀等
白铜	以镍作为主要添加元素的铜合金。工业用白铜分为结构白铜和电工白铜两大类	结构白铜的特点是力学性能和耐蚀性好,色泽美观	广泛用于制造精密机械
		电工白铜一般有良好的热电性能	制造精密电工仪器、变阻器、精密电阻、热电偶等常用的材料
青铜	除黄铜和白铜外,其余的铜合金的统称为青铜	锡青铜耐磨性高,对大气、水、海水有良好的耐蚀性	制造轴承、蜗轮、齿轮等
		铝青铜强度高,耐磨性和耐蚀性好	常用于铸造高载荷的齿轮、轴套、船用螺旋桨等

三、其他有色金属

其他有色金属

任务拓展与反思

1. 铜合金主要分为哪几类?
2. 为什么实际中铝合金、铜合金比纯铝、纯铜应用范围广?
3. 下列零件采用何种铝合金来制造:
建筑用铝合金门窗、航空器引擎、小电机壳体、铝制饭盒。
4. 指出下列牌号或代号的具体名称,说明数字和字母的意义,并举一个实例。
H80、H62、3004、7072。

任务五　非金属材料

任务导引

思考密封圈、管道、马桶、直升机螺旋桨叶片、涡轮叶片是用的什么材料？

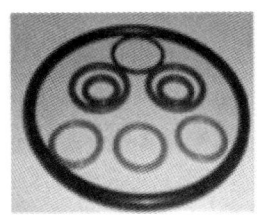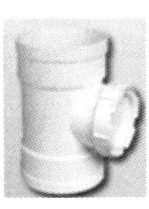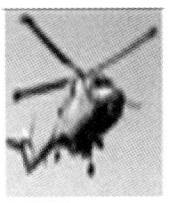

图 6.5.1　非金属材料的应用

任务要求

了解常用非金属材料的性能、分类和用途。

任务实施

非金属材料是指金属材料以外的所有固体材料。非金属材料成型工艺简单，又有某些特殊功能，因此应用广泛，已成为机械工程材料中的主要组成部分。目前机械中常用的非金属材料有工程塑料、橡胶、工业陶瓷和复合材料等。

一、塑　料

塑料是以树脂为主要成分，加入填充剂、增塑剂、稳定剂、着色剂、润滑剂等制成的。塑料具有质轻、电绝缘性好、耐蚀性好、耐磨性好、吸振性好、成型加工好等优点。但塑料强度低、刚度低、易燃烧、易老化、精度低、稳定性差。

常用的工程塑料的分类、特性和应用如表 6.5.1 所示。

表 6.5.1　塑料的分类

	类别	主要特性	应用
按应用范围分类	通用塑料	产量高、用途广、价格低	用于制造日常生活用品，包括材料和农业生产用的一般机械零件
	工程塑料	在工程技术中作结构材料。具有耐高温、耐腐蚀等特殊性能	可部分代替金属，特别是有色金属来制作某些机械构件或某些特殊用途的构件
	特种塑料	耐高温、产量小、价格贵	具有特殊性能和特种用途
按热性能分类	热塑性塑料	由聚合树脂加入少量稳定剂、润滑剂制成。加工成型简单、力学性能较高，但耐热差、刚性差	常用的有尼龙、聚乙烯、聚丙烯、聚甲醛等
	热固性塑料	大多以缩聚树脂为基础，加入各种添加剂而成。耐热性高，受热不易变形，但力学性能差	常用的有酚醛塑料、氨基塑料等

二、橡 胶

橡胶是一种有机高分子材料,是以生胶为主要原料,加入适当的硫化剂、软化剂、填充剂等制成。橡胶具有弹性好、易挠曲、绝缘性好、耐磨性好的优点,有隔音、吸振能力,有一定的耐蚀性和强度,但易老化。

常用橡胶的分类、特性和应用如表 6.5.2 所示。

表 6.5.2 常用橡胶的分类

类 别		特性及应用
按生胶来源分类	天然橡胶	属于天然树脂,是从橡胶树的浆汁中制取的。它的抗拉强度与回弹性比多数合成橡胶好、绝缘性好,但耐热性、抗老化性、耐介质性较差。一般作胶带、电线和轮胎
	合成橡胶	从石油、天然气、煤和农副产品中提炼制得的合成物,可以代替天然橡胶。常用的有氯丁橡胶、丁苯橡胶等
按应用范围分类	通用橡胶	常用的有天然橡胶、丁苯橡胶等
	特种橡胶	能在特殊条件下使用的橡胶。常用的有乙丙橡胶、硅橡胶等

三、陶瓷材料

陶瓷是以天然硅酸盐或人工合成无机化合物为原料,用粉末冶金法生产的无机非金属材料。陶瓷材料是无机非金属材料的统称,包括陶瓷、玻璃、瓷器、耐火材料等。

陶瓷具有熔点高、硬度高、化学稳定性好、耐高温、耐腐蚀、耐磨损、绝缘等特点,有些陶瓷材料还具有导电、导磁性能。

常用陶瓷的加工方法、特性和应用如表 6.5.3 所示。

表 6.5.3 常用陶瓷的分类

类 别	加工方法及特性	应 用
普通陶瓷（粘土类陶瓷）	以粘土、石英、长石等天然硅酸盐矿物为原料,经粉碎、成型和烧结制成。具有成本低、质地硬、耐腐蚀、不导电,加工成型性较好的特点,但耐高温性较低	用于电气、化工、建筑、纺织、日用等行业,如化工中的管道和反应塔等
氧化铝陶瓷	以人工合成的金属氧化物、碳化物等为原料制成的。强度比普通陶瓷高 2~3 倍,硬度仅次于金刚石等,耐高温,具有优良的电绝缘性和耐腐蚀性,但脆性大,抗急冷急热性差	具有独特性能,能满足工程结构的特种需要。广泛应用于冶金、国防、宇航和电气等工业部门
氮化硅陶瓷	以人工合成的氮化物、硅化物为原料制成的,具有良好的化学稳定性,能够耐各种无机酸腐蚀;硬度高,耐磨性好,具有良好的电绝缘性、抗急冷急热性、自润滑性和耐辐射性等	用于耐腐蚀、耐磨、耐高温、耐绝缘的零件,如各种泵的密封件、耐高温轴承、燃气轮机叶片等
氮化硼陶瓷	以人工合成的氮化物、硼化物等为原料制成的。具有良好的耐热性、抗急冷急热性、热稳定性好,具有良好的绝缘性和化学稳定性等	六方氮化硼陶瓷因硬度较低,可进行切削加工,用于耐高温轴承、玻璃制品的成型模具;立方氮化硼陶瓷用于磨料和刀具

四、复合材料

复合材料是指由两种或两种以上不同性质的材料，经人工组合而成的新型多相材料。具有单一材料所无法比拟的综合性能，有高温性能好，化学稳定性好，耐磨性好，抗疲劳性、减震性、隔热性好等优点，但抗冲击性差、质量不稳定、成本较高。

常用复合材料的特性和应用如表 6.5.4 所示。

表 6.5.4 常用复合材料的类别

类　别	加工方法	主要特征及应用
纤维复合材料	大部分是由纤维和树脂复合而成，可分为玻璃纤维复合、碳纤维、芳纶纤维、碳化硅纤维、晶须	用玻璃纤维增强的热固性材料，具有优良的综合性能；碳纤维、芳纶纤维、碳化硅纤维复合材料可用于航空、原子能工业中的压气机叶片，发动机壳体、齿轮等；晶须复合材料具有强度高的特点，可用于涡轮叶片
层叠复合材料	将两种以上的材料层叠而成	塑料复层耐腐蚀好，可用于化工、食品工业等，玻璃复层可做安全玻璃使用
骨架复合材料	包括多孔浸渍材料和夹层结构材料	多孔浸渍材料可做轴承；夹层结构材料可制作大电动机罩、门板、飞机机翼等
颗粒复合材料	颗粒间的复合	金属粒与塑料复合，可作隔音材料；铜粉加氟材料可作轴承材料；陶瓷粒与金属复合，可做高速切削工具

四、其他新型材料

任务拓展与反思

1. 简述塑料的组成、分类和性能。
2. 什么是热塑性塑料和热固性塑料？举例说明其用途。
3. 什么是橡胶？性能如何？举出三种常用橡胶在工业中的应用实例。
4. 什么是陶瓷？性能如何？举出三种常用陶瓷在工业中的应用实例。
5. 什么是复合材料？其性能如何？举出三种常用复合材料在工业中的应用实例。
6. 查阅资料，目前还有那些常用的非金属材料。

其他新型材料

任务六　金属材料的热处理

任务导引

我们把材料和形状完全相同的两把斧头(钢制)，用同样的力砍到一木制包装箱的钉子上，发现右边的那把斧头的刀刃坏了，而左边把却完好无损。

我们把材料和形状完全相同的两根弹簧，让它们受到同样的压力，去掉压力以后，发现一根能恢复原状，仍有弹性，而另一根不能恢复原状。上述两个实例是由什么原因造成的呢？

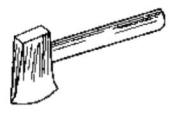
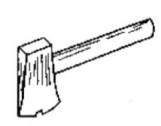

图 6.6.1　不同处理工艺的斧头

我们常在影视里看到，中国古代的铁匠制造刀剑时，在炉子里把刀剑烧红后放在水里快速冷却，这就是一种热处理。金属材料通过热处理，可以改变其内部的组织结构，从而提高金属材料的性能，以满足机器设备的工作要求，同时降低成本。

任务要求

了解常用金属材料热处理工艺的特点及应用。

任务实施

热处理是对固态金属或合金采用适当方式加热、保温和冷却，以获得所需要的组织结构与性能的加工方法。

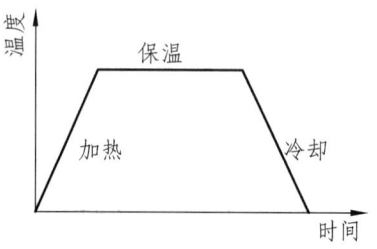

图 6.6.2　热处理工艺

上述两个实例可以发现零件的使用性能和寿命，不仅仅与所选材料的种类有关，还与材料是否经过合理的热处理工艺有关。只有合理选择热处理工艺，才能提高钢的力学性能，满足零件使用要求和延长寿命；才能改善钢的加工性，提高加工质量和劳动生产力，所以热处理在机械制造中应用广泛。

金属热处理是机械制造中的重要工艺之一，与其他加工工艺相比，热处理一般不改变工件的形状和整体的化学成分，而是通过改变工件内部的显微组织，或改变工件表面的化学成分，赋予或改善工件的使用性能。其特点是改善工件的内在质量，而这一般不是肉眼所能看到的。为使金属工件具有所需要的力学性能、物理性能和化学性能，除合理选用材料和各种成形工艺外，热处理工艺往往是必不可少的。钢铁是机械工业中应用最广的材料，钢铁显微组织复杂，可以通过热处理予以控制，所以钢铁的热处理是金属热处理的主要内容。另外，铝、铜、镁、钛等及其合金也都可以通过热处理改变其力学、物理和化学性能，以获得不同的使用性能。

金属热处理工艺大体可分为整体热处理、表面热处理和化学热处理三大类。根据加热介质、加热温度和冷却方法的不同，每一大类又可区分为若干不同的热处理工艺。同一种金属采用不同的热处理工艺，可获得不同的组织，从而具有不同的性能。钢铁是工业上应用最广的金属，而且钢铁显微组织也最为复杂，因此钢铁热处理工艺种类繁多。

一、金属材料整体热处理

表 6.6.1　金属材料热处理工艺流程

类别	工艺方法	目的	应用说明
正火	将钢材或钢件加热奥氏体化，30～50℃保持适当时间后，在静止的空气中冷却的热处理工艺	提高低碳钢的力学性能，改善切削加工性，细化晶粒，消除组织缺陷后，为后面的热处理做好准备	用于加工汽车曲轴的球墨铸铁，可以通过正火来提高强度、硬度和耐磨性
退火	金属材料加热到适当的温度，保持一定的时间，然后缓慢冷却的热处理工艺	降低金属材料的硬度，提高塑性，以便切削加工或压力加工，提高组织和成分的均匀化，为后道热处理做好组织准备	锻造过的锤头毛坯往往硬组织和成分的均匀度较高，需要经过退火才能上铣床加工
淬火	将钢件加热到某一温度，保持一定时间，然后以适当的冷却速度冷却的工艺	提高工件的硬度、强度和耐磨性，为后道热处理做好组织准备	重载场合的齿轮需要很高的硬度和耐磨性，可以通过淬火来实现
回火	钢件经过淬火后，再加热到某一温度，保温一定时间，然后冷却到室温的热处理工艺	消除钢件在淬火时所产生的应力，使钢件具有高的硬度和耐磨性外，并具有所需要的塑性和韧性	为了防止淬火过的齿轮因内应力太大发生变形或断裂，可以通过回火消除
调质	将钢材或钢件进行淬火及高温回火的复合热处理工艺	能提高材料综合力学性能	轻载场合的齿轮可通过调质处理而获得硬度、强度、韧性都较好的综合力学性能

二、钢的表面热处理

在扭转和弯曲等交变载荷作用下工作的机械零件，如齿轮、凸轮、曲轴等，其表面承受着比芯部高的应力，在有摩擦的情况下还要受磨损。因此，必须提高这些零件表面层的强度、硬度、耐磨性和疲劳极限，而芯部仍保持足够的韧性和塑性，使其能承受冲击载荷。在这种情况下，若还是采用之前的热处理方法，很难满足要求，因此，就需要进行表面热处理，主要分为表面淬火和表面化学热处理两类。

1. 表面淬火

表面淬火是将钢件的表面层淬透到一定的深度，而芯部仍保持未淬火状态的一种局部淬火的方法。表面淬火时通过快速加热，使钢件表面很快到淬火的温度，在热量来不及穿到工件芯部就立即冷却，实现局部淬火。

表面淬火的目的：在于获得高硬度，高耐磨性的表面，而芯部仍然保持原有的良好韧性，常用于齿轮，花键，机床导轨等。

2. 表面化学热处理

在零件的表面层渗入某些元素，以改变其表面层化学成分而获得所需性能（如抗磨、耐热和耐腐蚀等）的热处理，称为化学热处理。和其他热处理比较，它的特点是除组织变化外，表面层的化学成分也发生改变。目前，在机械制造业中最常见的化学热处理方式是渗碳、渗氮、碳氮共渗。

（1）渗碳。

渗碳是指使碳原子渗入到钢表面层的过程。也是使低碳钢的工件具有高碳钢的表面层，再经过淬火和低温回火，使工件的表面层具有高硬度和耐磨性，而工件的中心部分仍然保持着低碳钢的韧性和塑性。

渗碳工件的材料一般为低碳钢或低碳合金钢（含碳量小于 0.25%）。渗碳后，钢件表面的化学成分可接近高碳钢。工件渗碳后还要经过淬火，以得到高的表面硬度、高的耐磨性和疲劳强度，并保持芯部有低碳钢淬火后的强韧性，使工件能承受冲击载荷。渗碳工艺广泛用于飞机、汽车和拖拉机等的机械零件，如齿轮、轴、凸轮轴等。

（2）渗氮。

将氮渗入零件表面层的化学热处理，称为渗氮。对于磨床主轴、镗床主轴以及航空发动机曲轴和气缸套等零件，要求精度极高，在滑动轴承内运转，轴颈和轴瓦发生摩擦，所以耐磨性要求较高。此外，在工作时还要承受很高的疲劳和一定的冲击载荷。

三、钢的热处理应用举例

一般扳手的特性与要求：
（1）材质：采用优质的铬钒钢。
（2）锻造：采用模锻的冷锻成型技术，可以获得很高的加工精度。尺寸的精度控制在 ± 0.3 mm。
（3）热处理：采用电脑控制的热处理技术，从而确保了硬度的稳定性。
（4）表面处理：细雾喷砂处理，具有很强的防锈性能，也显得非常的高档。

图 6.6.3

四、金相组织

金相组织

任务拓展与反思

1. 什么是热处理？
2. 为什么金属材料要进行热处理？
3. 常见的热处理方法有几种？
4. 正火与退火的主要区别是什么？
5. 整体热处理的方式有哪些？
6. 分析我国热处理技术与先进国家有哪些差距？

项目七　构件的受力

工程构件在实际工作中必然会承受工作载荷，分析载荷的类型、大小、方向及作用点，对判断机械工作性能至关重要。本项目将学习如何根据构件的工作情况来建立力学模型进行受力分析。

任务一　力的基本性质

任务导引

如图 7.1.1 所示，人推车，车移动，车受到了力的作用。关于力的概念有哪些呢？

任务要求

（1）明确力、平衡、刚体、约束和约束力的概念。
（2）掌握力的基本性质。

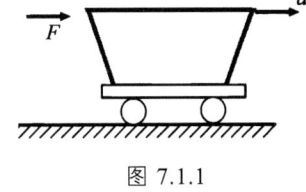

图 7.1.1

任务实施

工程构件的受力分析是研究物体在力系的作用下处于平衡与利用平衡条件解决未知力的问题。平衡是运动的特殊情形，是指物体相对于惯性参考系（如地面）保持静止或匀速直线运动的状态。

一、静力学基本概念

1. 刚　体

刚体就是在力的作用下不变形的物体。

2. 物　系

由若干个刚体组成的系统称为物体系统。

3. 力的概念

力是物体间的相互机械作用。力对物体的作用会产生两种效应，如表 7.1.1 所示。

表 7.1.1　两种效应的比较

效应类型	效应作用	举　例
外效应	指力使物体的运动状态发生改变	
内效应	指力使物体使产生变形	

4. 力的三要素

（1）力的三要素：力的大小、方向和作用点。力是矢量。

（2）力的表示方法：我们可用一根带箭头的线段来表示力的大小、方向和作用点。

（3）力的单位为 N（牛顿）或 kN（千牛），通常用黑体字母（如 F 表示）代表力矢，以字母 F 代表力的大小。

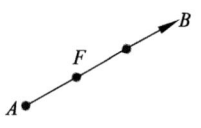

图 7.1.2　力的表示方法

5. 力系的概念

（1）力系是指作用于物体上的一群力。

（2）平衡力系：物体在力系的作用下处于平衡状态，这种力系成为平衡力系。

（3）力系的简化：将复杂的力系进行简化，而作用效应不变的过程称为力系的简化。

（4）等效力系：若两个力系对物体的作用效应相同，则称此两个力系等效。

【公理1】　二力平衡公理

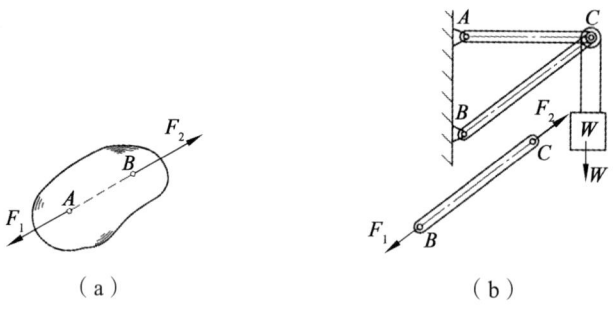

图 7.1.3　力的平衡

刚体受两个力作用而平衡，其必要与充分的条件是：两力等值、反向、共线。

注：本公理 1 只适用刚体。对于变形体，它只是平衡的必要条件，而不是充分条件。如图 7.1.4 所示的软绳受两个等值、反向、共线的拉力作用可以平衡，而如图 7.1.5 所示的软绳受两个等值、反向共线的压力作用就不能平衡。

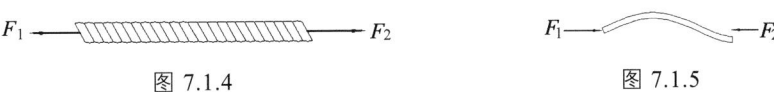

图 7.1.4　　　　　　　　　　　图 7.1.5

二力杆：在两个力的作用下保持平衡的构件称为二力构件。因为工程上，大多数二力构件是杆件，所以常简称为二力杆。二力杆可以是直杆，也可以是曲杆。

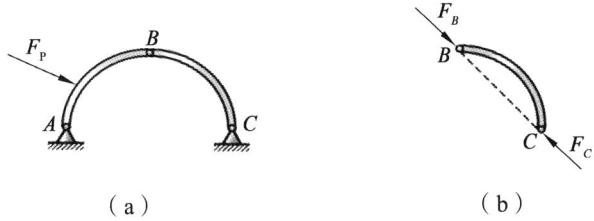

（a）　　　　　　　　（b）

图 7.1.6　二力杆

二力杆的受力特点是：两个力的方向必在二力作用点的连线上。

例如：飞机起落架中，BC 杆就是一个二力杆。

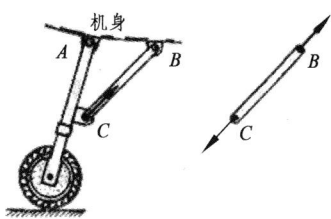

图 7.1.7　飞机起落架

【公理 2】　加减平衡力系公理

在任意一个力系上，可随意加上或减去一平衡力系，不会改变原力系对刚体的作用效应。本公理成为力系简化的基本方法之一。

推论 1　力的可传性原理

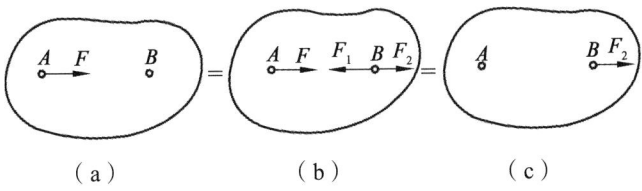

（a）　　　　　　（b）　　　　　　（c）

图 7.1.8　力的可传性

作用于刚体上的力可以沿其作用线移至刚体内任一点，而不改变原力对刚体的作用效应。

【公理 3】　力的平行四边形法则

作用于刚体同一点的两个力可以合成为一个合力，合力也作用于该点，其大小和方向由以这两个力为邻边所构成的平行四边形的对角线所确定。

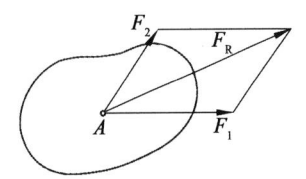

图 7.1.9　力的平行四边形原则

力的三角形法则：

三角形的两个边分别表示两个分力，第三边表示合力，合力的作用点仍在汇交点。

推论 2　三力平衡汇交定理

物体受三个力作用而平衡时，此三个力的作用线必汇交于一点。三个力矢量按首尾连接的顺序构成一封闭三角形。

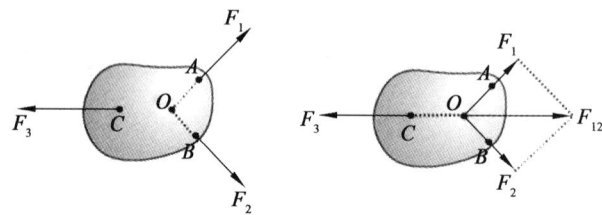

图 7.1.10　三力平衡汇交

【公理 4】　作用与反作用定律

两个物体间的作用力与反作用力，总是大小相等，方向相反，作用线相同，并分别作用于这两个物体上。

二、约束与约束反力

（1）约束：一物体的空间位置受到周围物体的限制时，这种限制就称为约束。
（2）约束反力：约束限制物体运动的力称为约束反力或约束力。
① 约束反力作用点：在约束与被约束物体的接触处。
② 约束反力的方向：总是与该约束所限制的运动或运动趋势的方向相反。
③ 约束反力的大小：是未知的，在静力学中，可用平衡条件由主动力求出。

三、工程中常见约束的分析与比较

1. 柔性约束

（1）概念：由绳索、胶带、链条等形成的约束。
（2）约束特点：只能承受拉力，不能承受压力，这类约束只能限制物体沿柔索伸长方向的运动。
（3）约束反力的方向：总是沿柔索伸长方向背离被约束物体，常用符号 F_T 表示。

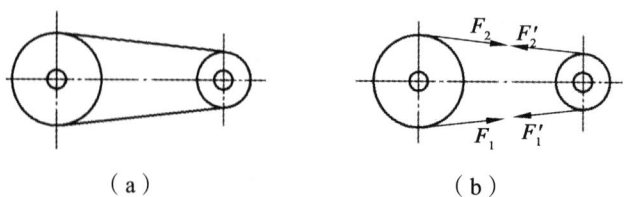

（a）　　　　　　　（b）

图 7.1.11　柔性约束

2. 光滑面约束

（1）概念：光滑平面或曲面对物体所构成的约束称为光滑面约束。

（2）约束特点：只限制物体在接触点沿接触面的公法线方向指向约束物体的运动，而不限制物体沿接触面切线方向的运动。

（3）约束反力的方向：通过接触点沿接触面公法线方向并指向被约束物体，通常用符号 F_N 表示。

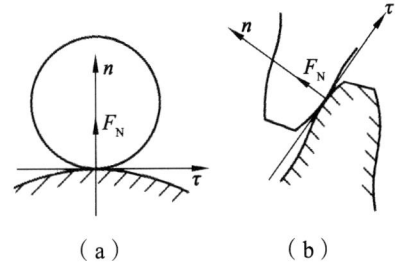

图 7.1.12　光滑面约束

3. 光滑铰链约束

（1）概念：采用光滑圆柱定位销将两个构件相联接而形成的约束。

（2）约束反力：常用两个通过铰链中心大小未知方向正交的分力 Fx、Fy 来表示。

（3）若铰链所联接的构件中有一个是二力构件，则铰链约束反力必须按【公理1】画在两个力作用点的连线上。

工程中常见的光滑铰链约束主要有以下三种类型：

（1）固定铰链支座。

概念：若相联的两个构件有一固定，则称为固定铰链支座。

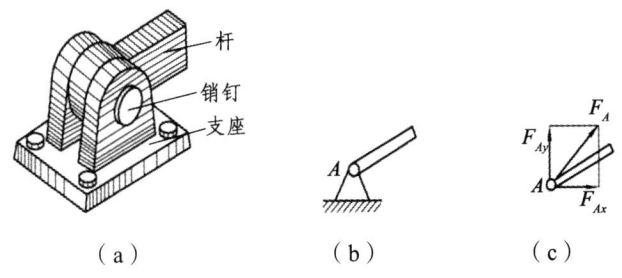

图 7.1.13　固定铰链支座

（2）中间铰链。

概念：若相联的两个构件均无固定，则称为中间铰链，简称铰。通常在两个构件连接处用一个小圆圈表示铰链。

约束的特点：与固定铰链支座约束特点相同。

约束反力的方向：它的约束反力与固定铰链约束反力方向相同，可以用两个通过铰心大小未知的正交力 F_x、F_y 来表示。

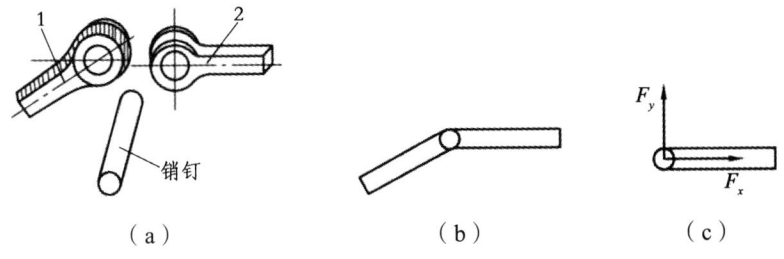

图 7.1.14　中间铰链

（3）活动铰链支座。

概念：在固定铰链支座下面装上几个辊轴，使它能在支承面上任意移动，就构成了活动铰支座。

约束的特点：它只能限制构件沿支承面法向的运动，而不能限制切线方向的运动。

约束反力的方向：通过铰链中心并与支承面相垂直，通常用 F_N 来表示。

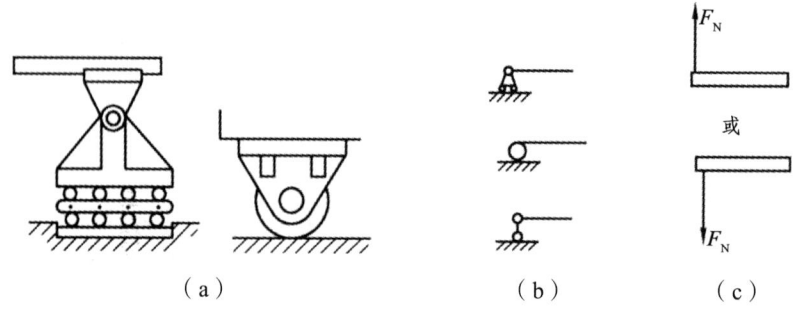

图 7.1.15 活动铰链支座

4. 固定端约束

（1）概念：物体的一部分固嵌于另一物体所构成的约束称为固定端约束。

（2）约束的特点：固定端约束限制物体在约束处沿任何方向的移动和转动。

（3）约束反力的方向：一般可用两个大小未知的正交约束分力 F_{Ax}、F_{Ay} 和一个约束力偶 M_A 来表示。

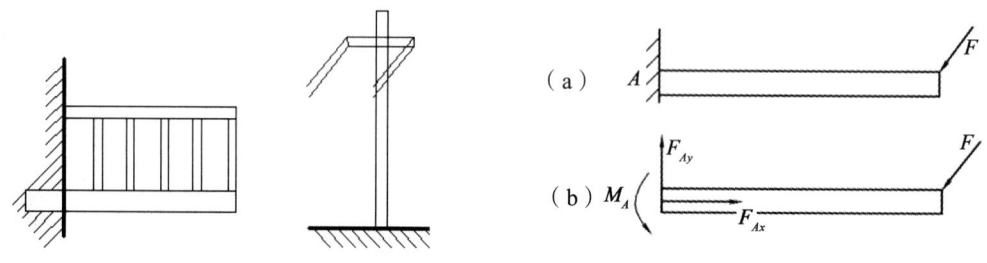

图 7.1.16 固定端约束

四、受力图的画法

【例1】 画出图 7.1.17 中小球和 AB 杆的受力图。

解：画物体受力图主要步骤为：
① 选研究对象；② 取分离体；
③ 画上主动力；④ 画出约束反力。

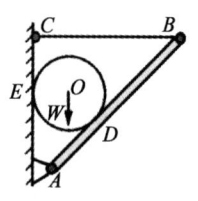

图 7.1.17

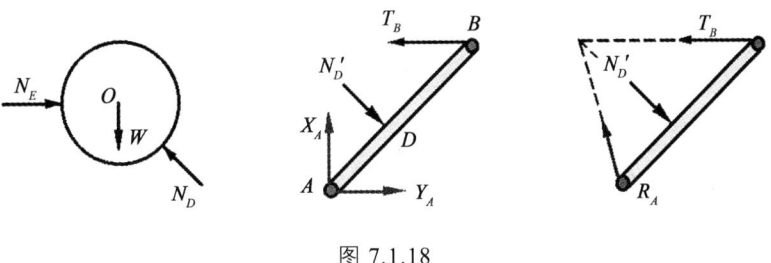

图 7.1.18

【例2】 画出下列各构件的受力图。

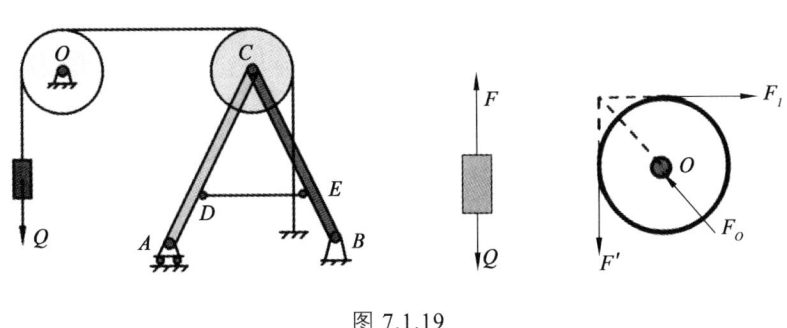

图 7.1.19

解：

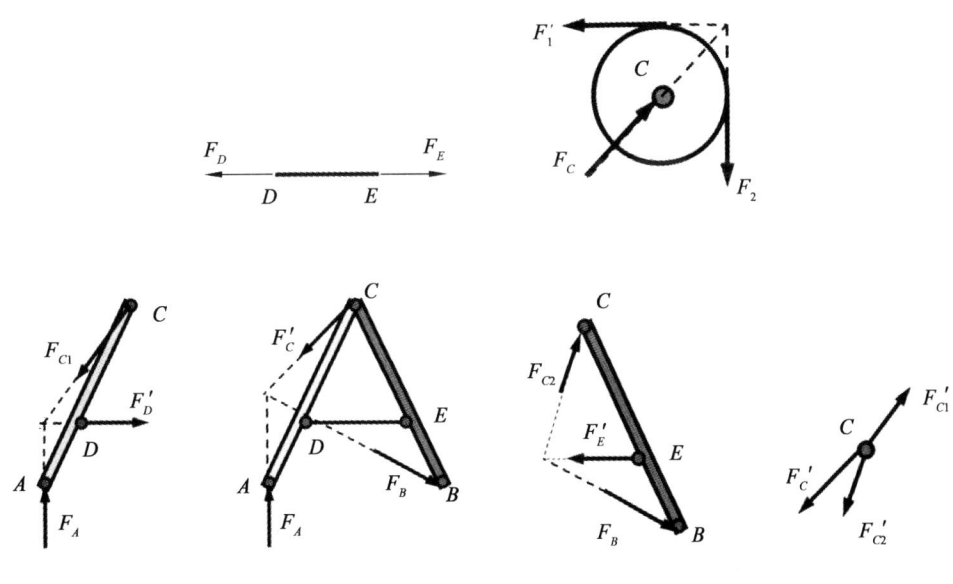

图 7.1.20

【例3】 画出下列各构件的受力图。

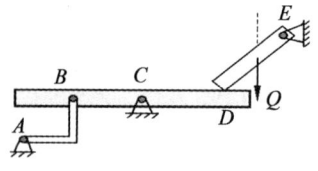

图 7.1.21

解： 三力平衡必汇交。当三力平行时，在无限远处汇交，它是一种特殊情况。

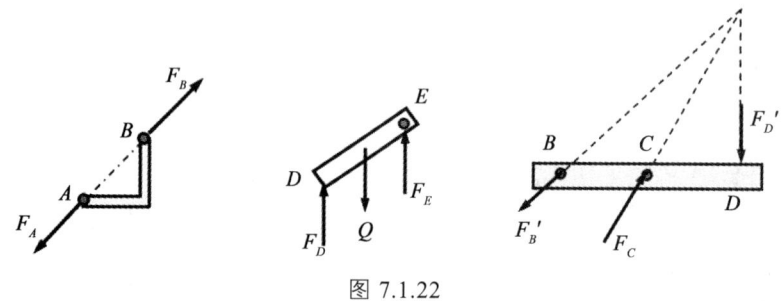

图 7.1.22

画受力图应注意的问题：

（1）不要漏画力。除重力、电磁力外，物体之间只有通过接触才有相互机械作用力，要分清研究对象（受力体）都与周围哪些物体（施力体）相接触，接触处必有力，力的方向由约束类型而定。

（2）不要多画力。要注意力是物体之间的相互机械作用。因此对于受力体所受的每一个力，都应能明确地指出它是哪一个施力体施加的。

（3）不要画错力的方向。约束反力的方向必须严格地按照约束的类型来画，不能单凭直观或根据主动力的方向来简单推想。在分析两物体之间的作用力与反作用力时，要注意，作用力的方向一旦确定，反作用力的方向一定要与之相反，不要把箭头方向画错。

（4）受力图上不能再带约束。即受力图一定要画在分离体上。

（5）受力图上只画外力，不画内力。一个力，属于外力还是内力，因研究对象的不同，有可能不同。当物体系拆开来分析时，原系统的部分内力，就成为新研究对象的外力。

（6）同一系统各研究对象的受力图必须整体与局部一致，相互协调，不能相互矛盾。

（7）正确判断二力构件。

五、电力机车转向架的力的传递分析

1. 电力机车转向架的基本组成

电力机车的转向架主要由构架、一系弹簧悬挂装置、二系弹簧支承装置、牵引装置、电机悬挂装置、轮对电机装置、转向架附属装置、基础制动装置、手制动装置和砂箱装置等十大部分组成。

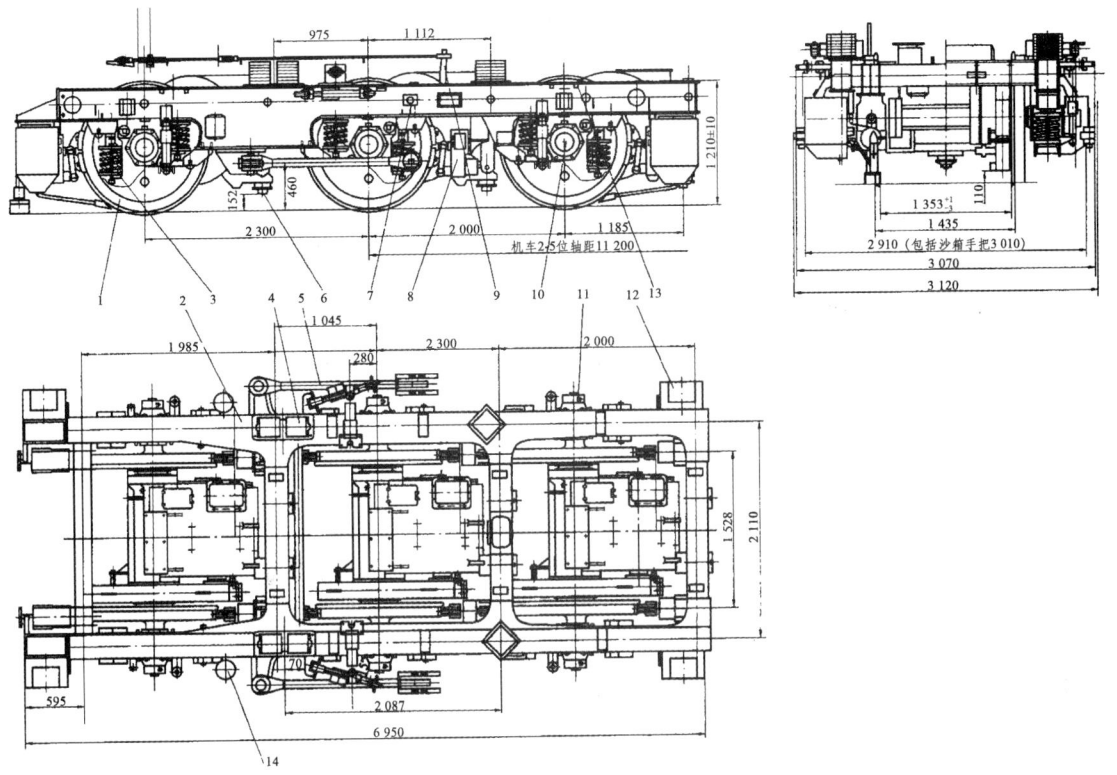

图 7.1.23 SS₃型 4000 系电力机车 C₀转向架总图
1—轮对电机装置；2—构架；3—轴箱悬挂装置；4—车体支承装置；5—牵引装置；
6—牵引电机悬挂装置；7—横向止挡装置；8—基础制动装置；9—手制动装置；
10—防空转传感器；11—接地线装置；12—砂箱装置；
13—整体起吊装置；14—轮轨润滑装置

2. 机车转向架力的传递

机车转向架在运行过程中受力相当复杂，但就传力而言，我们可以归纳为以下几类。

1）重力的传递

车体及其安装设备通过二系弹簧悬挂装置支承在转向架上，转向架又通过一系弹簧悬挂装置支承在钢轨上。因而重力的传递途径为：

机车上部重量→二系弹簧悬挂装置→转向架构架→一系弹簧悬挂装置→轴箱→轮对→钢轨。

2）牵引力、制动力的传递

机车牵引力和制动力是轮轨间相互作用产生的。机车转向架不但要产生牵引力和制动力，而且要把产生的牵引力和制动力传递到车钩上去。牵引力、制动力的传递途径为：

轮轨间产生的牵引力、制动力→轮对→轴箱→轴箱拉杆（橡胶弹性导柱）→转向架构架→转向架构架牵引座→牵引拉杆→车体牵引座→车体底架→牵引梁→缓冲装置→车钩。

3）横向力的传递

横向力包括机车通过曲线时产生的离心力、外轨超高引起的机车重量在水平方向的分力以及机车横向振动引起的附加载荷，分为钢轨作用在机车上的横向力和机车作用在钢轨上的横向力。其传递途径为：

钢轨→轮对→轴箱→轴箱拉杆→转向架构架→二系弹簧悬挂装置→车体底架→车体。

车体所受到的离心力、风力等横向力，由机车上部传递到转向架并作用在钢轨上。即：车体→车体底架→二系弹簧悬挂装置→转向架构架→轴箱拉杆→轴箱→轮对→钢轨。

任务拓展与反思

1. 画出图 7.1.24 所示物体的受力图。

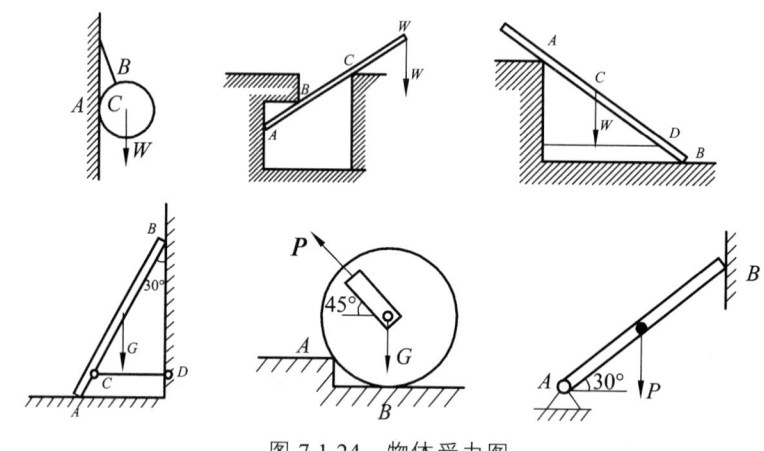

图 7.1.24　物体受力图

2. 绘出图 7.1.25 示每个构件及整体的受力图。

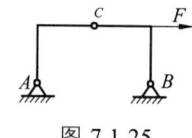

图 7.1.25

任务二　平面汇交力系

任务导引

平面汇交力系是指各力的作用线都在同一平面内，且汇交于一点的力系。起重机吊钩的受力就是平面汇交力系，如图 7.2.1 所示。

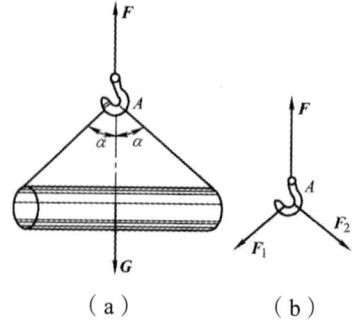

图 7.2.1　起重机吊钩受力图

218

任务要求

能利用平衡条件解决平面汇交力系的平衡问题。

任务实施

一、力在坐标轴上的投影

力在坐标轴上的投影定义为：从力 F 的两端分别向坐标轴 x、y 作垂线，两垂足间的距离就是力 F 在该轴上的投影，如图 7.2.2 所示。图中 ab 和 a_1b_1 分别为力 F 在 x 轴和 y 轴上的投影。力的投影是代数量，其正负号规定如下：由投影的起点 $a(a_1)$ 到终点 $b(b_1)$ 的方向与坐标轴的正向一致时，力的投影为正，反之为负。

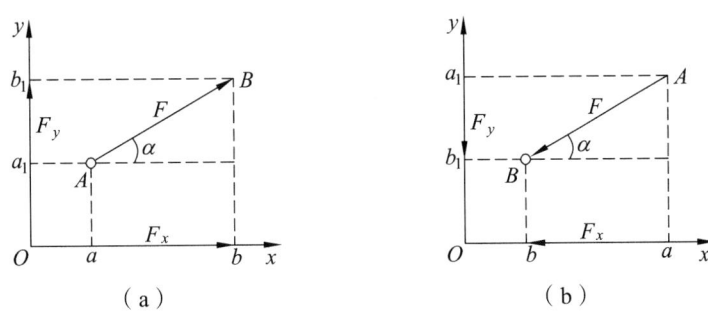

图 7.2.2 力的坐标轴上的表示方法

二、合力投影定理

合力在任意轴上的投影等于各分力在同一轴上投影的代数和，这一关系称为合力投影定理。

三、平面汇交力系的平衡条件

由于平面汇交力系合成的结果是一合力，因此，平面汇交力系平衡的必要与充分条件为：

该力系的合力等于零，即

$$F = 0$$

可得平面汇交力系的平衡条件是

$$\sum F_x = 0, \quad \sum F_y = 0$$

即平面汇交力系的平衡条件是：力系中所有各力在两个坐标轴上投影的代数和分别等于零。

该方程为平面汇交力系的平衡方程。平面汇交力系能够列出两个独立的平衡方程式，因此，只能求解两个未知量。

如图 7.2.3 所示为一简易起重机。利用绞车和绕过滑轮的绳索吊起重物，其重力 $G =$

20 kN，各杆件与滑轮的重量不计，并略去滑轮的大小和各接触处的摩擦。试求杆 AB 和 BC 所受的力。

解 （1）选滑轮 B 为研究对象。

（2）对滑轮 B 进行受力分析，画受力图，如图 7.2.3（b）所示。滑轮 B 受力有：主动力 G；杆 AB 和 BC 给滑轮的约束反力 F_{NAB} 和 F_{NBC}，因为杆 AB 和 BC 均为二力杆，所以这两个约束反力分别沿着各自杆的轴线，假设方向如图 7.2.4 所示；绳子的约束反力 F_T，$F_T = G$。略去滑轮的大小，可将 F_T 和 G 作用于滑轮的转动中心 B 处，则 G、F_{NAB}、F_{NBC} 和 F_T 组成一平面汇交力系，如图 7.2.4 所示。

（3）建立坐标系 Bxy，如图 7.2.4 所示。

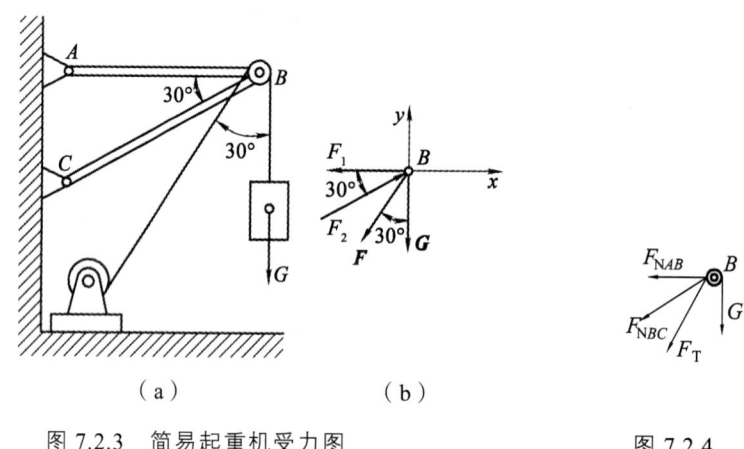

（a） （b）

图 7.2.3 简易起重机受力图   图 7.2.4

（4）列平衡方程：

$$\sum F_x = 0 \quad -F_{NBC}\cos 30° - F_{NAB} - F_T\sin 30° = 0$$

$$\sum F_y = 0 \quad -F_{NBC}\sin 30° - F_T\cos 30° - G = 0$$

解方程得

$$-F_{NBC}\sin 30° - 2\cos 30° \text{ kN} - 2 \text{ kN} = 0$$

$F_{NBC} = -7.46$ kN（负号表示其实际方向与图示方向相反）

$F_{NAB} = 5.46$ kN

根据受力图可知 AB 杆为受拉杆，BC 杆为受压杆。

任务拓展与反思

1. 三角支架如图 7.2.5 所示，已知挂在 B 点的物体重量为 G，试求 AB、BC 两杆所受的力。

2. 在两垂直墙壁之间的绳子上挂一重量为 100 N 的物体，绳子与两墙的夹角 $\alpha = 60°$ 和 $\beta = 30°$。试求两绳中的拉力。

图 7.2.5　　　　　　　　图 7.2.6

3. 平面刚架在 C 点受水平力 F 作用，F = 20 N，不计刚架的自重。试求 A，B 支点的反力。

4. 小滑轮铰接在三脚上，绳索绕过滑轮，一端连接在绞车上，另一端悬挂重为 W = 100 kN 的重物。不计各构件的自重和滑轮的尺寸。试求 AC 和 BC 所受的力。

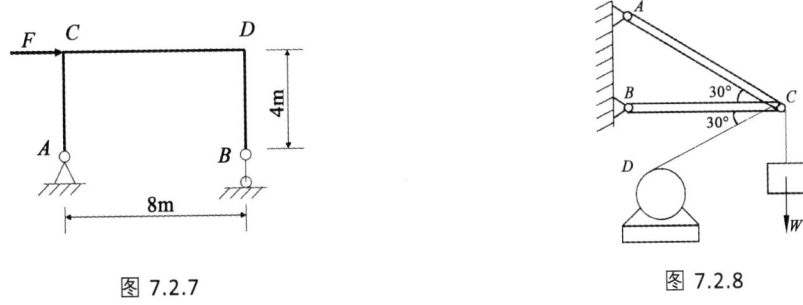

图 7.2.7　　　　　　　　图 7.2.8

5. 支架由 AC、AB 两杆组成，绳及杆的重量可忽略不计，A、B、C 均为光滑铰链，在 A 点悬挂重量为 Q 的物体。试求图 7.2.9 所示两种情况下，杆 AB 与杆 AC 所受的力。

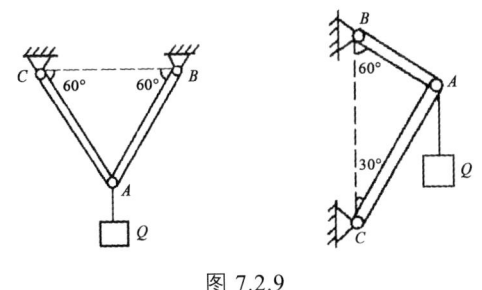

图 7.2.9

任务三　力矩和力偶

任务导引

钳工用丝锥攻螺纹时，要求双手均匀加力，如图 7.3.1 所示。如果单手用力可以吗？

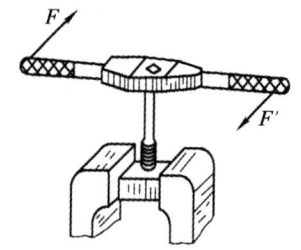

图 7.3.1　丝锥攻螺纹操作图

任务要求

掌握力矩、力偶、力的平移的基本概念。

任务实施

一、力对点之矩

力对物体除了运动效应外，有时还会产生转动效应。如图 7.3.2 所示，当用扳手拧紧螺母时，力 F 对螺母拧紧的转动效应不仅取决于力 F 的大小和方向，而且还与该力到 O 点的垂直距离 d 有关。F 与 d 的乘积越大，转动效应越强，螺母就越容易拧紧。因此，在力学上用物理量 Fd 及其转向来度量力 F 使物体绕 O 点的转动效应，称为力对 O 点之矩，简称力矩，以符号 $M_O(F)$ 表示。即 $M_O(F) = \pm Fd$。式中，O 点称为力矩的中心，简称矩心；O 点到力 F 作用线的垂直距离 d 称为力臂。式中正负号表示两种不同的转向。通常规定：使物体产生逆时针旋转的力矩为正，反之为负。

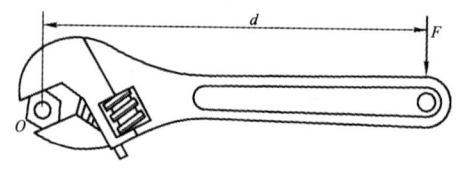

图 7.3.2　力矩图

力矩的单位是 N·m 或 kN·m。显然，力矩在下列两种情况下等于零：
（1）力等于零。
（2）力的作用线通过矩心，即力臂等于零。

二、力偶和力偶矩

1. 力偶的概念

实际生活中，常见到钳工用手动丝锥攻螺纹［见图 7.3.3（a）］、汽车司机用双手转动方向盘［见图 7.3.3（b）］等。这时在丝锥、方向盘上都作用着一对等值、反向、作用线不在一条直线上的平行力，它们能使物体发生单纯的转动。这种大小相等、方向相反、作用线平行而不重合的两个力，称为力偶，记作（F, F'）。力偶中的两个力之间的距离 d 称为力偶臂［见图 7.3.3

（c）]，力偶所在的平面称为力偶的作用面。力偶对物体的转动效应取决于力偶中力的大小、力偶臂 d 的长度和力偶的转向。因此，力学中用 F 与 d 的乘积，加上适当的正负号作为度量力偶在其作用平面内对物体转动效应的物理量，称为力偶矩，并用符号 M 表示。即 $M = \pm Fd$。

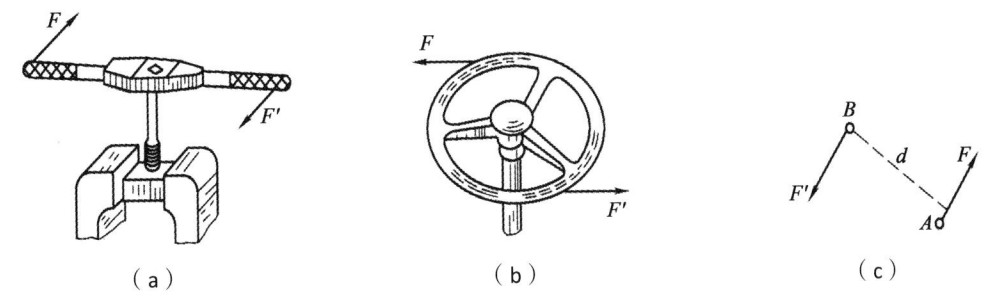

图 7.3.3　力偶和力偶矩

2. 力偶的性质

（1）力偶在任一轴上投影的代数和为零（见图 7.3.4），力偶无合力，力偶不能用一个力来代替。一个力偶作用在物体上只能使物体转动，而一个力作用在物体上时，将使物体移动或既移动又转动，因此，力偶无合力，且不能与一个力平衡，即力偶必须用力偶来平衡。力偶和力是组成力系的两个基本物理量。由于力偶中的两力等值、反向，所以力偶在任一轴上投影的代数和等于零。

（2）力偶对其作用面内任意一点之矩恒等于该力偶的力偶矩，而与矩心的位置无关。如图 7.3.5 所示，已知力偶 (F, F') 的力偶矩 $M = Fh$。在力偶的作用面内任取一点 O 为矩心，经过推导，可以证明力偶 (F, F') 对 O 点之矩仍为原力偶矩 M。

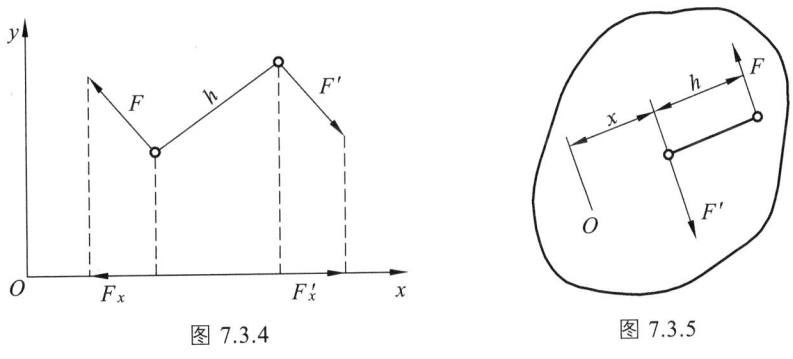

图 7.3.4　　　　　　　图 7.3.5

该性质说明力偶使物体对其作用面内任一点的转动效应是相同的。由此可以得到：只要保持力偶矩的大小和转向不变，力偶可以在其平面内任意移动，且可以同时改变力偶中力的大小和力偶臂的长短，而不会改变力偶对物体的作用效应。因此，力偶也可以用一带箭头的弧线表示。

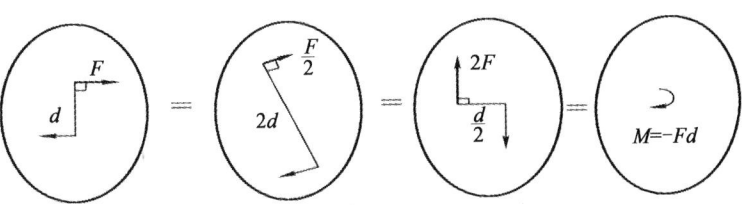

图 7.3.6　力偶的表示方法

三、平面力偶系的合成和平衡条件

在同一平面内，由若干个力偶组成的力偶系称为平面力偶系。

根据力偶的性质可以证明，平面力偶系合成的结果为一合力偶，其合力偶矩等于各分力偶矩的代数和。即

$$M = M_1 + M_2 + \cdots + M_n = \sum M_i$$

若物体在平面力偶系作用下处于平衡状态，则合力偶矩必定为零。即

$$M = \sum M_i = 0$$

上式称为平面力偶系的平衡方程。利用这个平衡方程，可以求出一个未知量。

【例 1】 用多轴钻床在水平工件上钻孔时（见图 7.3.7），三个钻头对工件施加力偶的力偶矩分别为 $M_1 = M_2 = M_3 = 20 \text{ N} \cdot \text{m}$，固定螺栓 A 和 B 之间的距离 $L = 500 \text{ mm}$，试求两螺栓所受的水平约束力。

解：（1）选取工件为研究对象。

（2）工件在水平面内受三个力偶和两个螺栓的水平约束力的作用而平衡，三个力偶合成后仍为一力偶，根据力偶的性质，力偶只能和力偶相平衡，故两个螺栓的水平约束力 F_{NA} 和 F_{NB} 必然组成一个力偶，且 F_{NA}、F_{NB} 大小相等，方向相反。工件的受力如图 7.3.7（b）所示。

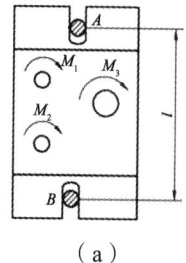 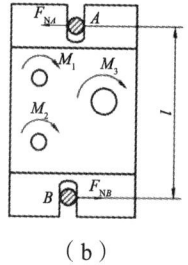

（a）　　　　　　　　　　（b）

图 7.3.7

（3）列平衡方程

$$\sum M = 0 \qquad F_{NA} l - M_1 - M_2 - M_3 = 0$$

得

$$F_{NA} = \frac{M_1 + M_2 + M_3}{l} = 120 \text{ N}$$

$$F_{NA} = F_{NB} = 120 \text{ N}$$

由作用与反作用定律可知，F_{NA}、F_{NB} 为两个螺栓所受到的力。

【例 2】 如图 7.3.8（a）所示，平面机构 $OABC$ 中，已知作用在杆 OA 上的力偶矩为 M_1，为使机构在 $\alpha = \beta = 45°$ 时保持平衡，求作用在杆 BC 上的力偶矩 M_2。设 $OA = a$，$BC = b$，各杆的自重与各接触处摩擦不计。

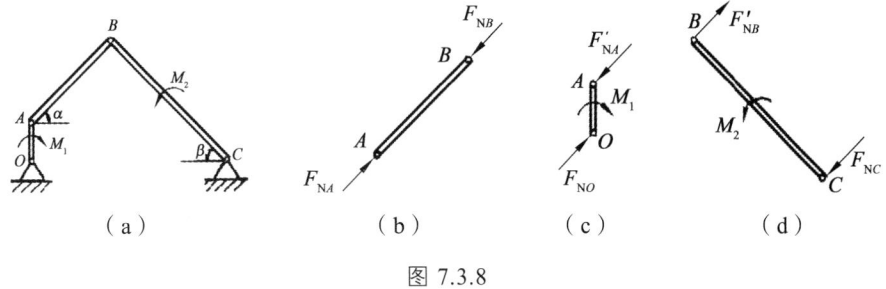

图 7.3.8

解 （1）选研究对象，进行受力分析，画受力图。

已知力偶 M_1 作用于 OA 杆上，未知力偶 M_2 作用于 BC 杆上，OA 杆和 BC 杆之间联系的"桥梁"是 AB 杆，故分别选 OA 杆、AB 杆、BC 杆为研究对象，画出分离体，并在 OA 杆、BC 杆上分别画出已知力偶 M_1、未知力偶 M_2。

分析可知，AB 杆为一二力杆，所以 F_{NA}、F_{NB} 均沿杆 AB 的轴线，且 $F_{NA} = F_{NB}$，方向假设如图 7.3.8（b）所示。

根据作用与反作用定律，可确定 OA 杆 A 铰链处的约束反力 F'_{NA}，且 $F'_{NA} = F_{NA}$，根据力偶的性质二，力偶只能与力偶平衡，故 F_{NO} 与 F'_{NA} 组成一对约束反力偶，即 F_{NO} 平行于 F'_{NA}，且 $F_{NO} = F'_{NA}$，如图 7.3.8（c）所示。

同理可以画出 BC 杆的受力图，如图 7.3.8（d）所示，且有 $F_{NC} = F'_{NB}$。

由以上分析可知，$F_{NO} = F'_{NA} = F_{NA} = F_{NB} = F'_{NB} = F_{NC}$

（2）列平衡方程：对于 OA 杆

$$\sum M = 0 \qquad F'_{NA} a \cos 45° - M_1 = 0$$

$$F'_{NA} = \frac{M_1}{a \cos 45°}$$

$$F'_{NA} = F_{NA} = F_{NB} = F'_{NB} = \frac{M_1}{a \cos 45°}$$

对于 BC 杆

$$\sum M = 0 \qquad M_2 - F'_{NB} b = 0$$

$$M_2 = F'_{NB} b = \frac{M_1 b}{a \cos 45°} = \frac{b}{a} \sqrt{2} M_1$$

通过以上例题，可以总结出求解平面力偶系平衡问题的基本步骤：

（1）选研究对象。当已知力偶和未知力（或力偶）都作用在同一个物体上时，只选一个研究对象即可；当已知力和未知力（或力偶）分别作用在不同的物体上时，就要多次选择研究对象。

（2）对研究对象进行受力分析，画受力图。分析已知力偶和待求未知力（或力偶）的关系，紧紧围绕力偶只能和力偶平衡这一点去解决问题。

（3）列平衡方程，求解未知量。列平衡方程时要注意力偶矩的正负，计算结果中出现负号时，说明实际受力方向或力偶的转向与所设方向相反，不必去改受力图。

四、力的平移定理

由力的可传性原理可知,作用在刚体上的力可沿其作用线移动至刚体上任意一点,而不改变力对刚体的作用效应。那在不改变力对刚体作用效应的前提下,能不能将作用在刚体上的力平行移动到作用线以外的任意一点呢?

【定理】作用于刚体上的力,可平行移动到刚体内任意一点,但必须同时附加一个力偶,其力偶矩等于原来的力对新的作用点之矩。

设力 F 作用在刚体上的 A 点,现要把它平行移动到作用线以外的 O 点,条件是不能改变原力 F 对刚体的作用效应,如图 7.3.9(a)所示。

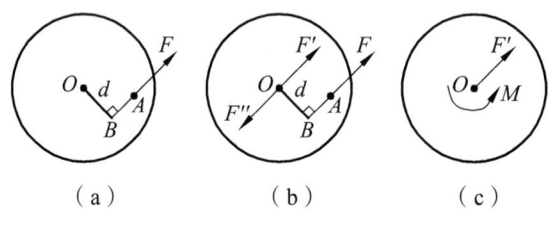

图 7.3.9

在新作用点 O 上加上大小相等、方向相反且与原力平行的两个力 F' 和 F'',并使 $F' = F'' = F$,如图 7.3.9(b)所示。显然新加上的两个力满足力平衡公理,是一个平衡力系,不改变原力 F 对刚体的作用效应,即力系(F、F'、F'')与力 F 是等效的。也就是说,F 和 F'' 组成一个力偶,称为附加力偶,其力偶矩 M 等于原力 F 对 O 点之矩,即 $M = M_O(F)$。于是,作用于 A 点的力 F 由作用在 O 点的力 F' 和一个力偶(F、F'')所代替,如图 7.3.9(c)所示。由于 $F' = F$,可以认为是力 F 平移到了 O 点,但是作为等效力系,还必须加一个力偶,其附加力偶矩为 $M = M_O(F)$。

如图 7.3.10 所示,乒乓球受到力 F 的作用。分析力 F 对球的作用效应:将力 F 平移至球心,得到平移力 F' 和附加力偶 M,力 F' 使球移动,附加力偶 M 使球转动。

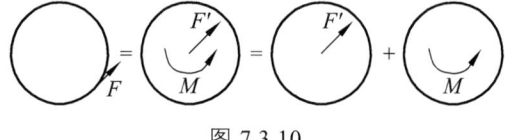

图 7.3.10

由以上实例可见,力对作用线以外的转动中心,有两种效应:一是平移力对物体产生移动效应,当物体受到约束不能移动时,就会引起变形;二是附加力偶对物体产生转动效应。

任务拓展与反思

1. 计算下列图 7.3.11 中各图 P 点对 O 点之矩。

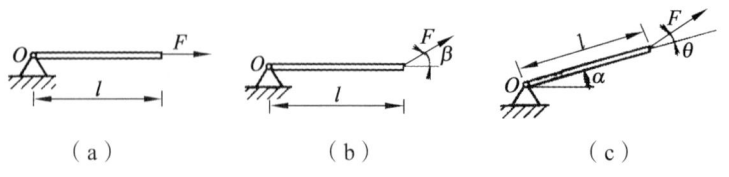

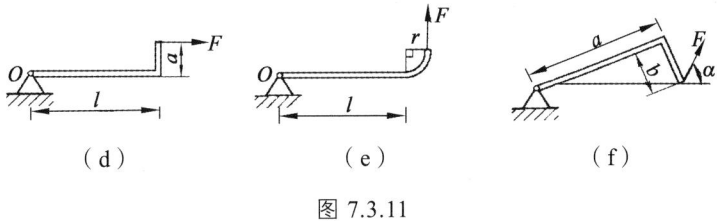

图 7.3.11

2. 求图 7.3.12 所示各梁的支座反力。

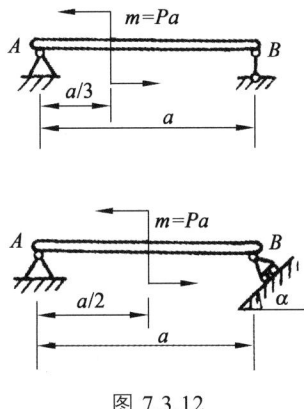

图 7.3.12

3. 刚架上作用着力 P，分别计算力 P 对 A 点和 B 点的力矩。

4. 机构 $OABO_1$，在图 7.3.14 所示位置平衡。已知 $OA = 400$ mm，$O_1B = 600$ mm，作用在 OA 上的力偶的力偶矩 $m_1 = 1$ N·m。试求力偶矩 m_2 的大小和杆 AB 所受的力。

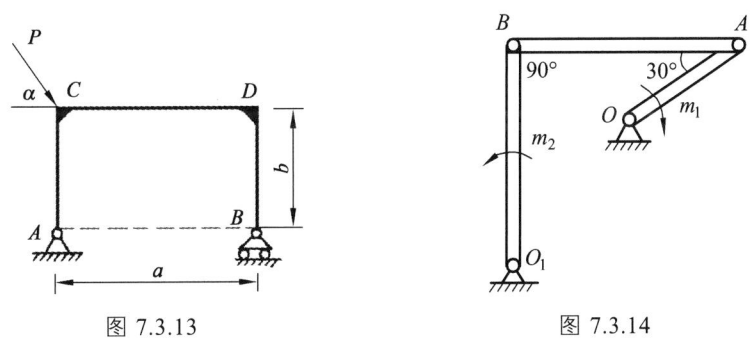

图 7.3.13　　　　　　　图 7.3.14

任务四　交变载荷

任务引导

一对正确啮合的单向齿轮传动，齿轮啮合的根部在多次受力后，出现裂纹，并且逐渐扩散，直至断裂。这是由什么原因造成的呢？

 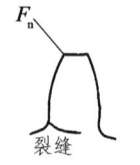 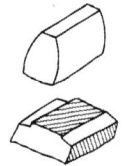

图 7.4.1 啮合齿轮

任务要求

了解交变载荷造成的影响。

任务实施

有许多机械零件，如轴、齿轮、连杆和弹簧等，在工作过程中受到大小、方向随时间呈周期性变化的载荷作用，这种载荷称为交变载荷。

在工程中，有许多构件在工作时出现随时间作交替变化的应力，这种应力称为交变应力。

一、产生原因

（1）载荷做周期性变化。

（2）载荷不变，构件点的位置随时间做周期性的变化。

【例1】 一简支梁在梁中间部分固接一电动机，由于电动机的重力作用产生静弯曲变形，当电动机工作时，由于转子的偏心而引起离心惯性力。由于离心惯性力的垂直分量随时间做周期性的变化，梁产生交变应力。

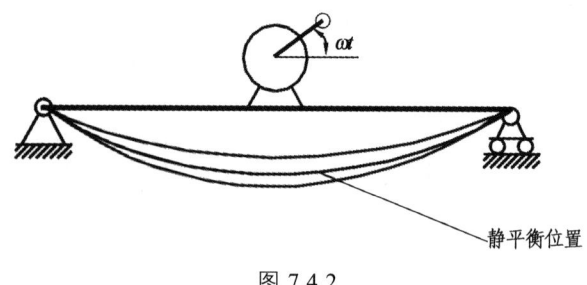

图 7.4.2

【例2】 火车轮轴虽然载荷不随时间而改变，但构件本身在旋转。车轴每旋转一周，A 点的应力就重复变化一次，称为一个应力循环，随着车轴的不停地旋转，应力做周期性的变化。

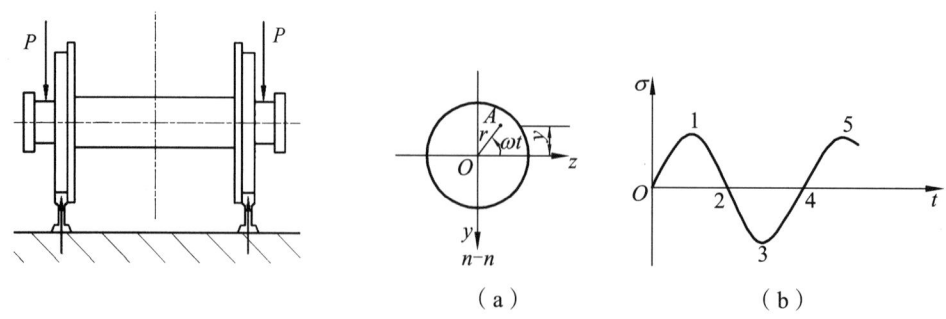

（a） （b）

图 7.4.3 火车轮轴载荷变化图

二、疲劳破坏

材料在交变应力作用下的失效,习惯上称为疲劳破坏(疲劳失效)。

1. 特 点

(1)交变应力的破坏应力值一般远低于静载荷作用下的强度极限值;

(2)无论是脆性还是塑性材料,交变应力作用下均表现为脆性断裂,无明显塑性变形;

(3)构件在交变应力作用下发生破坏需要经历一定数量的应力循环,其循环次数与应力的大小有关。应力愈大,循环次数愈少。

(4)断口表面可明显区分为光滑区与粗糙区两部分。

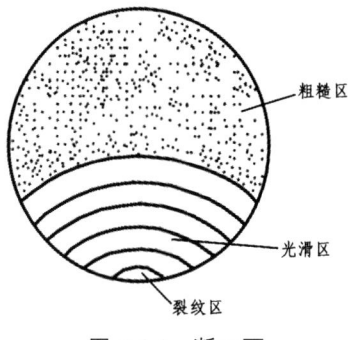

图 7.4.4 断口面

2. 疲劳失效

材料的疲劳失效是在交变应力作用下,材料中裂纹的形成和逐渐发展的结果,而裂纹尖端处于严重的应力集中是导致疲劳失效的主要原因。

具体过程如下:

(1)裂纹萌生。

在构件外形突变或材料内部缺陷等部位,都可能产生应力集中引起微观裂纹。分散的微观裂纹经过集结沟通,将形成宏观裂纹。裂纹尖端一般处于三向拉伸应力状态,不易出现塑性变形。

(2)裂纹扩展。

已形成的宏观裂纹在交变应力的作用下逐渐扩展,扩展是缓慢的并且是不连续的。因应力水平的高低时而持续,时而停滞,裂纹两侧时压、时离,似相互研磨,形成光滑区。

(3)脆断。

随裂纹的扩展,构件截面逐步削弱,应力增大。当削弱到一定极限时,应力增大到一定程度,在突变的外因(超载、冲击或振动)作用下突然断裂,断口出现粗糙区。

疲劳破坏产生的过程可概括为:

裂纹形成→裂纹扩展→断裂。

三、研究疲劳失效的意义

(1)在交变应力的作用下,即使 $\sigma_{max} \ll \sigma_s$,构件在无明显征兆情况下发生脆断;

(2)飞机、车辆、机器发生的事故,有很大比例是由于零部件的疲劳失效造成的。

<u>任务拓展与反思</u>

1. 什么是交变载荷?
2. 什么是交变应力?
3. 当材料受到交变应力后会产生什么现象?
4. 交变应力对构件会有什么影响?
5. 结合实际中的例子,举例说明构件受到交变载荷的情况。

项目八　构件的变形

杆件是各种工程结构组成单元的统称。例如机械中的轴、杆件，建筑物中的梁等均称为杆件。当杆件工作时，都要承受载荷作用，为确保杆件能正常工作，杆件必须满足以下要求：

① 有足够的强度，保证杆件在载荷作用下不发生破坏。例如起吊重物的钢索不能被拉断。我们把杆件这种抵抗破坏的能力称为强度。

② 有足够的刚度，工程上对有的杆件不仅要求具有足够的强度，而且对杆件的变形也有一定的要求。例如减速器中的轴，如果受载过大，就会出现较大的变形，使轴承、齿轮的磨损加剧，降低零件寿命，且影响齿轮的正确啮合，使机器不能顺利地运转。杆件这种抵抗变形的能力称为刚度。

综上所述，为了保证杆件正常工作，杆件必须具有足够的强度和刚度（有的杆件还要考虑稳定性问题）。杆件的强度和刚度不仅与杆件本身的截面形状、尺寸有关，还与杆件的材料有关。

本项目研究的对象为变形固体。固体的变形可分为弹性变形和塑性变形。载荷卸除后能消失的变形称为弹性变形；载荷卸除后不能消失的变形称为塑性变形。

一、相关概念

1. 内　力

杆件内部各部分之间存在着相互作用的内力，从而使杆件内部各部分之间相互联系以维持其原有形状。在外部载荷作用下，杆件内部各部分之间相互作用的内力会随之改变，这个因外部载荷作用而引起杆件内力的改变量，称为附加内力，简称内力。显然，内力是由于外载荷对杆件的作用而引起的，并随着外载荷的增大而增大。但是，任何杆件的内力的增大都是有一定限度的，当外力超过内力的极限值时，杆件就会发生破坏。可见，杆件承受载荷的能力与其内力密切相关。因此，研究内力是研究杆件强度、刚度等问题的基础。

2. 截面法

截面法是求内力的基本方法。如图 8.0.1（a）所示，杆件两端受拉力作用而处于平衡状态。欲求 $m-n$ 截面上的内力，可用一假想平面将杆件在 $m-n$ 处切开，分成左右两部分，如图 8.0.1（b）所示。右部分对左部分的作用，用合力 F_N 表示，左部分对右部分的作用，用合力 F_N' 表示，F_N 和 F_N' 互为作用力和反作用力，它们大小相等、方向相反。因此，计算内力时，只需取截面两侧的任一段来研究即可。

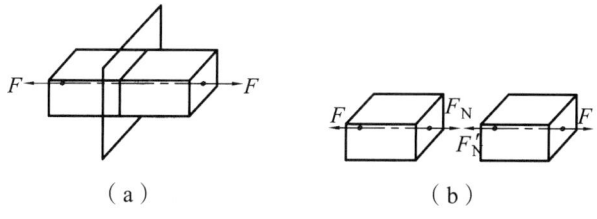

图 8.0.1 截面法

3. 应 力

对于每一种材料,单位截面面积上能承受的内力是有一定限度的,超过这个限度,物体就要破坏。为了解决强度问题,不但需要知道杆件可能沿哪个截面破坏,而且还需要知道从截面上哪一点开始破坏。因此,仅仅知道截面上的内力是不够的,还必须知道内力在截面上各点的分布情况。为此必须引入应力的概念。

内力在截面上某点处的分布集度称为该点处的应力。当截面上应力均匀分布时,应力就等于单位面积上的内力。通常将与横截面垂直的应力称为正应力,用 σ 表示;与横截面相切的应力称为切应力,用 τ 表示。

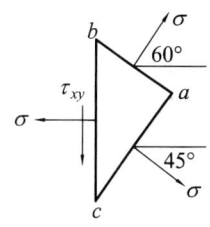

图 8.0.2 应力

在国际单位制中,应力的单位是帕斯卡,其代号为 Pa。1 Pa 等于每平方米面积上作用 1 N 的力,即 $1 \text{ Pa} = 1 \text{ N/m}^2$。应力的常用单位还有 MPa、GPa,其换算关系为 $1 \text{ MPa} = 10^6 \text{ Pa}$,$1 \text{ GPa} = 10^9 \text{ Pa}$,$1 \text{ MPa} = 1 \text{ N/mm}^2$。

4. 杆件的基本变形

工程实际中的构件多种多样,本项目主要以杆件作为研究对象。杆件一般指纵向尺寸远大于横向尺寸的构件。轴线为直线的杆件称为直杆;轴线为曲线的杆件称为曲杆。

当外力以不同的方式作用于杆件时,将产生各种各样的变形形式,但其基本变形只有四种,即①拉伸与压缩;②剪切;③扭转;④弯曲。这四种基本变形的受力情况和特征如表 8.0.1 所示。

表 8.0.1 四种基本变形

变形形式	工程实例	受力简图	特 征
拉伸或压缩			受力特点:作用在杆端的两外力等值,反向,作用线与杆的轴线重合。 变形特点:杆件沿轴线方向伸长或缩短
剪切			受力特点:作用于构件两侧面上外力的合力等值,反向,且作用线相距很近。 变形特点:构件的两个力作用线之间的部分相对错动

续表

变形形式	工程实例	受力简图	特　征
扭转			受力特点：外力是一对力偶，力偶作用面均垂直于杆的轴线，但其转向相反，大小相等。 变形特点：各横截面绕轴线发生相对转动
弯曲			受力特点：杆件所受的力是垂直于梁轴线的横向力。 变形特点：轴线将由直线变成曲线

任务一　拉伸与压缩

任务导引

轴向拉伸与压缩是工程中常见的一种基本变形，如图 8.1.1（a）所示支架中，AB 杆受到拉伸、BC 杆受到压缩［见图 8.1.1（b）］。这类杆件的受力特点是：外力或合外力的作用线与杆件的轴线重合。变形特点是：杆件沿轴线伸长或缩短。杆件的这种变形形式称为轴向拉伸或压缩，这类杆件称为拉杆或压杆。

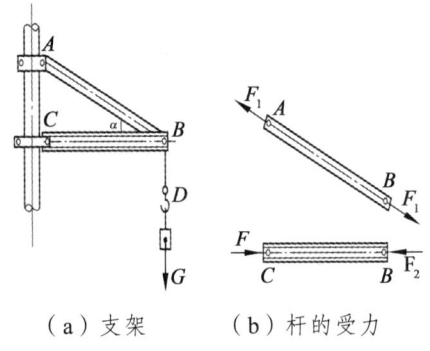

（a）支架　　（b）杆的受力

图 8.1.1　拉伸和压缩的实例

任务要求

（1）掌握内力与外力的区别；
（2）会用截面法计算杆的轴力，并会画轴力图。

任务实施

一、轴力和应力

1. 轴　力

为了对拉压杆进行强度计算，首先分析其内力。

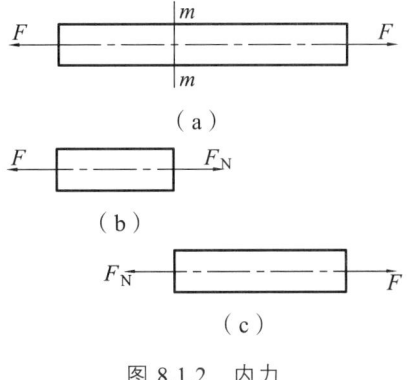

图 8.1.2 内力

2. 横截面上的应力

拉压杆横截面上的轴力是横截面上分布内力的合力,为确定拉压杆横截面上各点的应力,需要知道轴力在横截面上的分布。实验表明,拉压杆横截面的内力是均匀分布的,且方向垂直于横截面(见图 8.1.2)。因此,拉压杆横截面上各点产生的是正应力 σ。

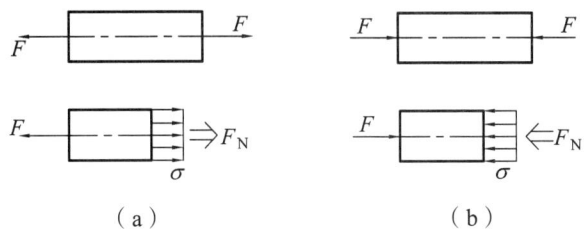

图 8.1.3 应力

二、轴力与轴力图

1. 轴 力

在轴向载荷 F 作用下,杆件横截面上的唯一内力分量为轴力 F_N,轴力或为拉力,或为压力,为区别起见,通常规定拉力为正,压力为负。

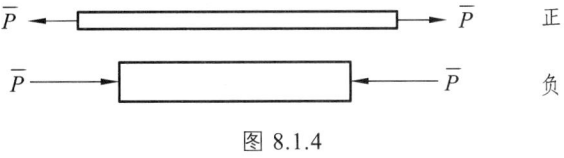

图 8.1.4

2. 轴力计算

平衡方程:$\Sigma Fx = 0$,$F_{N1} - 2F = 0$

得 AB 段的轴力为

$$F_{N1} = 2F$$

对于 BC 段,由平衡方程:$\Sigma Fx = 0$,$F - F_{N2} = 0$

得 BC 段的轴力为

$$F_{N2} = F$$

以上分析表明，在 AB 与 BC 杆段内，轴力不同。为了形象地表示轴力沿杆轴（即杆件轴线）的变化情况，并确定最大轴力的大小及所在截面的位置，常采用图线表示法。作图时，以平行于杆轴的坐标表示横截面的位置，垂直于杆轴的另一坐标表示轴力，于是，轴力沿杆轴的变化情况即可用图线表示。

表示轴力沿杆轴变化情况的图线，称为轴力图。例如图 8.1.5 中的坐标图即为杆的轴力图。

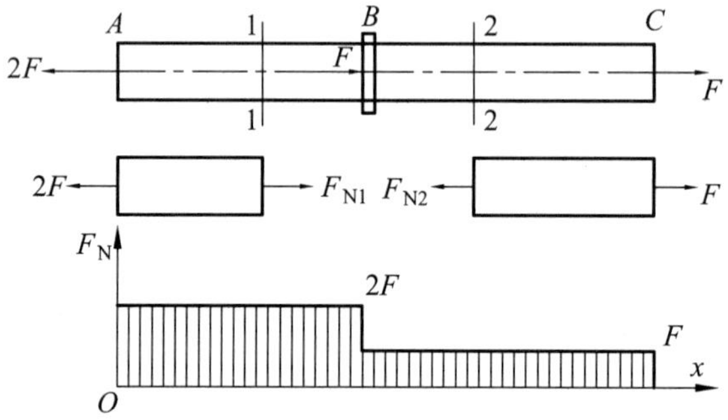

图 8.1.5

【例1】图 8.1.6 中所示为右端固定梯形杆，承受轴向载荷 F_1 与 F_2 作用，已知 $F_1 = 20$ kN（千牛顿），$F_2 = 50$ kN，试画杆的轴力图，并求出最大轴力值。

解：（1）计算支反力

设杆右端的支反力为 F_R，则由整个杆的平衡方程

$$\Sigma F_x = 0, \quad F_2 - F_R = 0$$

得

$$F_R = F_2 - F_1 = 50 \text{ kN} - 20 \text{ kN} = 30 \text{ kN}$$

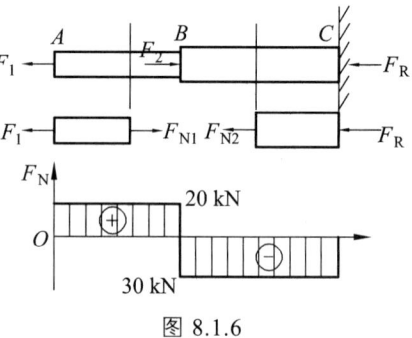

图 8.1.6

（2）分段计算轴力

设 AB 与 BC 段的轴力均为拉力，并分别用 F_{N1} 与 F_{N2} 表示，则可知

$$F_{N1} = F_1 = 20 \text{ kN}$$

$$F_{N2} = -F_R = -30 \text{ kN}$$

（3）画轴力图

$$|F_N|_{max} = 30 \text{ kN}$$

三、拉压杆的应力

现在研究拉压杆横截面上的应力分布，即确定横截面上各点处的应力。首先观察杆的变形。如图 8.1.7 所示为一等截面直杆，试验前，在杆表面画两条垂直于杆轴的横线 1—1 与 2—2，然后，在杆两端施加一对大小相等、方向相反的轴向载荷 F。从试验中观察到：横线 1—1 与 2—2 仍为直线，且仍垂直于杆件轴线，只是间距增大，分别平移至图示 1′—1′，2′—2′ 位置。

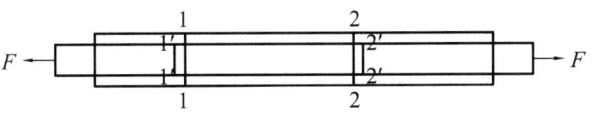

图 8.1.7　等截面直杆

根据上述现象,对杆内变形做如下假设:变形后,横截面仍保持平面且仍与杆轴垂直,只是横截面间沿杆轴相对平移。此假设称为拉压杆的平面假设。对于均匀性材料,如果变形相同,则受力也相同。

由此可见,横截面上各点处仅存在正应力 σ,并沿截面均匀分布。

设杆件横截面的面积为 A,轴力为 F_N,则根据上述假设可知,横截面上各点处的正应力均为

$$\sigma = F_N/A$$

或

$$\sigma = F/A$$

上式已为试验所证实,适用于横截面为任意形状的等截面拉压杆。

由上式可知,正应力与轴力具有相同的正负符号,即拉应力为正,压应力为负。

【例 2】 在例 1 所示的阶梯形圆截面杆,杆端 AB 与 BC 的直径分别为 $d_1 = 20$ mm,$d_2 = 30$ mm,试计算杆内横截面上的最大正应力。

解:根据例 1 得,杆段 AB 与 BC 的轴力分别为

$$F_{N1} = 20 \text{ kN}, \quad F_{N2} = -30 \text{ kN}$$

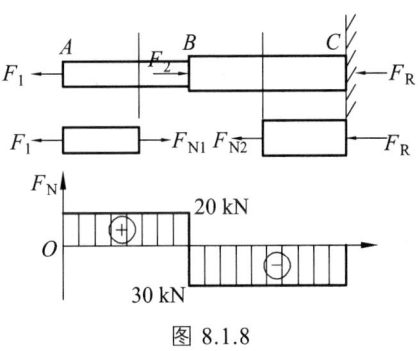

图 8.1.8

AB 段的轴力较小,但横截面面积也较小,BC 段的轴力虽较大,但横截面面积也较大,因此,应对两段杆的应力进行计算。

由 $\sigma = F/A$ 可知,AB 段内任一横截面的正应力为

$$\sigma_1 = F_{N1}/A = 4F_{N1}/\pi d_1^2$$
$$= 4(20 \times 10^3 \text{ N})/\pi(20 \times 10^{-3} \text{ m})^2$$
$$= 6.37 \times 10^7 \text{ Pa} = 63.7 \text{ MPa}（拉应力）$$

而 BC 段内任一横截面的正应力则为

$$\sigma_2 = F_{N2}/A = 4F_{N2}/\pi d_2^2$$
$$= 4(-30 \times 10^3 \text{ N})/\pi(30 \times 10^{-3} \text{ m})^2$$
$$= -4.24 \times 10^7 \text{ Pa} = -42.4 \text{ MPa}（拉应力）$$

可见,杆内横截面上的最大正应力则为

$$\sigma_{max} = \sigma_1 = 63.7 \text{ MPa}$$

四、材料在拉伸与压缩时的力学性能

材料的力学性能,主要指材料受外力作用时,在强度和变形方面所表现出来的性能。此内容在之前任务中已经讲解。

五、拉伸与压缩时的强度计算

1. 许用应力与安全系数

材料丧失正常工作能力时的应力，称为极限应力。通过前面对材料力学性能的研究，可知塑性材料和脆性材料的极限应力分别为屈服点和抗拉强度。为了确保杆件在外力作用下安全可靠地工作，应使它的工作应力小于材料的极限应力，并使杆件的强度留有必要的强度储备。为此，将极限应力除以一个大于1的系数作为杆件工作时允许产生的最大应力，这个应力称为许用应力，用$[\sigma]$表示。

对于塑性材料：$[\sigma] = \dfrac{\sigma_s}{n_s}$

对于脆性材料：$[\sigma] = \dfrac{\sigma_b}{n_b}$

式中　n_s——屈服安全系数；

　　　n_b——断裂安全系数。

确定安全系数的大小是一项很重要的工作，它不仅反映了杆件工作的安全程度和材料的强度储备量，又反映了材料合理使用的情况。安全系数取得过大，浪费材料，且使杆件笨重；取得太小则不安全。所以安全系数的选取涉及安全与经济的问题。对一般杆件常取 $n_s = 1.3 \sim 2.0$，$n_b = 2.0 \sim 3.5$，在具体应用时可查阅机械设计手册。

2. 拉伸与压缩的强度条件

为了保证杆件具有足够的强度，必须使其最大工作应力 σ_{max} 小于或等于材料在拉伸（压缩）时的许用应力$[\sigma]$，即

$$\sigma_{max} = \dfrac{F_N}{A} \leqslant [\sigma]$$

上式称为拉（压）杆的强度条件，是拉（压）杆强度计算的依据。产生最大正应力 σ_{max} 的截面称为危险截面。

式中　F_N——危险截面的轴力；

　　　A——横截面面积。

根据强度条件，就可以解决强度校核、设计截面和确定许可载荷三个方面的问题。

任务拓展与反思

1. 绘制轴力图。

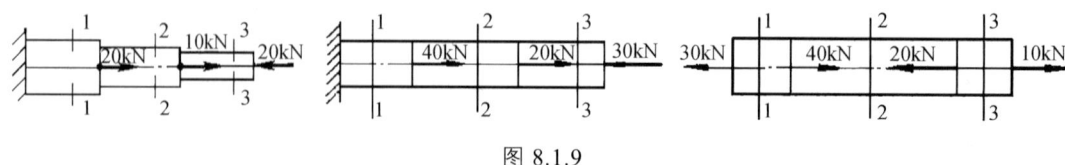

图 8.1.9

2. 如图 8.1.10 所示三角形托架，AC 杆为圆截面杆，直径 $d = 20$ mm，BD 杆为刚性杆，D 端受力为 15 kN。试求 AC 杆的正应力。

3. 图 8.1.11 所示为轴向拉压杆，AB 段横截面面积为 $A_2 = 800 \text{ mm}^2$，BC 段横截面面积为 $A_1 = 600 \text{ mm}^2$。试画出轴力图并求各段的工作应力。

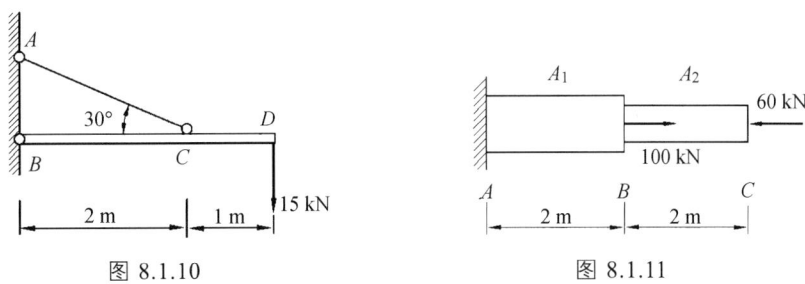

图 8.1.10　　　　　　　　　　图 8.1.11

任务二　剪切与挤压

任务导引

在工程实际中，很多联接构件，如铆钉等，当外力过大时，会出现断裂。此时的联接件是受到了哪些应力的作用呢？

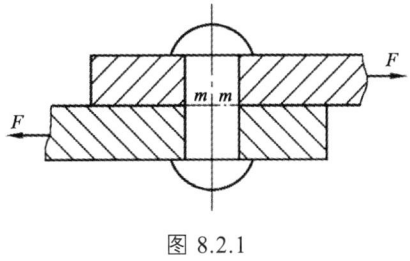

图 8.2.1

任务要求

（1）了解构件剪切变形的形式和特征；
（2）掌握剪切的强度计算。

任务实施

一、剪切的概念

剪床剪钢板是剪切的典型实例［见图 8.2.2（a）］。剪切时，上、下刀刃以大小相等、方向相反、作用线相距很近的两力 F 作用于钢板上，如图 8.2.2（b）所示，使钢板在两力间的截面 m—m 发生相对错动。在工程实际中的许多联接件，如键（见图 8.2.3）、铆钉（见图 8.2.4）等都受到剪切变形，对它们进行受力分析可知其受力特点是：杆件受到一对大小相等、方向相反、作用线平行且相距很近的外力；变形特点是：杆件两力间的截面发生相对错动。发生相对错动的截面（图中的 m—m 截面）称为剪切面，它位于两个反向的外力作用线之间，并与外力平行。

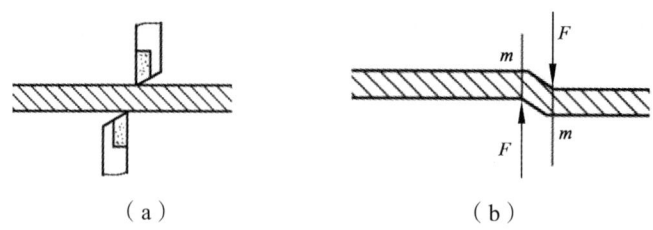

图 8.2.2　剪床剪钢板

二、挤压的概念

在杆件发生剪切变形的同时，往往伴随着挤压变形，如前述的铆钉和键联接，在传递力的接触面上，由于局部承受较大的压力，会出现塑性变形，这种现象称为挤压。发生挤压的接触面称为挤压面。挤压面上的压力称为挤压力。挤压面就是两杆件的接触面，一般垂直于外力作用线。

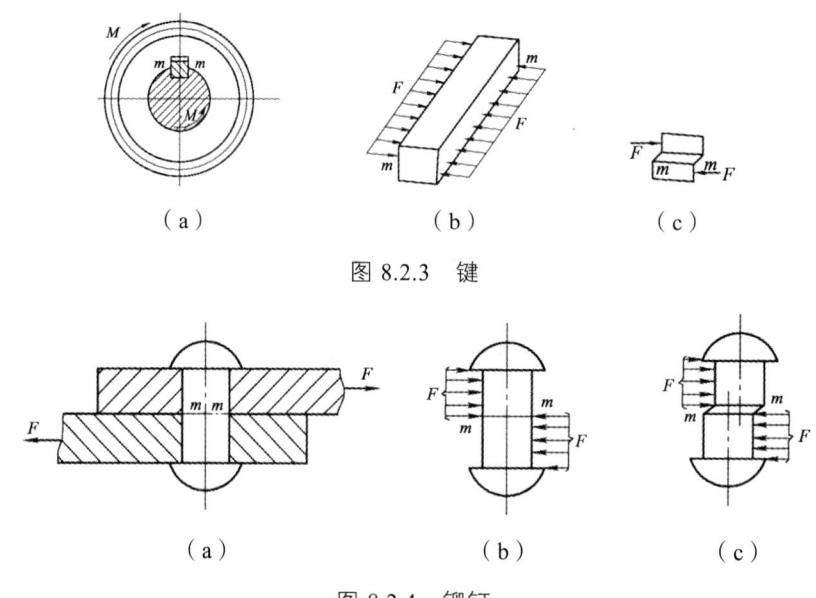

图 8.2.3　键

图 8.2.4　铆钉

三、剪切和挤压的实用计算

在工程上，剪切和挤压的计算都采用实用计算法，即认为剪力在剪切面上的分布和挤压力在挤压面上的分布都是均匀的，并分别建立其强度条件：

（1）抗剪强度条件。

$$\tau = \frac{F_Q}{A} \leqslant [\tau]$$

式中　F_Q——剪切面上的剪力，N；

A——剪切面的面积，m^2；

$[\tau]$——材料的许用切应力，Pa，可从有关手册中查得。

（2）挤压强度条件。

$$\sigma_{jy} = \frac{F_{jy}}{A_{jy}} \leq [\sigma_{jy}]$$

式中 F_{jy}——挤压面上的挤压力，N；

A_{jy}——挤压面面积，m²；

$[\sigma_{jy}]$——材料的许用挤压应力，Pa，具体数据可从有关手册中查得。

计算挤压面面积时应注意：当挤压面为平面时，挤压面面积为实际接触面的面积；当挤压面为半圆柱面时（如铆钉连接），挤压面面积按半圆柱面的正投影面积计算。

抗剪强度条件和挤压强度条件也可以解决强度校核、设计截面、确定许可载荷这三类问题。值得注意的是，因为挤压变形具有相互性，所以在挤压强度计算中，当连接件和被连接件的材料不同时，应对挤压强度较低的杆件进行强度计算。

任务拓展与反思

1. 什么剪切？
2. 什么是挤压？
3. 剪切和挤压是不是同时发生的？
4. 在生产、生活中哪些构件是产生了剪切变形的？

任务三 弯 曲

任务导引

弯曲变形是工程上常见的一种基本变形。例如机车的轮轴（见图8.3.1）、桥式起重机的横梁（见图8.3.2）等。这类杆件的受力与变形的主要特点是：在杆件轴线平面内受垂直于轴线方向的外力作用，或承受力偶作用，使杆件的轴线由直线变成曲线，这种变形形式称为弯曲变形。凡是以弯曲变形为主的杆件称为梁。

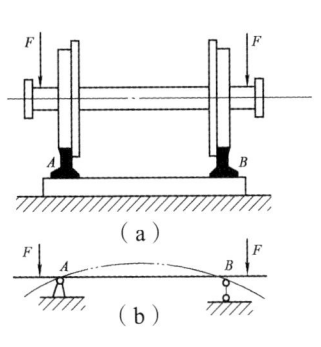

图 8.3.1 机车轮轴

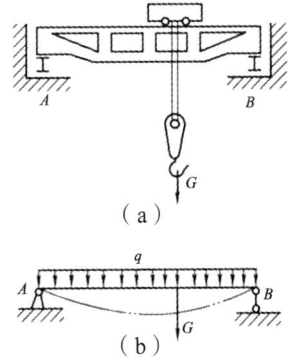

图 8.3.2 桥式起重机的横梁

任务要求

（1）了解构件弯曲变形的形式和特征；
（2）掌握中性层的特点。

任务实施

一、平面弯曲

1. 静定梁的基本形式

作用在梁上的外力包括载荷与支座约束力。仅由平衡方程可求出全部支座约束力的梁称为静定梁,按照支座对梁的约束情况,静定梁有以下三种基本形式:

(1) 简支梁 梁的一端是固定铰链支座,另一端是活动铰链支座[见图 8.3.3 (a)]。
(2) 外伸梁 一端或两端有外伸部分的简支梁[见图 8.3.3 (b)]。
(3) 悬臂梁 一端固定,另一端是自由的梁[见图 8.3.3 (c)]。

梁的两个支座之间的距离 l,称为梁的跨度。

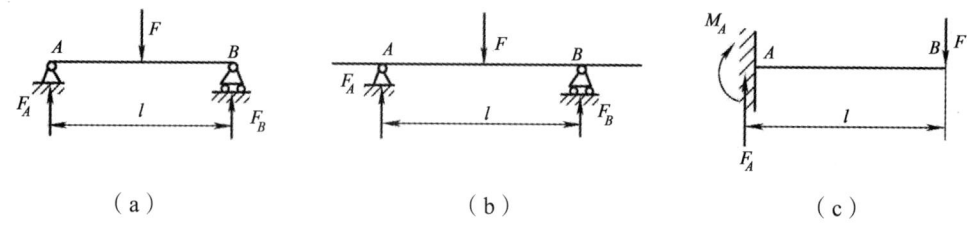

图 8.3.3 静定梁的基本形式

2. 平面弯曲的概念

工程中常见的多数梁,其横截面至少有一根对称轴,如图 8.3.4 所示。截面的对称轴与梁的轴线所确定的平面称为梁的纵向对称平面(见图 8.3.5)。若梁上所有外力(包括外力偶)都作用在梁的纵向对称平面内,则变形后梁的轴线将变成位于纵向对称平面内的一条平面曲线,这种弯曲称为平面弯曲。它是弯曲问题中最简单的一种情况,是本任务内容主要讨论的问题。

图 8.3.4 对称轴

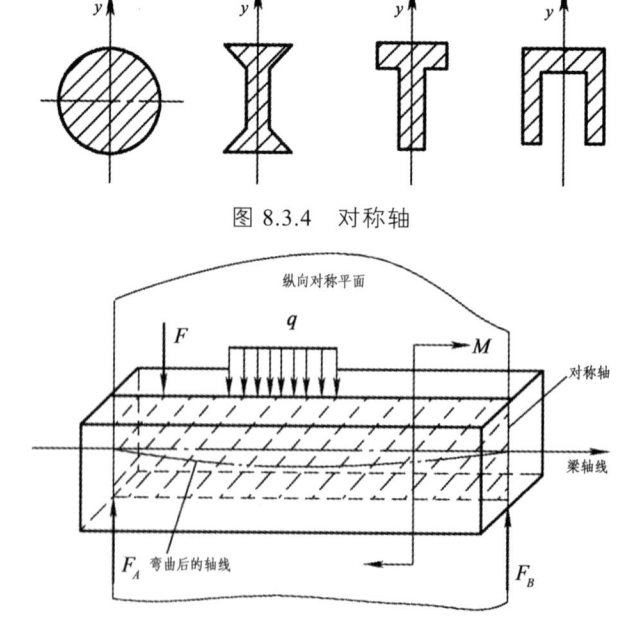

图 8.3.5 纵向对称平面

二、梁横截面上的内力——剪力和弯矩

1. 剪力、弯矩的概念

分析梁横截面上的内力仍用截面法。如图 8.3.6（a）所示简支梁，为确定任一截面 m—n 的内力，我们用截面法沿横截面 m—n 将梁截为左、右两段［见图 8.3.6（a）、（b）］。由于整个梁是平衡的，它的任一部分也应是平衡的。若取左段为研究对象，由其平衡可知在 m—n 截面上必然存在着两个内力分量：

（1）与截面相切的内力分量，称为剪力，用 F_Q 表示。

（2）作用在纵向对称平面内的力偶矩，称为弯矩，用 M 表示。

由平衡方程可计算出 m—n 截面的 F_Q 与 M

$$\sum F y = 0, \quad F_A - F_Q = 0, \quad F_Q = F_A$$
$$\sum M_C(F) = 0, \quad M - F_A x = 0, \quad M = F_A x$$

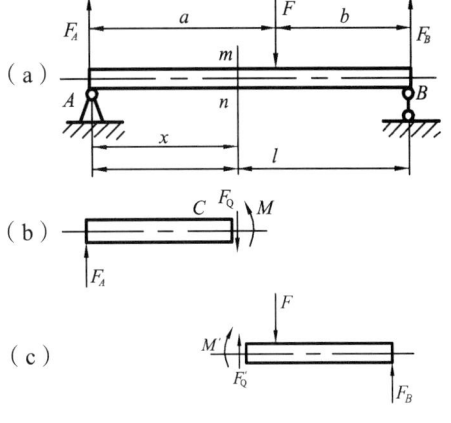

图 8.3.6 截面法

截面 m—n 上的剪力和弯矩，也可取右段为研究对象根据平衡方程求得。显然，取右段所求得的剪力和弯矩与取左段求得的剪力和弯矩大小相等、方向相反，它们是作用与反作用的关系［见图 8.3.6（b）、（c）］。

为使取左段梁和右段梁求得的同一横截面上的剪力与弯矩符号相同，根据梁的变形情况，对剪力和弯矩的正负号规定如下：以某一截面为界，左右两段梁发生左上右下的相对错动时，该截面上的剪力为正，反之为负（见图 8.3.7）；使某段梁弯曲呈上凹下凸状时，该横截面上的弯矩为正，反之为负（图）。

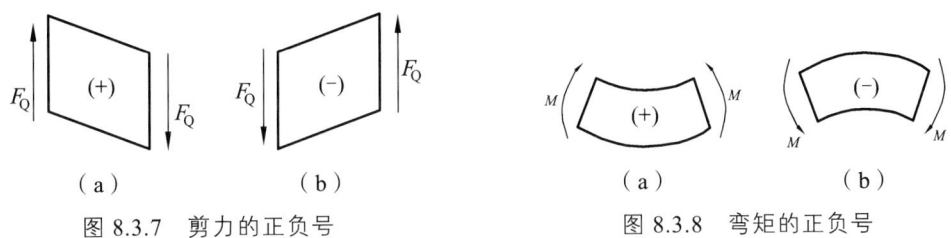

图 8.3.7 剪力的正负号　　　　图 8.3.8 弯矩的正负号

2. 计算剪力和弯矩的简捷法

截面法是计算剪力和弯矩的基本方法，在这一方法的基础上，可引出直接由梁的外力求截面上的剪力和弯矩的方法，即简捷法：

（1）梁任一横截面上的剪力等于截面一侧（左侧或右侧）所有外力的代数和，即 $F_Q = \sum F$。

其中，截面左侧向上的外力或截面右侧向下的外力，在该截面上产生正的剪力。因此可概括为"左上右下，剪力为正"；反之，则产生负的剪力。

（2）梁任一截面上的弯矩等于截面一侧（左侧或右侧）所有外力（包括外力偶）对该截面形心力矩的代数和，即 $M = \sum M_C$。其中，截面左侧对截面形心顺时针的力矩或截面右侧对

截面形心逆时针的力矩，在该截面上产生正的弯矩。因此可概括为"左顺右逆，弯矩为正"；反之，则产生负的弯矩。

三、剪力图和弯矩图

根据剪力方程和弯矩方程画剪力图和弯矩图：

一般情况下，梁横截面上的剪力和弯矩是随截面位置而发生变化的，若以梁的轴线为 x 轴，表示横截面的位置，则梁上各横截面的剪力和弯矩都可以表示为 x 的函数，即

$$F_Q = F_Q(x) \quad M = M(x)$$

上述两式即为剪力和弯矩随截面位置变化的函数关系式，分别称为剪力方程和弯矩方程。梁的剪力和弯矩随截面位置变化的图像，分别称为剪力图和弯矩图。值得注意的是：在列剪力方程和弯矩方程时，应根据梁上载荷的分布情况分段进行，集中力（包括支座反力）、集中力偶的作用点和分布载荷的起、止点均为分段点。利用剪力图和弯矩图很容易确定梁的最大剪力和弯矩，找到危险截面的位置，以便进行梁的强度计算。

四、纯弯曲时梁横截面上的正应力

一般情况下，梁的横截面上既有弯矩，又有剪力，这种弯曲称为横力弯曲。若梁的横截面上只有弯矩而无剪力，称为纯弯曲。

1. 中性层与中性轴

如图 8.3.9 所示为矩形截面梁，在其两端受到两个力偶的作用发生纯弯曲变形。观察纯弯曲梁的变形，可以发现凹边的纵向纤维层缩短，凸边的纵向纤维层伸长。由于变形的连续性，因此其间必有一层既不伸长也不缩短的纵向纤维层，称为中性层。中性层与横截面的交线称为中性轴，即如图 8.3.9 所示的 z 轴。可以证明，中性轴必过梁横截面的形心且与纵向对称平面垂直；由于中性轴位于中性层上，故中性轴是横截面上伸长区域与缩短区域的分界线。

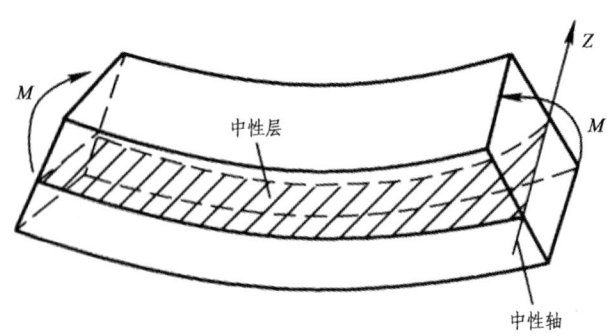

图 8.3.9 中性层与中性轴

2. 梁横截面上正应力的分布规律

梁横截面上正应力的分布规律如图 8.3.10 所示。其规律可总结如下：

（1）纯弯曲变形时，梁的横截面上只有正应力，没有切应力。

（2）梁横截面上正应力的大小沿梁的高度呈线性分布，中性轴上各点（$y=0$）的正应力为零，与中性轴等距的各点正应力相等，离中性轴最远的点正应力最大。

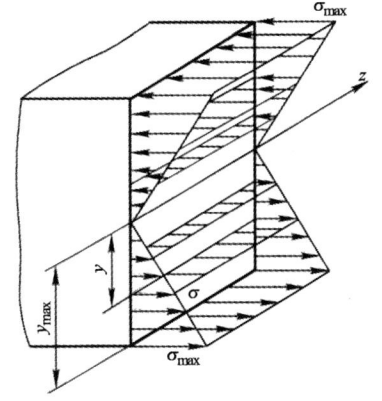

图 8.3.10　梁横截面上的正应力分布规律

3. 正应力计算公式

可以推导出纯弯曲梁横截面上任一点正应力的计算公式为

$$\sigma = \frac{M y}{I_z}$$

式中　σ——横截面上任一点的弯曲正应力，Pa；

　　　M——横截面上的弯矩，N·m；

　　　y——欲求应力的点到中性轴的距离，m；

　　　I_z——横截面对中性轴 z 的惯性矩，m⁴。

显然，当 $y = y_{max}$ 时，弯曲正应力达到最大值，即

$$\sigma_{max} = \frac{M y_{max}}{I_z}$$

令 $W_z = \dfrac{I_z}{y_{max}}$，则上式可写为

$$\sigma_{max} = \frac{M}{W_z}$$

式中　W_z——抗弯截面系数，m³。

需要指出的是，上述正应力计算公式虽然是由纯弯曲梁的变形导出的，但理论与实验证明，当梁的跨度与横截面的高度之比大于 5（$l/h > 5$）时，只要材料在弹性范围内，上述公式也适用于横力弯曲的情况。

任务拓展与反思

1. 我们为什么要分析弯曲变形？
2. 什么是弯矩？
3. 什么是剪力？
4. 什么是纯弯曲？
5. 中性层有什么特点？

任务四 扭 转

任务导引

工程实际中,有很多杆件是承受扭转作用而传递动力的。例如,用于钻孔的钻头[见图 8.4.1（a）],汽车转向轴[见图 8.4.2（b）]以及传动系统的传动轴 AB[见图 8.4.1（c）]等均是扭转变形的实例,它们都可简化为如图 8.4.1（d）所示的计算简图。从计算简图可以看出,杆件扭转变形的受力特点是：在与杆件轴线垂直的平面内受到若干个力偶的作用。其变形特点是：杆件的各横截面绕杆轴线发生相对转动,杆轴线始终保持直线。

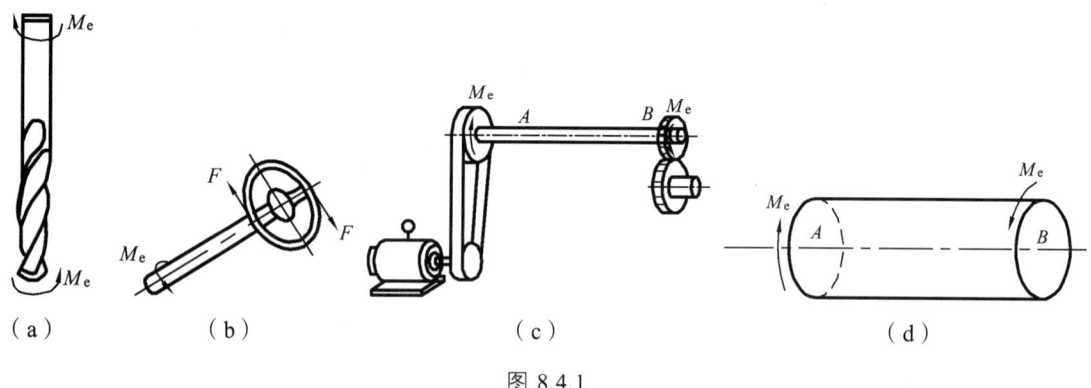

图 8.4.1

任务要求

（1）了解构件扭转变形的形式和特征；
（2）会画扭矩图。

任务实施

一、扭转的概念

工程上常将以扭转变形为主的杆件称为轴。机械中的轴,多数是圆截面和圆环形截面,统称为圆轴。本任务内容只研究圆轴的扭转变形。

二、圆轴外力偶矩的计算

工程中的传动轴通常不直接给出外力偶矩,只给出其转速和所传递的功率,则外力偶矩的计算公式为

$$M_e = 9550 \frac{P}{n}$$

式中　M_e——外力偶矩,N·m；
　　　P——轴传递的功率,kW；
　　　n——轴的转速,r/min。

三、扭矩和扭矩图

1. 扭矩

如图 8.4.2（a）所示，圆轴在一对大小相等、转向相反的外力偶矩 M_e 的作用下产生扭转变形，此时横截面上就产生了抵抗变形和破坏的内力，我们可用截面法把它显示出来，如图 8.4.2(b)、(c)所示。取左段为研究对象，由平衡关系可知，扭转时横截面上内力合成的结果必定是一个力偶，这个内力偶矩称为扭矩，用符号 T 表示。由平衡条件

$$T - M_e = 0$$

得

$$T = M_e$$

若取右段为研究对象，同样可求得 T，它们大小相等、转向相反，是作用力偶矩和反作用力偶矩的关系。为了使不论取左段还是取右段求得的扭矩大小、符号都一致，对扭矩的正负号规定如下：按右手螺旋法则，四指顺着扭矩的转向握住轴线，则大拇指的指向离开截面时为正；反之为负 [见图 8.4.2（c）]。

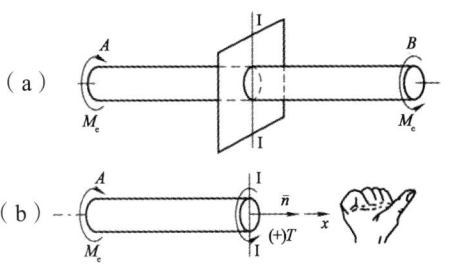

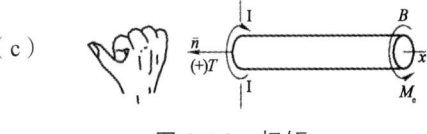

图 8.4.2　扭矩

2. 扭矩图

为了形象地表示各截面扭矩的大小和正负，常需画出扭矩随截面位置变化的图像，这种图像称为扭矩图。取平行于轴线的横坐标 x 表示各截面的位置，垂直于轴线的纵坐标 T 表示相应截面上的扭矩，正扭矩画在 x 轴的上方，负扭矩画在 x 轴的下方 [见图 8.4.3（d）]。

当轴受多个外力偶作用时，由平衡条件可得计算扭矩的简捷方法：

圆轴任一截面的扭矩等于该截面一侧（左侧或右侧）轴段上所有外力偶矩的代数和。按右手定则，四指表示外力偶矩的转向，圆轴左侧截面以左大拇指指向左或圆轴右侧截面以右大拇指指向右的外力偶矩，在截面上产生正的扭矩，简称为"左左右右，扭矩为正"；反之，则产生负的扭矩。

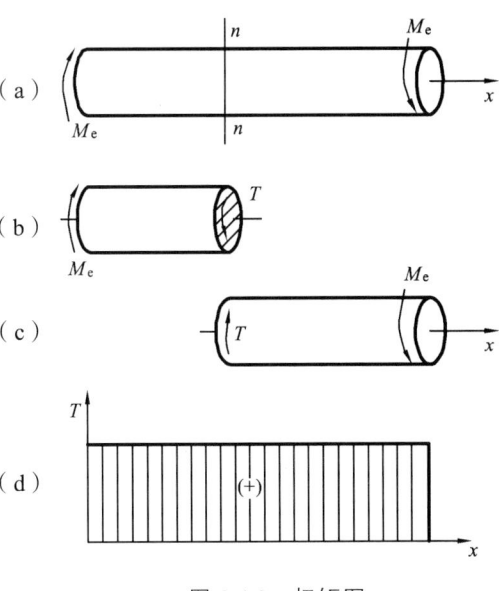

图 8.4.3　扭矩图

四、圆轴扭转时横截面上的切应力

通过实验和理论推导得知：圆轴扭转时横截面上只产生切应力，而横截面上各点切应

力的大小与该点到圆心的距离 ρ 成正比，方向与过该点的半径垂直。圆心处切应力为零，在圆轴表面上各点的切应力最大，如图 8.4.4 所示，并且可以得出横截面上任一点的切应力公式为

$$\tau_p = \frac{T\rho}{I_p}$$

式中　T——横截面上的扭矩，N·m；
　　　I_p——横截面对圆心的极惯性矩，m⁴；
　　　ρ——横截面上任一点到圆心的距离，m。

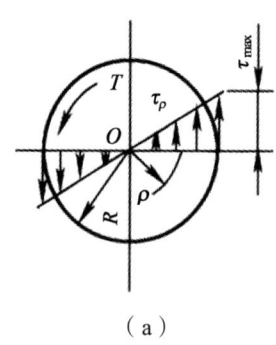 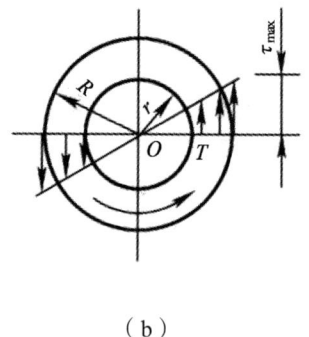

（a）　　　　　　　　　　（b）

图 8.4.4　切应力

显然，当 $\rho = R$ 时，切应力最大，即

$$\tau_{max} = \frac{TR}{I_p}$$

令 $W_p = I_p/R$，于是上式可改写为

$$\tau_{max} = \frac{T}{W_p}$$

式中　W_p——抗扭截面系数，m³。

截面的惯性矩 I_p 和抗扭截面系数 W_p 都是与截面形状和尺寸有关的几何量。工程中承受扭转变形的圆轴常采用实心圆轴和空心圆轴两种形式，其横截面如图 8.4.5 所示。

它们的 I_p 和 W_p 的计算公式分别为

（1）实心圆轴

$$I_p = \frac{\pi D^4}{32} \approx 0.1 D^4$$

$$W_p = \frac{I_p}{R} = \frac{\pi D^3}{16} \approx 0.2 D^3$$

式中　D——轴的直径，m 或 mm。

（2）空心圆轴

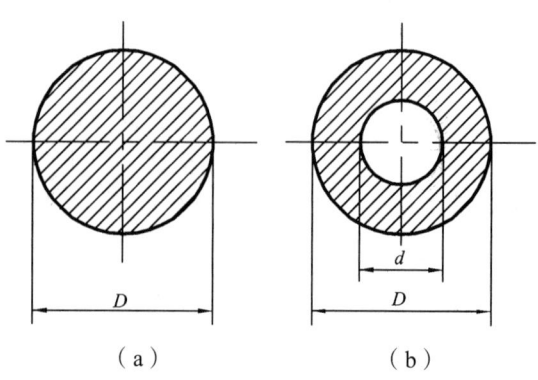

（a）　　　　（b）

图 8.4.5　横截面图

$$I_p = \frac{\pi D^4}{32} - \frac{\pi d^4}{32} = \frac{\pi D^4}{32}(1-\alpha^4) \approx 0.1D^4(1-\alpha^4)$$

$$W_p = \frac{\pi D^3}{16}(1-\alpha^4) \approx 0.2D^3(1-\alpha^4)$$

式中　D——空心圆轴的外径，m；
　　　d——空心圆轴的内径，$\alpha = d/D$。

五、圆轴扭转时的强度条件

为了保证受扭圆轴能正常工作，应使圆轴内的最大工作切应力不超过材料的许用切应力。所以，抗扭强度条件为

$$\tau_{max} = \frac{T}{W_p} \leqslant [\tau]$$

式中　T——圆轴危险截面（产生最大切应力的截面）上的扭矩；
　　　W_p——危险截面的抗扭截面系数；
　　　$[\tau]$——为材料的许用切应力，根据扭转实验确定，可从有关设计手册中查得。
在静载荷作用下它与材料的许用拉应力$[\sigma]$之间存在如下关系

塑性材料 $[\tau] = (0.5 \sim 0.6)[\sigma]$

脆性材料 $[\tau] = (0.8 \sim 1.0)[\sigma]$

应用圆轴扭转的强度条件可以进行强度校核、设计截面、确定许可载荷三类问题的计算。

任务拓展与反思

1. 图 8.4.6 所示圆轴受外力偶作用，其外力偶矩分别为：$M_A = 3\,342\text{ N}\cdot\text{m}$，$M_B = 1\,432\text{ N}\cdot\text{m}$，$M_C = M_D = 955\text{ N}\cdot\text{m}$，试绘出该圆轴的扭矩图。

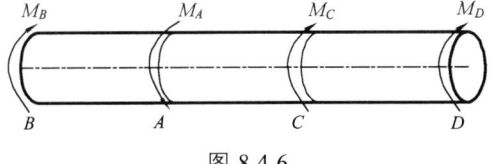

图 8.4.6

2. 作出图 8.4.7 中各杆的扭矩图。

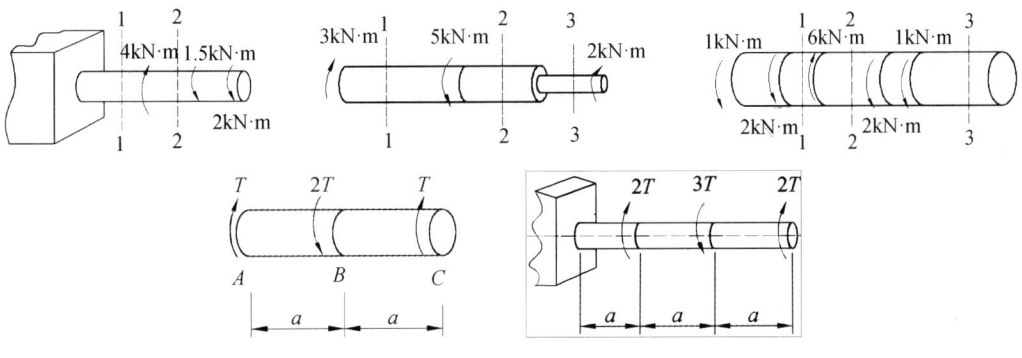

图 8.4.7

3. 如图 8.4.8 所示的传动轴做匀速转动，轴上装有 5 个轮子，主动轮 2 的输入功率为 65 kW，从动轮 1、3、4、5 依次输出的功率为 20 kW、12 kW、25 kW 和 8 kW，轴的转速 n = 200 r/min。试作该轴的扭矩图。

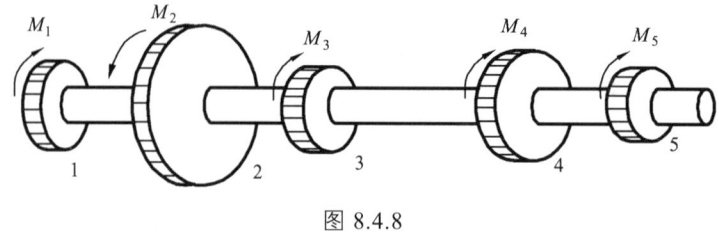

图 8.4.8

任务五 组合变形

任务导引

前面我们学习了拉伸（压缩）、扭转、剪切、弯曲变形。但是在工程中，构件所受到的变形不一定只有一种变形。例如传动轴的变形，转床立柱的变形，都是由几种变形组合而成。

图 8.5.1 各种变形

任务要求

了解构件组合变形的形式和特征。

任务实施

1. 组合变形的概念

构件在荷载作用下发生两种或两种以上的基本变形（拉压、剪切、扭转、弯曲），则构件的变形称为组合变形。

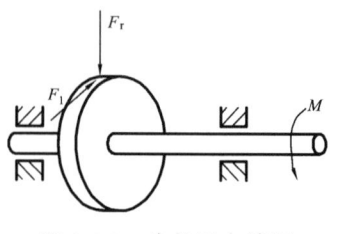

图 8.5.2 齿轮受力情况

2. 拉伸（压缩）与弯曲组合变形的分析与应用

表 8.5.1 拉伸（压缩）和弯曲的组合变形

工程案例	计算简图	外力分析	变形分析	受力特点
简易吊车		横梁 AB 承受的外力有：F_{Ax}、F_{Ay}、F_{Tx}、F_{Ty}、F	（1）F_{Ax} 与 F_{Tx}——使梁 AB 产生压缩变形； （2）F_{Ay}、F_{Tx}、F——使梁 AB 产生弯曲变形。 结论：梁 AB 承受的是压弯组合变形	作用在对称平面内的外力与轴线相交成某一角度
厂房的立柱		厂房建筑中的立柱承受的外力是与轴线不重合 F	（1）F 平移到轴线与轴力 F_N——使立柱产生压缩变形； （2）F 平移到轴线产生的附加力偶矩——使立柱产生弯曲变形。 结论：立柱产生的是压弯组合变形	与构件轴线平行而不重合

3. 圆轴弯曲组合变形的分析与应用

表 8.5.2 圆轴弯曲扭转组合变形

工程案例	计算简图	外力分析	变形分析	受力特点
电动机传动轴		圆轴 AB 承受的载荷有： 外力 $F = F_1 + F_2$； 外力偶矩 $M_e = (F_2 - F_1)D/2$	（1）外力 $F = F_1 + F_2$——使圆轴 AB 产生弯曲变形； （2）外力偶矩 M_e——使圆轴 AB 产生扭转变形。 结论：圆轴 AB 承受的是弯扭组合变形	圆轴同时承受垂直轴线的力和外力偶矩作用
高速公路标志牌		高速公路标志牌立柱承受的外力 F 和外力偶矩 M_e	（1）外力 F——高速公路标志牌立柱产生弯曲变形； （2）力偶矩 M_e——高速公路标志牌立柱产生扭转变形。 结论：立柱产生的是弯扭组合变形	

任务拓展与反思

1. 什么是组合变形？
2. 我们为什么要研究组合变形？

3. 工程中常见的组合变形有哪两种？
4. 实际生活中还有哪些组合变形？

任务六　压杆稳定

任务导引

在前面几章中讨论了杆件的强度和刚度问题。在工程实际中，杆件仅仅满足强度、刚度条件还不能正常工作外，还有一种破坏形式就是失稳。什么叫失稳呢？

任务要求

了解构件弯曲变形的形式和特征。

任务实施

一、压杆失稳的概念

如图 8.6.1 所示，横截面和材料相同的压杆，由于杆的长度不同，其抵抗外力的性质将发生根本的改变。这说明短粗压杆的破坏是强度问题；而细长压杆则是稳定问题。

在实际结构中，对于受压的细长直杆，在轴向压力并不太大的情况下，杆横截面上的应力远小于压缩强度极限，会突然发生弯曲而丧失其工作能力。因此，细长杆受压时，其轴线不能维持原有直线形式的平衡状态而突然变弯这一现象称为丧失稳定，或称失稳。杆件失稳不仅使压杆本身失去了承载能力，而且对整个结构会因局部构件的失稳而导致整个结构的破坏。例如机械中有许多细长压杆，如螺旋千斤顶的螺杆（见图 8.6.2），自卸载重车的液压活塞杆、连杆等。还有，桁架结构中的抗压杆、建筑物中的柱等都是压杆。这类构件除了要有足够的强度外，还必须有足够的稳定性，才能正常工作。

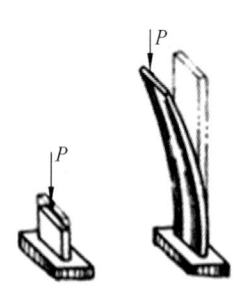

图 8.6.1　不同长度的压杆

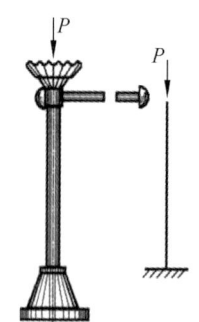

图 8.6.2　螺旋千斤顶的螺杆

因此，对于轴向受压杆件，除应考虑强度与刚度问题外，还应考虑其稳定性问题。所谓稳定性指的是平衡状态的稳定性，亦即物体保持其当前平衡状态的能力。

二、欧拉公式

欧拉公式

三、提高压杆稳定性的措施

提高压杆的稳定性，就是要提高压杆的临界力。从临界力或临界应力的公式可以看出，影响临界力的主要因素不外乎如下几个方面：压杆的截面形状、压杆的长度、约束情况及材料性质等。下面分别加以讨论。

1. 选择合理的截面形状

压杆的临界力与其横截面的惯性矩成正比。因此，应该选择截面惯性矩较大的截面形状。并且，当杆端各方向约束相同时，应尽可能使杆截面在各方向的惯性矩相等。如图 8.6.3 所示的两种压杆截面，在面积相同的情况下，截面（b）比截面（a）合理，因为截面（b）的惯性矩大。由槽钢制成的压杆（见图 8.6.4），有两种摆放形式，如图 8.6.4 所示，（b）比（a）合理，因为（a）中截面对竖轴的惯性矩比另一方向小很多，降低了杆的临界力。

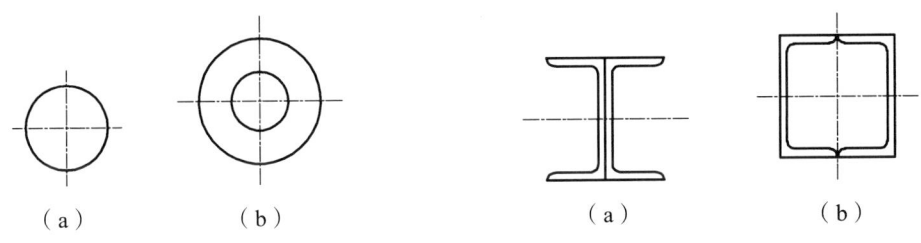

图 8.6.3　不同的压杆截面　　　　图 8.6.4　不同的摆放形式

2. 减小压杆长度

欧拉公式表明，临界力与压杆长度的平方成反比。所以，在设计时，应尽量减小压杆的长度，或设置中间支座以减小跨长，达到提高稳定性的目的。

3. 改善约束条件

对细长压杆来说，临界力与反映杆端约束条件的长度系数 μ 的平方成反比。通过加强杆端约束的紧固程度，可以降低 μ 值，从而提高压杆的临界力。

4. 合理选择材料

欧拉公式表明，临界力与压杆材料的弹性模量成正比。弹性模量高的材料制成的压杆，其稳定性好。合金钢等优质钢材虽然强度指标比普通低碳钢高，但其弹性模量与低碳钢的相差无几。所以，大柔度杆选用优质钢材对提高压杆的稳定性作用不大。而对中小柔度杆，其临界力与材料的强度指标有关，强度高的材料，其临界力也大，所以选择高强度材料对提高中小柔度杆的稳定性有一定作用。

任务拓展与反思

1. 什么是压杆的稳定？
2. 研究压杆的稳定有什么实际的意义？
3. 怎样提高压杆的稳定性？

项目九　常用工具量具、机械设备的使用维护

任务一　常用工具

任务导引

使用工具简化了我们的工作，工具给我们工作带来了便利。在大多数情况下，使用工具使得工作：

- 更容易；
- 效率提高；
- 更快；
- 更精确。

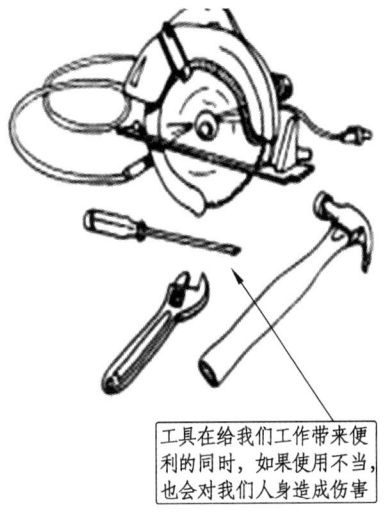

在借助工具的情况下，可以干需要许多人才能完成的工作，以便其他人可以腾出手来干其他的事情。使用工具同样可以保持工作的质量。

然而，使用工具在给我们带来便利的同时也对我们构成了威胁。一些工具的外形很容易戳穿物品或人的皮肤。许多工具有锋利的棱边，它很容易划伤人的皮肤和肉。

还有一些工具很重，它们被设计用来做许多很沉的重物。然而，如果这些工具滑落或绊倒，它可能导致人受伤、甚至骨折。

工具在给我们工作带来便利的同时，如果使用不当，也会对我们人身造成伤害

图 9.1.1

由于我们常常使用手动和电动工具，所以对他们存在的危险熟视无睹。事故可能很快就会发生，导致严重的伤害。

任务要求

在工作和生活中能正确使用工具。

安全使用手动和电动工具
HAND & POWER TOOL SAFETY

图 9.1.2

任务实施

一、通用手动工具

通用手动工具有：榔头、扳手、套筒及附件、螺丝刀、钳子、旋具头。

1. 榔 头

如果发生意外，如何从车内逃出？安全锤应该怎么使用？你会用吗？

每节车厢都有紧急逃生窗，旁边配备了安全锤。在紧急情况时，握住安全锤的把手，敲击紧急逃生窗的红色圆圈提示位置，出口的玻璃涂有特殊涂料，可以避免玻璃破碎时四处溅射和尖角伤人，而且只会向车厢外侧方向倾倒碎裂。高跟鞋跟、钥匙尖或者皮带扣也能临时凑合。

图 9.1.3　安全锤的正确使用方法

"敲击工具"是工作中较为常用的工具。由于它具有一定的重量和大小，使得它很容易造成如打伤手指和刺破皮肤的伤害。

无论什么时候使用这些工具，你都要保持神志清晰和全神贯注。这些常用的敲击工具包括：

- 榔头；
- 凿子；
- 錾子。

使用这些工具会带来这样一个问题：你试图用一个较大和较沉的物体去敲打一个较小的物体。结果，"打空"和"打偏"是常常发生的。

在使用这些"敲击"工具的时候，穿戴好个人劳动保护装备是非常重要的。有时候，戴手套有助于保护手免受伤害。

由于在敲击工具的冲击力作用下会产生许多碎片，所以当你使用这些工具时也要穿戴好护眼装备。有许多安全的眼镜、护目镜和面罩可供你挑选。

不同的工作需要使用不同的榔头。

检修用锤：用带有细长柄的小锤子，根据敲击时的声音和振动来测试螺栓/螺母的松紧度。

图 9.1.4

图 9.1.5 手动工具

2. 螺丝刀

螺丝刀用于拆卸和更换螺钉。其分正负型号（一字形、十字形），取决于尖部的形状。

图 9.1.6 螺丝刀

指导：
（1）使用尺寸合适的螺丝刀，与螺钉的槽大小合适。
（2）保持螺丝刀与螺钉尾端成直线，边用力边转动。
注意：切勿用鲤鱼钳或其他工具过度施加扭矩。这可能刮削螺钉的凹槽或损坏螺丝刀尖头。

普通螺丝刀使用最为频繁。应根据用途选用不同型号的螺丝刀：

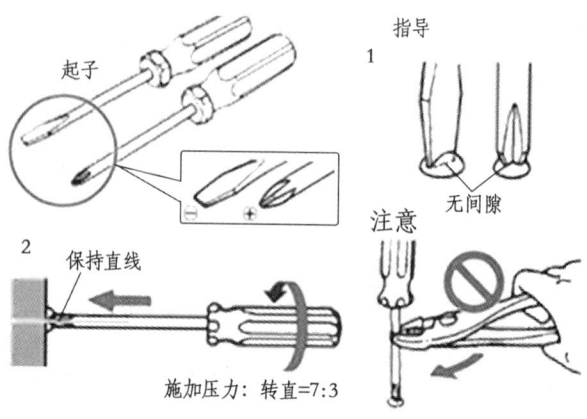

图 9.1.7

1）**穿透螺丝刀**：用于上紧固定螺丝。
2）**短柄螺丝刀**：可用在有限的空间内拆卸并更换螺丝。
3）**方柄螺丝刀**：可用在需要大扭矩的地方。
4）**精密螺丝刀**：可用以拆卸并更换小零件。

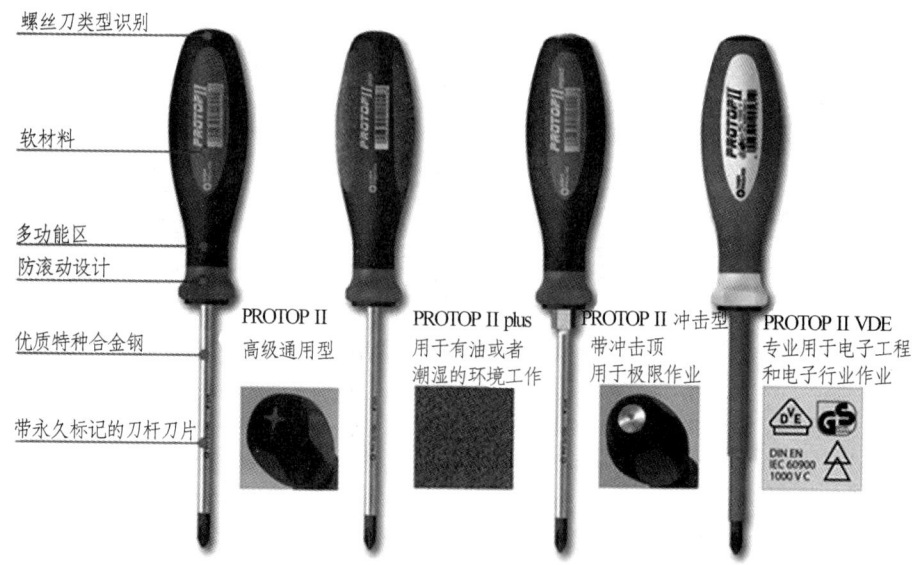

图 9.1.8　螺丝刀类型及用途

3. 扳　手

扳手包括：双开口扳手、双梅花扳手、梅开两用扳手、内六角扳手和活动扳手等。

根据尺寸所采用的制式可分为公制和英制两大系列。

图 9.1.9　扳手

1）内六角扳手

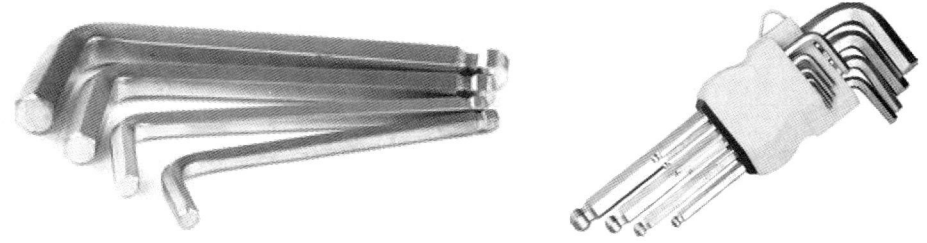

图 9.1.10　内六角扳手

内六角扳手主要用于内六角头螺钉的拧紧与拆卸。

2）可调扳手（又叫活动扳手）

其适用于尺寸不规则的螺栓/螺母或压紧 SST（专用维修工具）。

（1）转动调节螺丝改变钳口尺寸。一个可调扳手可用来代替多个开口扳手。

（2）不适于施加大扭矩。

操作指导：转动调节螺杆，使孔径与螺栓/螺母头部配合完好。

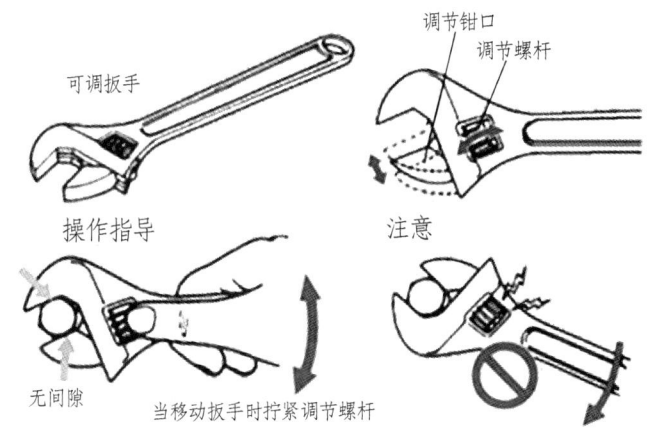

图 9.1.11　活动扳手

注意：使调节钳口在旋转方向上来转动扳手。如果不用这种方法转动扳手，压力将作用在调节螺杆上，使其损坏。

3）开口扳手（双开口扳手）

用在不能用成套套筒扳手或梅花扳手拆除或更换螺栓/螺母的位置。

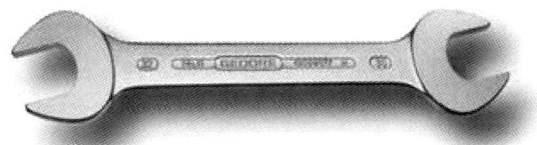

图 9.1.12　双开口扳手

双开口扳手两端开口宽度不同，每把扳手可适用两种规格的六角头或方头螺栓。

（1）扳手钳口以一定角度与手柄相连。这意味着通过转动开口扳手，可在有限空间中进一步旋转。

（2）为防止相对的零件也转动，如在拧松一根燃油管时，用两个开口扳手去拧松一个螺母。

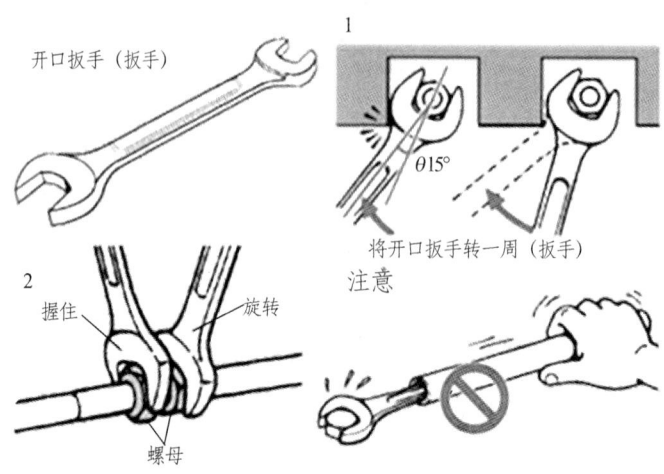

图 9.1.13　开口扳手的使用

（3）扳手不能提供较大扭矩，由此不能用于最终拧紧（*最终拧紧螺栓/螺母）。

注意：不能在扳手手柄上接套管。这会造成超大扭矩，损坏螺栓或开口扳手。

4）梅花扳手

又叫双梅花扳手，用以紧固或拆卸六角头螺栓（螺母），或补充拧紧和类似操作中，其特点是可以对螺栓/螺母施加大扭矩。

（1）因为扳手钳口是双六角形的，可以容易地装配螺栓/螺母。这可以在一个有限空间内重新安装。

（2）由于螺栓/螺母的六角形表面被包住，因此没有损坏螺栓角的危险，并可施加大扭矩。

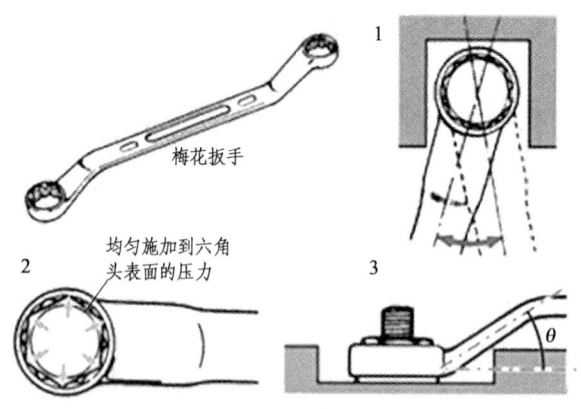

图 9.1.14　补充拧紧

（3）由于轴是有角度的，因此可用于在凹进空间里或在平面上旋转螺栓/螺母。

双梅花扳手由于两端尺寸不同，每把扳手可适用两种规格的六角头螺栓。其特点是承受扭矩大，使用安全，特别适用于地方较狭小，位于凹处、不能容纳双开口扳手的工作场合。

扳手规格指适用的螺栓的六角头对边宽度。

图 9.1.15　双梅花扳手

图 9.1.16　梅开两用扳手

5）梅开两用扳手

一端与开口扳手相同，另一端与梅花扳手相同，两端适用相同规格的螺栓（螺母）。

4. 套筒（成套套筒扳手）

套筒（成套套筒扳手）

5. 钳　子

钳子一般有钢丝钳、尖嘴钳和斜口钳等。

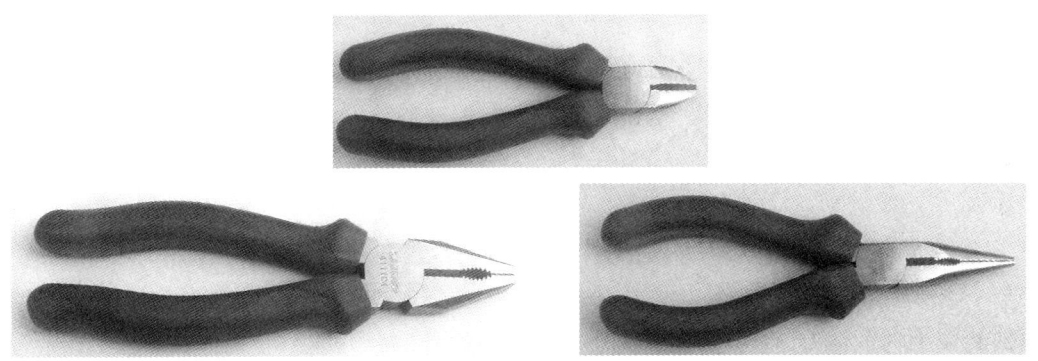

图 9.1.17　钳子的分类

钳子用于夹持或弯折薄片形、圆柱形金属零件及切断金属丝，其旁刃口也可以用于切断细金属丝。

1）尖嘴钳

用在密封的空间里操作或夹紧小零件。

（1）钳子是长而细的，使其适于在密封空间里使用。

（2）包括一个朝向颈部的刀片，可以切割细导线或从电线上去掉绝缘层。

注意：

切勿对钳子头部施加过大的压力。它们可以成 U 字形打开，使其不能用以做精密工作。

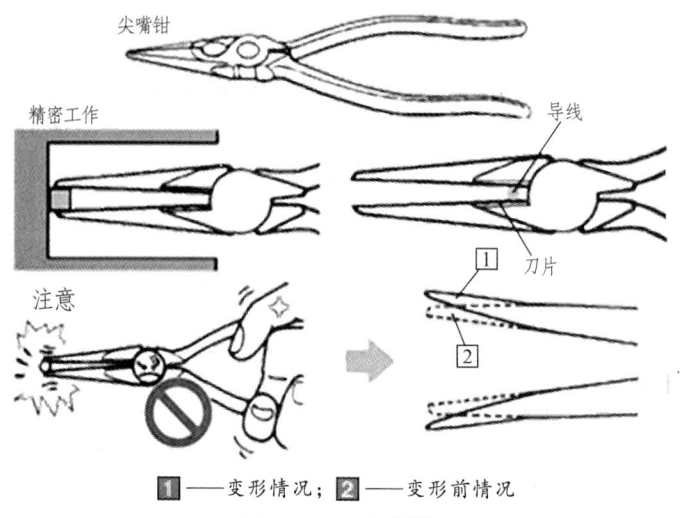

图 9.1.18 尖嘴钳

2）剪　钳

用于切割细导线。

由于刀片尖部为圆形，它可用以切割细线，或者只要选择所需的线从线束中切下。

注意：不能用以切割硬或粗的线，这样做会损坏刀片。

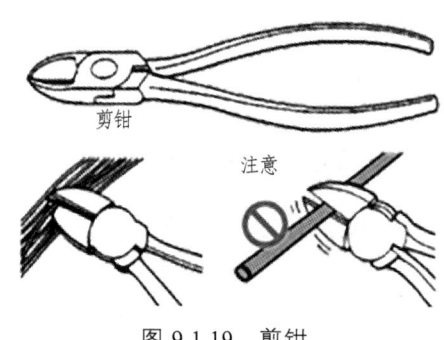

图 9.1.19 剪钳

6. 黄铜棒

防止锤子直接敲击损坏零件所用的的支撑工具。

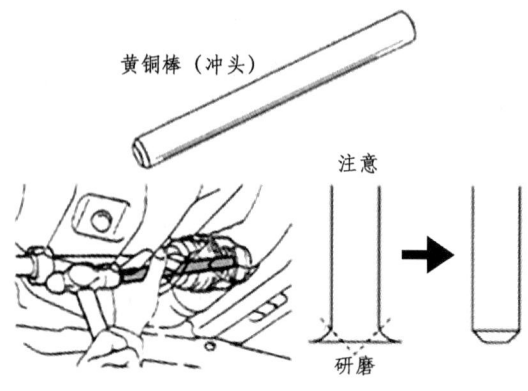

图 9.1.20 黄铜棒

其由黄铜制成，所以不会损坏零件（因为零件变形前它将会变形）。
注意：如果尖头变形，用磨床研磨。

7. 垫片刮刀

用于拆卸气缸盖垫片，液态密封剂，胶粘物以及表面上的其他东西。
注意：
（1）切勿把手放在刀片前。刀片可能会伤害你。
（2）切勿在磨床上把刀片磨得太快，经常在油石上磨刀片。

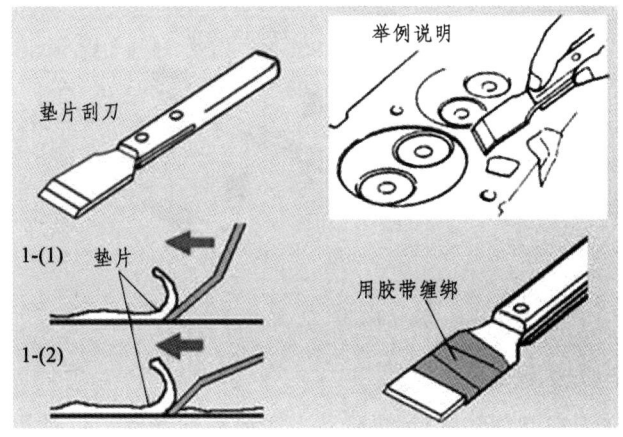

图 9.1.21　垫片刮刀

8. 销冲头

用于拆卸和更换销子并调节销子。
（1）冲头尖端已淬火硬化。
（2）冲头尖端的两个尺寸与所有销配合。
（3）装一个橡胶缓冲垫，确保在敲击时零件不会损坏。
指导：
（1）对销子垂直用力。
（2）也可以将橡胶缓冲垫覆盖在冲头和销上，并且边用力边固定销。

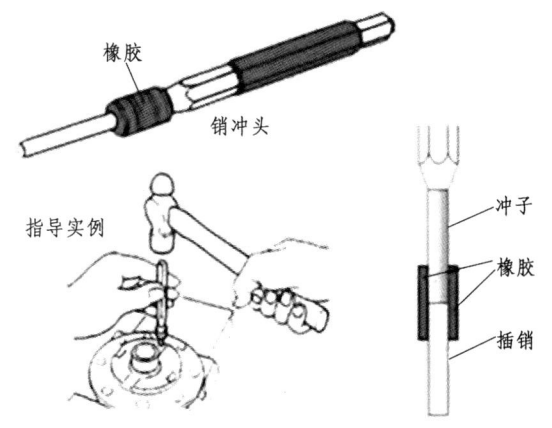

图 9.1.22　销冲头

你会选用工具吗？根据什么来选用工具？怎么选用？

1）根据工作的类型选择工具

为拆下和更换螺栓/螺母或拆下零件，使用成套套筒扳手比较普遍。如果由于工作空间限制不能使用成套套筒扳手，可按其顺序选用梅花扳手或开口扳手。

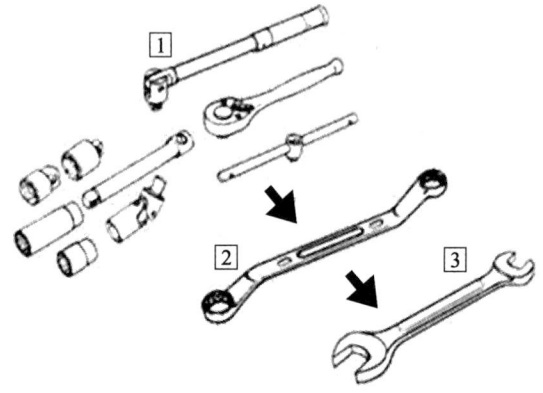

图 9.1.23　工具选择

2）根据工作进行的速度选择工具

套筒扳手的用处在于它能旋转螺栓/螺母而不需要重新调整。这就可以迅速地转动螺栓/螺母，套筒扳手可以根据所装的手柄以各种方式工作。注意：

（1）棘轮手柄适合在狭窄空间中使用。然而，由于棘轮的结构，它不可能获得很高的扭矩。

（2）滑动手柄要求极大的工作空间，但它能提供最快的工作速度。

（3）旋转手柄在调整好手柄后可以迅速工作。但此手柄很长，很难在狭窄空间使用。

3）根据旋转扭矩的大小选用工具

如果最后拧紧或开始拧松螺栓/螺母需要大扭矩，那么使用允许施加大力的扳手。注意：

（1）可以施加的力的大小取决于扳手手柄的长度。手柄越长，得到的扭矩越大（用较小的力）。

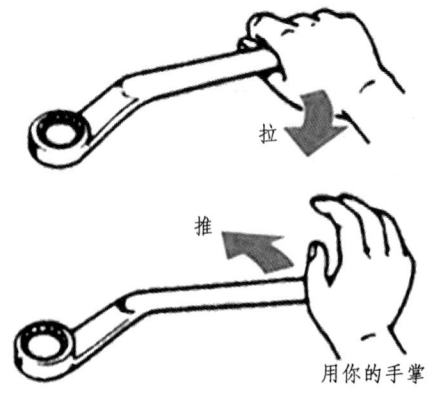

图 9.1.24

（2）如果使用了超长手柄，就有扭矩过大的危险，螺栓有可能折断。

4）操作时的注意事项

（1）工具的大小和应用：确保工具的直径与螺栓/螺母的头部大小合适。使工具与螺栓/螺母完全配合。

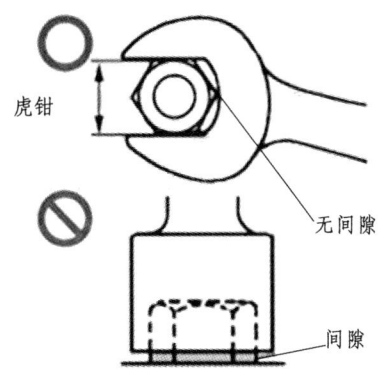
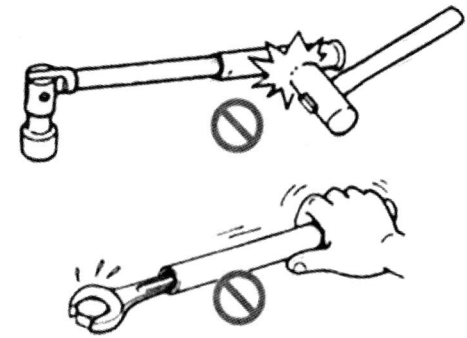

图 9.1.25　正确选择工具大小　　　　图 9.1.26　正确使用工具

（2）用力强度。

始终转动工具，以便拉动它。如果由于空间限制无法拉动工具，用手掌推它。

已经拧的很紧的螺栓/螺母可以通过施加冲击力轻松松开。但是不能使用锤子和管子（用来加长轴）来增加扭矩。

（3）使用扭力扳手。

最后的拧紧，始终用扭力扳手来完成，以便将其拧紧到标准值。

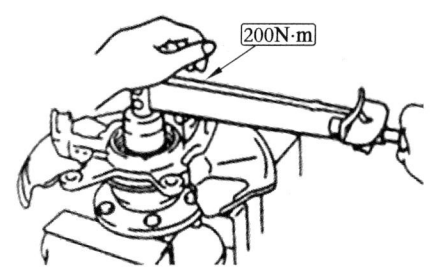

图 9.1.27　扭力扳手的使用

三、手持电动工具

1. 手持电动工具的分类

手持电动工具是劳动中经常使用的工具，其触电事故发生率也非常高。为此，国家标准规定将手持电动工具分为三类：

（1）Ⅰ类手持电动工具额定电压为 220 V 及以上，内部只有一般绝缘，使用时必须加装接零（地）保护和漏电保护器或安全隔离变压器。这类工具外壳一般都是全金属。

（2）Ⅱ类工具虽然额定电压也在 220 V 及以上，但其内部有加强绝缘或双层绝缘，其安全性能优异Ⅰ类工具，但使用时也应采取Ⅰ类手持电动工具所采取的措施。为了区别Ⅰ类工具，Ⅱ类工具的标牌上带有"回"字标记。这类工具外壳一般有金属、非金属两种，但手持部分是非金属的。

（3）Ⅲ类工具则采用安全电压供电，其额定电压最高不超过42 V，安全性能明显优于Ⅰ类工具、Ⅱ类工具。这类工具外壳均为全塑料。

表 9.1.1　不同类别的手持电动工具的特点

类别	安全性	方便性	生产及使用情况
0 类	最差	好	不允许生产
Ⅰ 类	较差	差	不允许生产/但仍在使用
Ⅱ 类	较好	好	大量
Ⅲ 类	最好	差	较少

2. 常用手持电动工具的种类

手持电动工具是携带式电动工具，种类繁多，应用广泛。常用的有手电钻、电锤、角向磨光机、电动剪刀、电动起子、手提电动抛光机、电动铆钉机和手电锯等，如图 9.1.29 所示。

图 9.1.28 常用手持电动工具

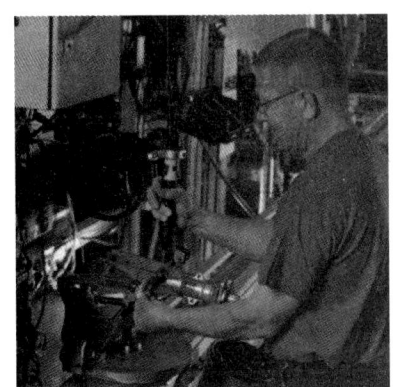

图 9.1.29 电动起子

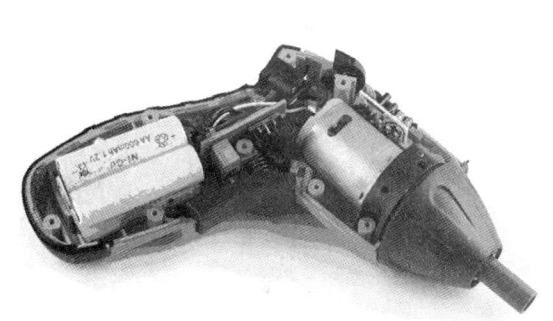

图 9.1.30 手电钻

内燃螺栓扳手，主要用于铁路行业，松紧六角螺母与螺栓，是铺设、检修、更换有轨运输车辆枕轨间六角螺母螺栓紧固件的机具。

图 9.1.31　内燃螺栓扳手的使用

3. 手持电动工具的有关问题

1）手持电动工具的选用

由于手持式电动工具在使用过程中需要经常移动，工作人员经常与之接触，而且多在紧握的情况下使用，所以危险性比较大，使用时应特别注意以下事项：

（1）一般场所选用 II 类工具。如果使用 I 类工具，必须采用漏电保护器和安全隔离变压器。否则必须使用绝缘用具（手套、鞋、垫、台）。

（2）在潮湿场所或在金属构架上进行作业，应选用 II 类或 III 类工具。如果使用 I 工具，必须装设额定漏电动作电流不大于 30 mA、动作时间不超过 0.1 s 的漏电保护器。

（3）在狭窄场所（如锅炉、金属容器、金属管道内等）应选用 III 类工具。如果使用 II 类工具，必须装设额定漏电电流不大于 15 mA、动作时间不超过 0.1 s 的漏电保护器。且安全变压器、漏电保护器必须放在外面，同时有人在外监护。

（4）使用前应检查工具外壳、手柄有无断裂和破损，接零（地）是否正确，导线和插头是否完好，开关工作是否正常灵活，电气保护装置和机械防护装置是否完好，工具转动部分是否灵活。

2）手持电动工具的安全要求

（1）电源开关灵活、牢固，接线无松动。

（2）电源线应采用橡皮护套多股铜芯软线，电缆各部分应保证完好，不得有中间接头，不得破损。

（3）I 类设备应良好的接地或接零措施。

（4）机械防护装置无损伤、变形、松动。

（5）绝缘电阻合格：I 类不低于 2 兆欧，II 类不低于 7 兆欧，III 类不低于 1 兆欧。

图 9.1.32

3）手持电动工具的使用注意事项

（1）使用前应辨认名牌，是否与使用环境相适应。

（2）检查工具的外壳、机械防护装置、插座、插头、电源线有无损坏。

（3）检查电源的电压、相数。

（4）长期不用的工具，使用前检查转动部分是否灵活，然后测试绝缘电阻是否合格。

（5）接通电源时，先对外壳进行验电。

（6）应严格按照操作规程操作。

（7）发生异常情况、立即切断电源。

图 9.1.33

4）手持电动工具的管理

（1）工具必须由具备电气技术和安全知识的人员管理。

（2）工具在发出及收回时必须进行日常检查，定期进行全面检查和试验。

（3）制定安全操作规程，包括使用范围和方法、注意事项、检查项目、防护措施、存放保养要求等。

（4）建立安全技术管理档案，包括使用说明书、合格证、工具台账、检验和维修记录、使用记录等。

图 9.1.34

四、操作规程

在使用电动工具时，作业前的检查应符合下列要求：

（1）外壳、手柄不出现裂缝、破损；

（2）电缆软线及插头等完好无损，开关动作正常，保护接零连接正确牢固可靠；

（3）各部防护罩齐全牢固，电气保护装置可靠。

机具起动后，应空载运转，应检查并确认机具联动灵活无阻，作业时，加力应平稳，不得用力过猛。

严禁超载使用。作业中应注意音响及温升，发现异常应立即停机检查。在作业时间过长，机具温升超过 60 ℃时，应停机，自然冷却后再行作业。

作业中，不得用手触摸刃具、模具和砂轮，发现其有磨钝、破损情况时，应立即停机修整或更换，然后再继续进行作业。机具转动时，不得撒手不管。

以下是几种手动电动工具的操作规程：

（1）手电钻安全操作规范；

（2）电锤安全操作规范；

（3）角向磨光机安全操作规范。

几种手动电动工具的操作规程

五、案例分析

某年 7 月，单位领导派两名实习电工对焊接车间进行线路改造。甲手持电钻站在梯子上往墙上打孔，乙脚穿凉鞋站在地上协助甲（因车间正维修水管线，使地面存有大量积水）。

当甲欲往另一面墙上打孔时，乙将电源线拖过去，手碰到了浸在水中的电源线上的接头，只听"啊"的一声，触电倒地，经抢救无效死亡。

试分析触电原因。

触电原因分析：

（1）由实习电工进行电气作业；

（2）交叉作业，环境恶劣；

（3）工具存在隐患，不允许有接头；

（4）缺乏必要的防护措施。

任务拓展与反思

1. 认识以下工具。

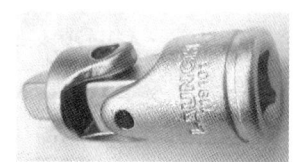
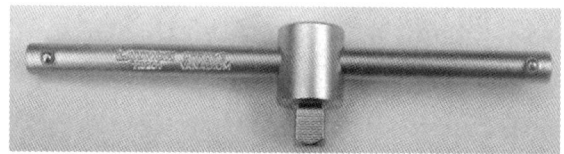

图 9.1.35

2. 想想违章会怎么样？

任务二　常用量具

任务导引

量具是重要的测量工具，包括卡尺、千分尺等，工作的很多时候都要用到量具来测量工程数据。你应该怎样选用量具来进行测量呢？怎样保证所测数据准确呢？

任务要求

（1）学习测量仪器的功能和正确用法。测量仪器都有规定的操作程序。

（2）根据尺寸、位置、零件形状和工作场地选择适合的量具。

（3）测量仪器要放在容易拿到的位置，使用后要放回原来的正确位置。

图 9.2.1

任务实施

在工作生活中所使用的量具有很多，如图 9.2.2 所示。

一般的直尺、角尺、角度仪、高度尺在这里就不叙述了，下面介绍几种常用的量具。

图 9.2.2 生活中常用的量具

一、游标卡尺

1. 作用与结构

游标卡尺可测量长度、外径、内径和深度。

量程：0～150 mm，200 mm，300 mm。测量精度：0.05 mm

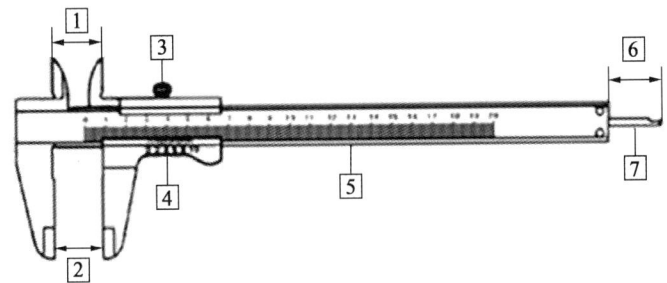

图 9.2.3 游标卡尺

1—内径测量爪；2—外径测量爪；3—止动螺钉；4—游标尺刻度；
5—主要刻度；6—深度测量；7—深度尺

2. 操作指导

（1）在测量前完全合上量爪，并检查卡尺间是否有足够的间隙可看到光；
（2）在测量时，轻轻地移动卡尺，使零件刚好放在量爪间；
（3）一旦零件刚好放在量爪之间，用止动螺钉固定游标尺，以便更方便地读取测量值。

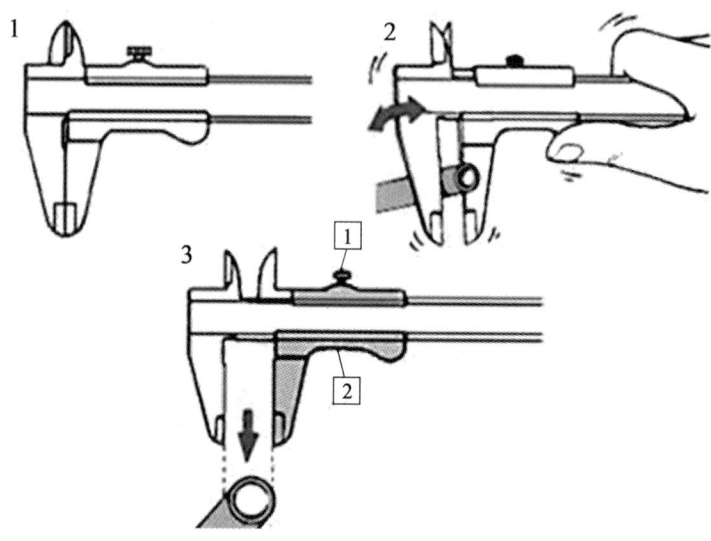

图 9.2.4　游标卡尺操作流程

3. 使用范例

（1）长度测量。
（2）内径测量。
（3）外径测量。
（4）深度测量。

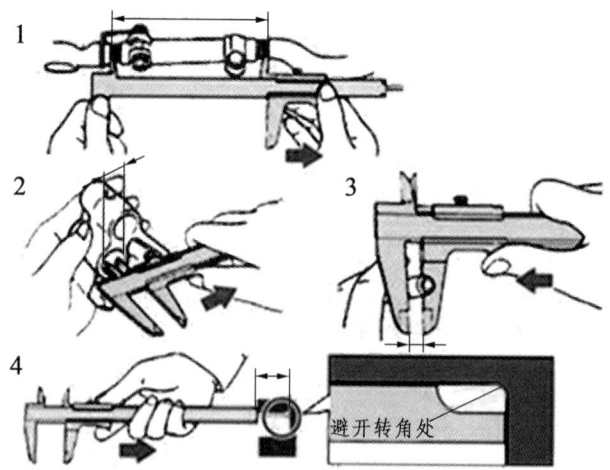

图 9.2.5　游标卡尺的使用

二、测微计（千分尺）

1. 作用与结构

通过计算手柄方向上轴的均衡旋转来测量零件的外径/厚度。

量程 0~25 mm；25~50 mm；50~75 mm；75~100 mm，测量精度：0.01 mm

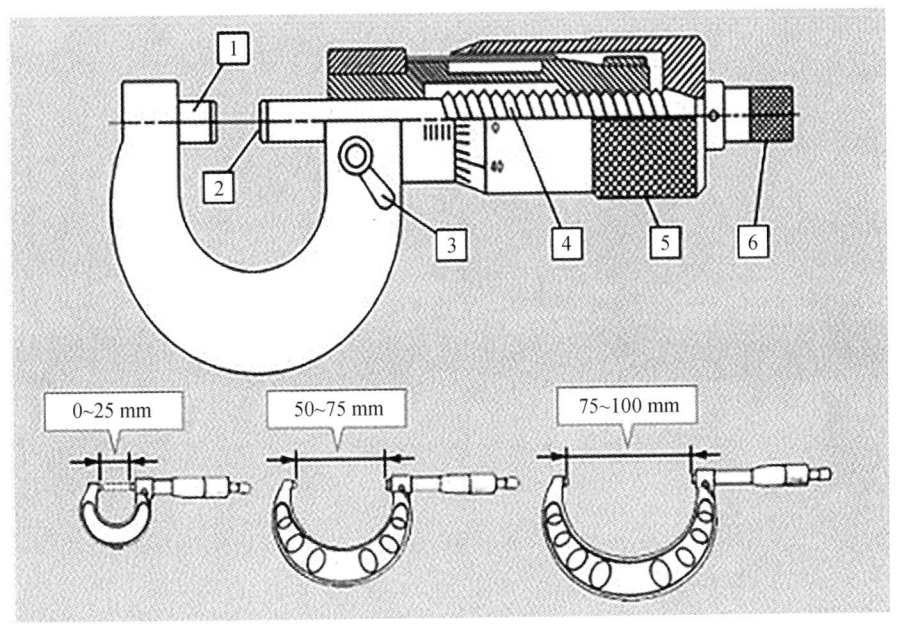

图 9.2.6　千分尺的构造

1—测砧；2—轴；3—锁销；4—螺钉；5—套筒；6—棘轮定位器

图 9.2.7　千分尺实物图

2. 测微计使用指导

（1）零校准。

使用测微计前，检查并确保零刻度已对准。

检查：如果是图 9.2.8(a)所示的 50~75 mm 的测微计，在开口内放置一个标准的 50 mm 校正器，并让棘轮定位器自由转动 2~3 圈。然后，检查套管上的基准线与套筒的零刻度线是否对齐。

（2）调整。

① 如果误差低于 0.02 mm，使锁销啮合以便固定轴。然后，使用调整扳手，以便移动和

调整套管［见图 9.2.8（b）］。

② 如果误差大于 0.02 mm，使锁销啮合以便固定轴。用调整扳手按图 9.2.8（c）中箭头方向松开棘轮定位器。然后，将套筒的零刻度线与套管的基准线对齐。

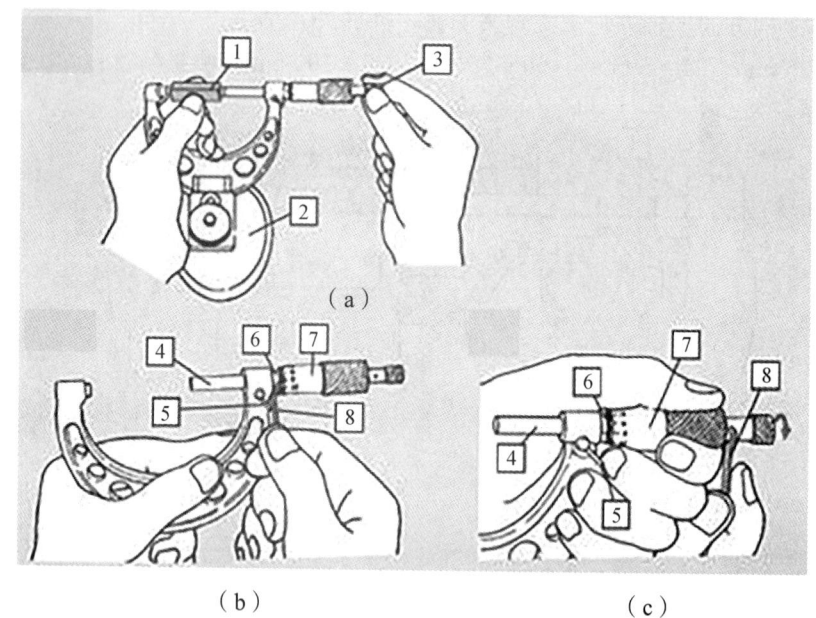

图 9.2.8 测微计的使用

1—50 mm 标准校正器；2—支架；3—棘轮定位器；4—轴；
5—锁销；6—套管；7—套筒；8—调节扳手

（3）测量。

① 将测砧抵住被测物，旋转套筒直到轴轻轻接触被测物。
② 一旦轴轻轻接触被测物，转动棘轮定位器几次并读出测量值。
③ 棘轮止动器使轴施加的压力均匀，当此压力超过规定值时，它便空转。

注意：

① 在测量小零件时，应把测微计固定在支架上。
② 通过移动测微计，寻找可测得正确直径的位置。

三、百分表

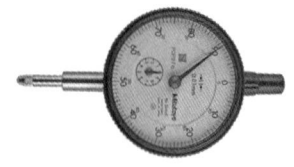

图 9.2.9 百分表

百分表

四、厚度规（又叫塞尺）

（1）用于测量间隙，如汽车的气门或活塞环槽等的间隙。

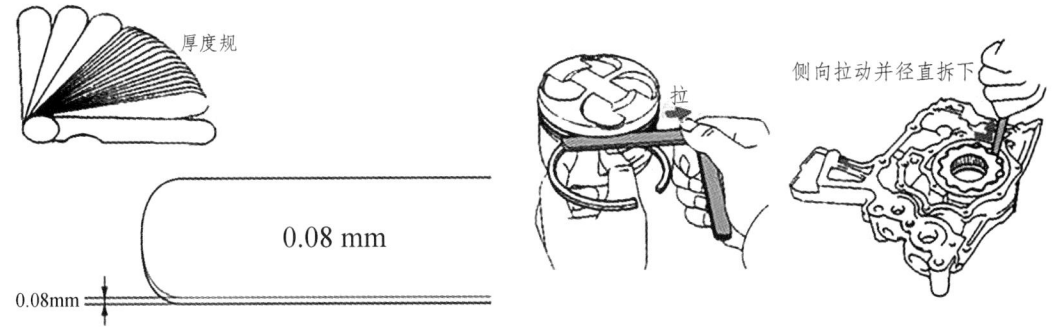

图 9.2.10 厚度规

（2）如果用一个量规不能测量间隙，则用 2 个或 3 个量规的组合测量。将叶片折叠起来，以便尽可能使用最少量的叶片。

注意：为了避免量规顶部弯曲或损坏，切勿强行将其推入待测部位。同时每一片厚度规都很薄，就像是一把十分锋利的刀，使用时一定要注意安全，避免受伤。

五、扭矩扳手（既是工具又是量具）

1. 作用与类型

用以拧紧螺栓/螺母，使其达到规定的转矩。

（1）预置型：通过旋转套筒可预设所要求的扭矩。当螺栓在这些条件下拧紧时，会听到咔嗒声，它表明已达到规定的扭矩。

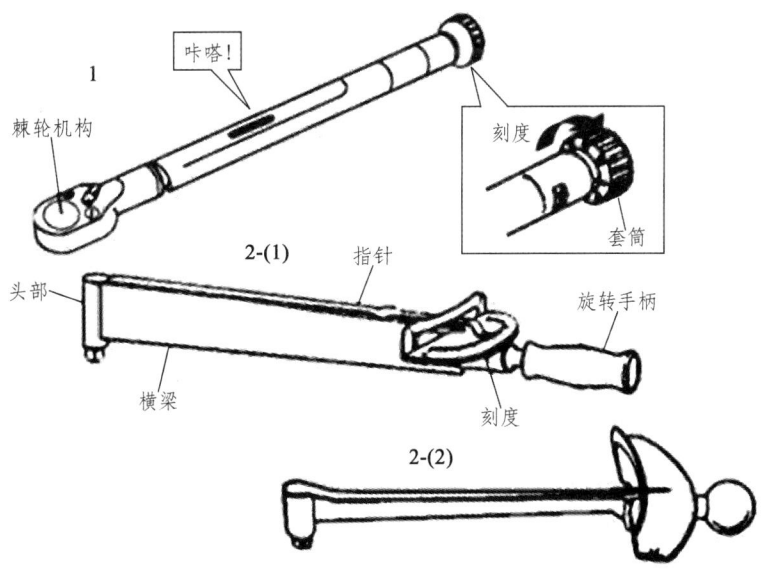

图 9.2.11 扭矩扳手

（2）板簧式。

（3）标准式：转矩扳手通过弯曲梁板，借助作用到旋转手柄上的力进行操作，此梁板由钢板弹簧制成。作用力可通过指针和刻度读出，以便取得规定的扭矩。

（4）小扭矩：最大值约 0.98 N·m，用于测量预负荷。

2. 操作指导

为提高工作效率，保证得到规定的扭矩，操作时按以下流程进行。

（1）预先拧紧：用其他扳手先暂时拧紧螺栓/螺母。

（2）最终拧紧：用扭矩扳手最终拧紧螺栓/螺母，达到规定的扭矩。

六、量具的使用

使用量具进行测量前，要注意检查以下几点：

（1）清洁被测部件和测量仪器。

废物或机油可能导致测量值的误差，测量前应清洁表面。

（2）选择适合的测量仪器。

按照要求的精度水平选择测量仪器。反面示例：用游标卡尺测量活塞外径。

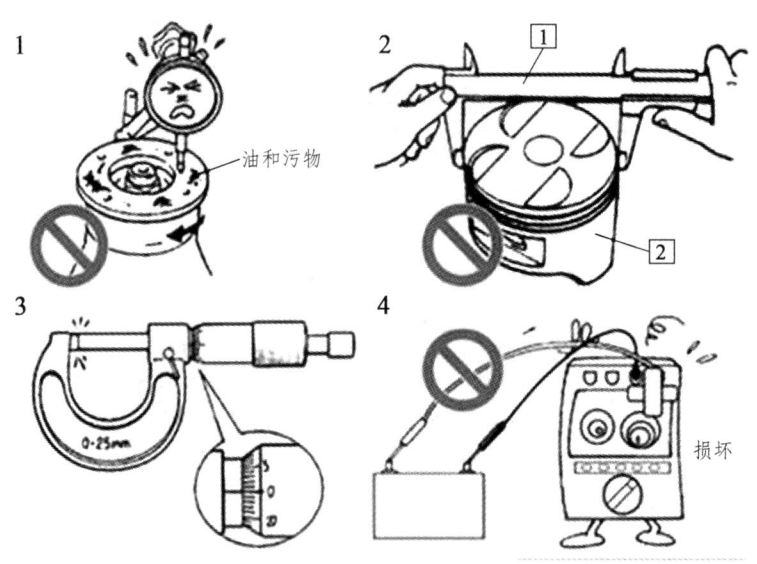

图 9.2.12　量具使用的注意事项

（3）零校准：检查零刻度是否对准其正确的位置，零校准是正确测量的基础。

（4）测量仪器的维修：定期地进行维修和校准，如果坏了切勿使用。

任务拓展与反思

1. 指出图 9.2.13 所示各部分的名称。

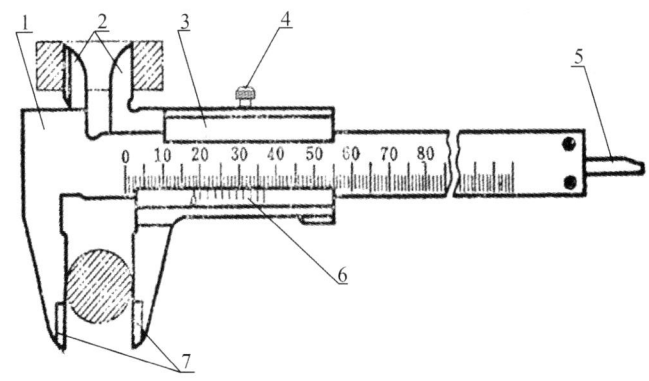

图 9.2.13　游标卡尺

2. 延伸阅读：Bagel Lab 智能测量卷尺，有三种不同的模式来对物体进行测量，分别是拉线测量、滚动测量、激光测量。

图 9.2.14　智能测量卷尺

任务三　机电设备的使用与维护

任务导引

日常生活中你认识多少机器和设备呢？常用设备分类方法有以下几种：

① 按用途分类：可分为生产工艺设备、辅助生产设备、科学研究设备、管理用设备、公用福利设备几大类；也可分为通用设备和专用设备。

② 按管理性质分类：可分为机械、动力、仪器、运输设备等。

③ 按财务管理分类：可分为固定资产和低值易耗设备。

任务要求

认识常用设备的用途、基本结构、使用及维护保养方法。

任务实施

机电设备种类繁多,分类方法也多种多样。按国民经济行业分类与代码、全国工农业产品分类与代码等国家标准的分类方法分类,将机电设备分为通用机械类,通用电工类,通用、专用仪器仪表类,专用设备类四大类。

(1)通用机械类。机械制造设备(金属切削机床、锻压机械、铸造机械等);起重设备(电动葫芦、装卸机、各种起重机、电梯等);农、林、牧、渔机械设备(如拖拉机、收割机、各种农副产品加工机械等);泵、风机、通风采吸设备;环境保护设备;木工设备;交通运输设备(铁道车辆、汽车、摩托车、船舶、飞行器等)等。

(2)通用电工类。电站设备;工业锅炉;工业汽轮机;电机;电动工具;电气自动化控制装置;电炉;电焊机;电工专用设备;电工测试设备;日用电器(电冰箱、空调、微波炉、洗衣机等)等。

(3)通用、专用仪器仪表类。自动化仪表;电工仪表;专业仪器仪表(气象仪器仪表、地震仪器仪表、教学仪器、医疗仪器等);成分分析仪表;光学仪器;试验机;实验仪器等。

(4)专用设备类。

*一、机电设备的分类

机电设备的分类

二、螺旋压力机

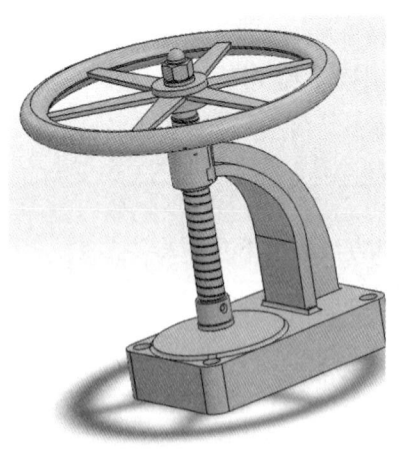 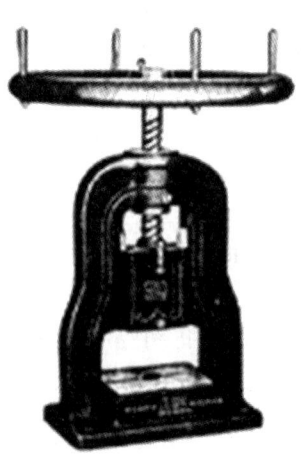 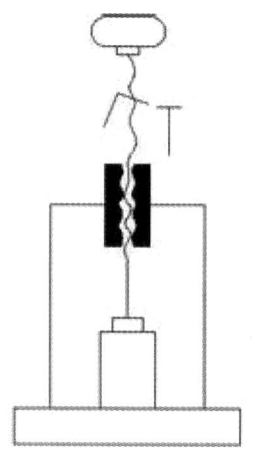

图 9.3.1　螺旋压力机

1. 用　途

用来进行压装、点铆、冲剪等。

2. 基本结构

螺旋压力机由铸件本体、丝杠、丝杠螺母、手轮等组成。

螺旋压力机由于结构、形状不同可分为：

小型螺旋压力机、闭合高度为 40~80 mm、所产生压力为 3 000 N。

中型螺旋压力机、闭合高度为 70~120 mm、所产生压力为 5 000 N。

大型螺旋压力机、闭合高度为 120~230 mm、所产生压力为 8 000 N。

3. 使用

转动手轮，丝杠回转，丝杠螺母带动装配冲头向下移动，完成工作。

4. 维护保养方法

应经常保持丝杠、丝杠螺母的清洁、润滑，保证其旋转灵活、省力。

三、大型压力机

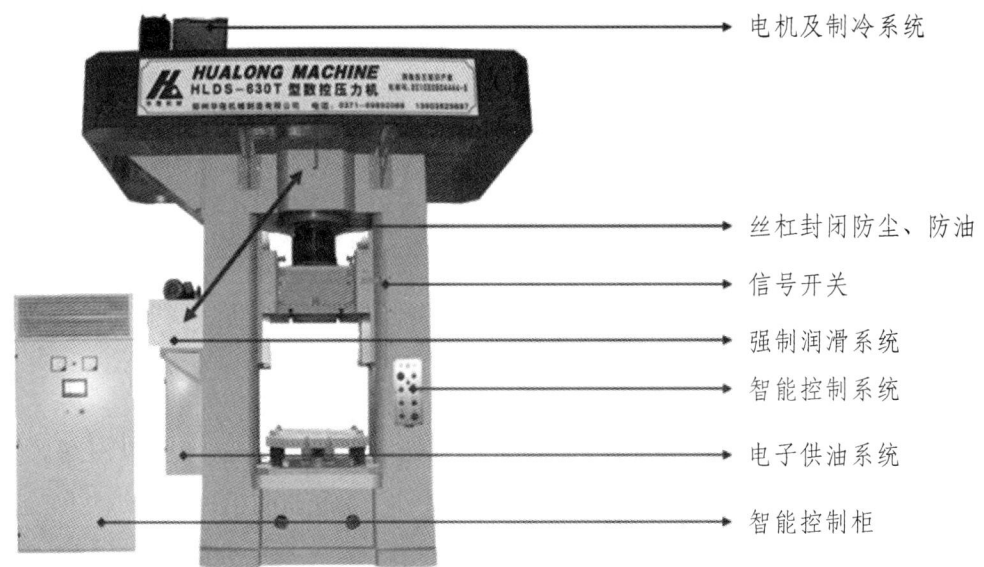

图 9.3.2　大型压力机的组成

1. 用　途

大型压力机属于重型冲压机械设备，适用于金属和非金属等的剪切、冲孔、落料及金属件间的压合、点铆、翻边、环铆等工序的加工。

2. 基本结构

压力机主要由机体、电机、飞轮、离合器、曲轴、滑块、操纵器等部件组成。

3. 使　用

接通电源，电动动力由三角皮带传递给飞轮，通过离合器带动曲轴，使滑块上下运动。冲头安装在滑块上，滑块上下运动带动冲头完成点铆、压合、剪切等工作。电机置于机体背部,可随机体升降。三角带的松紧可进行调整。

图 9.3.3 大型压力机

4. 维护保养方法

应在额定公称力范围内工作;应按设备图表注油,保持润滑,定期调整滑块与导轨之间的间隙,应经常保持模具、机床的清洁,若压力机工作不正常时应立即停止工作,及时进行检修。

四、单工气动压力机

1. 用　途

主要用于金属件与金属件的铆接,非金属易碎件(如塑料、陶瓷、磁性材料等)与金属件的铆接、缩口、翻边、压入等;适用于不宜使用中小型油压机与机械压力机的生产流水线和洁净厂房。

2. 基本结构

单工位气动压力机由气动控制系统、精密电器控制器、内导向气缸、机械部件、机身及其他附件组成。

3. 使　用

接通气源和电源,调节好开口距离、行程、保压时间、使用力和工作速度,在设备上装好上、下模具,并在电器画板上按下"双控"操作开关,需要自动计数时按下"计数开关",在下模上放好工作,按下设备左右侧的控制按钮,即可按调定的压力、速度和保压时间完成一次操作。

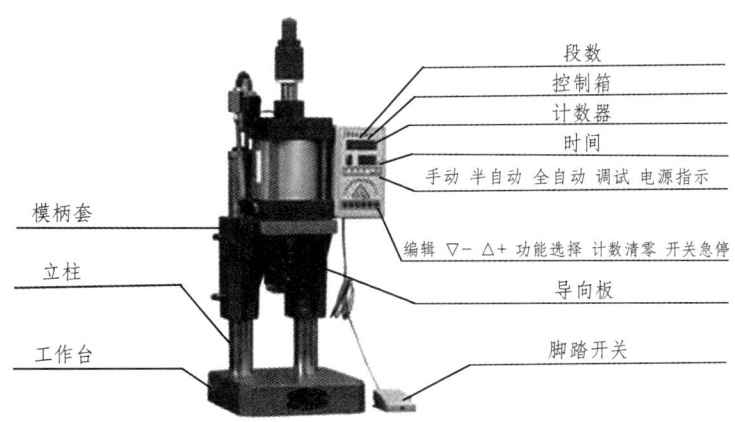

图 9.3.4 气动压力机

该设备输出力为 3.92~9.8 kN，行程使用范围 40~100 mm，每分钟最高工作次数 30 次。

4. 维护保养方法

保持机身干净，按设备图表加油，油杯内油液应保持在油面线上，每天应把活动部分擦干净并加入润滑剂，经常清除滤水器里的积水，以免积水进入内部气路。

五、砂轮机

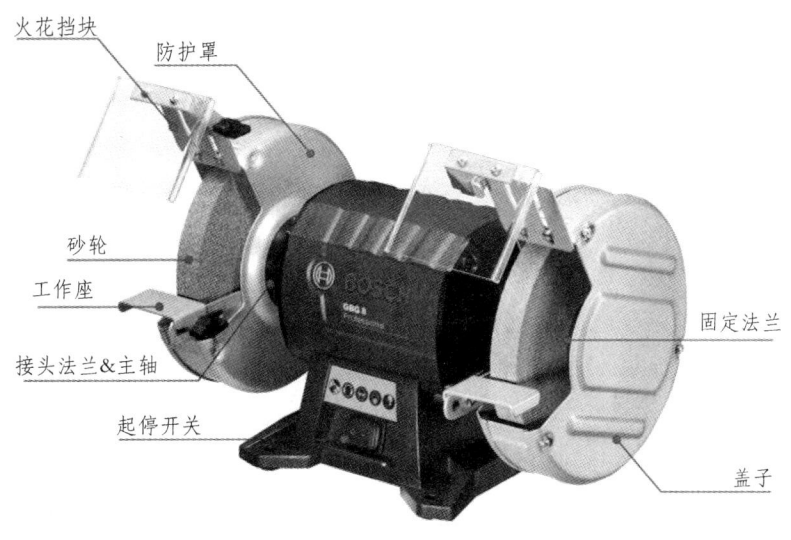

图 9.3.5 砂轮机

1. 使用前准备

使用前应检查砂轮是否完好（不应有裂痕、裂纹或伤残），砂轮轴是否安装牢固、可靠。砂轮机与防护罩之间有无杂物，是否符合安全要求，确认没问题时，佩戴好防护眼镜，再打开砂轮机开关空转 40~60 s，转速稳定后再进行磨削。

2. 使用中注意事项

磨削时的站立位置应与砂轮机成一夹角，且接触压力要均匀，严禁撞击砂轮，以免碎裂，砂轮只限于磨刀具、刃具，不得磨笨重的物料或薄铁板以及软质材料（铝、铜等）和木制品。在同一块砂轮上，禁止两人同时使用，更不准在砂轮的侧面磨削（如需侧面磨削可使用侧磨砂轮机）。

3. 使用后注意事项

（1）必须经常修整砂轮磨削面，当发现磨削物件严重跳动时，应及时用金刚石笔进行修整。

（2）砂轮磨薄，磨小，使用磨损严重时，不准再使用，应及时更换，保证安全。

（3）磨削完毕，应关闭电源，不要让砂轮机空转，同时要应经常清除防护罩内积尘，并定期检修更换主轴润滑油脂。

六、台式钻床

1. 用　　途

台式钻床简称台钻，主要用于装配中需要配钻的零部件。台钻的规格是指所钻孔的最大直径，通常有 6 mm 和 12 mm 等几种规格。

2. 基本结构

台式钻床主要由电动机、立柱、主轴头架、保险环、锁紧装置、工作台、钻夹及钻头、手柄等组成。

3. 使　　用

图 9.3.6　台式钻床

它由电动机经皮带通过宝塔轮传动，可使主轴获得相应的多种转速。机头连同电机和宝塔轮可在立柱上下移动，还可绕立柱轴线任意转动，位置确定后锁紧装置锁定，并由保险环紧靠头架下端面用螺钉锁紧在立柱上，以防头架锁紧失效而突然沿立柱滑下。工作台也可沿立柱上下移动或转动，靠锁紧装置固定在所需位置，同时可在垂直面左右倾斜 35°左右，工作台可根据钻削工作的大小移开，直接放在底座上进行钻口。

4. 维护保养方法

按设备图表加油，保持润滑，经常保持设备各部位的清洁。

七、SS3 型 4000 系电力机车手制动机

1. 用　　途

用手制动机来实现停车制动的。机车较长时间停留在轨道上时，必须对机车采取防溜止

轮措施，避免机车溜逸引发事故，常用的停车制动器主要有手制动机和储能制动器两种。

2. 基本结构

手制动装置主要由手柄、手轮、大、小链轮、丝杆、横竖杠杆、拉杆、弹簧和定位装置等组成，手轮安装在司机室后墙上。

3. 使　用

摇动手制动装置手轮时，手轮带动小链轮、链条、大链轮转动，通过丝杆使横杠杆、拉杆移动，拉杆拉动竖拉杆转动并作用于第二（五）位轮对上的单元制动器手轮上，手轮再推动传动螺母及传动螺杆，传动螺杆推动闸瓦托使闸瓦压在车轮踏面上，产生制动作用。

八、剪式千斤顶

1. 用　途

剪式千斤顶是一种起重设备，主要用于小吨位的汽车的顶起，比如小轿车等。常见的规格有 1 t（吨）、1.5 t（吨）、2 t（吨）、3 t（吨）等。剪式千斤顶英文名称：scissor jacks，又叫支架千斤顶，轻便快捷，是国内各大汽车工厂随车产品。

2. 结构组成

剪式千斤顶，由底座、一对下支承臂、一对上支承臂、鞍座、平面轴承、螺母、摇座、销轴和丝杆组成。一对上支承臂的边内翻成加强筋，其末端成齿轮并啮合，一对下支承臂的边外翻成加强筋，其末端成齿轮并啮合。

图 9.3.7　剪式千斤顶

图 9.3.8　剪式千斤顶

3. 适用范围

适合于机械维修，尤其是小汽车维修使用，稳定可靠、承载能力大。

剪式千斤顶依靠转动丝杠，使得与其相配套的螺母合拢来完成起重工作。转动把手，螺纹轴迫使千斤顶的两臂靠拢，从而将汽车顶起。

4. 使用方法（Method of use）

（1）起重前先将车辆停靠在水平坚硬的路面上，拉上手刹车并阻住车轮，打开危险警告标志。

（2）阻住更换轮胎斜对面的车轮，拧松更换轮的螺母，但切勿拧下。

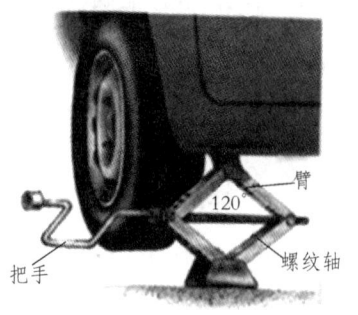 

图 9.3.9　剪式千斤顶的使用

（3）把手柄套入螺杆插孔中，手柄按顺时针方向将千斤顶摇至合适的高度。

（4）把千斤顶置于汽车厂规定的顶升部位下，顺时针转动手柄使千斤顶鞍座与顶升部位接触，检查接触是否安全可靠。

（5）摇动手柄将车辆顶升至合适高度，更换轮胎，拧紧螺母。

5. 注意事项

（1）在用千斤顶去支撑车辆时，严禁入车底作业，必须使用安全支架支撑后，才可进入车底作业。

（2）千斤顶切忌超载使用。

（3）为保证本千斤顶的正常使用，请保持千斤顶螺纹处的清洁及润滑。

6. 千斤顶应用案例

在汽车的维修中，千斤顶发挥了很大作用，图 9.3.10 中分别为剪式千斤顶的实物图和示意图。当摇动把手时，螺纹轴迫使千斤顶的两臂靠拢，从而将汽车顶起。当汽车刚被顶起时，若已知汽车对千斤顶的压力为 4.0×10^4 N，且千斤顶两臂间的夹角恰为 120°，则以下哪个说法正确？

A. 此时两臂受到的压力大小各为 2.0×10^4 N。

B. 此时千斤顶对汽车的支持力为 8.0×10^4 N。

C. 若摇动把手把车继续往上顶，两臂受到的压力将减小。

D. 若摇动把手把车继续往上顶，两臂受到的压力将不变。

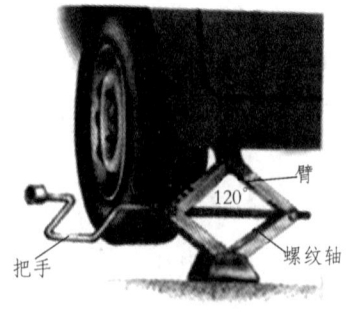 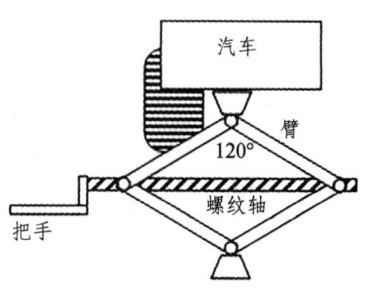

图 9.3.10　剪式千斤顶

答案分析：

千斤顶两臂的支持力和汽车的重力三力合力为零，夹角为120°，所以三个力等大，两臂受到的压力大小各为 $4.0×10^4$ N，A 错；千斤顶对汽车的支持力为 $4.0×10^4$ N，B 错；若摇动把手把车继续往上顶，夹角变小，合力不变，所以每个臂的支持力变小，C 对，D 错。

任务拓展与反思

1. 剪式千斤顶应用了前面所学的哪些零件和结构？
2. 大家讨论以下七种情况可能会发生什么问题？是否安全？我们应该怎么办？
（1）不配戴防护装置。
（2）站立位置错误。
（3）在砂轮片侧面打磨（除侧磨砂轮机）。
（4）用力撞击砂轮片。
（5）在未停机的状态下调整上下挡板间隙。
（6）磨削非金属物体。
（7）工作结束后未关闭电源就清扫现场及设备，擅自离开。

图 9.3.11

任务四　机械设备的拆卸

任务导引

机器在检查和修理时，就需要进行拆卸。拆卸工作对机械设备修理的质量关系极大，如拆卸不当，不仅会造成设备零件的损坏，而且会影响机械设备修理后的精度。你会拆卸机器吗？

任务要求

了解机械设备拆卸的基本方法、步骤及注意事项。

任务实施

若需要解体检查和清洗机器，应按下列要求进行：

（1）审阅机器的装配图、零部件图和说明书，了解机器拆卸解体和装配的技术要求，填写审图记录。

（2）机器的拆卸解体，应按技术文件规定的方法和步骤进行，并正确使用各种工具。

（3）在拆卸过程中，应及时测量拆卸件与有关零、部件的相对位置、尺寸和配合间隙，并做出相应的标识和记录。

（4）拆卸的零部件应分类、标识和妥善保管。

（5）拆卸的零部件，经清洗、检查合格后，应按技术文件的规定进行装配，并符合技术文件的要求。

拆卸安全基本要求：任何机械设备在拆卸前必须切断电源，并挂上"正在修理"的标记牌，以免发生工伤事故。

拆卸的步骤主要有：① 整体→总成→部件→零件或②附件→主机外部→内部→→→

拆卸的常用方法有：击卸法、拉拔法、顶压法、温差法、破坏法。

机械设备的拆卸原则：

一、拆前检查

拆前检查主要是通过检查机械设备静态与动态下的状况，弄清设备的精度丧失程度和机能损坏程度。

（1）机械设备的精度状态主要是指设备运动部件主要几何精度的精确程度。对于金属切削机床来说，它反映了设备的加工性能。对于机械作业性质的设备主要反映了机件的磨损程度。

（2）机械设备的机能状态，是指设备能完成各种功能动作的状态。它主要包括五项内容：

① 传动系统是否运转正常，变速齐全。

② 操作系统动作是否灵敏可靠。

③ 润滑系统是否装置齐全、管道完整、油路畅通。

④ 电气系统是否运行可靠、性能灵敏。

⑤ 滑动部位是否运转正常、各滑动部位有无严重的拉、研、碰伤及裂纹损坏。

在检查中，应确定机械设备的每项机能是受到严重损坏，还是受到一般损坏；是否具有主要机能，还是设备机能能满足生产工艺要求，或者设备机能完全、可靠、能达到出厂水平。必须将具体存在的问题及潜在的问题都进行整理登记。

二、诊断运转

诊断运转主要是通过空载运转和负载运转，诊断机械设备在使用中存在的重点问题。在诊断中应该结合操作者提供的反映情况、日常操作记录、检修零件更换表、事故分析和日常维修档案重点进行故障诊断。

1. 空载运转诊断

主要是由人的感官通过听、视、嗅、触诊断设备故障。其主要内容如下所述：

(1)对设备齿轮箱中,传动齿轮的异常噪声进行诊断。
(2)诊断轴承旋转部位或滑动部件间发热的原因。
(3)判断设备产生振动的主要原因。
(4)查找润滑、液压系统的漏油情况。
(5)对机械构件产生运动障碍的原因进行判断。

2. 负载运转诊断

通过加工工件判断机床的有关零件,如导轨、轴承等零件的磨损情况,以及装配不当引起的精度性故障产生的原因。

3. 实验性运转诊断

诊断运转中,为了从故障产生的许多可能的估计中,准确判断故障产生的位置及主要原因,采用实验方法进行诊断具有简单易行的特点。工作实际中,常用的实验诊断方法有如下几种:(1)隔离法;(2)替换法;(3)对比法;(4)试探法;(5)测量法;(6)综合法。

三、制定修改方案

(1)根据故障诊断、故障分析及零部件的磨损情况,确定设备需要拆卸的部位及修理范围,确定设备需要更换的主要零部件,尤其铸件、外协件及外购件。
(2)制定需要进行修理的主要零件修理工艺。
(3)制定零部件的装配与调整工艺方案及要求。
(4)根据设备的现状与修理条件,确定设备修复的质量标准。
具体在维修拆卸时必须遵循基本原则与要求,采取正确的拆卸方法。
一方面要:
(1)充分准备。
拆卸前必须根据设备使用说明书的要求,熟悉该设备的结构和工作原理,了解各零部件的作用和相互关系,分析各零部件的结构、位置和装拆方法,避免盲目拆卸。
(2)确定具体拆卸部位。
从实际出发决定拆卸的零部件,避免不必要的拆卸。但对不需拆卸部分也要进行周密分析与检查,避免留下隐患,造成不良后果。
(3)采取正确的拆卸方法。
拆卸工作应按一定的顺序进行,拆卸顺序与装配顺序相反,先拆外部附件,然后按部件、组件进行拆卸。在拆卸部件或组件时,应按照先外后内,先上后下的顺序,依次进行。拆卸时应合理的选用工具和设备,严禁乱敲乱打。所用工具定要与被拆卸的零件相适应。
(4)拆卸注意事项。
拆卸时应充分考虑修理和装配的便利,设备拆卸后应采取如下相应措施:
① 对一些制造精度很高的零部件,在原来制造时采取分组选配、误差补偿或单件配磨、配研等措施,拆卸前应在零部件相应位置上做出标记。
② 拆下的零件应及时清洗或除油,并有次序、有规则地分别放置,装有较多零件的轴类

组件拆卸后,按原装配顺序用铁丝串起。

③ 拆下经精加工的精密零件,清洗涂油后单独保管。细长精密零件清洗涂油后,要用绳索垂直吊起,以防变形或碰伤。

④ 拆下的液压、气动元件及导管等,清洗后封口,以防灰尘或杂物入内。拆卸液压管路,应分别对配对管端相应编号。

另一方面要:

(1)根据机型和有关资料能清楚其结构特点和装配关系,然后确定分解拆卸的方法、步骤。

(2)正确选用工具和设备,当分解遇到困难时要先查明原因,采取适当方法解决,不允许猛打乱敲,防止损坏零件和工具,更不能用量具、钳子代替手锤而造成损坏。

(3)在拆卸有规定方向、记号的零件或组合件时,应记清方向和记号,若标记不清晰应重新标记。

(4)为避免拆下的零件损坏或丢失,应按零件大小和精度的不同分别存放,按拆卸顺序摆放,精密重要零件专门存放保管。

(5)拆下的螺栓、螺母等在不影响修理的情况下应装回原位,以免丢失和便于装配。

(6)按需拆卸,对个别不拆卸即可判断其状况良好的可不拆卸,一方面可节约时间和劳力,另一方面可避免拆装过程中损坏和降低零件装配精度。但对需拆卸的零件一定要拆,不可图省事而马虎了事,致使修理质量得不到保证。

任务拓展与反思

1. 根据零件的拆卸情况对其中一个零件进行测绘,按制图零件测绘的方法与步骤进行,并绘制相应的零件图。

*2. 上网查询机械设备拆卸常用方法的具体内容。

图 9.4.1

任务五 零部件的清洗

任务导引

在对装配体进行拆卸后,特别是对使用过的装配体进行测绘,零件的清洗可以提高测量精度、方便测量。对于轴承、精密配合件、液压元件、密封件以及有特殊清洗要求的零件更为重要。在一般的装配过程中，零件的清洗工作对提高装配质量、延长产品使用寿命具有重要的意义。清洗工作做得不好，会使轴承发热和过早失去精度，也会因为污物和毛刺划伤配合表面，使相对滑动的工作面出现研伤，甚至发生咬合等严重事故。由于油路堵塞，相互运动的零件之间得不到良好的润滑，使零件磨损加快。为此，装配过程中必须认真做好零件的清洗工作。

任务要求

了解零件清洗的方法与注意事项。

任务实施

清洗机械零部件是保养机械设备的方式之一。机械零部件上的油污主要是由不可皂化油与灰尘、杂质等形成的。去除此类油污常用的清洗剂为有机溶剂、碱性溶液和化学清洗剂等；清洗方式有人工清洗和机械清洗两种。

清洗的目的：除油、检验、分类、修理。

清洗的原则：满足对零件清洗程度的要求；防止零件在清洗过程中被腐蚀；确保安全操作；讲究经济效益。

图 9.5.1　清洗前后的零部件

一、零件清洗方法

一般对于单件和少量的零部件，在清洗槽内用棉纱或泡沫塑料擦洗或进行冲洗。对于成批大量的零件，则用洗涤机清洗。

机械零部件的 5 种常见清洗方法：

（1）擦洗。将零件放入装有柴油、煤油或其他清洗液的容器中，用棉纱擦洗或用毛刷刷洗。这种方法操作简便、设备简单，但效率低，适用于单件小批小型零件。一般情况下不宜用汽油，因其有溶脂性，会损害人的健康且易造成火灾。

（2）煮洗。将配置好的溶液和被清洗的零件一起放入用钢板焊制成的尺寸适当的清洗池中，用池下炉灶将其加温至 80~90 ℃，煮洗 3~5 min 即可。

（3）喷洗。将具有一定压力和温度的清洗液喷射

图 9.5.2　机器零部件的擦洗

到零件表面以清除油污。此方法清洗效果好,生产效率高,但设备复杂,适于清洗形状不太复杂、表面有严重油垢的零件。

图 9.5.3　喷洗

（4）振动清洗。将待清洗的零件放在振动清洗机的清洗篮或清洗架上,并浸没在清洗液中,通过清洗机产生振动模拟人工漂涮动作和清洗液的化学作用去除油污。

（5）超声清洗。靠清洗剂的化学作用与引入清洗液中的超声波振荡共同作用,以去除油污。

二、常用清洗剂

常用清洗液有汽油、煤油、柴油和化学清洗液。

（1）工业汽油,主要用于清洗油脂、污垢和一般黏附的机械杂质,适用于清洗较精密的零部件。航空汽油用于清洗质量要求较高的零件。

（2）煤油和柴油的用途与汽油相似,但清洗能力不及汽油,清洗后干燥较慢,但比汽油安全。

（3）化学清洗液,又称乳化剂清洗液,对油脂、水溶性污垢具有良好的清洗能力。这种清洗液配制简单,稳定耐用,无毒,不易燃,使用安全,以水带油,节约能源。如 105 清洗剂、6501 清洗剂,可用于冲洗钢件上以机油为主的油垢和机械杂质。

清洗工具主要有:毛刷、钢丝刷、清洗海绵、清洗机等。

三、清洗时注意事项

应根据油污的成因及特点合理选择清洗方法,以保证零件的正常使用,避免清洗对零件造成腐蚀或损伤,防止污染环境及零件的后续污损。清洗时不要长时间裸手接触清洗剂,并保持作业环境通风良好。

（1）对于橡胶制品,如密封圈等零件,严禁用汽油清洗,以防发胀变形,而应使用酒精或清洗液进行清洗。

（2）清洗零件时,可根据不同精度的零件,选用棉纱或泡沫塑料擦拭。滚动轴承不能使用棉纱清洗，防止棉纱头进入轴承内，影响轴承装配质量。

（3）清洗后的零件，应等零件上的油滴干后，再进行装配，以防油污影响装配质量。同时清洗后的零件不应放置时间过长。暂不装配的零件应妥善保管，防止灰尘或脏物弄脏零件。

（4）零件的清洗工作，可分为一次性清洗和二次性清洗。零件在第一次清洗后，应检查配合表面有无碰损和划伤，齿轮的齿部和棱角有无毛刺；螺纹有无损坏。对零件的毛刺和轻微碰损的部位应进行修整。修整时可用油石、刮刀、纱布、细锉进行去刺修光，但应注意不要损伤零件。经过检查修整后的零件，应再进行二次性清洗。

任务六　机械设备的组装要求

任务导引

装配是整个机械制造工艺过程中的最后一个环节。装配工作对产品质量影响很大。若装配不当，即使所有零件都合格，也不一定装配出合格的、高质量的机械产品。反之，若零件制造精度并不高，而在装配中采用适当的工艺方法，如进行选配、修配、调整等，也能使产品达到规定的技术要求。

任务要求

了解装配的概念、掌握装配方法的选择、通用堆部件的装配要求。

任务实施

根据规定的技术要求，将零件或部件进行配合和联接，使之成为半成品或成品的工艺过程称为装配。由若干零件配合、联接在一起，成为机械产品的某一组成部分即部件，这一装配工艺过程称为部装。把零件和部件进一步装配成最终产品的过程称为总装。

常见的装配工作包括：清洗、联接、校正调整与配做、平衡、验收试验以及油漆、包装等内容。

机械产品的精度要求，最终是靠装配实现的。产品的装配精度、结构和生产类型不同，采用的装配方法也不同。生产中保证装配精度的方法有：互换法、选配法、修配法和调整法。

（1）互换法。

（2）选配法：① 直接选配法；② 分组装配法；③ 复合选配法。

（3）修配法：① 单件修配法；② 合并加工修配法；③ 自身加工修配法。

（4）调整法：① 可动调整法；② 固定调整法；③ 误差抵消调整法。

一、机器设备的现场组装

对机器设备进行现场组装时，应按下列要求进行：

（1）了解机器结构，对机器内部和需要装配的零部件、配合面进行清洗、处理和外观检查；并复查配合尺寸、相关精度。

（2）对机器和零部件上的油孔、气孔进行彻底的清洗和吹扫，直至无任何异物。

（3）装配应按设备技术文件规定的方法和步骤进行，并填写装配记录。

（4）重要机器在整体封闭前，应进行相关方检查确认，合格后方可进行机器封闭，并填写检查确认报告。

（5）在禁油条件下工作的零部件、管道及附件应进行脱脂处理，脱脂后应将残留的脱脂剂清洗干净。

（6）机器组装时，各个固定结合面应平整、清洁且无翘曲、铁锈、毛刺等，结合面组装后应用 0.05 mm 的塞尺检查，插入深度应小于 20 mm，移动长度应小于检验长度的 1/10；重要的固定结合面用 0.03 mm 的塞尺检查，应不能插入。

（7）在高于 200 ℃ 或具有其他特殊要求条件下工作的连接件及配合件等，装配时应在其配合表面涂防咬合剂，以防止在以后的拆卸中造成拆卸困难。

二、螺栓、键、定位销装配

（1）装配螺栓时，应符合下列要求：

① 紧固时，宜采用呆扳手，不得使用打击法。

② 螺栓头、螺母与被连接件的接触应紧密，对接触面积和接触间隙有特殊要求的，应按技术文件规定进行检验。

③ 有预紧力要求的连接应按装配规定的预紧力进行预紧，可选用机械、液压拉伸等方法进行。

④ 螺栓与螺母拧紧后，螺栓应露出螺母 2~4 个螺距；沉头螺钉紧固后，钉头应埋入机件内，不得外露。

⑤ 有锁紧要求的，拧紧后应按其技术规定锁紧；用双螺母锁紧时，薄螺母应装在厚螺母之内；每个螺母下面不得用 2 个相同的垫圈。

（2）不锈钢、铜、铝等材质的螺栓装配时，应在螺纹部位涂抹润滑剂。

（3）有预紧力要求的螺栓连接，其预紧力可采用下列方法测定：

① 应利用专门装配工具中扭力扳手，电动或气动扳手等直接测得数值；

② 测量螺栓拧紧后的伸长量，满足技术文件中规定的数值。

（4）装配精制螺栓和高强度螺栓前，应按技术文件要求检验螺栓孔直径的尺寸和加工精度，并检查处理被连接件的结合面，保持结合面干燥。

（5）高强度螺栓及其紧固件应配套使用。旋紧时，应分两次拧紧，初拧扭矩值不得小于终拧扭矩值的 30%；终拧扭矩值应符合技术文件要求。

（6）现场配制的各类型键，应符合 JB/T 5994 规定的尺寸精度，键用材料的抗拉强度不得小于 588 MPa。

（7）键的装配应符合下列要求：

① 检查键与键槽的表面粗糙度、平面度和尺寸，且键的表面应无裂纹、浮锈、凹痕、条痕及毛刺；

② 普通平键、薄型平键和半圆键，两个侧面与键槽应紧密接触，与轮毂键槽底面不接触；
③ 普通楔（XIE）键和钩头楔键的上、下面应与轴和轮毂的键槽底面紧密接触；
（8）装配时，轴键槽及轮毂键槽轴心线的对称度按 GB/T 1184 的对称度公差 7~9 级选取。
（9）销的装配应符合下列要求：
① 检查销的形式和规格，应符合设计及机器技术文件的规定。
② 有关连接机件及其几何精度经调整符合要求后，方可装销。
③ 装配销时不宜使销承受载荷，根据销的性质，宜选择相应的方法装入，销孔的位置应正确。
④ 对定位精度要求高的销和销孔，装配前检查其接触面积，应符合机器技术文件的规定；当无规定时，宜采用其总接触面积的 50%~75%。
⑤ 装配中当发现销和销孔不符合要求时，应铰孔、另配新销；对定位精度要求高的，应在机器的几何精度符合要求或空负荷运转试验合格后进行。

三、具有过盈的配合件装配

（1）装配前应测量孔和轴的配合部位尺寸及进入端倒角角度与尺寸，应符合图纸设计文件要求。
（2）在常温下压装配合件时，应先在配合面上涂一薄层润滑油；装入时用力应均匀，不得直接击打装配件。
（3）当采用温差法装配机器零部件时，应按设备技术文件规定检查装配件的相互位置及相对尺寸。加热或冷却温度应均匀，不得变化过快；并应采取防止发生火灾及人员被灼伤或冻伤的措施。

四、滚动轴承的装配

（1）装配滚动轴承前，应测量轴承与配合件的配合尺寸，按轴承的防锈方式选择适宜的方法将轴承清洗洁净；装配的轴承应无损伤、无锈蚀、转动应灵活及无异常声响。
（2）滚动轴承的装配方法，应根据轴承的结构、尺寸大小和轴承件的配合性质而定，装配时的压力应直接均匀地作用到轴承座圈的端面上，不得通过滚动体传递压力。装配应采用专用胎具。
（3）用温差法装配轴承时，可用机械油加热或电加热以及冷却轴承的方法，加热温度宜在 100~120 ℃ 范围内，被冷却温度不得低于 -80 ℃。对于塑料珠架轴承，其加热温度不得超过 100 ℃。
（4）滚动轴承装到配合件上后应转动灵活；当采用润滑脂的轴承装配后应在轴承空腔内加注 65%~80% 空腔容积的洁净润滑脂，但稀油润滑的轴承不得加注润滑脂。
（5）轴承与配合件的配合公差按设备技术文件执行。

图 9.6.1　轴承

五、滑动轴承的装配

滑动轴承的装配

六、叠片挠性联轴器的安装

叠片挠性联轴器的安装

七、单机试运转

（1）单机试运转的目的是检查机器设备和电气仪表的性能与制造及安装质量。

（2）机器单机试运转的时间应符合机器技术文件规定和设计文件的要求。机器设备的单机试运转时间一般为 2 h。

（3）机器单机试运转所采用的介质，应根据设计文件及实际条件决定。若无特殊规定，一般以水、空气或氮气为介质。选用试运转介质时，应符合下列要求：

① 以水为介质进行试运转所需的功率不得超过机器额定功率；

② 以空气或氮气为介质进行试运转时，所需的功率和压缩后的温升不得超过额定数值。

（4）机器启动前，应符合下列规定：

① 附属设备试运转合格。

② 排气和排污完毕。

③ 压力供油系统的机器，各注油点的油量、油温、油压达到设计文件要求；用其他形式供油的机器，其供油状况应符合润滑要求。

④ 盘车灵活，无异常。

（5）在高温或低温条件下工作的机器，启动前必须按机器技术文件的要求进行预热或预冷；与机器连接的高温或低温管道的螺栓必须进行热紧或冷紧。

（6）试运转过程中应符合下列要求并做记录：

① 检查各主要部位温度和各系统压力参数，应在规定范围内。

② 机器振动值应符合机器技术文件规定。

③ 齿轮副、链条与链轮啮合应平稳，无异常噪声和磨损。

④ 传动皮带不应打滑，跑偏量不应超过规定值。

⑤ 轴承温度应符合机器的技术文件或设计文件的规定；若无规定，滚动轴承的温升应不超过 40 ℃，其最高温度应不超过 80 ℃；滑动轴承的温升应不超过 35 ℃，其最高温度应不超过 70 ℃。

⑥ 润滑、密封、液压、气动、冷却等各辅助系统的工作应正常，无渗漏现象。

⑦ 检查驱动电机的电压、电流及温升等应不超过规定值。

⑧ 各种仪表应工作正常。

⑨ 电气、仪表、机器各连锁装置工作正常、可靠。

⑩ 机器各紧固部位无松动现象。

（7）单机试运转结束后，应及时完成下列工作：

① 断开电源及其他动力源；

② 卸掉各系统中的压力及负荷，进行排气、排水、排污；

③ 检查各紧固部件；

④ 拆除临时管道及设备（设施），将正式管道进行复位安装；

⑤ 低温机泵用水试运转结束后，必须进行干燥处理；

⑥ 检查机器设备单机试运转系统各阀门开关，应在规定状态；

⑦ 整理试运转的各项记录。

（8）对不适宜单机试运转的机器，可在装置联运时考核其性能和安装质量。

任务拓展与反思

1. 到工厂参观学习，认识发现机器设备的组装。

2. 自己拆装身边的一小型机械。

3. 和你的朋友交换拆装心得。

项目十 安全文明生产常识

任务一 认识机械伤害

任务导引

一公司操作员工单人在进行收卷作业时,因员工误操作将手卷入设备中,设备旋转 3 min 后才将工人甩下卷轴设备,现场血肉模糊。机械伤害事故是较为常见的事故类型。一般情况下,机械伤害事故引起的后果较为严重。希望大家引以为戒,遵守操作规程,安全作业。那么,这些事故都有哪些类型,又是如何发生的呢?

任务要求

员工和企业都应提高警惕,避免机械伤害事故的发生。
安全无小事,都是血的教训。只有足够的安全意识才能保证安全生产。

任务实施

一、机械伤害的概念

机械伤害:是指机械设备运动(静止)、部件、工具、加工件直接与人体接触引起的挤压、碰撞、冲击、剪切、卷入、绞绕、甩出、切割、切断、刺扎等伤害。不包括车辆、起重机械引起的伤害。

图 10.1.1 机械伤害事故

为什么会发生机械伤害事故？

主要原因：没从设计上预先采用机械防护措施，许多带有隐患的机械设备被投入与使用。

其他原因：人为破坏机械防护装置，或不遵守有关机械防护装置的管理程序；机械防护装置突然失灵，或处于不正常工作状态；机械设备没有配备机械防护装置。

二、常见的机械伤害类型

（1）绞伤：外露的皮带轮、齿轮、丝杠直接将衣服、衣袖、裤脚、手套、围裙、长发绞入机器中，造成人身的伤害。

（2）加工件与人体接触：旋转的机器零部件、卡不牢的零件、击打操作中飞出的工件造成人身伤害。

（3）压伤：冲床、压力机、剪床、锻锤造成的伤害。

（4）砸伤：高处的零部件、物体掉落造成的伤害。

（5）挤伤：将人体或人体的某一部位挤住造成的伤害。

（6）刺割伤：锋利物体尖端物体对人体的伤害。

安全事故猛于虎，不容小觑。在工作中一定要时时刻刻铭记着安全的原则。

图 10.1.2　安全警示

三、机械伤害事故预防措施

（1）投入使用的机械设备必须完好，安全防护措施齐全，机械设备有生产许可证、出厂合格证。

（2）机械设备安装后应按规定办理安装验收手续，报相关部门检测，经检测合格后才能使用。

（3）作业人员经过培训上岗，特种作业人员持特种作业证上岗。

（4）作业人员必须佩戴好劳动保护用品，严格按说明书及安全操作规程进行操作。

（5）检修机械必须严格执行断电、挂牌和设专人监护制度。机械检修完毕，试运转前，必须对现场进行细致检查，确认机械部位人员全部彻底撤离方可取牌合闸。

（6）加强对机械设备的维修保养，保持机械设备处于良好的技术状态，各种安全防护设施齐全可靠。

（7）对机械设备的维护、保养，必须在停机状态下进行。

危险就在身边，要处处小心，安全重于泰山，每一个人的安全意识都有待提高。

任务拓展与反思

1. 在网上搜索机械伤害的有关图片和视频，充分认识机械伤害。

2. 员工安全意识是一方面，设备本身的缺陷也不能忽视。好多设备本身就没防护罩，没有安全连锁装置。发生事故的可能性就比较大。假如车间里所有设备的运转部位外边都有防护罩，防护罩打开的情况下打开设备是无法启动的。设备运行时防护罩是被电磁铁吸住的，也无法打开。这样是不是更安全，你能去实现这个功能吗？

3. 如果企业主只要求设备能动起来、效率高点、简单省事就行，很少在安全系统上投资金，出事故后后悔莫及。非标设备的低价竞标也是造成安全系统不健全的原因之一。你怎么看？

4. 有没有那种声控的总电开关，跟保险丝一样，放在总闸上，喊"停"就能紧急制动。这样比手动操作断电快，而且可以一个人操作，这样有不少事故就可以减少伤害了。这个创意如何？

5. 现在及将来的智能机器人会不会伤害人类呢？我们应该怎么做？

我违章作业，后果惨痛，你们可千万不要学我呀！

任务二　安全文明生产与环境保护知识

任务导引

生活没有安全，你心里就不踏实。过人行横道你注意安全了吗？遵守交通规则了吗？交通工具不安全，你会选择吗？如2018年两例震惊全国的滴滴顺风车恶性安全事件，值得我们每一个人深思。工作没有安全，你会去吗？如果自己不重视安全，那么谁也无法拯救你。

企业的制度文化就包括安全规范，安全文明生产常识就是我们进入工作必须掌握的。没有安全就没有一切。

任务要求

安全意识也是每一位公民基本素养的一个重要组成部分。处处树立安全意识，把安全的主动权掌握在自己手里，不是放在别人那里。平时加强人身安全、设备安全、财产安全、环境安全等安全意识的培养，把安全放在第一位。

任务实施

一、现场文明生产

现场文明生产，是企业管理的一项重要内容，是企业生产优质产品的必要条件和基本保证。在现代工业企业里，讲究文明生产十分重要，它是安全生产的基础。文明生产在一定程度上反映了一个企业的管理水平，科学技术文化的高低和精神面貌的好坏。

图10.2.1　安全警示

现场文明生产，一般包括三个方面的内容：一是文明的人，即：文明的生产者和管理者。二是文明的管理。三是文明的环境，包括文明的现场、安全生产等。

只有文明的人，实现文明的管理，创造文明的环境，才能实现文明。

文明的生产者和管理者是指有理想，有职业道德，有文化知识，能够自觉遵守纪律的人。

文明的管理有两方面的要求：一是管理的科学化，即：在科学管理理论指导下，运用科学的管理方法和手段进行管理。二是管理的民主化，即：充分发挥职工当家做主及职工管理企业的积极性和创造性。

文明的现场，也就是文明的作业环境，即：生产现场整洁，危险作业区有可靠的防护设施和明显的警戒标志。

现场文明生产要求：

（1）认真贯彻并严格执行工艺规程，安全操作规程及各项规章制度，持证上岗（工艺合格证、安全操作合格证、设备操作合格证）。现场所执行的工艺规程的工艺规程及其他技术文件内容应齐全、正确、签字手续应齐全、使用的标准现行有效。

（2）在用工、卡、量、模、器具、仪器、仪表等符合标准，在规定周期内使用并按期送检。

（3）工位器具、工具箱（柜）摆放整齐，半成品、成品、待处理品、废品，分区摆放整齐，不超高，数量准确、账物相符，做好原始记录。

（4）设备完好，表面及内部应清洁无污垢。

（5）操作中，轻拿轻放零部件，防止出现零件掉地、磕碰、划伤等现象，生产线上不允许出现超存、乱放、乱放零件的现象。

（6）操作现场要整洁、窗明壁净、地面无积水、无杂物，通道应平坦通畅并有鲜明的标志。

（7）着装应整齐，上岗时要按规定穿戴劳保护具，作风、言语、举止、待人要文明礼貌，讲究道德风尚。

（8）遵守劳动纪律，执行考勤制度。操作中，不串岗、闲谈、干私活等。

二、安全生产与劳动保护知识

在一次记者招待会上，西门子总裁回答道："……我们德国人的经济学就追求两点：一、生产过程的和谐与安全；二、高科技产品的实用性。这才是企业生产的灵魂，而不是什么利润的最大化……"，可见安全生产是多么的重要。

1. 安全生产与劳动保护的基础知识

（1）劳动保护与安全生产的概念。

劳动保护就是保护劳动者在生产过程中的安全与健康，是我国早期安全生产工作的概念。

安全生产工作简称"安全生产"，是指在生产过程中，既要保护劳动者的人身安全与健康，同时也要保护设备和财产的安全。即：在安全法律法规和技术标准的指导下，采取有效的技术措施、管理措施和组织措施，消除或控制生产过程中的危险因素，保障人身安全、健康，设备、财产完好无损及生产顺利进行。

（2）安全生产三要素。

构成系统的人员、机器（物料）、环境以及他们之间的关系，称作"安全生产三要素"。

系统本质安全化的基本内容：

① 人员受过良好的安全教育与训练,从而具有良好的安全生理、心理、知识、技能与应变反应能力的综合素质。

② 所用的机械设备具有完备的安全及冗余设计,安全装备、安全指示、报警、联锁、排除等机构齐全,且作用确实,可靠性高,即使出现了故障,也不会导致事故。

③ 所处理的物料(原料、材料、中间体等)、产品等物质具有良好的安全性能。

④ 工艺过程无害化、安全性,工艺布置可以阻断、隔离危险的发展与继续,能够避免事故及损失。

⑤ 创造能充分发挥人、机、物正常功能的"文明舒适"环境条件,包括光线、温度、湿度、换气、噪声、活动空间等。

⑥ 科学而严密的安全管理,在线监测与监控,达到人、机(物)、环境系统最佳的动态协调。

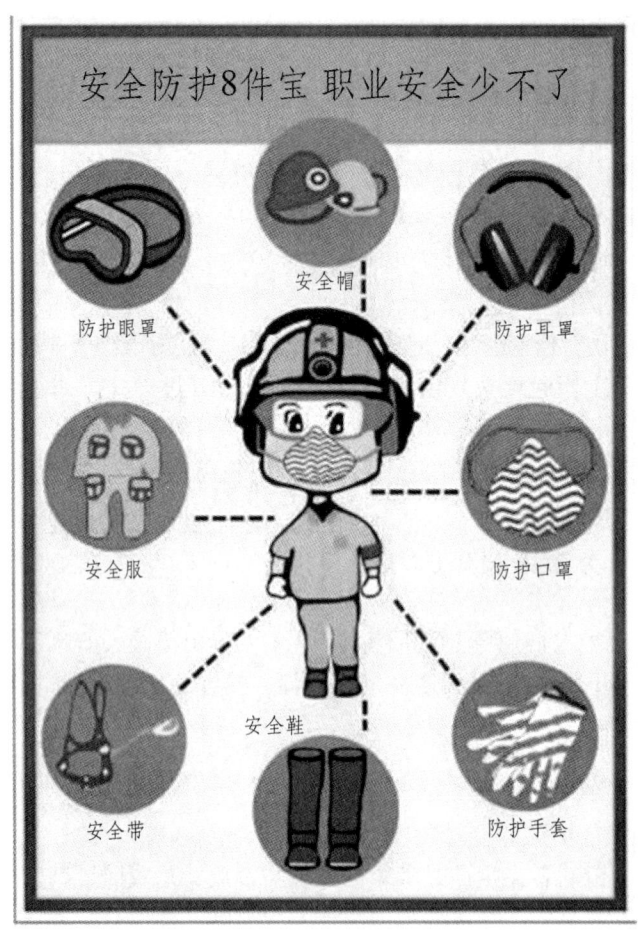

图 10.2.2 安全生产防护用具

2. **安全生产的指导方针和任务**

安全生产的指导方针是"安全第一、预防为主、综合治理"。

安全生产的主要任务是采取有效的技术措施、管理措施和组织措施,消除或控制生产过程中的危险因素,保护劳动者的人身安全、健康,设备、财产完好无损及生产顺利进行。

三、安全生产防护用具

安全生产防护用具，一般是指为保护劳动者在生产过程中的人身安全和健康所必备的各种防御性装备，亦称个人劳动防护用具或个人护具。

表 10.2.1　安全生产个人护具

个人护具	图例一	图例二	图例三
① 头部防护类。如安全帽、防寒帽、矿工帽、女工防护帽等			
② 呼吸器官防护类。如防尘口罩、防毒口罩、滤毒护具和氧气呼吸器等			
③ 眼、面防护类。如防冲击护具（防护眼镜）、焊接护目镜、炉窑护目镜、面罩等			
④ 听觉器官防护类。如耳塞、耳罩等			
⑤ 手足防护类。如绝缘手套、防酸碱手套、防寒手套、绝缘鞋、防酸碱鞋、防寒鞋、防油鞋、安全鞋（防砸鞋）等			
⑥ 防护服类。如防机械外伤服、防静电服、防酸碱服、阻燃服、防尘服、防寒服等			
⑦ 防坠落类。如安全带、安全绳等			

防静电措施如下：
(1) 设备、器具接地。
(2) 工作台面、座椅及地面铺设防静电板并接地。
(3) 工作场所入口处配置有人静电测试仪和泄放静电装置。
(4) 穿防静电服、鞋。佩戴防静电手镯、脚镯。
(5) 防护装置板上导静电液。
(6) 手推车安装导静电金属链。
(7) 严格控制工房温湿度。

四、安全生产教育

1. 安全生产教育的目的

安全教育是控制人的不安全行为最有效的一种方法。通过安全教育，可以使广大劳动者正确地按照客观规律办事，严格执行安全操作规程，加强对设备的维护检修，认识和掌握不安全、不卫生因素和伤亡事故规律，并正确运用科学及知识加以治理和预防，及时发现和消除隐患，把事故消灭在萌芽状态，保证安全生产。

图 10.2.3　安全教育

2. 安全教育的内容

安全教育的内容，主要包括思想教育，安全生产方针、政策和法律教育，典型经验和事故教训教育。

现场安全教育的主要内容：一般包括班组生产因素性质、任务以及本班组在车间、工厂中的地位，班组安全生产情况，危险部位、工作地点环境及有毒因素，将要使用的设备和工具的性能、操作方法及有关注意事项，本工种的安全操作规程、生产岗位的职责范围、纪律和制度，各种防护设施的性能和作用，以及个人防护用品的使用方法等。

五、环境保护

(1) 发动机须长寿命、高性能。发动机是工程机械所有系统中对环境影响最大的部件，采用低油耗、低排放、低噪声、高效率的环保型水冷增压柴油机能大大降低对环境的负荷。

（2）减震与降噪。选择低噪声的发动机，改进主机的结构布置或系统的结构。如冷却风扇可不再由发动机直接驱动，而可单独由液压马达带动，这样便于将风扇与发动机隔开并将整个发动机密封起来，从而使噪声不能通过风扇出风口传到外部，降低噪声对环境的影响，真正体现"以人为本"的设计宗旨。

（3）防止液压系统的渗漏。整机所有液压管路采用耐腐蚀、防老化、具备优良密封性能的优质胶管；在某些局部软管易破裂的位置，为了减少损坏软管的废弃量，应在可能的条件下尽量使用硬管；只能采用软管的部位并且容易破裂的位置，可考虑在油路安装锁止阀以阻止软管破裂时油液流出而污染环境。

（4）工程机械的高效节能，减少能源消耗即意味着减少对环境的污染。采用自动加脂装置或集中润滑系统的配置，改进传统的手动加注润滑脂费时费力和多余的油液溢出来污染周边环境的问题。对于小型机械，采用密封的销轴或使用新型材料的特殊轴套、或设计二级防尘结构等防止外部异物的进入和内部油脂的排除，从而延长加注润滑油的间隔，减少对环境的污染，尽量运用高可靠性的成熟技术和借用经市场考验后的成熟系列零部件可延长各关键系统或零件的使用寿命，减少更换次数。

【案例1】 1个工业机器人操作工死了！你还把这些操作注意事项当儿戏吗？

据芜湖当地媒体报道，2018年9月10日上午，经济开发区一企业内发生一幕惨剧：一名工人在给搬运机器人换刀具时，突然被机器人夹住。虽然该工人很快被救下，但被送到医院后，因伤势太重，不治身亡。

目击者说："我当时正在生产线上工作，突然听到不远处有同事在喊'有人被卡住了'。等跑过去时发现有人面对机器人站着，被机器人长长的手臂夹住腰部，已经没了动静。"

目击者介绍："机器人在运转时，工人都离得较远，只有在给机器人换配件时，才会靠近。当时机器人的安全门禁被屏蔽了，机器人也停止了运转。但不知道为什么，机器人会突然启动，将人夹住。"

此次事件的原因目前正在调查中，操作不当还是机械手故障还是其他原因，我们无法定论，但是有一点可以确定，那就是在工人换刀操作过程中，机械手的电源并没有关掉！

这样的事情着实让人痛心，小编希望所有一线的朋友，千万不要把岗前培训、车间管理条例、设备操作守则……这些看上去枯燥、无聊的内容当作儿戏。

在工厂的生产线上，工业机器人运用越来越多，也会出现这样那样的错误或者状况。工程师也要好好扎实巩固自己的技术，规范自己的操作。

下面是这些工业机器人的注意事项，请牢记：

（1）在操作上下料机器人之前一定要注意检查电器控制箱内是否有水、油进入，若电器受潮，切勿开机，并且要检查供电电压是否符合安全要求，前后安全门开关是否正常。

（2）验证电动机的转方向是否一致，然后打开电源。

（3）在工业机器人需要拆除的时候，关掉射出机电源；关掉机械手电源；关掉机械手气压源。

（4）泄除空压。放松引拔气缸固定板固定螺丝，并移动手臂，移动缓冲器座，使其靠近手臂。

（5）旋紧引拔气缸固定板，让手臂不能移动。将旋转安全螺丝锁好，使机械手不能旋转等。

图 10.2.4　工业机器人

工业机器人进行作业时，操作人员应该注意的几个要点：

（1）操作者必须检查机器人在不在原点位置，严禁不在原点位置启动机器人。

（2）机器人示教与运行过程中，请确认机器人动作范围内没有闲杂人员。

（3）机器人运行中，需停下来时，可按外部急停按钮、暂停按钮、示教盒上的急停按钮，如需继续工作，可按复位按钮让机器人继续工作。

（4）关闭机器人电源前，不用按外部急停按钮，可以直接关闭机器人电源。

（5）当发生故障或报警时，请把报警代码和内容记录下，以便技术人员解决问题。

（6）作业结束，必须关电源、关气阀、清理设备、整理现场。

任务拓展与反思

案例分析：角磨机砂轮片突然爆裂，但是护目镜救了他的眼睛……如果没戴护目镜，会怎么样呢？

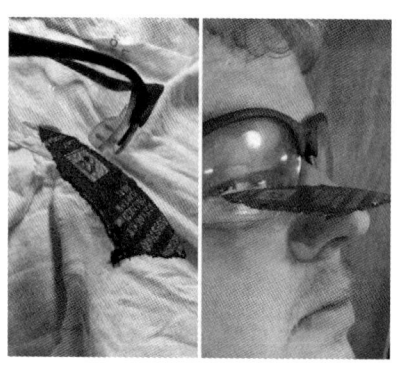

图 10.2.5

任务三　机电设备安全知识

任务导引

危险其实无处不在，走路有被撞的危险，吃饭有中毒的危险，而就看当事人有没有重视和小心，知道是危险的事，就会有安全意识，所以事物并不危险，包括机电设备，危险的是麻痹大意的思想。

任务要求

忽视安全生产，也是对生命的一种蔑视。安全生产没有侥幸，我们应加以重视机械伤害，加强防范。

任务实施

图 10.3.1　安全警示

一、机械的安全防护

机械设备大多是由电驱动和电控制的，运动形式和危险部位较多。一旦机械或电子控制发生故障造成失控或人的行为失误，设备上的安全防护装置就显得至关重要，这是除设备本身具有安全性能以外实现设备本质安全的重要措施。其目的是当操作人员发生误操作或误判断的情况，也可因设备系统安全而避免设备和人身伤害事故的发生。

设备的危险形式、危险零部件、危险部位对人身安全产生威胁时，就应在这些地方配设一种或多种不同类型的可靠的安全防护装置。如果设备本身缺乏，设计时事先没有考虑到，而在使用阶段就应增设解决。

安全防护装置是随着生产工具的进步而产生的，它可以要求设备本身应具有本质安全性能，或对于设备本身不能避免危险，而另外设计制造的一种或多种可靠的安全防护装置与主机联锁，是机械设备的一种重要组成部分。以下是实践中总结出的几种保障机械设备安全运行的途径。

（1）旋转机械的传动外露部分，如传动带、砂轮、电锯、皮带轮和飞轮等，都要设防护装置，一般有防护网、防护栏杆、可动式或固定式防护罩和其他专用装置。必要时，可移动式防护罩还应有联锁装置，当打开防护罩时，危险部分立即停止运动。

（2）冲压设备的施压部分要安设防护装置，如挡手板拨手器联锁电钮、安全开关、光电控制等。当人体某一部分进入危险区之前，使滑块停止运动。

（3）起重运输设备，都应有信号装置制动器、卷扬限制器、行程限制器、自动联锁装置、缓冲器以及梯子、平台、栏杆等。

（4）加工过热和过冷的部件时，为避免操作者触及过热或过冷部件，在不影响操作和设备功能的情况下，必须配置防接触屏蔽装置。

（5）生产、使用、贮存或运输中存在有易燃易爆的生产设备（如锅炉、压力容器、可燃气体燃烧设备以及其他燃料燃烧设备）都要根据其不同性质配置安全阀、水位计、温度计、防爆阀、自动报警装置、截止阀、限压装置、点火或稳定火焰装置等安全防护装置。

（6）自动生产线和复杂的生产设备及重要的安全系统，都应设自动监控装置、开车预警信号装置、联锁装置、减缓运行装置、防逆转等起强制作用的安全防护装置。

（7）能产生粉尘、有害气体或者有害蒸气发生辐射的生产设备，应安设自动加料及卸料装置、净化和排放装置、监测装置、报警装置、联锁装置、屏蔽等。

（8）进行检修的机械、电气设备，都要挂上警告或危险牌示。

综上所述，只有当机械设备安全防护装置齐全，设备处于最佳组合时，它才能自动排除故障，确保人身和设备安全，当然，在有条件的情况下，应尽量采用机械化、自动化程序控制等，这是实现机械设备本质安全的最佳的途径。

二、一般机械设备的危险因素及防护

1. 一般机械设备危险

机械设备危险主要针对设备的运动部分，比如传动机构、刀具、高速运动的工件和切屑。如果设备有缺陷、防护装置失效或操作不当，则随时可能造成人身伤亡事故。

（1）传动装置的危险。

机械传动分为齿轮传动、链传动和带传动。由于部件不符合要求，如机械设计不合理，传动部分和突出的转动部分外露、无防护等，可能把手、衣服绞入其中造成伤害。链传动与皮带传动中，带轮容易把工具或人的肢体卷入；当链和带断裂时，容易发生接头抓带人体，皮带飞起伤人。传动过程中的摩擦和带速高等原因，也容易使传动带产生静电，产生静电火花，容易引起火灾和爆炸。

（2）压力机械的危险。

压力机械都具有一定施压部位，其施压部位是最危险的。由于这类设备多为手工操作，操作人员容易产生疲劳和厌烦情绪，发生人为失误，如进料不准造成原料压飞、模具移位、手进入危险区等，极易发生人身伤害事故。

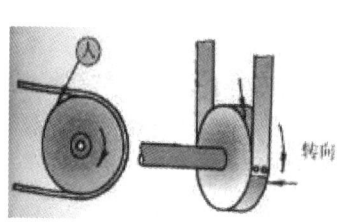

图 10.3.2 传动装置

图 10.3.3 压力机械

（3）机床的危险。

机床是高速旋转的切削机械，危险性很大。

① 其旋转部分，如钻头、车床旋转的工件卡盘等，一旦与人的衣服、袖口、长发、围在颈上的毛巾、手上的手套等缠绕在一起，就发生人身伤亡事故；

② 操作者与机床相碰撞，比如由于操作方法不当，用力过猛，使用工具规格不合适，均可能使操作者撞到机床上；

③ 操作者站的位置不适当，就可能会受到机械运动部件的撞击，例如，站在平面磨床或牛头刨床运动部件的运动范围内，就可能被平面磨床工作台或牛头刨床滑枕撞上；

图 10.3.4 机床

④ 刀具伤人，如高速旋转的铣刀削去手指甚至手臂；

⑤ 飞溅的赤热钢屑、刀屑划伤和烫伤人体，飞溅的磨料和崩碎的切屑伤及人的眼睛；

⑥ 工作现场环境不好，例如照明不足，地面滑污，机床布置不合理，通道狭窄以及零件、半成品堆放不合理等都可能造成操作者滑倒或跌倒；

⑦ 冷却液对皮肤的侵蚀，噪声对人体危害等。

2. 机械设备危险的防护措施

（1）机械传动机构危险的防护。

传动装置要求遮蔽全部运动部件，以隔绝身体任何部分与之接触。按防护部分的形状、大小制成的固定式防护装置，安装在传动部分外部，就可以完成防止人体接触机器的转动危险部位。

主要防护措施：

① 裸露齿轮传动系统必须加装防护护罩；

② 凡离地面高度不足2米的链传动，必须安装防护罩；在通道上方时，下方必须有防护挡板，以防链条断裂时落下伤人；

③ 传动皮带的危险部位采用防护罩，尽可能立式安装，传动皮带松紧要适当；

④ 采用防静电的传动带，而且作业场所应保持较高湿度，并安装接地的金属刷把皮带静电荷导入大地或做成导电的传动带并接地以防止静电火花。

（2）冲剪压机械危险的防护。

冲剪压设备最重要的是要有良好的离合器和制动器，使其在启动、停止和传动制动上十分可靠。其次要求机器有可靠的安全防护装置，安全防护装置的作用是保护操作者的肢体进入危险区时，离合器不能合上或者压力滑块不能下滑。常用的安全防护装置有防打连车装置、安全电钮、双手多人启动电钮等。

① 防打连车装置就是利用凸轮机进行锁定与解脱，来防止离合器的失灵，使用中在每一次冲压操作中必须要松开踏板，才能开始下一行程，否则，压力机不动作。

② 压力机安全电钮。工作原理是按电钮一次，压力机滑块只动作一个行程而不连续运转，可以起到保护操作者手的作用。

③ 双手或多人启动装置。它的作用是操作者双手同时动作方能启动。这样就把双手从危险区抽出来，防止了单手操作时，出现的一手启动，另一只手还在危险区的情况，多人启动则是防止配合不佳，造成的伤害。

（3）金属切削机床危险的防护。

对机床危险的防护，除要求设备有设计合理、安装可靠和不影响操作的防护装置，如防护罩，防护挡板和防护栏；还要求安装保险装置，如超负荷保险装置、行程保险装置、制动装置、防误操作的顺序动作装置等。还要有电源切断开关。除此之外，生产现场有足够的照明，每台机床应有适宜的局部照明，并保持一定安全距离。对噪声超过国家标准规定的机床，还应采取降低噪声的措施。

作为操作机床的工人，要按以下要求操作：

① 按要求着装。敞开的衣服必须扣好、袖口扎紧、长发要塞在帽子内，切记在有转动部分的机床上工作时，绝不能戴手套。

② 测量工作尺寸时应停车测量，并把刀架移到安全位置。

③ 工件和刀具装卡要牢固，刀头伸出部分不能太多。

④ 切削下来的带状切屑、螺旋切屑应使用钩子及时清除，切勿用手拉。

⑤ 禁止把工具、量具、卡具和工件放在床身或变速箱上，防止落下伤人。

⑥ 当切削铸铁和黄铜一类脆性材料时，要防止灼热切屑飞出伤人，应戴好防护镜和使用透明挡板防护装置。

⑦ 操作磨床时，还应注意砂轮的选用和砂轮的安装要求，防止砂轮碎裂，飞出伤人。

图 10.3.5　安全防护操作规则

（4）木工切削机床危险的防护。

① 木工机械设备要有有效的制动装置、安全防护装置和吸排屑装置。

② 木工机械设备在使用过程中，在任何切屑速度下，刀具不能产生危害性的振动。

③ 凡是外露的皮带盘、转盘、转轴、带锯、圆锯，都应有防护罩。

④ 刀具和电器应有联锁装置，以免装拆和更换刀具时，误触电源按钮，引起突然旋转，造成伤害。

⑤ 所有木工机械凡有条件的，均应安装自动进料装置。

⑥ 刀具锯条要完好，刀刃口要锋利，钝化了的要及时更换，以免弹跳动。

⑦ 木工机械加工会产生大量木屑、粉尘，要采取防尘措施，必须要有防火、防爆设施和防静电火花措施。

⑧ 操作者应按规定穿戴防护用品，绝对不许戴手套作业。

三、起重机械设备的防护措施

1. 起重机械作业的危险因素

（1）起重机械在现代生产中应用很广，从工矿企业到繁忙的港口、建筑工地以及铁路枢纽，到处都有起重机械在那里承担着成千上万吨的物料搬运和设备安装等任务。

（2）起重机械事故按其发生原因可分为挤压事故、高处坠落事故、重物坠落事故、起重机械倒、折断及倾翻事故、触电事故、撞击事故等。

（3）常见的起重机械对安全影响较大的零部件主要有吊钩、钢丝绳、滑轮和滑轮组、卷筒及制动装置等。

2. 起重机械危险的防护措施

（1）起重机械应配备相应的安全防护装置，包括：超载限制器、力矩限制器、上升极限位置限制器、下降极限位置限制器、运行极限位置限制器、偏斜调整和显示装置、幅度指示器、防止吊臂后倾装置、极限力矩限制装置、缓冲器、夹轨钳、

图 10.3.6　起重机械作业

锚定装置、回转定位装置等安全装置。

（2）起重作业必须由经过培训、考核合格并持有《特种作业操作证》的司机操作。

（3）作业前要对制动器、吊钩、钢丝绳等安全装置进行检查，发现性能不正常时，应在作业前排除。

（4）作业时应按指挥信号进行，开车前应鸣铃或报警，闭合主电源时，应把所有控制器手柄回到零位，作业结束时应将起重机锚定。

（5）起重机作业时，不能对运动机件进行检查和检修，不能在有载荷情况下，调整起升、变幅机构的制动器。

（6）吊运时，重物不能从人头顶通过，吊臂下严禁站人。

（7）起重机工作时，其各部件、机构，必须要与输电线路保持一定安全距离。

（8）自行式起重机，工作前应将停机场地平整好，牢固可靠地打好支腿。

（9）起重机驾驶人员要求身体健康，凡患有色盲、双眼视力在 0.8 以下，患有听力障碍症或癫痫病的人不能从事此项工作。

（10）起重机驾驶人员要了解并保证做到"十不吊"：

① 超过额定负荷不吊。
② 指挥信号不明、吊物重量不明、光线暗淡不吊。
③ 吊索和附件捆绑不牢不吊。
④ 行车吊挂重物直接进行加工不吊。
⑤ 歪拉斜拽不吊。
⑥ 吊物上站人或有浮放物不吊。
⑦ 氧气瓶、乙炔发生器等具有易燃易爆危险的物品不吊。
⑧ 吊物有刃角不垫好不吊。
⑨ 埋在地下或凝固在地面上的物件不吊。
⑩ 违章指挥不吊。

图 10.3.7　吊装注意事项

任务拓展与反思

1. 分析讨论事故案例一：起重机倾斜造成吊臂断裂致 5 死一重伤。

2011 年 10 月 10 日 23 时，甘肃酒泉市华锐科技酒泉风电装备有限公司发生起重机吊臂断裂事故，事故在厂内实施风电主机吊装施工时发生。造成事故的履带式起重机吊臂断裂倒塌，造成现场 5 人当场死亡，1 人受伤。

图 10.3.8

2. 分析讨论事故案例二：天车工未确认就动车，地面人员死亡。

2008年10月13日9时50分，重钢建设公司钢结构一公司起重工钟某配合行车工张某在厂房内对一根钢结构支撑梁进行两次翻面作业，钟某挂好吊具，行车进行第一次翻面作业后，钟某突然发现正在翻面的支撑梁左边的另一根支撑梁上有一组氧气、乙炔皮管，为防止损坏皮管，钟某就从两根梁之间过去收皮管时，行车工张某在没有得到地面起重工钟某指挥信号的情况下，突然开动行车进行第二次翻面作业，钟某被挤在两根支撑梁之间，死亡。

3. 前事不忘，后事之师。2018年10中旬，德国相关部门表示，一辆高速ICE列车在法兰克福和科隆之间的旅途中起火，没有造成人员伤亡，但却导致了线路延误。当地时间星期五早上，当火车靠近迪尔多夫镇时，发生了火灾。警方告诉DPA通讯社，列车被拦下，紧急救援人员疏散了车上所有510人。

图 10.3.9

4. 2018年10月8日，一工人在卸货过程中，发生车辆倾倒，造成事故。

图 10.3.10

5. 习惯性违章的实质是一种违反安全生产工作客观规律的盲目行为方式，由于没有认识到后果的严重性而随心所欲，习以为常，习惯成自然，因而造成极大的危害。习惯性违章造成一次次事故的发生，都在验证着著名安全专家海因里希的1∶29∶300法则……

"海因里希法则"是指，在一件重大灾害的背后，有二十九件"轻度"的灾害，还有三百件有惊无险的体验。学习"海因里希法则"，防微杜渐。

任务四 常用消防器材使用知识

任务导引

当我们遇到火灾时应该怎么办?如果身边有消防器材,你会正确使用吗?也许你能救自己,也能够救他人。

任务要求

认识灭火器的种类、使用方法及使用注意事项。

任务实施

消防器材设施种类较多,包括各种灭火器、地下消火栓、室内消火栓、水带、水枪、消防泵、消防雨淋系统、消防报警装置、自动灭火装置、消防车、消防专用电话、消防桶、钩、锹以及专用石棉被、沙袋、沙箱、消防警示标志牌及消防箱柜等。

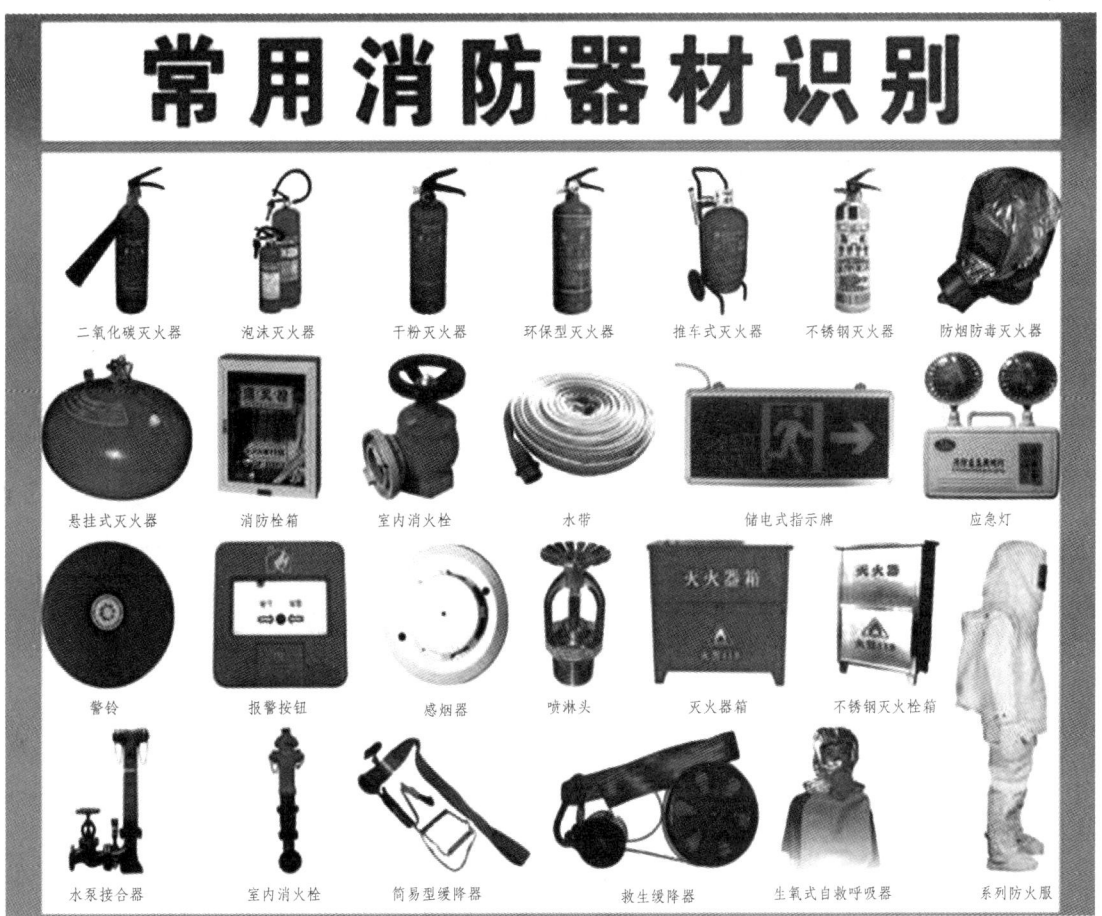

图 10.4.1 常用消防器材(1)

图 10.4.2 常用消防器材（2）

灭火器的种类很多，按其移动方式可分为手提式和推车式；按驱动灭火剂的动力来源可分为储气瓶式、储压式、化学反应式；按所充装的灭火剂则又可分为泡沫、干粉、卤代烷、二氧化碳、酸碱、清水等。

一、使用方法

1. 干粉灭火器的使用方法

灭火时，可手提或肩扛灭火器快速奔赴火场，在距燃烧处 5 m 左右，放下灭火器，如在室外，应选择在上风方向喷射。操作时应一手紧握喷枪，另一手提起储气瓶上的开启提环。当干粉喷出后，迅速对准火焰的根部扫射。干粉灭火器若是内置式储气瓶的或是储压式的，操作者应先将开启压把上的保险销拔下，然后握住喷射软管前端喷嘴根部，另一手将开启压把压下，打开灭火器进行喷射灭火。干粉灭火器扑救可燃、易燃液体火灾时，应对准火焰根部扫射。如被扑救的液体火灾呈流淌燃烧时，对准火焰根部由近而远、并左右扫射，直至把火焰全部扑灭。

图 10.4.3 干粉灭火器

2. 二氧化碳灭火器的使用方法

灭火时将灭火器提到或扛到火场，在距燃烧处 5 m 左右，放下灭火器，拔出保险销，一手握住喇叭筒跟的手柄，另一只手紧握启闭阀的压把。对没有喷射软管的二氧化碳灭火器应把喇叭筒往上扳 70°~90°。使用时，不能直接用手抓住喇叭筒外壁或金属连接管，防止手被冻伤。在扑救可燃液体火灾时，如已呈流淌状燃烧，则将泡沫由远而近喷射，使泡沫完全覆盖在燃烧液面上；如在容器内燃烧，应将泡沫射向容器的内壁，使泡沫沿着内壁流淌，逐步覆盖着火液面。切忌直接对准液面喷射，以免由于射流的冲击，反而将燃烧的液体冲散或冲出容器，扩大燃烧范围。在扑救固体物质火灾时，应将射流对准燃烧最猛烈处。灭火时随着有效喷射距离的缩短，使用者应逐渐向燃烧区靠近，并始终将泡沫喷在燃烧物上，直到扑灭。使用时，灭火器应始终保持倒置状态，否则会中断喷射。

图 10.4.4　二氧化碳灭火器

3. 消防水带的使用方法

（1）打开消防栓箱外盖。
（2）取出水龙带，向火场方向展开。
（3）扭合水龙口与水龙带（快速接头结合），扭合射水枪与水龙带。
（4）持射水枪对准火场。
（5）开启水枪，开始射水。

图 10.4.5　消防水带

二、使用注意事项

（1）用二氧化碳灭火器灭火时，喷嘴应从侧面由火源上方往下喷射，喷射的方向要保持一定的角度，使二氧化碳迅速覆盖火源。在室外使用的，应选择上风方向喷射；在室内窄小空间使用的，灭火后操作者应迅速离开，以防窒息。

（2）灭火器应放置在被保护物品附近、干燥通风和取用方便的地方，防止受潮和日晒；灭火器各连接部件不得松动，喷嘴塞盖不能脱落；灭火器应按规定的时间进行检查；使用后应进行再充装。

（3）消防水带的使用注意事项：
① 确认火场电源应关闭。
② 通过旋转射水枪紧握，可调整水柱出水或水雾出水。

任务拓展与反思

1. 认识消防器材。
2. 在专业人员指导下，进行消防演练。

参考文献

[1] 董代进，尚文龙. 机械基础与拆装[M]. 重庆：重庆大学出版社，2010.

[2] 刘莹. 机械基础实验教程[M]. 北京：北京理工大学出版社，2007.

[3] 吴细辉. 机械基础[M]. 北京：机械工业出版社，2012.

[4] 张锦明，范振河. 机械设计基础项目化教程[M]. 哈尔滨：哈尔滨工程大学出版社，2011.

[5] 机械工学手册编撰委员会. 图解机械工学手册[M]. 北京：科学出版社，2007.

[6] 徐起贺. 机械创新设计[M]. 北京：机械工业出版社，2009.

[7] 边秀娟，庞思红. 机械基础[M]. 北京：化学工业出版社，2010.

[8] 顾淑群. 机械基础[M]. 北京：人民邮电出版社，2011.

[9] 曾德江，黄均平. 机械基础[M]. 北京：机械工业出版社，2010.

[10] 王亚双. 工程力学[M]. 北京：机械工业出版社，2012.

[11] 丁仁亮. 金属材料及热处理[M]. 北京：机械工业出版社，2009.

[12] 蔡璇. 机械基础[M]. 上海：复旦大学出版社，2011.

[13] 周勇，潘勇. 机械基础[M]. 重庆：重庆大学出版社，2015.

[14] 康一. 机械基础[M]. 北京：机械工业出版社，2014.

[15] 贾宗太. 机械基础[M]. 北京：航空工业出版社，2015.